ブラジル大使として赴任中、ニューヨークで（1940年）

上右　広東領事館補時代（1916年）
上左　サンフランシスコ領事館補時代（1919年）
下　サンフランシスコでモト夫人と次男衆二

上　ロンドンの日本大使館前で。前列中央が松平恒雄大使、中列左が佐分利貞男参事官、同右端が著者、後列左端が堀内干城書記官
下　1932年吉林総領事館前でリットン調査団と。中央が著者、左から２人目渡久雄大佐、同５人目リットン調査団長、右端が伊藤述史

上　「国書捧呈」を終えてビルマ政庁を出る著者
（1944年10月、402ページ参照）
下　戦後の著者（1949～50年頃）

中公文庫

外交官の一生

石射猪太郎

中央公論新社

目次

〔　〕内は今回の文庫化にあたり編集部で補いました。人名について、「松岡洋右」を親本で「松岡（洋）」としていたものは、「松岡〔洋右〕」と改めました。「斎藤（博）」となっているものは親本刊行時のままです。

外交官の一生

1 発端

なぜ外交官を目指したか

先ず私が外交官を志した動機を述べるのは、私の官吏生活に一つの背景を点ずるものとして、あながちむだではないであろう。結論を先にいえば、就職難が私を外交官に追い詰めたのであって、自己の性格や心情を無視したつきつめた一路であった。およそ外交官たるの適格として世俗的に挙げられる社交性、俊敏、端正な容姿などは、一つとして持合せない自分を、私はよく意識していた。

私は一九〇八（明治四一）年上海の東亜同文書院《とうあどうぶんしょいん》を卒業後、折柄できたての満鉄に就職し、大連《だいれん》住い足掛け四年、当時東京での事業が、大当りに当るかに見えた家父から、いっそおれの事業を手伝ったらとの誘引があって、結婚のために帰郷した機会に満鉄をやめてしまった。しかるに家父の事業なるものは、槿花一朝《きんかいっちょう》の夢と化し、家父自身が経済的苦境に陥り、私は新婚早々全くの失業者となった。差当り明日のパンを得るため、縁故をたどり、就職口を漁って歩いたが、その頃同文書院出身者などは、内地の就職線上に価値を持たなかったし、また経済界不況の折柄でもあり、私の就職行脚《あんぎや》は、行く先々で安価に取扱われ、一つとして成就しない。さりとて、今さらおめおめ中国に舞戻って求職するのも潔《いさぎよ》しとしない。窮余思い付いたのは日本での再出発、同文書院で中国事情と中国語を叩き込まれた以外に、身に日本的な箔《はく》を着けなければ就職市場で良いスタートは切れない。そうだ、ここで一つ高文試験を受けて、日本内地での通用価値を身に着ける事だと思い立ったのである。そこで二年後を期して受験すべき予定の下に、独学で法律・経済の書物と首引きを開始したのであるが、受験までの生活費は家父が引受けてくれたので、独学に専念する事ができた。私は家父から離れ、本郷向ケ岡弥生町浅野侯邸裏門近くの崖下に借家して妻とともに移り、書籍費の節約のためと、静かな環境を得るために、上野図書館を書斎に選んで殆ど毎日そこに通いつめた。その時は既に長男が生れており、妻の弟妹も一時仮寓して、家庭はせまく賑やかであった。

図書館内外の様子は、その頃やはり通って来ていたものかと想像される菊池寛《きくちかん》の短篇小説「出世」によく描かれている。そこで私は、国家試験を目指す幾人かの同志と知合になり、昼食時には地下の食堂へ降りて行って、試験に出そうな問題や、受験術の巧拙などを、その人々と話し合ったりした。私ほどは根をつめて通わなかったが、同じく高文を志して図書館通いをする人に須田博氏（後名古屋鉄道局長）があった。上海での同窓として親しい間柄であったので、二人は励まし励まされつつ勉強を続けた。

独学は苦しかったが、やってみれば、法律というものに案外興味が持てた。高文のついでに弁護士も受験してみようという気を起し、民法、商法、刑法に力を用いた。試験官には、主として東大教授が任命されるので、それら教授の著書や、講義録を貪《むさぼ》り読んだ。学説などはどうでもよかったが、その頃学界を賑わした美濃部《みのべ》〔達吉《たつきち》〕博士対上杉《うえすぎ》〔慎吉《しんきち》〕博士の憲法論においては、私は天皇機関説を信奉し、上杉説を軽蔑した。

私も須田氏も、一九一三（大正二）年度の高文を受験した。私は民訴にまでは手が伸びなかったので、弁護士受験は放棄して高文のみを受け、須田氏もろとも合格した。図書館通いをしてから、満二年であった。合格者一同内閣法制局に呼び出され、成績順に合格証書を授与される段になって、私は意外に良い成績で合格した事に驚いた。私が東京で役所らしい役所に出頭したのは、その時が初めてであったが、高等官と判任官とで、便所が厳然と区別されている一事は、野人である私をいたく驚かせた。

高文を通って大学卒業なみの資格を得たが、私の目的は、中国方面に事業を持つ商社への就職にあった。そこで、親類の加藤恭平《かとうきょうへい》氏が丁度《ちょうど》三菱本社詰であったのに斡旋《あっせん》を頼み、その手で三菱に就職の可能性ができたのであったが、様子をきいて見ると、三菱社員と岩崎一家との間には、主従関係と類似の関係が成立するらしいので、間際になって二の足を踏んだ。どうせ主従関係に立つなら、天子様の家来になる方がよいではないかというのが、色々考えた末の結論であった。

官吏になろうとする私の志願はかくして生じたが、しかし官界に縁故の無い身を持って、頭をさげさげ採用を願ってあるくのは、私の苦手とするところであった。そうだ、合格さえすれば、自動的に採用される外交官を受験しよう。高文合格によって、国家試験の味も知った。試験中の最難関と云われる外交官試験とても突破し得ない事はあるまい。もう一年の勉強だ。そう私は決心した。

外交官受験に対しては、妻や岳父母から反対が起きたが、私は押しきった。問題はもう一年間の生活費であったが、やはり岳父が引受けてくれた。私の図書館通いがまた続けられた。外交官試験は語学がむずかしく、その得点如何が支配的だといわれていたので、その準備として時々、「ジャパン・タイムズ」を買って克明に読み、同時にその頃専門校受験用として学生間に流行していた南日恒太郎著『和文英訳』という小冊子を、一字一句逃さずに頭に入れた。語学の準備はこれだけであった。

外交官受験の失敗と成功

こうして私は一九一四（大正三）年度の外交官試験に臨んだが、無残にも失敗した。筆記試験で受験者の大部分が落され、口述試験に残された者が一〇人、その一〇人の中に私も加っていたが、口述試験はわれながら不できであり、殊《こと》に国際公法、私法で立《たち》〔作太郎《さくたろう》〕博士と山田《やまだ》（三良《さぶろう》）博士から問い詰められ、さんざんの不首尾であった。ただ、高度の語学力が必要であるといわれた語学試験は、英語に関する限り、受けてみれば案外大したものではなかった。語学試験中、最も骨の折れたのは、外国語で書く論文で「欧州大戦の原因を論ず」という出題であった。

その年の合格者は、沢田廉三《さわだれんぞう》氏を首席とし、外四人であった。顧《かえりみ》るに私の失敗は、前年の高文試験にあまり楽々と合格した事に理由した。準備を懶《なま》けたというのではないが、高文合格に気が驕り周到を欠いて油断が出たのであった。

失敗はしたものの、乗り掛けた舟である。私の進路は再受験以外にない。しかしこれ以上生活費を岳父に甘えにくくなった。窮余の一策として、在満の二友人に事情を訴えて生活費の借用を懇請したところ、二友人は快諾してくれた。上海での学友、富田己十氏（その当時満鉄在職）と、穴沢喜壮次氏（その当時鉄嶺権太商店主）がそれである事をここに特筆せざるを得ない。外交官の途が私に開けたのはこの両君の友情に負うところ大であって、終生感謝の念を断ち得ないのである。

失敗にこりて受験再準備を周到に進めつつ、一九一五（大正四）年度の試験に応じた。各学科の出題は概《おおむ》ね記憶を去ったが、外国語論文の課題に「対華交渉に関して仮に在京の第三国使臣よりその本国政府に致す報告文を書け」と出たのだけを覚えている。対華交渉とは、その年行なわれた対華二一か条交渉[*1]を指したのだ。

私の受験後感は自信満々「今度は合格するならばきっと首席であろう。中途半端な合格はあり得ない」とさばさばしたものであった。しかし合格者の発表は私の自信を裏切って、首席は越田佐一郎氏、私は次席であった。この年の合格者は八人、越田佐一郎、石射猪太郎、加来美知雄、横山正幸、玉木勝次郎、栗原正《くりはらしょう》、富井周《とみいしゅう》、二見甚郷《ふたみじんごう》という顔ぶれであった。

なお、その頃数年間の受験合格者を一瞥すると、前年には沢田廉三、田村幸策《たむらこうさく》、村井倉松《むらいくらまつ》氏等の五人、二年前には栗山茂《くりやましげる》、谷正之《たにまさゆき》、白鳥敏夫《しらとりとしお》、藤井啓之助《ふじいけいのすけ》氏等の八人、三年前には坪《つぼ》上貞二《がみていじ》、東郷茂徳《とうごうしげのり》、川越茂《かわごえしげる》、天羽英二《あもうえいじ》氏等の五人、更に遡《さかのぼ》って四年前には重光葵《しげみつまもる》、芦田均《あしだひとし》、堀内謙介《ほりのうちけんすけ》氏等の八人組があった。

それまでは、同文書院出身者にして、国家試験を試みた者は、一人も無かったが、図らずも私の合格が先駆をなして、若杉要《わかすぎかなめ》、堀内干城《ほりうちたてき》、山本熊一《やまもとくまいち》の諸氏が、次々と後に続いたのは、母校の声価のためにも悦ばしい現象であった。

満鉄を辞してから、外務省入りまでまる四年、この間、明治は大正と改元され、中国は清朝亡びて民国と改まり、第一次世界大戦たけなわに、またいわゆる二一か条の対華交渉が世間を騒がしていたのであった。

2　外務省に奉職

山男の宮仕え

一九一五（大正四）年一一月一一日付を以て合格者一同に辞令が下り、私は高等官七等領事官補に任ぜられた。俸給は月割にして約七〇円、仮任地として上海が与えられた。辞令を前にして、私はたどり着くべき処にたどり着いた気持で、格別新たな感想は起きなかった。ただ私の身の上を案じてくれた諸方面に申し訳が立ち、妻にも生活上の安心を与え得たのが嬉しかった。我々はその時既に一男一女の親となっていた。

自分の性格が外交官に適するかどうかなどを省《かえりみ》る余裕なく、就職難から出発して僅《わず》かに生きる道として外交官生活に踏み込んだ私は、将来大いに、外交場裡に活躍しようなどとの夢を持ち合わせなかったし、外国生活の華やかさにも憧憬を持たなかったから、外交官の雛《ひな》となっても「虞美人草《ぐびじんそう》」の宗近君や菊池寛の「姉の覚書」に出てくる駒井某などとは、およそかけはなれた垢じみた官補になったのであった。同じ合格者仲間では、加来美知雄氏が白皙《はくせき》長身、颯《さっ》爽《そう》たる才子で、小説の主人公たるにふさわしい青年外交官であった。

　霞ケ関の外務省は、正面の鉄門を入って右手に、陸奥宗光伯の銅像を仰ぎつつ緩勾配の上り道、そのつきあたりに古びた赤煉瓦《れんが》の表玄関があった。そこはしかし我々の出入口ではなかった。

　新官補一同、登庁の第一日に、芳沢《よしざわ》〔謙吉《けんきち》〕人事課長に率いられて、石井《いしい》〔菊次郎《きくじろう》〕大臣、幣原《しではら》〔喜重郎《きじゅうろう》〕次官にお目見えした。大臣、次官の如き大官を、まのあたりに見たのはこの日が初めてであった。

　我々新官補は、追って本任地がきまるまで、事務見習のため省内各局課に配属された。私の配属させられたのは政務局第一課長小村欣一《こむらきんいち》侯の部屋であった。当時外務省の小村、木村《きむら》〔鋭市《えいいち》〕と二人並んで逸材を謳《うた》われたその小村さんとはこの人であったか——見るからに気高い容貌、フロックコートを常用して水際立った長身、識見また高く咳唾《がいだ》玉を成さんばかりに思われた。その部下の面々は森田寛蔵、徳川家正《とくがわいえまさ》、広田守信、横田誠一郎、岡部長景《おかべながかげ》、栗野昇太郎《くりのしょうたろう》の諸氏、多くは既に一度は外国勤務を経て磨かれた粒揃いで、日常服装も申し合せたようにモーニングあるいは黒ジャケットに縞ズボン、然らざれば鉄無地の羽織姿であった。事務の合間にかわされる談笑も、金石の響きを持つかに聞えた。宜《むべ》なる哉《かな》、小村さんの政務一課は、もっぱら外務省の貴族院と称せられた。前年合格の沢田廉三氏は、既にパリ行きと内定し同課で待機中であったが、天成の素質の致す所か、この貴族院の人々に伍して遜色が見えなかった。

　この貴族院に放り込まれた私は——放り込まれたという気がしてならなかった——元来同文書院の蛮風に養われ、満鉄下級社員として放縦な数年を送り、東京に帰って法律を勉強したというだけのむき出しの野人であったから、自ら山男の宮仕えを感じ、居心地甚だよろしくなかった。言うこと為すことへマばかりだった。こんな事があった。

ある日和服で出て来た岡部氏に、

「あなたの羽織の紋はぽつぽつと点線で出来ているが奇妙な紋ですね」

「これは君、ぬい紋だよ。染紋では目立つからわざと点線に縫うんだ」

岡部氏はそういって失笑した。家に戻ってから聞くと、女だけに妻は縫紋を知っており、意気筋の流行ですといった。この事以来私は縫紋に好意が持てなくなった。

中国問題が政務一課の主管であった。そこの属官室には、大総統と異名を取った中国通の岩村成允氏が陣取って、庶務を弁じていた。私に課せられた事務は一定したものが無く、書類の読合せ、綴り合せ、統計数字の算出などを手伝わされる位のものだった。ある日横田氏にいいつけられて書類の綴込みを作ったところが、その表紙の上部に、ひと書いてくれと横田氏がいう。ひとは何の事かわからないので「日」ですか、ときくと、そうじゃない、秘密の「秘」だよと大いに笑われた。外務省の書類に「秘」とか「極秘」とかがつきものである事を横田氏の説明でその時初めて了解した。

劇評が政務一課の人気ある話題であった。羽左衛門がどうの、菊五郎がどうのと、よく噂に上った。小村課長は激務の寸暇を盗んで、これと思う一幕だけを立見して来るのが、観劇の妙諦だといっていた。私も芝居が好きで数は多く見たが、田舎回りか場末の芝居のみで、羽左や六代目の噂となるとお歯に合わなかった。政務一課と私は文化の水準が違っていた。

公、侯、子爵を主流とする政務一課と、私はもともと生活程度を異にした。月七〇円の俸給にたよるだけの私には、一食一五銭のおひるの箱弁さえ容易でなく、娯楽としては活動写真行き位が関の山であった。政務一課の常用服らしいモーニングを作る如きは思い及ばぬ事であって、一張羅《いっちょうら》の背広で通した。

他の局課に配属された同期合格者達も、私と似たり寄ったりの手工的な仕事をあてがわれ、顔を合せるとつまらなさを嘆じあった。心機転換と懇親とを兼ねて、一日鎌倉江ノ島へ遊ぼうではないかと話がまとまり、その年の一二月のある日曜日、みんなで揃って出かけた。鎌倉から七里ケ浜を歩いて江ノ島に渡り、夕方そこの料亭で飲みながら銘々勝手な熱を吹き、僅かに外交官らしい気分にひたった。「我々は結局サンデー外交官《デプロマット》か」と私が歎声を漏らしたので、みな笑い崩れた。その折、誰かの話によると、小村課長のフロックコート着用は、貧窮時代をフロック一着で通した先考小村寿太郎《こむらじゅたろう》侯にあやかるものであり、政務一課のモーニングは、英国紳士の日常の服装にならったものであるとの事であった。

小村侯の政務一課に対して、政務二課には課長松田道一《まつだみちかず》氏、その下に長岡春一《ながおかはるかず》、木村鋭市、武者小路公共《むしゃのこうじきんとも》氏などの英才が揃っていた。政務局長は小池張造氏であった。

通商局には、後の首相広田弘毅《ひろたこうき》氏が一課長としており、昼食後、時折政務一課にやって来て雑談する事があったが、いつも背広姿の無造作な態度に、何となしに好感が持てるのであった。

私は、依然、向ケ岡弥生町の借家から役所へ通った。岡の上には田中館愛橘《たなかだてあいきつ》博士や、某子爵の邸宅などがあったが、私の借家はその岡の崖下の陋巷《ろうこう》にあって、家賃月一〇円、僅かに長屋ではないというだけの、みすぼらしい家であった。高等官とはいえ、家では長男をおんぶして納豆買に行く私も、役所に行けば、世が世ならば、一七代将軍ともなるべき徳川家正氏や、泉州岸和田の城主たるべき岡部長景氏などと同列に机をならべていたのだから、我ながら滑稽にさえ感じた。

3　広東在勤

小村課長の思わせぶり

年を越して大正五年一月早々の或る日、小村課長が私を廊下に連れ出し、声を低めていうには、君に広東《カントン》に行ってもらう事に決った。今あそこは非常に大切な場所になっているので、特に君が人選されたのだ。追って発令されるまでこの事は当分秘密にしておくようにと、意味ありげな注意があった。なあんだ広東行か、つまらない処へやられるものだ。私は心の中でそう叫んだ。新官補にはまずどこか欧米の任地を与え、そこで語学その他外交官に必要な修行の機会を与えるのが、外務省の慣行だと聞いていた。現に一年先輩の沢田氏は、パリ行きを待機中である。自分もいずれ英語国のどこかへやられるはずだと思っていたのに、のっけから広東行だ。なるほど広東の現在は、袁世凱《えんせいがい》の洪憲《こうけん》運動*2を支持する督軍 竜済光《りゅうさいこう》がなお頑張っていて機微な情勢にある。だからといって、修行前の一官補がそこへ行ったとて、どうなるものでもあるまい。これは私学出身の官補などには修行の機会を与えず、さしあたり使えるだけ使ってやれの方針に相違ない。かねて聞く官学閥とはこれであろう。スタートからこの分では、せっかく入った外務省も長く足を留むべき処でないかも知れぬ。私は一図にそうひがんだ。全くパンのための外務省入であるから、任地などはどこでも問題でないはずだが、安く取扱われると思えば、やはり不満に堪えなかった。しかしその不満を訴える術を知らぬ私は、広東行を了承するより外なかった。

当分秘密にしておけとの小村課長の言いつけを守って、誰にも広東行を秘していた。三、四日後、大臣官邸に新年のパーティーがあって、我々末輩も招待を受けた。来会者の間を泳ぎまわる術もない新官補仲間だけで、隅っこに一固まりになって喋っているうちに、誰かが「おい広東の赤塚《あかつか》〔正助《しょうすけ》〕総領事から電報が来て、新官補を一人要求して来たそうだぜ。誰が行くことになるか、石射君じゃないか」という。「そう決ったわけではあるまい」と私が白を切っている所へ、芳沢人事課長が近寄って来た。

「石射君は君だったかね。広東の赤塚君から官補を一人よこせといって来たから、君を遣る事にした。今発令の手続中だからそのつもりで」とあっさり言ってのけた。ああ、広東行は君かといって、みな一斉に囃《はや》し立てた。私もやむなく哄笑したが、狐につままれたとはその時の気持であった。初めから秘密も何もありはしないのに、小村課長の言いつけを、後生大事に守った自分の馬鹿正直が、哀れに思えてしかたがなかったと同時に、小村さんなる人の、思わせぶり的な技巧に、ひどく不愉快を感じたのであった。このいやな経験が薬になって、後年ある程度人事を左右し得る地位になっても、私は小村式思わせぶりを部下に用いる事をしなかった。

赴任行

その頃中国での不健康地は、漢口《かんこう》か広東かといわれたほどであり、まだかけ出しの官補が、家族連れでは任地で暮せない慮りから、私は家族はそのまま東京に留め、単身赴任の事にきめて赴任準備に着手した。外交官道への出発点で気を腐らせたので、任地で暇があったらもうひと勉強して弁護士の資格を取り、場合によっては外務省に後足で砂を掛けてやろうとの下心から、旅装の中に民法、商法、刑法、その手続法などの大家の著書を詰め込むのを忘れなかった。

広東行の辞令をもらってから政務局長室に挨拶に行くと、小池局長は鋭いまなざしで一瞥をくれ、

「辞令を受けたら猶予なく出発する事だ」といった。取りつく島もない冷たい感じだった。

私は発令後二週間以内に出発すべしという規則通りに、二月中旬、気の進まない赴任の途に上ったが、出発前本省で聞いた噂では、赤塚総領事夫人は名うての豪傑だそうで「広東へ行ったら外交より内政がむずかしいぜ」という先輩もあり、私は行く手に早くも暗礁を予告された思いであった。こりゃ竜済光どころの騒ぎではないと、薄氷を踏む不安さで、広東行の歩を踏み出したのであった。汽車が大磯あたりを過ぎるころ、霙雪《みぞれゆき》が降りしきって車窓を曇らし、私の行路を一層みじめならしめるかに見えた。

神戸からヨーロッパ通いの郵船に乗って、八年振りの上海に寄港一泊した。総領事の有吉《ありよし》〔明《あきら》〕さんに挨拶し、村上〔義温〕官補などと面識を得た。ついでに元同文書院講師の佐原篤介《さわらとくすけ》氏を訪問して敬意を表すると、いきなり「君はえらい処へ行くね。赤塚の女房なる者が大変な

しろ物よ。苦労するぜ」と真向からあびせられたので、私の小さい肝っ玉は、いよいよ縮みあがってしまった。

その晩、有吉総領事に招かれて官邸で御馳走になった。善美を尽した中華料理であった。主賓は当時北京から来て滞在中の青木《あおき》〔宣純《のぶずみ》〕陸軍中将と松井《まつい》〔石根《いわね》〕中佐夫妻であった。松井中佐は新婚早々であったらしく、しきりに青木中将から揶揄《からか》われていた。食卓の話題は忘れてしまったが、青木中将の布袋《ほてい》様然たる風貌は、今なお眼に残っており、又将官には閣下の敬称がつきものである事を、その食卓の応酬によって初めて知った。この官邸が、二〇年後私の官邸になろうとは思いも及ばぬところであった。

この外、「朝日」特派員の学友神尾茂氏と旧交を温めたり、母校を訪問したり、一泊の滞在を忙しくおくった。第二革命[*3]で桂墅里《クイシュリ》の校舎を焼かれた母校は、北四川路の陋巷にみじめな仮住居をしていた。

香港《ホンコン》で郵船を捨てると、先ず今井〔忍郎〕総領事に敬意を表した後、白鳥〔敏夫〕官補の案内で市中を見物した。一緒にあるきながら、ここで受持っている仕事を尋ねると「香港も下らないし、総領事も下らないから、役所へなんか滅多に出ないのだ。僕の仕事は玉突と競馬さ」とそう云って白鳥氏はうそぶいた。恐ろしい官補があるものだと又々私は肝をつぶした。

その夜、珠江《しゅこう》通いの河ボートに乗り、翌早朝、広東着、沙面《さめん》仏租界の官邸をかねた総領事館にたどりついた。私を迎えた赤塚総領事の態度は、温情に満ちていたが「君の宿舎はないから当分この官邸に同居するがいい。そのつもりで部屋を用意しておいた」にはまいった。さわらぬ神に祟りなしということさえあるに、彼の恐るべき夫人と、同じ屋根の下とはおれの運命もいよいよ地に落ちたと感じたが、総領事の一言に、否応なく度胸をきめた。すぐ夫人にも紹介され、官邸に起居する身となった。

洪憲運動と竜済光

広東総領事館は書記生二人の外に警察官二人、そのうちの一人藤村〔俊房〕書記生は、長らく雲南に出張中という淋しい世帯であった。居留民も三〇〇人足らずの小人数であったから、その方の事務は閑散であり、忙がしいのは電信事務だけであった。折柄の帝制問題をめぐって、本省や他の公館との電信往復が激甚を極め、その激務に喘いでいる柴田書記生と電信事務を分担する役目が私を待っていたのだった。何の事だ、小村さんが意味ありげに囁《ささや》いた広東在勤の私の使命は、暗号電信と取組むことであったのだ。

当時袁世凱の帝制に対して支持の態度を取っていたのが、西南諸省中では、広西《こうせい》の陸栄廷《りくえいてい》と広東の竜済光だけであり、この両者が革命陣営に合流さえすれば、西南諸省が反帝制一色になり、大局のバランスに決定的影響を与える情勢にあった。これより先、日本政府は英米などと連繋して、帝制見合せの勧告状を袁世凱に突きつけたのであったから、広東での赤塚総領事の政略的工作の目標は、陸、竜両都督をして、なるべくすみやかに袁世凱から離反せしむる事にあった。然るに陸、竜は軽々に動かない。殊に竜済光には袁側からの薬が強くきいているらしかった。

着任後間もなく、私は赤塚総領事につれられて、督軍公署の奥深く竜将軍に見参した。いわゆる南蛮の一種たる玀々《らら》族出身とかで、怪異な相貌、突き刺す様な眼光、野趣横溢した五十がらみの巨漢であった。パール・バックの「大地」の晩年の王竜を映画化するならば、当時の竜済光にそのまま出演してもらうのに限ると今にして思うのである。

その時赤塚総領事は、前回訪問の時の話の続きとして形勢の推移を説明し、今や一日も早く袁氏を見限るべき時であるゆえんを説いた。総領事の言は懇切を極め、温情が滲んでいた。竜将軍は色々質問はしたが、動ずる色を見せなかった。しかし問答は打ちとけた空気の中にとりかわされ、両者の間柄の不断の親密さを思わせるものがあった。通訳には日本留学生出身の金鎔なる人物が当った。金氏は赤塚総領事夫妻のきもいりで、美貌の日本婦人を娶《めと》っている人だった。

この後間もなく赤塚総領事は、往復一〇日ばかり広西に出張し、陸栄廷の腹中を打診して帰られた。陸氏の反袁に転向するのは、時の問題だという事であり、この打診を齎《もたら》して総領事が竜済光の決意を促したのはいうまでもない。果して陸栄廷は三月中旬袁に対して独立を宣言し、竜済光も四月早々その後に続いたが、この時袁世凱は既に大勢非なるを察して帝制取消を宣言した。

共和制から君主制への逆転はかくして食い止められたものの、それまで皇帝と称した袁が、大総統の位に還元して恬然《てんぜん》北京に蟄居《ちっきょ》するのに対し、袁打倒の火の手が新たに燃え上がった。そうして四月末討袁軍総司令部が岑春煊を総司令として広東省肇慶《ちょうけい》に組織され、陸栄廷、梁《りょう》啓超《けいちょう》その他両広各界の代表者がこれに参加した。わが外務省から太田〔喜平〕総領事が臨時に肇慶に派遣されて来た。端渓《たんけい》硯石の産地が、革命の嵐の中心地に早変りした。

一方、おくればせに反袁陣営に加わった竜済光は、裏面においてなお袁との縁を断ち切れないものの如く、これを不満とする分子によって、広東にも、戦火が降らんずるかの危機を示した。この形勢は陸栄廷の斡旋によって緩和され、省城の局面も、一時小康を得たかに伝えられた折柄、海珠《かいじゅ》事件という殺陣が突発した。

海珠は広東海岸《バンド》通に沿った小島であって、恐らく広東省城の局面の善後措置を議するためと思われる会議が、四月一四日海珠島上のある建物内で開かれ、広東政客が寄り合った。会議の進行中、誰が射ち出し、誰が応射したか拳銃の弾が急に飛びかかって会議は混乱し、数名の要人がこれにたおれた。

その日の午後、突然年配の一中国人が、わが総領事館に駆込んで来て庇護を求めた。海珠事件の危難を脱してきたという徐勤氏であった。広東護国軍総司令と自称し、香港を本拠として、かねてから広東の政権をねらうといわれていた人である。

徐氏は二、三日間、官邸にかくまわれた後、いずこともなく出て行った。その間赤塚総領事は色々ききただしたようであったが、徐氏がその会議でどんな役割を演じたか、またこの殺陣が何のために誰が策謀したかの真相は、不明であったようである。不可解な事件として今もなお私の疑問とするところである。

赤塚総領事夫人

たぶん三月中であった。総領事館全体が、英租界に新築された大きなビルデング内に引き移った。今度は私も、その二階にふた間続きのアパートをもらったが、広いベランダによって、総領事のアパートに直通し、今までどおり赤塚さん夫妻と三度の食事を共にし、家族の一員であるかの如き待遇を受けた。そして親炙《しんしゃ》すればするほど赤塚さんの持つ風格に魅せらるるのであった。言動が開放的ですこしも巧まない。ユーモアと情味が、飾らない辺幅からほとばしる。酒を愛し、談論を好み、しかも識見には独創味があった。中国側との宴席では、拳を打ち、斗酒なお辞せずの「海量《ハイリャン》」を発揮して、渾然中国人と融け合った。私は醇乎《じゅんこ》たる自然児を、赤塚総領事に見た。この人の在る所春風駘蕩《しゅんぷうたいとう》として、中国人は敵になり得ないだろうと思われるのであった。

赤塚総領事夫人については、その道聴塗説《どうちょうとせつ》とはほど遠い人である事を、私はすぐ知った。多分に直情径行であって、思った通りをいってのけ、それが周囲に好感を与えないのは事実であったが、実はあふるるばかりの親切心の持主で、時には親切が過ぎて干渉がましくとられる事も、誤解の素に相違なかった。噂におびえて遠巻きにしたのでは判らない。気心を呑み込んで親しめば、思いやりのあるやさしさが感じられる。派手好みな大柄な体軀で、鹿児島弁を操つる感じは、いわゆる﨟《ろう》たけた奥様型から外れていたが、夫君と同様に心に巧みのない人であった。私は短い間であったが、赤塚夫人の親身も及ばぬ親切に浴し、良いおばさんを持った気持でいた。

夫人は花柳《かりゅう》の巷《ちまた》に対して、ひどく潔癖であった。若い者がそんな処へ出入するのにさえけがらわしさを感ずるようであった。こんな事があった。ある時日本からある新聞記者が広東の情勢視察にやって来た。赤塚総領事は旧知と見えて、一夕その記者を対岸河南《ホーナム》の日本料理屋に招待して飲むことになり、石射も一緒に来いと誘われた。河南には日本芸者も数人いて、内地情緒も味わえると聞いていた私は、渡りに船と好奇心をはずませたが、赤塚夫人から抗議が出た。

「あなた、何ですね。石射さんのような純な人を、そんな処へつれ出すなんてあるものですか」「純な人……」にはうしろめたさを感じたが、それよりも私の河南《ホーナム》行が、これでおじゃんになったのが怨めしかった。私はやがて広東を去るまで、遂に河南を味わわないでしまった。

要するに広東における私の公私の生活は、終始赤塚総領事夫妻の生活の中に溶け込んで、双方の間に、何のわだかまりも生ぜず、楽しく進行した。ひとえに赤塚さん夫妻の、後進を愛する温かい人情の然らしむる所で、私にとっては、今もなお感謝の伴う追憶になっているのである。

寸前尺魔、病気帰朝

こうした生活も長くは続かなかった。五月末の或る夕方、私は総領事のお供をして、付近に住まっている海軍駐在員杉坂《すぎさか》〔悌二郎《ていじろう》〕海軍大尉の処へ話に行った。ビールが出て話し込んでいる最中、猛烈な悪感が私を襲った。中座して自分のアパートへ駆け戻り、寝台に潜り込んで震えていると、やがて全身焼くが如き大熱に変った。

その時以後、約八〇日私は病床に呻吟した。居留民会の嘱託医が手を尽しても、何病とも診断がつかず、香港から老練な医師を招いたがこれもわからない。大熱往来して食物を受けつけないので衰弱の度を加うるばかり。あとで聞くところによれば、居留民の間では石射官補の命は今晩か明日かと噂されたという。それでも私本人の意識は、あくまで確かであった。かかる重態も二か月目頃から好転し始めたのであったが、それは主として看護に当ってくれた一日本婦人の献身的努力に負うところであった。赤塚総領事から外務省への危篤電によって、私の骨を拾うつもりで、はるばる家父が駆けつけた時は、私はもう床の上に起き上がれる程になっていた。

総領事の取り計いにより、帰朝静養が許され、八月中旬家父に付き添われて広東を発った。本俸を在勤僅かに半年、しかもその一半を病床で暮した私は、広東と親しむ機会がなかった。本俸を留守宅に取らせ、在勤俸だけで暮さねばならぬ身の上は、いつも嚢中淋しく、街へ出ても面白くないので、猫額大の沙面島のみが私の天地であった。北京語がまるきり通ぜず、北方人と肌合いの違った広東人は、取りつきにくくもあった。ろくな働きもできず、御世話になるばかりの赤塚総領事夫妻に、心からお詫びして広東を後にし、私は半年ぶりでふり出しの留守宅に戻った。子供二人は大きくなっていた。

磯部温泉——柴山輜重兵中尉

帰京後一月ばかりして、私は医師の勧めに従って群馬県磯部温泉に湯治に行った。そのついでに妙義山の秋色を探ったり、句作に耽ったりした。私の俳句熱は数年前からのもので、虚子の流を汲んで独り自ら楽しんでいた。病気で中断されていた俳句熱が、磯部に来てまた燃え上ったのだった。

昨は彼の高嶺に立てり秋晴るる

そんな句よりも、私はここで偶然にも一友人を得た。私の宿った温泉宿には、季節外れのせいか浴客が少く、殆んど各部屋が空きであったが、私の隣室にいる一人の客、夜になるとあと片付けを済せた三、四人の女中がそこに集まり、饒舌と笑声とが交響して、にぎやかさを通りこし甚だ騒々しい。朝のお給仕に来た女中に尋ねると「若い軍人さんですよ、とても面白い方、貴方も晩に遊びにいらして御覧なさい、構いませんよ」と一人ぎめにいう。

それにつられてその晩気軽に押しかけて見ると、客はどてらにくるまった五分刈頭の二八、九の若者で、鼻下のどじょう髭が色白の顔に目立って見えた。交換した先方の名刺には「陸軍輜重兵中尉柴山兼四郎《しばやまけんしろう》」とあり、宇都宮師団の所属で、胃腸が悪いので休暇を得て湯治に来たのだといった。他愛《たわい》ない馬鹿話で、女中達をからかったり爆笑させる術は、手に入ったものだった。

私はその晩から、夜になると柴山中尉室に合流して、女中操縦術を修行した。二人の交際は、数日の間に君、僕の間柄に発展し、後日を約して別れた。それから実に二一年を経て、私は東亜局長、柴山中尉は陸軍省軍務局軍務課長、中日事変不拡大の同志として、お互を見出したのであった。その後柴山氏は師団長になり、陸軍次官に栄進した。輜重科出身にしてこの累進は、氏の才能の非凡さを物語るものであった。

磯部温泉を二週間ほどで切上げて帰京した。すっかり健康を回復したので外務省に出頭し、元の縁故で再び小村さんに属せしめられた。政務一課にも多少顔ぶれの変化があり、新顔として有田八郎《ありたはちろう》氏が加わっていた。

私はその頃、向ケ岡弥生町から、駒込吉祥寺裏に引き移っていた。家父と中学生の弟が同居して家計は苦しく、役所通いは憂鬱であったが、明日のパンのためにはやむを得ない。場合によっては外務省を見捨てようなどの下心も、いつか解消せざるを得なかった。この間、句作が私の憂鬱の唯一のはけ口であった。当時のホトトギス俳壇に覇を称えた俳人普羅、石鼎、泊月などの名吟に刺激されて、私はひたすら句作に思いを凝らしたが、自ら満足する句は殆んどできなかった。俳句鑑賞眼だけが高くなる気がした。

その年の暮、私は天津《てんしん》在勤の命を受けた。この春広東赴任以来の世間の動きは、ヨーロッパ戦争はベルダン戦を経てなおたけなわに、国内ではその一〇月、寺内《てらうち》〔正毅《まさたけ》〕内閣成立して本《もと》野《の》〔一郎《いちろう》〕子爵が外務大臣となった。中国は六月袁世凱逝いて黎元洪《れいげんこう》が襲位し、段祺瑞《だんきずい》が内閣を組織して、やや安定の形勢にあった。

私が袁世凱の死を聞いたのは、広東の病床で大熱のさ中であった。一代の奸雄ながら巨星地に落つという感じであった。

4　天津在勤

またしても中国行き

自分の本領は、中国で働く事にあると思いつつも、外交官への準備時代の目標を、欧米に置いた私にとって、またしても中国行はありがたくなかった。が、官補として自分と同じ踏み出しをして中国にいる人々の事を思えば、自分だけ不平をいうべき筋合いではなかった。当時天津総領事は松平恒雄《まつだいらつねお》氏であった。私の天津行が発表されると、政務一課の人々から「君は良い館長の下へ行くね」といわれたので、やや勇気づいた。

松平さんは人も知る会津二三万石の出身である。私の居村は会津領には属していなかったが、戊辰戦争で会津と運命を共にしたという共通の郷土感情も働いて、私には未知の人《ストレンジャー》ではないような気のする松平さんでもあった。だから、はじめから赤塚夫人の噂におびえた広東行とは違った心境の下に、私は一月中旬、妻子同伴で赴任の途に上った。天津にはわが居留地があり、日本的な安価な生活もできそうなので、家族同伴にきめたのであったが、それが大きな誤算であった。

東京から朝鮮、奉天《ほうてん》経由、京奉線で天津着、英租界紫竹林の官舎に入った。官舎は総領事官邸構内の入口にあって、煉瓦建二階造りのろくな家具もない寒々《さむざむ》とした家であった。途中の寒さにあてられて、着くとすぐ長女が肺炎を起こして入院騒ぎ。一時絶望状態に陥ったのが、幸いにして一命をとりとめたが、着任早々の大打撃だった。

私の外交官道二里塚はかくして始まり、翌一九一八（大正七）年一一月新任地サンフランシスコに向って天津を去るまで、約一年一〇か月の窮乏生活が続いた。この間にロシアのボルシェビキ大革命、ドイツの無制限潜水艦戦宣言に激怒してアメリカが参戦し、続いて中国も参戦した。張勲《ちょうくん》の復辟《ふくへき》*4、天津の大洪水もこの期間の出来事であり、日本では原敬《はらたかし》氏を総理とする、立憲以来最初の純政党内閣が成立した。

領事裁判――最初の刑事事件

天津総領事館には、松平さんの下に吉田〔東作〕官補ほか数人の書記生がいるに過ぎなかったが、領事館警察は二十数人の警官を擁して三千余の居留民の保護と租界の治安維持に当っていた。私の来任は、既に帰朝命令を受けた吉田官補の後任としてであり、総領事代理として領事裁判に当るのが主たる仕事であった。居留民が多いので訴訟事件、殊に刑事事件が多く、弁護士が二人開業していた。

当時天津は阿片、モルヒネ密売買の市場であって、犯行者には朝鮮人が多かった。着任して間もなく最初に取り扱ったのが朝鮮人のモルヒネ密輸事件だった。狭い法廷ながら一段高い判事席に着いて、被告人や傍聴人を見おろした気持は、何かしら優越感に似たものであった。事実調べが終わると「既に被告人の罪状は本人の自白と証拠物件とによって明白である。かかる事件の頻発に鑑《かんが》み厳刑に処せらるべきである」検事事務取扱の境田警察署長がそう簡単に論告した。これに対して弁護士から何やら弁論があった後私は判決を下した。

「被告人を懲役六か月に処す」

するとと境田署長が官補殿ちょっとといって、法廷外の廊下に私を引張り出して「六か月は長すぎる」というのだ。

「でも君は、厳刑に処せといったではないか」

「そうは申したが、あんな奴に、六か月も食い潰されては、署の財政がたまりません、予算が足りないのですから。吉田官補の時は、あんなのは精々二か月でした。どうか二か月にお願いします」と、検事の方から値切るのである。やむを得ず私は法廷に引返して、ええままよ、「只今の六か月は取り消し、改めて被告人を二か月の懲役に処す」とやった。

刑が軽くなったので、弁護士から苦情は出なかったが、市中に流布された噂なるものがたちまち聞こえてきた。「今度来た官補は恐ろしい奴だ、自分一人で大審院まで兼ねていやがる」

何分素人の事とて、こんな喜劇を初陣に演じたが、三、四件手がけているうちになれてきた。外交官のつもりなのに、裁判事務とは嘆かわしかったが、人生修行の一つとあきらめて真面目に勤め、また法律上の議論では弁護士に負けなかったので、私の裁判は自然居留民の信用を博するに至った。が所詮は素人の裁判ごっこだった。

在勤の第二年目に外務省の依頼を受けて司法省から小山松吉《こやままつきち》、池田寅二郎《いけだとらじろう》の両大家が領事裁判の実状視察に回って来た。今まで見たところでは、天津の裁判事務が一番うまく行っているとお褒めの言葉を頂戴したが、私自身は裁判事務にはあきあきしていた。

条約に関係ある地方的交渉問題について外交部特派交渉員宛の抗議文や、回答文を起草するのも私の仕事であった。要するに私の天津在勤は法規と条約との取組みに終始し、外交官らしい匂いさえしなかった。

天津の種々相

当時天津のわが居留民は、約三千五百、その大部分が日本租界に居住し、民団法によって、居留民団を組織していた。

この租界と居留民とに君臨するのが松平総領事、その総領事ぶりは正に君臨というに値した。内は居留民に対する民政、外は中外人との外交交際において措置周到を極め機に適し、加うるにその出身の故に自ら備わる品格が光彩を放って、内外の与望その一身に集まるの概があった。ただ私にとっては、頗《すこぶ》る苦手の総領事であった。余りに儀礼《エチケット》が厳しいからである。ロンドン在勤七年にわたって英国的教養を身につけた後、北京公使館書記官で鍛え、外交官として既に完成《アコンプリッシュ》された松平さんから見れば、儀礼に盲目な私の肌ざわりの粗野さは眼にあまるものがあったに相違なく、一挙手一投足にも、お行儀をやかましく戒められた。ひとかどの外交官に仕立ててやろうとの親心からの厳しさとはわかっていても、生来の野性は容易に儀礼になじまず、苦労をし続けるのであった。

もう一つ私の苦手とするところは松平総領事の聡明さであった。「君、外交官は常識仕事だよ」とよく私に教えられたが、松平さんは恐ろしく明敏な常識の持主であった。何事にもあれ自分の持つ常識の篩《ふるい》にかけ、その目を通らない限り諾《うん》といわない。どんな微細な非常識の粒子でもすぐに指摘される。一点の隙もない明敏さを私は「常識的な余りに常識的な」といって持てあました。しかし、一旦これはと思ってやり出すと、強靱な粘りと押しを発揮するのも特長であった。

　こうした松平さんに配した信子《のぶこ》夫人。佳人と云う文字は、実にこの人のために作られたものとさえ思われた。夫婦の間に一男二女があり、後の秩父宮妃殿下節子《せつこ》〔勢津子〕姫はまだ八、九歳の小学生であったが、両親の資質を受けて、すでにその頃から聡明をたたえられていた。

　当時華北駐屯軍司令官は石光真臣《いしみつまおみ》少将、その幕僚や部隊長に川岸文三郎《かわぎしぶんざぶろう》、森連《もりむらじ》などの諸氏がいた。軍全体がおとなしい存在ではあったが、軍司令官とその幕僚は、何となく策動的であり、中国側との交際においても、松平総領事の向うを張るような気配を示し、私から見ても面白くない存在に思えた。後に軍司令官の更迭があり、金谷範三《かなやはんぞう》少将が来任した。金谷少将はどういう訳か私に親しみを見せてくれ、私もその豪快率直な武人らしさに好感が持てるのであった。少将は非常な酒豪であった。

　天津居留民社会で、重きをなしたのは、やはり大商社の支店長連であった。その中で私の比較的懇意にしたのは正金の最上〔国蔵〕支店長、三井の大村〔得〕支店長であった。戦争景気で商社も地元商人も全盛時代、従って花柳界曙街が賑わい、料理屋では神戸館と敷島が覇を称えていた。芸者は一四、五人、大抵は関西出身であった。その中に八千代といって、中・日混合の宴会にはなくてならぬ才気者がいて、中国側にも「八千代《パーチェンタイ》」の呼名で知られていた。いわゆる国際芸者だった。鳥なき里では駆けだしの官補も宴会に顔を出さねばならぬ機会が多く、興に乗じて二次会に流れたり、流連したりして茶屋酒の味を覚え、その結果は身分不相応の借金に苦しむのであった。

当時天津にはわが租界のほかに、イギリス、フランス、ドイツ、ロシア、ベルギー、オーストリア、イタリーの専管居留地があり、各国領事の数は多かったが、私の知り合ったのは帝制ロシアのティーデマン総領事だけであった。この人は領事団長でもあり、松平総領事と最も親交があった。私はこの人から火酒の飲み方の伝授を受けた。貴族的人品を備えた立派な外交官であった。

昔は直隷《ちょくれい》総督の居城だった天津も、民国以来政治的重要性を失なったが、なお直隷省政府が所在し省長朱家宝《しゅかほう》氏が鎮座していた。悠揚たる巨軀に半白の長髯《ちょうぜん》を垂らし、中国の古典文化を身につけた長者であった。その秘書として謝介石《しゃかいせき》氏がおり、松平総領事と朱省長との連絡疎通に当っていた。地方的渉外機関として別に外交部特派交渉員が置かれ、黄栄良氏がその職にあった。老練な外交官で、英語をよくした。民間人で私の知り合った中で外人は誠に少なかったが、「大公報」主筆の胡霖《こりん》〔政之《せいし》〕氏、「北京天津タイムズ」主筆のウッドヘッド氏はここで得た知人であった。

天津総領事館の一官補から見れば、北京公使館は雲の上の存在であるかに思えた。林〔権助〕公使は時折天津にみえる事はあってもまぶしくて近寄りにくく、芳沢参事官、出淵《でぶち》〔勝次《かつじ》〕、杉村《すぎむら》〔陽太郎《ようたろう》〕、徳川〔家正〕、縫田〔栄四郎〕の諸書記官も公務上では私とは無縁の存在であった。北京で西原借款[*5]が行われたのもこの頃であった。

張勲の復辟――大洪水

中国は日本、イギリス、アメリカなどの勧説を受けて一九一七（大正六）年八月、ドイツ、オーストリアに宣戦した。これより先参戦を不可とする黎大総統と、これを可とする段国務総理との間に確執が生じ、五月、段総理は罷免されたが、論争は全国的に広がり続いた。六月、黎、段の間を調停すると称して徐州の弁髪督軍張勲が兵五千を率いて北上し、しばらく天津に滞在の後、北京入りをしたとたんに、七月一日、宣統廃帝〔溥儀《ふぎ》〕を擁して復辟を宣言した。その荷担者の中に朱家宝、謝介石の名が見えた。これに対し下野在津中の段祺瑞が民国護持の軍を馬廠《ばしょう》に起し、兵を北京に進めたので、京津一帯はたちまち争乱の巷となったが、精鋭を以て憚からられた張軍は脆《もろ》くも潰え、張勲のオランダ公使館遁入となって幕が閉じられた。張勲のこのクーデターは「千日養兵用在這一天」のおもむきはあったが、前後一〇日とはかからぬ寸劇、しかも喜劇に終わったのは笑止だった。

この争乱に当たって、松平総領事がチャンネルを深く段祺瑞の挙兵本部に通じて、的確な秘密情報を刻々外務省に送ったのは目覚しいものであった。ふだんからの周到な布石が物をいったのだ。

この寸劇後、馮国璋《ふうこくしょう》が大総統となり段祺瑞復活し、中国は参戦した。何の事はない復辟は参戦の序幕でしかなかった。

復辟騒ぎよりも、天津としては、ついで襲来した洪水が大事件であった。この年の夏、白河の上流地方に稀なる大降雨があって、白河の水位が日々高まっていた。その水位がいよいよ上り詰めた時に天津上流の楊柳鎮《ようりゅうちん》で白河右岸の堤防が切られ、そこから奔流した水が天津の背後一帯見渡す限りの盆地を浸して、天津城外とこれに隣接する日本租界の大部分が水の都に化した。水が、わが租界に侵入し始めてから二四時間後には、わが総領事館事務所の庭先は四尺、天津銀座の旭街は三尺の水深になっていた。時は秋の早い華北の九月下旬。低地をひたした水は、はけ口がないので渺茫たる大湖水をなしてそのまま動かない。冬に入ればわが租界に櫛比《しっぴ》する粗悪な煉瓦建は、水と共に凍結し春来って解氷と同時に崩れおちる恐れがある。まことに天津日本租界の危機であった。そしてこれを救ったのが松平総領事であった。租界の周辺に堤防を築いて水を仕切り、幾十台の排水ポンプと中国式の汲出作業の併用によって、租界内を干潟とする大事業が、松平総領事の発案と指導の下に民団によって着手され、結氷期とすれすれに完遂されたのであった。漫々たる水に漬った三か月、日本租界の交通は舟によった。月明の夜の街々はベニスを思わせる美しさであった。「この水を掻い出すのは惜しいではありませんか」といって、私は松平総領事に叱られた。

張作霖、徐樹錚、曹錕、靳雲鵬

復辟失敗と共に、直隷省長朱家宝は失脚し、曹鋭《そうえい》がそのあとに座った。直隷派の領袖曹錕《そうこん》と、山東の靳雲鵬《きんうんぽう》が揃って松平総領事を来訪したのはその頃であったと思われる。接見は総領事官邸で行われ、私もその席に連なったが儀礼的訪問であったらしく、二人共陸軍上将の軍装美々しく装ったものの、その威容が身につかず、「沐猴《もっこう》にして冠《かん》する〔猿が冠をかぶっている〕」のおかし味があった。

その後奉天の張作霖《ちょうさくりん》と、段派の謀将徐樹錚《じょじゅそう》が入京の途次天津に立ち寄り、松平総領事の招宴にやって来た。南方革命派の反段気勢に、武力解決を与えるための背景として、徐樹錚が張作霖を満州から誘出した時であった。

宴席に見た張作霖は大衫馬褂児を着流した小柄の中老、始終伏目がちに物をいい、それと知らなければ、市井の一商人と見たかも知れない柔和と平凡さである。伝えられるこの人の果断、剛腹、非人情は一体どこから迸り出るのだろうと、私は奇異の眼を以てその挙措を見守った。私が張作霖を見たのは、この時が初めてであり、終わりであった。

徐樹錚は陸軍中将の軍服姿ながら、三〇を幾つも出ていない豊頰の青年軍人で、闊達《かったつ》な気象を眉宇《びう》にただよわせていたが、段氏の股肱《ここう》として、華北の局面に幅を利かす傑物とは見えなかった。この二人から受けた印象は平凡であっただけ、却って鮮明に今なお私の頭に残っているのである。

天津生活の窮乏、亀井官補の来任

一九一八（大正七）年五月松平総領事は帰朝命令を受けて、家族とともに天津を去った。後任沼野〔安太郎〕総領事がオタワから単身着任した。六尺豊かな長身と、学者らしい人品とは、当時のウィルソン大統領に彷彿《ほうふつ》し見事な風采であった。新総領事と私の縁は長くはなかった。その九月に私がサンフランシスコへ転任を命ぜられたから。

これより先七月中、私は家族を日本に帰した。天津の気候が合わないのか、みんな病気ばかりしているからであった。

家族同伴で暮しが立つはずの天津生活は、ことごとく私の予想を裏切ってみじめなものであった。まず第一に、大戦のもたらした銀相場の高騰に祟られ、私の全収入を銀貨にかえても、月一〇〇ドルに満たず、日々の衣食を賄うさえ難儀であった。いわんや家族の病気、長女、妻、女中までが次々と入院する始末で、火の車を引き通した。いよいよ天津を去るに当たって正金銀行、病院、お茶屋への借財等合わせて三千余ドルを、いかに処置すべきかに思い悩んだがどうにもならない。つまるところ、屈辱の詫び証文を残す以外に途がなく悶々としている所へ、思いがけなく救いの手が差し延べられてきた。

同文書院の先輩で、当時天津大倉組支店の要職にいた塚崎敬吉氏の処へある日遊びに行くと、君も身分柄派手にやらなければならなかったので在勤中随分苦しかったろう。多分の事はできないが、離任前に金がいるなら都合するから、遠慮なくいい給えという。大干の慈雨とは正にこの事であった。遠慮なく窮状を話すと即座に三、〇〇〇ドルを貸してくれた。後日のため証文を入れようとすると塚崎氏「僕は病身でいつ死ぬかわからない。死後にそんな証文が出て来て君に迷惑をかける事になるといけないからよしてくれ」つまり私に恵んでやろうとの好意なのだ。私は感激を以てその厚意に従った。長年の外交官生活の途上、知友の厚情に浴した事は少なしとしないが、塚崎氏からの救援の手は最も感銘の深いものであった。

塚崎氏からの恩借によって、各方面の借財をすませ、私は跡を濁すことなく、天津を発つことができた。

後任官補として亀井貫一郎《かめいかんいちろう》氏が着任した。すばらしい美貌の持主で、その上に才気と愛嬌を兼ねそなえ、服装から態度から、一分の隙もない青年外交官であった。花柳界曙街がまずざわめき立った。私は亀井氏と一緒にいた三週間の間に、先輩ぶった気持で二、三回曙街に案内した。「今度の官補さんは奇麗な人やな」「ほんまに。男らしくてやさしくって」こうした噂が、たちまち曙街を走って、若い芸者達は亀井官補の名に胸をおどらせた。一年半あまりの在勤によって、多少曙街に認められた私の存在は、亀井官補着任後一週日を出でずして亀井氏の蔭に薄れてしまった。流行唄一つ満足に歌えず、乱痴気に立騒ぐ外知らない私に引きかえ、亀井氏は長唄、小唄に長じ、誰かの勧進帳の声色《こわいろ》などは、手に入ったものであった。加うるに挙措典雅、したたるばかりの愛嬌、およそ異性に好かれるあらゆる条件を備えていた。「どうだ、われわれの仲間にもこんな優物がいるぞ」といった誇示的な気持をもって、私は亀井氏と飲みあるいた。もし亀井氏に魅せられない女がありとせば、それは女の方が無理というべきであった。

一九一八（大正七）年一一月一一日、世界大戦の休戦成るの報を耳にしながら、私は天津を発った。これに先だって「天津日報」は「石射官補を送る」と題して長文の論説を掲げ、「君の在任中居留民間の民刑事問題を正しく裁いた事に対して感謝し、君の法律知識に敬意を表する。この上は新任地にあって政治経済の知識を蘊蓄《うんちく》して他日の大成に備えられよ」との趣旨を論じた。過分の餞別であった。大連経由、親友富田己十氏一家と交歓し、神戸では、その八月の米騒動の焼き打ちの跡を見物して東京に帰った。

天洋丸、牧野全権、松岡洋右氏

サンフランシスコ行は何となく場末へやられる気がしたが、とにかく待望の英語国への転任であった。この機会に妻にもアメリカの空気を吸わせておきたいとの考えから、幼児二人の養育を国許の岳父母に托し、夫婦して赴任の途に上った。一九一八（大正七）年も押しつまった一二月初旬、船は東洋汽船の天洋丸であった。パリ講和会議行きの牧野《まきの》〔伸顕《のぶあき》〕全権とその随員一行が同船なので、横浜埠頭は見送り人の山を築き、華々しい出帆光景であった。

随員一行中、私の記憶に残っている人々は、加藤恒忠《かとうつねただ》、松岡《まつおか》〔洋右《ようすけ》〕、佐分利《さぶり》〔貞男《さだお》〕、吉田《よしだ》〔茂《しげる》〕、有田〔八郎〕氏等の外務省人の外、竹下《たけした》〔勇《いさむ》〕、奈良《なら》〔武次《たけじ》〕等の陸海軍人、三島《みしま》〔通陽《みちはる》〕子爵兄弟、新聞人では黒岩涙香《くろいわるいこう》、上田碩三《うえだせきぞう》、中野正剛《なかのせいごう》の諸氏。ワシントン大使館の陸軍武官井《いの》上一次《うえかずつぐ》少将も同船した。

これ等の人々の外に、内外人多数を乗せて船中は賑やかであったが、際だって周囲をにぎわせたのは松岡洋右氏であった。全権一行用に設けられた談話室に、ある日顔を出すと、牧野全権ほか数人を相手に、松岡氏が独りで喋り散らしている。話題は性《セックス》問題で内容怪奇を極めたものであった。牧野さんは聴いているのかいないのか、無表情な顔をしておられた。この長老をいささかも憚らないで怪奇な説を吐くのみか、やがてソファーにふんぞり返って大いびきを立てた松岡氏の傍若無人ぶりは、私の驚異であった。

そのあとで、私は牧野さんから、一八七一（明治四）年岩倉公一行に加わって初めて渡米した時の懐旧談をうかがった。その断片、

　その時私は一三の子供だったが、洋服でなくてはいけないとの事で、横浜中さがしてようやく一着見つけて買って着せられたのがモーニングコートだった。何も知らないから得意になってそれを着こんでアメリカに渡って見ると、誰もそんな物を着ている子供がない。子供心にもはずかしくてたまらなかったが、我慢してニューヨークに着いてからようやく

子供の洋服を買ってもらった時は、実にうれしかった。ところが、外出した折、通りすがった自転車にひっかけられてせっかくのずぼんに大きなかぎ裂きをつけられてしまった。私は全く泣き出したい気持だった。

船はホノルルに一泊、私達夫婦はワイキキ・ビーチの旅館望月にくつろいでマンゴーを貪りたべた。市内見物中は、和服姿の日本娘を見たのが珍しかった。

年内余日なき一二月下旬サンフランシスコに着き、領事館員の出迎えを受けて、とりあえず日本旅館小川ホテルに入った。埠頭からホテルへの途中、マーケット街の壮観を瞥見した刹那、私は「日本は二五年おくれておる」と妻に叫んだ。が、とっさのこの印象は、間もなく崩れたのであった。日本がおくれているのは二五年どころでないことが、次第にわかったからである。

5　サンフランシスコ在勤

総領事館と排日の苦杯

牧野全権一行が、一、二泊後、東に去ったあとは大風一過、私は取残された形でサンフランシスコ総領事館の一員となった。総領事館は、はじめマーケット街の横町にあったが、間もなくマーケット街に面したポスタル・テレグラフ・ビルに引移った。

総領事は大《おお》田《た》為吉《ためきち》氏、館員は富田〔義詮〕副領事の外に数名の書記生がいた。私の前任者藤井〔啓之助〕官補はワシントンへ転任になったのだが、夫人のお産のためにまだサンフランシスコに留まっていた。私の受持たされた主なる仕事は電信事務で、また広東への逆戻りであった。

当時の在米大使は石井〔菊次郎〕子爵であったが、翌一九一九〔大正八〕年幣原外務次官が石井大使の後を襲った。わが大使館の両輪をなすものが、東にニューヨーク総領事、西にサンフランシスコ総領事であって、後者は日米国交の癌であるカリフォルニア州の排日問題に直面する役柄とて、特に難局に立つポストであった。

私達夫婦は、ホテルで越年してから貸家さがしを始めた。貸家や貸間は、いくらでもあるのだが貸してくれない。新聞の貸家広告を目当てに行って見ると、大抵主婦らしいのが出て来て、じろじろ人の顔を見ながら、

「日本人には貸さない」

と、にべもなくいってドアをばたんと閉める。取り付く島もないのだ。着任早々嘗めさせられた排日の味だった。

それでも世話してくれる人があって、一時対岸のバークレーのカリフォルニア大学裏門に近いアパートに住み、後にプレシジオ兵営近くに、借家することができた。家主は東洋を知り、日本人に好感を持つ軍人夫婦であった。

新聞はハースト系の「エギザミナー」「クロニクル」「ブレティン」「コール」の四紙、何れも好んで排日記事を掲げたが、中でも「エギザミナー」が最も毒筆を揮《ふる》った。朝、起きしなに新聞を見て、でかでかと出ている排日記事に憤慨するのが目醒ましになる位だった。

サンフランシスコはなかなか物騒な町であった。夜になるとホールド・アップが出没するのみか、日中でも大がかりな強盗団騒ぎがあった。その一団に正金支店が襲われて、四、五万ドルさらって行かれたのは私の着任間もなくのことであった。

こうした荒々しい世相の他面に、日本では見られない美しい場面があった。町角などにあるポストに入り切れない大きな郵便物が、ポストの上にのせたままにしておかれても盗む者がなく、淋しい町通りに行くと、売子のついていない新聞売場なども見られた。ほしい人は傍に置

かれた銭箱に銭を入れて、勝手に新聞を持って行く仕組であるのだ。徳義心の発達というか、大まかな人心と言うべきか、アメリカなるものに感心させられる市中風景だった。

排日土地法

排日の本場カリフォルニア州の居留民は、その頃約七万と称せられ、大部分が農業に従事していたが、これらの人々は一九一三（大正二）年のカリフォルニア州土地法によって土地所有を禁じられ、僅かに五年の期限付借地権が認められるに過ぎない。当時日米両国は世界大戦中の与国として共通の利害を持った関係から、カリフォルニア州の排日も慎まれ、国交も著しくなごやかになって来ていた。この国交の好調に乗じて、カリフォルニア州土地法を一九一三年以前に挽回せんとするのが、大田総領事の抱負であった。しかしてこの抱負の実現のためには、まずカリフォルニア州の世論の啓発が必要であるとの見地から啓発運動が起され、河上清《かわかみきよし》氏、在米日本人会書記長神崎驥一《かんざききいち》氏、滞日二〇年の経歴を持つガイ神学博士がその中核をなし、スタンフォード大学助教授市橋倭《いちはしやまと》博士もこれに参画した。サンフランシスコ商業会議所副会頭リンチ氏と会議所の有力者アレキサンダー氏が、大田総領事に有力な支援を与えた。

しかるに、大戦終了後いくばくもなく、排日運動がカリフォルニア州に奔流し始めた。大戦中堰かれていたのが、堤を決した勢いであって、従来日本人に認められた五年の借地権をも否認せんとする土地法案が準備され、これを議決するための特別議会の召集が、知事に要請されるに至った。形勢逆転、大田総領事はこの奔流を食い止めねばならなくなった。

カリフォルニア州排日運動の総帥は、州選出上院議員《セネター》フィーラン氏であった。言論機関では、ハースト系の「サンフランシスコ・エギザミナー」とV・C・マクラッチー氏の「サクラメントビー」が躍起に排日気勢を煽って、米国在郷軍人会《アメリカンリジョン》カリフォルニア州支部、カリフォルニア州排日連盟などの排日運動を支持した。しかしこの排日運動は、州知事の特別議会召集拒否によって腰を折られた。が、これで納まらない排日策動家達はこの土地法案を一九二〇年の総選挙に乗じて、市民投票《イニシアティヴ》に問わんとする戦法に出て問題を拡大した。

太平洋沿岸在住の日本人が、果して排日策動家達の絶叫するように、アメリカ社会に有害な存在をなすものか否かの本質的問題は別として、日本人排斥が、政治運動として立派に成立つだけの人気と根強さを持っていたのは悲しい事実であった。排日の理由として挙げられたものは、日本人の不同化性、集団性、多産性、陰謀性、特殊習慣など多方面にわたったが、なかんずく攻撃の焦点は、写真結婚に置かれたのであった。

写真結婚

労働移民の渡米を、日本政府自らが抑制する事をアメリカに約したいわゆる一九〇八年の紳士協約の下においても、在米日本人の呼び寄せる両親と妻子だけは、例外として渡米を認められていたので、この例外の下に発達したのが写真花嫁《ピクチュア・ブライド》の慣行である。隔地者間にも、一片の届書によって結婚の成立し得る日本の法制を利用して、在米日本人と祖国の未知の女性との間に、まず写真交換、お互いに気に入って婚姻届出、ついで妻呼び寄せの手続きを経て新婦の渡米、と手軽に事が進行する。この方法で渡米する日本人花嫁は陸続として踵を接した。恋愛結婚を常識とするアメリカ人社会が、驚くべき制度としてかねてからこれに非難を加えていたのは当然であり、今回の排日運動は巧みにこの問題を捉え、排日団体が叫び新聞が辛辣な筆を揮った。日本は写真花嫁の送出によって紳士協約を有名無実化している。こんな野蛮な方法でお手軽に花嫁がアメリカに送られ、日本流の多産で日系アメリカ人を増やされてはアメリカ人社会はたまったものではない。紳士協約をやめて日本人を閉め出せ、農地侵略を食い止めろといった調子だ。心あるアメリカ人名士や温健な新聞雑誌中には、かかる過激な運動に堂々と反対意見を発表する者もあったが、正論は俚耳《りじ》に入り難く、地方の村落の入口などに“No More Japs Wanted Here”の大立札がチラホラ建ち始めるのであった。

日本人社会としては、このまま見送ってはおられない。しかし打つべき手は一つしかなかった。写真結婚制度を自棄して、排日運動の好題目を消滅せしめ、日本人の借地権を救うの途がそれであり、ここにまず着想したのが大田総領事であった。これはしかし、在留邦人の結婚の門を閉ざす問題なので事重大なるのみならず、犠牲を払っても果して借地権を救い得るか否かが問題とされ、居留民の間に賛否両論の旋風が巻き起った。サンフランシスコにあった二つの邦字紙のうち「新世界」が大田総領事の着想を支持し、「日米」が痛烈にこれに反対した。所信に徹する大田総領事は、異論を排して決意を固め、日本政府に意見を具申する一方、カリフォルニア州在留邦人の中央機関である在米日本人会を操縦し、大会を開いて写真結婚自廃を決議せしめた。日本人間の大勢はこれで決した。大田総領事の建策と日本人会の決議を容れた日本政府は、一九二〇年二月以降写真花嫁に対して、渡米旅券を発給しない旨の声明を発した。

写真結婚を賭したこの対策も、澎湃たる排日の激流を食い止める事ができず、排日土地法案は、一九二〇年一一月の総選挙に伴った市民投票《イニシアティヴ》の下に、圧倒的多数を以て成立してしまった。

写真結婚自廃反対論者は、それ見ろ、無用の犠牲ではないかと罵った。悪い事にはカリフォルニア州の排日土地法は他にも蔓延し、太平洋岸の他の二州とテキサス、アイダホの立法までがこれにならった。

しかしながら、写真結婚の慣行は、土地法対策に利用すると否とに拘わらず、自ら放棄すべきものであった。日本本国においてさえ極めて例外な写真結婚を、恋愛結婚の本場のアメリカに持ち込むことの反社会性を、日本はつとに早く反省すべきであった。これが自廃は、むしろおそきに失したというべきであった。

写真花嫁は一船毎に何十人、多い時は百人、二百人と渡米した。夫たる人よりもアメリカの生活にあこがれて来るのである。船がサンフランシスコに着くと、三等甲板が急に百花繚乱の光景を呈する。航海中船酔いや微恙《びよう》で部屋にとじ籠ってしどけない様子をしていた花嫁達が急に活気づき、一斉に晴れ着を着飾って、甲板に出て来るのである。そして銘々袖に忍ばせた夫たるべき人の写真をたよりに岸壁を見おろし、そこに立つ日本人の顔を物色するのだが、そこには夫たるべき人は見当らない。彼女達は、船からすぐ天使《エンジェル》島の移民収容所に移され、数日間移民官から身許調べを受けた後、それぞれ夫たる人に引き渡され、そこでようやく夫婦初対面となるのである。初対面同士であるので数多い中には、人違いをして、ホテルで取返しのつかぬ初夜を過し、大問題となったという珍談も伝えられた。写真花嫁は幾多の悲喜劇を生んだ代わりに、また多くの第二世を生んだ。

サンフランシスコの人々

大田総領事は、新進気鋭、セルフメード・マンの特有の強固な意志力の持主で、闘争心の熾烈さは外務省随一といわれ、時には無用に敵を作るきらいはあったが、味方と部下に対しては、寛宏親切、私はここでも、館長に恵まれたのであった。総領事夫人は温良《おんりょう》玉の如き麗人で、私の妻にとって良い指導者であった。

在留邦人の第一人者は、ジャーナリズムのいわゆるポテトー・キング牛島謹爾《うしじまきんじ》翁で、アメリカ名ジョージ・島の名を以てアメリカ人の間にも重きをなしていた。茫洋たる外貌の巨軀の中に、聡明を包んで漢詩に親しんだ。衆望一身に集まって、常に在米日本人会長であったが、在米日本人会の事実上の運営者は書記長神崎驥一氏であった。カリフォルニア大学出身の逸材で、在留邦人中屈指の知識人であった。

その頃河上清氏は、次々と英文著書をだして日米国際評論家として売りだしていた。あれ程の英文家とは受け取りかねる田舎者臭いおやじであった。わが内務省で年々編纂する「特別要視察人名簿」と題する極秘印刷物が領事館にも配布されてくる。それを繰ってみると、「河上清、社会主義者。妻、米人某、同じく社会主義者」と載せてある。外国人には通じない独りよがりの日本文を書いて、文章報国を自称する論客とはその選を異にする真の文章報国家河上氏を捉えて、要視察人とは滑稽もまた甚しい。その誤謬を指摘する気にもなれない馬鹿々々しさであった。

スタンフォード大学に東洋政治史を講ずる市橋倭博士は、居留民からは超然たる存在をなしていたが、総領事館の啓発運動の有力な参画者であった。すばらしく感覚の鋭敏な学者であり、鋭い論客であった。

やはりその頃、清沢洌《きよさわきよし》氏が「新世界」紙に身を寄せていた。何かの事から大田総領事の不興を買って、領事館への出入り差し止めを食ったりした。記者として別段頭角を現わすでもなく、後日あれ程の大家に穎脱《えいだつ》する人物とは見えなかった。

商社支店長級で、私の印象に深く残った人は正金の小島烏水《こじまうすい》氏であった。銀行家といわんよりは蘊蓄の深い高度の文化人、その収蔵する浮世絵と、その研究の造詣とで著聞していた。

土着居留民中では、安孫子久太郎《あびこきゅうたろう》氏が重きをなしていた。「日米」紙の社長たるがために、大田総領事とは融け合わなかったが、牛島氏とは違った意味で、居留民の長老であった。

私の在勤中、世界漫遊の途上、あるいは国際会議への途中、サンフランシスコを通過した日本の名士は十指に余るであろう。なかんずく、最も印象的であったのは後藤新平《ごとうしんぺい》子爵であった。氏が総領事官邸の晩餐に招ばれてきて、東北流に汁かけ飯を掻っこむのを見て、私は郷土の長老を感じた。

三浦環と早川雪洲

その頃アメリカ芸能界に名をなした日本人の双璧は、東に三浦環《みうらたまき》女史、西に早川雪洲《はやかわせっしゅう》氏であった。一九一九（大正八）年の春であったか、環女史が興行に来てサンフランシスコ一流の劇場に掛った。「日本人プリマドンナ・マダム三浦のお蝶夫人」と、けばけばしい大きな広告が、盛場の要所々々に散見した。

環女史は着くとすぐ、旧知の大田総領事に電話をかけて、晩にすき焼によんでほしいとの注文で私達夫婦もその晩、官邸で環女史と一座した。小柄で小ぶとりにふとったチャーミングな環女史であった。人を食った巧みな話術。

「一晩唱《うた》って千ドルの約束ですの。でも私なんか馬鹿でしょう。だから新聞記者にやったり何かして少しも残らないの」

「身体の調子が悪いからといっても、契約は契約だから明晩から唱ってくれって、マネージャーがきいてくれませんの」

こんなことをいう時の表情は、四十近い婦人とは見られぬ婀娜《あだ》っぽさがあった。

初日とその翌晩、大田総領事夫妻にお相伴して、私達夫婦も環女史をききに行った。満員の盛況だった。臍《へそ》の緒切って初めてのオペラ見物なので、芸の妙味はわからなかったが、満場に徹して余りある大声量には魅了された。あの小柄の身体の、どこを押せばこんな声がでるのかと、不思議に思われるほどであった。喝采がわき、いくつもの花束が捧げられるのであった。

雪洲氏の映画はよく見た。やはりマーケット街の一流映画館にかかっていた。彼の見せる日本風な腹芸らしい芸風が、アメリカ人の感覚に投ずるのだといわれた。

その後私が諸外国で見聞したところによると、日本ジャーナリズムの寵児になっている芸能人が海外にやって来て出演する場合、わが大公使館や領事館、あるいは居留民の後援でようやく契約を取ったり入場券を捌いてもらったりしたくせに、日本に帰ると一かどの国際芸能人になりすます例の多いうちに、環、雪洲両者の場合は、全くその持つ芸能の実力で、異境に名声を開拓した敬すべき先駆者であったといえるのである。

サンフランシスコでの私生活

プレシジオに近い私達夫婦の借家は、月七〇ドルの家賃で二階建のささやかな住居であったが、すぐ隣に大家さんのミセス・ウィリアムスが住み、裏口から自由にゆききができた。その夫人がこの上もない親切な人で、裏口から入って来ては、お勝手の世話をやいてくれるのであった。主人は陸軍少佐で当時なおヨーロッパの出征先から未帰還であったが、間もなく帰って来た。夫人とは相当な年齢の違う老軍人で、人品の立派な、これまた親切そのものの如き人物であった。軍人の家なので同僚やその夫人連がたえずやって来ては遊んでいく。我々夫婦も珍しがられてその仲間入りをさせられ大いにもてる。ここには排日の片鱗だもなかった。妻は英語の教師を取って勉強はしたが、大家さん夫婦との日常のゆききの方が為になって会話がめきめき上達し、半年位の間に、ひとりで用が弁ずるようになった。我々夫婦とウィリアムス夫妻との間柄は、大家と店子《たなこ》ではなく、温かい親友愛を以て結ばれるに至った。我々二人はしみじみと味わったとその友人達を通して、アメリカ人の持つ明朗性と親切さを、我々二人はしみじみと味わったのであった。

サンフランシスコで私の収入は月三五〇ドル前後で、七〇ドルの家賃を払った残りでは、ろくな生活はできなかったが、衣食を弁じてなお多少の余裕があった。そとで食べる時は中国料理《チヨプスイ》かカフェテリヤ、たまに気取って、正式のレストランには入っても、費用は知れたものであった。夫婦二人だけの暮しでは、どんな安価な生活ぶりも気ままにできた。

サンフランシスコは人によって世界三大美港に数えるほど美しい港であるばかりでなく、付近は天然美に富んでいるので、多少の観光旅行を試みた。その中で忘れ難いのはデルモンテの海岸とヨセミテ国立公園である。妻とつれ立ってヨセミテへ行ったのは一九一九年の夏、カンプカレーという天幕《テント》ホテルを本拠にして、四日間探勝してあるいたが、それでも見尽せるものではなかった。天地創造の時に当って、造物者がシエラネバダ山脈に巨斧を打込んで、荒削りに削った跡ともいうべき大山岳美、大渓谷美である。江流有声、断岸千尺、山高月小、水落石出〔江流に声あり、断岸千尺。山高く月小に、水落ち石出ず〕、蘇東坡《そとうば》の赤壁賦の名句を借りてきても、ヨセミテの一〇〇分の一をも形容し得るものではなかった。

私は一九二〇（大正九）年一月を以てワシントン大使館三等書記官に任ぜられたが、後任者の来着をまって、サンフランシスコを発ったのは六月であった。妻はお産の都合で前月すでに日本に帰り、私はワシントンへ単独赴任した。途中シカゴでストックヤードを見学し、ついでナイヤガラ瀑布に立ち寄った。隅田川を一〇も集めて百五、六十尺の懸崖から一度に切って落としたならこんな壮観が出るかもしれない。廬山《ろざん》の瀑布を見て、「飛流直下三千尺、疑是銀河落九天」〔飛流直下三千尺、疑うらくは是《こ》れ、銀河の九天より落つるかと〕と、吟じた李白《りはく》をつれてきたら、何と形容するだろう。そんな事を考えながら半日あるきまわった。

ナイヤガラからニューヨークにでた。タイムス・スクエアのホテル・アスターに数泊し、昼は市中を見物し、夜は映画を見てあるいた。メトロポリスという名詞は、この整然たる立体都市にあてはめて、初めて語感がはっきりでるような気がした。

一九二〇年七月某日ワシントンに着いて、トーマス・サークル近くの安宿ハーリントンホテルに草鞋《わらじ》を脱いだ。外務省にはいって一足飛びに来たかったのはワシントンであった。それを広東、天津、サンフランシスコで丸五年足踏みし、今ようやくワシントンに辿り着いたのである。長い道中であった。だからワシントンに着いた時は、やっと目的の宿場に着いて、膝栗毛の草鞋を脱いだ感じであった。

6 ワシントン在勤

ワシントン大使館

私のワシントン在勤は、この時から一九二二（大正一一）年一一月メキシコに転ずるまで約二年半。サンフランシスコ在勤を通算すれば、約四年の歳月を、アメリカで送ったのである。この間に起きた内外のできごとを大雑把に拾って見ると、まず一九一九年一月から難航を続けたパリ講和会議が、その六月に纏《まと》まってベルサイユ条約の調印となり、国際連盟案の成立をみたが、アメリカ上院が無条件にこれを受け容れない。これに対してウィルソン大統領は国内世論の支持を喚起すべく各地遊説中、九月末カンサス州ウィチタにおいて病患に倒れてまた起たず、講和条約は遂に上院によって拒否されてしまった。中国ではパリ会議中紛糾した山東問題が、北京大学生を激憤せしめて、いわゆる五・四運動[*6]となった。南北和平は成るが如くして成らず、中国政局は混沌を続けた。明けて一九二〇年の三月、ニコラエフスクの石田《いしだ》〔虎松《とらまつ》〕領事ほか官民多数がパルチザンに虐殺され、いわゆるニコラエフスク事件が世間を震撼した。一一月ハーディング氏がアメリカ大統領に当選、同時にカリフォルニア州排日土地法案が市民投票によって可決された。一九二一〔大正一〇〕年わが皇太子殿下御外遊、一一月原首相暗殺され、ワシントン軍縮会議開催、一九二二年二月終了、その年の一〇月、わが国はシベリア撤兵を完了した。

当時わがワシントン大使館はL街一三二〇番にあった。星《ほし》〔亨《とおる》〕公使、小村〔寿太郎〕大使以来の由緒付きの事務所といわれただけに、古ぼけた陋屋で、近所には下宿屋、葬儀屋、淫売宿さえあった。私はそこから遠くないデュポン・サークル近くの母、娘二人きりの家庭に下宿して、大使館に通った。担当事務はようやく電信係の域を脱して排日移民問題であった。

大使は幣原氏、一等書記官が広田、佐分利両氏、二等書記官芝辻〔正晴〕氏、三等書記官が加来〔美知雄〕、富井〔周〕、天城〔篤治〕の三氏、外に官補として津田〔廉郷〕、大橋《おおはし》〔忠一《ちゅういち》〕、森島《もりしま》〔守人《もりと》〕、尾見〔昭〕の諸君がいた。その後、広田、加来、天城の諸氏が去り、鈴木〔陽太郎〕、斎藤《さいとう》〔良衛《よしえ》〕、有田〔八郎〕、栗山〔茂〕、武富《たけとみ》〔敏彦《としひこ》〕の諸氏が一、二等書記官として来任した。陸海軍武官は別に夫々事務所を持ち、陸軍は武官井上〔二次〕少将、後に、原口《はらぐち》〔初太《はった》郎《ろう》〕大佐が、井上少将に代わった。海軍は武官上田《うえだ》〔良武《よしたけ》〕大佐、後、永野《ながの》〔修身《おさみ》〕大佐がこれに代わった。この外に山本五十六《やまもといそろく》海軍中佐がいて、我々と机をならべて国際通信会議の事務に従事していた。陸、海軍をも加えてわが大使館は大世帯であった。

幣原、モーリス会談

着任して間もなく私の関係した事務は、いわゆる幣原、モーリス会談であった。この会談は一九二〇年九月から翌二一年一月まで約四か月間続行された。一九二〇年二月、日本が写真結婚を犠牲にしたのに拘わらず、カリフォルニア州排日土地法案は、成立必至の情勢にあった。かかる問題で国交がまずくなる事は、日米両国政府共に欲せざる所であって、この際日本移民に関する差別待遇を取り払って、排日問題をさらりと解決するフォミュラを発見し得るものなら発見したいものだ。まず両国大使をして非公式討議を試みさせようではないかと、ここに日米双方の合意が成って、わが方は幣原大使、アメリカ側は前駐日大使ローランド・モーリス氏、この両者の間に開始されたのがこの会談である。モーリス大使付き秘書は後の駐シャム公使ネビル氏、幣原大使付き秘書は私であった。

会談は毎週一回、回を重ねる事約二〇、一九一一年の日米通商条約改定の由来、紳士協約、アメリカ移民法、差別待遇的立法、日系二世の二重国籍等あらゆる角度から移民問題が検討されたのち、両者の間に解決案が成立した。日本側は現存の紳士協約をさらに引きしめ、今後はたとえ在米日本人の家族たりとも、移民は渡米し得ざらしむべき事を外交文書によって言明し、他方在米日本人は、帰化権以外には、最恵国移民の権利を享有すべき旨の条文を、現行日米通商条約に追補するの案であった。

この解決案は両大使によってそれぞれの政府へ建言《レコメンド》され、日本政府はその実現化に乗り気になったが、共和党への政権引き継ぎ時期を間近に控えたコールビー国務長官が、その時期にあらずとして熱意を示さず、日本政府は後にこの問題を、ワシントン会議に便乗させようと試みたが、アメリカ側の同意する所とならなかった。結局幣原、モーリス会談はいわば一私生児に終わったのであるが、日米国交史を修するに当っては逸すべからざる資料の一であろうと思われる。

幣原大使

たしか中日事変の最中、私が東亜局長の頃、『改造』か『中央公論』かに伊藤正徳《いとうまさのり》氏の書いた一評論が載った事がある。その中にこんな趣旨のことが指摘された。

――近来日本では、ときの外務大臣の名を冠して誰々外交と呼ぶのが流行する。それが単にそのときの外交の担当者を意味するだけのものならばそれでもよろしいが、もしその人の遂行する外交の性格を表現するための称呼だとするならば意味をなさない。この意味において誰某外交と呼ぶに値する外交は、近年幣原外交のみだ。それ以後今日までの外交は、御都合でどうにでも変わる無性格の外交で、誰某外交などと名を冠するに足らないものの連続だ――。

原文はもっと委曲を尽し、措辞もまた立派な論文であったが、論旨は右の通りだったと記憶する。この評論は時局を慨して、ありし幣原外交をなつかしんだものと見るべきであろうか、一読爽快を感じさせるものであった。

幣原さんが幣原さんたるの本領を、外交政策上に徹せしめ、世界的信頼を博したのは主として外務大臣となってからのことであるが、ワシントン大使としての対米折衝もあくまで良心的であり、合理的であったので、早くもアメリカ側の敬重するところとなっていた。外交上最も必要なのは信実《グッドフェース》、それが幣原さんの信条であった。

その頃我々若い書記官仲間で、先輩を品評するのにこんな表現を用いた。外交官としての力量を十分持ち、しかも外国語に達している人は「鬼に金棒」、力量はあるが外国語に拙な人は

「金棒を持たぬ鬼」、外国語以外に取柄のないのが「鬼の留守な金棒」、幣原大使は正に「鬼に金棒」の典型、その英語は国宝的でさえあると思われた。英文を以てする重要な公文や声明書は、すべて自ら起草され、句々名文となって現われる。極めて重要ならざる英文書に限って稽古のためもあって、我々書記官が起草して大使の手許に差しだす。戻ってきたときは原文を留めないのである。「こんなに直す位なら、初めっから大使が自分で書けば良いに」と蔭で憤慨しても歯が立たない。

幣原さんのフランス語もまた大したもので、あるとき、大使が来客とフランス語で議論している場面を見た加来書記官が、「うちの大使には呆れるね」と嘆じた。

自ら持すること謹厳、言行はあくまで論理的、絶えず和漢洋の書に眼を曝している、といえばいかめしい幣原さんを想わせるが、一面無類のユーモリストで冗談ずき、事務所でも手がすくと我々若い者の部屋へ侵入してきては馬鹿話を挑発し、一緒になって笑い興ずるのをこととした。もっとも幣原さんのユーモアは、いつも多分に論理的な性分をあらわすものであった。今日では有名になっている代表的な一例だが、こんなことがあった。ワシントンの新聞に載る幣原大使の名前の綴《つづり》が Hedehara となったり、Shedehara となったり、よく間違っていた。そこである時、大使官邸のパーティーに来た客の一人が質問した。

"Excellency, which is the right spelling of your name, Shedehara or Hedehara?"

"When you refer to me spell it <u>He</u>dehara, but if you mean my wife put it <u>She</u>dehara."

こんな調子で活殺自在に頤《おとがい》を解いた。この一面が如何ばかり幣原さんの風格をうるおいづけたことか。若いときのロンドン勤めで、何でも心得ておられるのに、エチケットに拘泥されないので、この点でも我々若い者には、近寄りやすい大使であった。その上に私はある偶然なできごとから、幣原大使への親炙をいよいよ深めることができたが、それはあとで書く。

広田一等書記官

後に古谷《ふるや》〔重綱《しげつな》〕総領事がオタワから参事官として来任するまでは参事官がなく、一等書記官が直接大使を補佐する地位にあったが、広田書記官は館務に対して不即不離、佐分利書記官が大使から全幅の信頼をかけられていた。しかし我々若い館員の間の人望は断然広田さんに帰し、佐分利さんは人気がなかった。若い者の人気を博しようとする虚飾《オステンテーション》がすこしも広田さんにあったわけではなく、この事に無頓着な寛容な風格と明智とが、自然に若い者の心に投じたのである。

この頃の広田さんは、広く新刊の英書を渉猟し、新聞雑誌を熟読して、もっぱら知識と識見の涵養《かんよう》に努めていた。その蘊蓄の発露のためか、事物に対する広田さんの解釈なり意見なりには、人の気付かぬ観点と角度があり、よく私達を敬服せしめた。「広田さんは偉い」みんなそう感じていた。あまり達者でない英語で話しても、卓見は相手を感服させるとみえ、大使館出入りのアメリカ人中には広田は将来大物《ビッグマン》になるという者もあった。

一九二〇年の九月、大戦中の勲功に対して論功行賞があり、幣原大使に男爵が授けられた。日本政府からのその通知が、例によって大使が書記官室に侵入して我々をからかっている所へ届いた。一同わき立って祝意を表する中に、広田さんだけが静かに電信を一読したままでおめでとう一ついわない。論功行賞何ものぞといわんばかりの高踏的な態度に見えた。こんなことでも我々の目に広田さんがえらく映じた。概して喜怒を軽々に色にださない人であったが、その広田さんがひどく腹を立てた事件があった。次に述べるエピソードがそれである。

I am yours forever.

その頃、ニューヨーク総領事館の純情多感のN官補に恋愛事件があった。相手は横浜の著名実業家の令嬢でニューヨークに留学中であった。ある機会に知り合ったこの二人は、たちまち熱烈な恋愛に落ち、当然結婚へと話が進んだが、令嬢としては遠い旅先の結婚に、両親の同意を得るのが容易でない。日米相隔てての書面の往復では意を尽し難いので、一旦帰国して両親を説きつけてこようとの決意の下に、彼女は帰国した。事の経過を知っている我々知友は、興味をもってN官補への吉報をまっていた。

やがて親許の令嬢からN官補への飛電に曰く、

Parents say yes. I am yours forever.

純情なN官補は、ことの成就を通知する意味であろう、この電文をそのまま大使館の知友あてに転電してよこした。それがすぐに回覧に付せられ広田さんの手許に回ると、広田さんは以ての外の立腹である。自分の恋愛事件を玩ぶ飛び上り者だ、不真面目極まる、相手になるべきでないというのである。意外に厳しい不興さに、N官補への我々の浮わついた祝福は、水をぶっかけられてしまった。言機に投ずるというべきか、こんなことでも広田さんの一言は、よく重きをなした。

間もなく令嬢がニューヨークに帰ってきて、二人のロマンスはめでたく実を結んだ。N氏はその後、しきりに栄進して外務の要職を歴任した。この君子と好逑《こうきゅう》〔よき配偶者〕はいよいよ健在、外務省の結婚史を飾っている。

ウィルソン大統領と二人の少年

前年国内遊説中に発した重患を、ホワイトハウスで療養中のウィルソン大統領は、私のワシントン着任頃には大分回復して、夫人付き添いで郊外にドライヴにでることがあると伝えられた。その夏のある日の新聞を見ると、次のような記事があった。

——昨日午後大統領は夫人同乗で郊外にドライヴした。帰途ロック・クリーク公園を縫って緩走していると、一二、三になる二人の少年がクリークの中で水浴びをしていた。二少年がクリークの中から仰ぎ見ると、自動車の中は「あっ、大統領だ！」

「ハロー、ウーデー」とばかり、二少年は大統領の愛称を連呼して手を振った。すると車がすぐストップして中から笑顔を見せた大統領、

「君達、もう家へ帰る頃だろう。町まで連れてってあげるから一緒にお乗り」

クリークから飛びだした二少年は、身じたくもそこそこに大統領の車に駆けこんだ、のは良いが水の切れてない頭髪から雫がぽたぽたと大統領夫人の靴に落ちる。二少年はさすがに恐縮して上衣の裾で拭きにかかった。

「いいのよ、構わないで」と、大統領夫人が笑いながら止めた。

すっかり良い気持の二少年を乗せた車が町に入ると、適当な処で大統領は車をとめ「もうこの辺でいいだろう」と二少年をおろした。二少年と手を振り合って、大統領はホワイトハウスへ――。

こういう情景の新聞記事だった。この国の元首と、市民との距離の近さに打たれた私は、この記事の切り抜きを、日記に貼りつけたのであった。

国際連盟案で上院に敗れたとはいえ、私の頭に映ずるウィルソン大統領は、一代の偉人であった。国父ワシントン以来の対欧不介入政策を捨てて、世界恒久平和の樹立のために、大きな国際的役割をアメリカに引き受けんとするその高邁な理想は、我々若者にとってインスピレーションの源泉であった。それを一敗地に塗れさせた共和党孤立派の頑固議員《ダイハーズ》は、我々の目には芝居で見る「赤っ顔」であった。アメリカの参加せぬ国際連盟に、私は殆んど興味が持てなかった。

幣原大使のクリーブランド講演

一九二一年五月かと思う。幣原大使はオハイオ州クリーブランド市商業会議所の午餐会から、講演の招請を受けた。大使自筆の念入りの講演原稿ができ上り、随員は適役の加来書記官と定まっていた。ところが出発の前日になって加来氏にさしつかえができ、急に私がその代役を命ぜられた。万事手筈ができているといって、加来氏が乗車券とコンパートメント券を渡してくれた。

翌日の午後五時過ぎ、夕食は車中で取ることにきめて、大使に随行してボルチモア—オハイオ線の汽車に乗り込んだ。さてボルチモア近くなって、大使を食堂に御案内しようとしてコンパートメントをでると、この列車には明朝でないと食堂車が付かないとボーイがいう。これには私は大慌てに慌てた。加来の野郎とんでもない汽車に乗せやがったと憤慨しても始まらない。自分は我慢するとしても、日頃大食の大使を、一晩ひもじくさせては一大事だ。ボルチモアに着いたら、何でも良いから食べ物を買ってきてくれ、とボーイに金を渡すのを見て、大使は「駅では何も売ってるものか、手ぶらで戻ってくるのが落ちさ」と悲痛な表情だ。

　駅に着くとボーイは飛ぶように降りて行ったが、容易に戻ってこない。じりじりしているうちにもう発車である。その瞬間に息せき切って飛び込んで来たボーイの手に、ハムとチーズ入りのサンドウィッチの一袋があった。助かった。

　ボーイの手柄を、多分のチップで酬いたのはいうまでもない。大使もやむなくサンドウィッチで我慢された。あとは雑談かと思っていると、大使は窓のブラインドを御自分でおろし、私に入口のドアをロックしろといわれる。食事したばかりでお寝みになるのは早いでしょう。今から閉めきってどうなさるのですか、と私は不思議がった。それには答えず、大使はにやにやしながら手提鞄を引き寄せ、やおら取出したのがウィスキーの一瓶。

「ああそれですか、それならば――」と私の疑問が氷解した。当時励行中の禁酒法の手前、大使といえども、飲酒の場面を人に見られたくないとの遠慮から、戸を閉めきったのだ。銀のコップが大使と私の間を往復し、雑談がはずんだ。

　この一小風景が幣原大使によると容易ならぬ意義を持っているのだが、それは後述の通りである。

翌日午前、クリーブランドに着いた。駅にはウィルソン大統領の陸軍長官だったベーカー氏や、商業会議所の役員数人が出迎えに来ており、その案内で商業会議所に行ってみると、その大ホールは既に満員の盛況だ。大使は拍手裡に、一段高まったメーンテーブルに導かれ、私もそのあとに続いた。

着席するとすぐ午餐が始まった。何やら二皿ばかりにコーヒーという貧弱な食事で、物足らぬことおびただしい。しかもコーヒーが終るか終わらないうちに、座長《チェアマン》が小槌でテーブルを二、三度ひっぱたき、幣原大使紹介の辞を手取り早く述べる。恐ろしくてきぱきとプログラムを進めるのである。午餐も講演も、会議所の事務の一部分らしかった。

満場の視線と拍手を浴びて起った幣原大使。講演は一時間半にわたった。日米国交の要諦を説いたものだが、多分にユーモアが織り込まれているので、拍手と哄笑が交響して大成功に終わった。済むとみんなが蝟集《いしゅう》してきて、大使と握手して散会となった。

それから工場視察やら、ベーカー氏宅のお茶があって夕方ホテルに送り込まれ、一息ついている処へ一人の日本青年が名乗って来た。何をするかと思っていると、その青年は紙と鉛筆を取り出し、左右両手を同時に働かせて、幣原、石射のローマ字綴りを、まともに書いたり逆書したり、倒書したり人間わざとは見えぬ芸当を見せ、大使と私を煙に巻いた。名はそのとき限りわすれてしまったが、その芸で生計を立てているらしかった。不思議な青年であった。

帰りは来た道を逆戻りしてワシントン着、今度は食堂車のついている汽車に乗った。が、帰来大使の悪舌が始まった。「車中コンパートメントをたて切ったときの君の不安げな表情といったらなかったね。そして私がウィスキーの瓶を取りだした時『ああそれですか』といった君の表情たるや、それでやっと安心したと顔に書いてあった。君は僕からソドミーを狙われたと思って心配したのに違いない。君のうぬぼれには呆れた」といって愉快そうに笑うのである。その解釈は御自分のうぬぼれの表明ですと駁しても大使は肯じない。

私にそういうばかりでなく、大使は人にもそう宣伝した。冗談かと思うと本気な所もある。食べ物の恨みは根を持つ。車中の夕食をサンドウィッチで辛抱させられた腹いせの悪宣伝だ、と私は逆宣伝これつとめた。

しかし、これが機縁となって、爾来私は幣原さんと口がきき易くなったのであった。ただ迷惑なのは、後日大使がワシントンから帰朝されて外務大臣になり、この悪宣伝を本省内にふり蒔いたことであった。

亀井官補事件

天津での私の後任亀井官補は一年程でニューヨークに転任し、美貌と艶名とで「西に雪洲、東に亀井」と在留邦人間に謳われていた。ワシントンにも度々やってきた。加来書記官に兄事しているようであった。

その加来氏が帰朝命令を受けると亀井官補から頼まれたのか自発的なのか、自分の後任に是非亀井をと、大使館の上司をうまく動かしたらしく、古谷参事官が私を呼んで亀井官補の性格と大使館に彼を採ることの可否を問われた。「亀井君の悪評についてはきいていますが、実際は知りません。何しろ非常な才人ですから、監督を厳重にすれば十分御役に立つでしょう」私がそう答えると参事官は、では亀井をワシントンへ転任せしめるよう、君一つ本省あての申請電を起案せいといわれる。間もなく私の起案は大使のOKを経て発電されたが、折返し本省からノーと返事があっておじゃんになった。

然し納まらないのは電信課に巣食う大橋、森島などの官補連中だった。私に対してでない、加来書記官が亀井転任を上司に策動した事に対してである。かねがね、加来書記官の高圧的な才気に対して反感をいだいていた彼等は、送別会の席上、加来の面の皮を引んむいてやると称して爪を研いだ。穏かでない、止せ、と留めたがきかない。

いよいよ加来氏の出発前夜となって、その送別会が日本飯屋の相生という所で開かれた。大使は別格故出席されず、広田さんはすでに帰朝していない。古谷参事官、佐分利首席書記官の両幹部以下館員全部と、陸海補佐官等が列席した。初めは無事に進行して食事がおわりに近づいた頃、森島官補が立ち上り、加来君を送るに当って一言送別の辞があると前置きして、亀井、加来両者に散々人身攻撃を浴びせた後、「加来君に忠告する。外交官生活において、自分の愛好する者と通謀して人事を左右する如き党派心を捨てよ」と結んだ。

これがきっかけで続いて大橋官補、富井、芝辻の両書記官まで交々《こもごも》起って加来、亀井非難のみならず幹部攻撃に突き進んだ。これに対して加来氏は、極めて冷静に一身の弁明をした後「相好む者同士が互に牽引するのは当然であって、一国の政治に党派あるのはこの理に外ならぬ。折角の忠告ながら、僕は今後の処世において党派心を発揮するつもりである。御忠告は返上する」と述べた。立派な態度であった。

が、長居させては、事面倒になると思ってか、加来氏と親しい佐藤《さとう》〔三郎《さぶろう》〕海軍補佐官が、本人の荷造りの都合もあるからといって、加来氏を連れ出してしまった。

上司攻撃論の中で、大橋官補の発言が語気最も激しく痛烈であった。これに答えた古谷参事官の言は穏かであったが、佐分利書記官の反駁は今にも大橋官補につかみかからんばかりの興奮ぶりを見せ、はたをはらはらさせたほどであった。一杯飲むといつも上機嫌になる原《はら》〔常《つね》成《なり》〕陸軍補佐官だけが、おれの方にも、こんな場面がよくあるよと愉快そうであった。

かくて当夜の加来氏送別会は、目茶目茶に終わった。大使館を吹きまくった一場の嵐であった。

佐分利一等書記官と私

はじめの私の目に映じた佐分利一等書記官は、不可解な近寄りにくい人であった。理性でのみ動いて情味のない人。そこが情味たっぷりな幣原大使の信頼を受けるゆえんでもあろうかと考えていた。フランス語にかけては当時外務省随一だが、英語は丸きり話せなかったのを、僅か一年で物にしたほどの努力ぶり。それには敬服したが、どういうものか、馴染のない私などが話しかけても、ろくに取り合ってくれないばかりか、用もいいつけない。何もこちらから御用を伺ったり、親しんでもらう必要もないから、私は無関心でいたが、森島、大橋両氏の如き気鋭の士は、佐分利さんの冷たい態度に不平満々で、「相生」における一幕の原因もそこにあったのだ。

しかるに佐分利書記官と私の間の道が、求めずして開ける機会が来た。一九二一年八月わが政府がワシントン会議への参加を受諾した直後のある日、会議に関連した重要声明を大使の名において発出する事になり、夕方まで大使と佐分利さんが奥の部屋で文案を凝議していた。時間が時間なので書記官室は空っぽで、私だけが居残ってその日の残務を片づけている所へ、佐分利さんがあわてた様子で奥から出て来た。今大使の声明を新聞記者達に渡したばかりだが、僕の不注意で大事な個所が二、三行抜けている。そのまま明日の新聞に出ると困るのだ。あとから完全なものを送るからといって、いま渡したのを押えてくれ、とさすがに慌てている。それは大変だと私も慌てて各新聞社と通信社へ電話をかけて、問題の声明を取押えた。うまく間にあって翌朝の新聞には完全なのが出た。

これ以後の佐分利さんは、事大小となく私に用をいいつけるのである。お蔭で受け持ち以外の事務にまで忙しい身体となったが、佐分利さんとの間の遠慮は飛んでしまった。時には佐分利さんの説に承服しかねて、私の方から食ってかかるような間柄にさえなった。親しむにつれ、およそこの人ほど、良心的に仕事をする人が外にあるだろうかと思った。かみしめて見て、初めて判る佐分利さんの偉さであった。

ワシントンとワシントンの下宿生活

ワシントンは、ホワイトハウスと国会議事堂と、官庁と大公使館とでもっている静寂な都だ。摩天楼が無い。繁華街であるF街といえども、大した雑踏は見られなかった。

風景美としてはポトマック河畔の日本桜の春色が、祖国の一目千本を凌ぎ、天然の丘陵と林川をそのまま取り入れたロック・クリーク大公園の野趣もまた、四時の行楽に適していた。私はしかし、ワシントンの主要街路を縁取る巨樹の並木の春まだあさき若葉の色を最も美しいと見た。

聖地ヴァーノン山は、ワシントンを訪うほどの者の訪わねばならぬメッカであり、そのコロニアル風のワシントン旧邸から望むポトマック河一帯の風景には、えもいわれぬなごやかさがあり、日夕これに親しんで終焉したアメリカ国父の英風が、自から彷彿するのであるが、それよりも境内なるワシントンの墓前に佇んだ私を深い感傷に引込んだものは、史話で読んだ老いたるラファエットが一八二四年フランスから来てこの墓に詣で、墓窟に下って戦友ワシントンの遺屍をかき懐いて涕泣久しうした、という史劇的場面の連想であった。

さて私の下宿は、マサチューセッツ街外れの山手のミセス・バーンズという老寡婦と、二十ばかりの娘マーガレットとの二人暮しの家庭であった。バーンズ老夫人は、自らバージニヤ州の家柄の出と称し、アナポリス留学時代の若かりし瓜生《うりゅう》〔外吉《そときち》〕海軍大将と相識っているということで、過去に誇りを持っているので品は悪くない。品位を保とうとしてか、実は下宿人である私を、有料の客人《ペーイング・ゲスト》と称して近所へ紹介した。

当時禁酒法時代として酒が貴重品であり、一般市民は男女ともに酒に渇えていた。

When I die don' t bury me at all,
But pickle my bones in alcohol.

こんな俗歌が生れたほどであった。しかるに大使館の特権に浴して、私にはウィスキーが手に入るので、それを目あてに近所の連中が集まってきて、私の人気はすばらしくなった。娘のマーガレットは、気さくで華やかな娘であったが、私は野心を蔵しない代りにこの娘とウィスキーを種に、折々ダンス・パーティーなどを催してさんざめかした。禁酒法なるものは、少くとも私に都合の良い法律だった。

マーガレットは、年頃のこととて、ボーイ・フレンドが大勢寄ってくる。その中で最も親密になったのが我大使館のA書記官だった。私が二人を紹介したのだった。マーガレットは私に、
“The better I know of Mr. A, the more I like him”
などとよくいった。恋愛に発展するかと思ったが、越えにくい一線があるのか、そこまでは行かなかった。
良家では結婚前の若い娘が夜分外出する時などには、付添人《シャペロン》を付けて間違いの起らないようにするのだとあって、ある夜マーガレットがボーイ・フレンドに誘われて映画へ行く時、私はバーンズ夫人からシャペロンを頼まれた。割の悪い役目だが引き受けて一緒に出かけたが、映画がはねてどやどやおもてに出る間に二人とはぐれてしまった。
捜しても見当らないので、一人ぽけぽけ下宿に戻ると、バーンズ夫人が、マーガレット達はどうしたかという。出口で見失なった話をすると「シャペロンはそれでは務まらない」と間抜けさを笑われ、それ以後お役御免になった。その晩マーガレットとボーイ・フレンドはおそくなって帰ってきた。私をまいたものらしかった。
一等書記官として来任した鈴木陽太郎氏は、それまでずうっと中国勤務だった人で、英会話は甚だお得意でなく、着任してから、その方をしきりに勉強していた。私とは最も懇意にしていたので、ある時私がバーンズ家で晩餐会を催して数人の知人をよんだ折、鈴木書記官に来てもらった。食卓で鈴木氏と席が隣り合ったマーガレットが、頻りに鈴木氏に話しかける。きいていると鈴木氏は「イエース、イエース」で通している。マーガレットがもどかしがって、「ミスター鈴木、今の貴方のイエースは本当にイエースなのですか」

「イエース、イエース」

「そうじゃないでしょう、今のイエースはノーの意味でしょう」

「イエース、イエース」

マーガレットがたまらなくなって吹き出してしまった、鈴木氏もおかしくなったとみえて笑い出した。イエース、ノーの使い分けがごっちゃになった笑いの場面であった。マーガレットは余程おかしかったらしく二、三日の間、思い出しては笑うのであった。

こんな事でバーンズ家の下宿生活は割合に面白かった。

その中にバーンズ老夫人は家計が苦しいのであろう、私以外に下宿人をふやしだしたので、家の中が何となく下宿屋めいて品が悪くなってきた。その上に私の苦痛は風呂だった。一週間に二度の約束、それもしみったれてお湯をたっぷり出してくれないので、だんだん我慢がしきれなくなった。かたがたアメリカ人家庭の体験も半年位で十分と見切りをつけ、バーンズ親娘の残念がるのを振り切ってまたホテル住居を始め、そこで朝晩風呂を満喫して取りかえしをつけた。しかしバーンズ親娘とは、その後も交際を続けた。

一方前年五月、日本に帰った妻は、その一一月に次男を産んだので、私の呼び寄せに応じて赤ん坊と女中をつれてワシントンへやってきた。これを迎えて私は大使館に近いアパートにハンブル・スウィート・ホームを持った。

タコマ・パークのバプテスト教会

ワシントンで私の就いた英語の先生はトーマス・ブラウンといった。中年の大蔵省の役人だったが神学者なので、副業としてワシントン北郊の住宅地タコマ・パークのバプテスト教会の牧師をつとめ、日曜ごとに其処《そこ》で御説教をしていた。私との会話では、いつも宗教が話題に上る。ブラウン師は異端者を済度してやろうとの考えからか、日曜日にタコマ・パークへ来て自分の説教を聴けと頻りに勧める。とうとう誘い出されて、ある日曜日の朝、ブラウン師についてタコマ・パークに行って見た。中心街から電車で小一時間の新開住宅地で、人家も立てこんでいない。夏草の乱れた垣根を幾曲りしてバプテスト教会、やや手広な普通住宅に手を入れた仮住居だった。

時間が早いので、まだ人が集まらない。日曜学校だけが始まっていた。ブラウン師は私をすぐ日曜学校に導いた。机を並べた三〇人ばかりの男女の子供が、一斉に視線を向ける。突然出現した見馴れない黄色い顔にびっくりして、一同鳴りを鎮めると、大いに得意になったブラウン先生、

「皆さん、今日は珍しい人を案内してきました。これから皆さんとお友達になるのですが、この人は一体どこの国の人だと思いますか」

「チャイニーズ」間髪を入れぬ全級のコーラスだ。

ブラウン師と私は顔を見合せて笑った。いやいや、この人は中国のお隣りの日本の人で、こんど日本大使館に来た石射さんというのだとブラウン先生の説明で、子供達はようやく納得がいったようだった。

私はサンフランシスコでも二、三度中国人と間違われたが、私の顔付きのせいばかりでなく、白色人の世界では黄色人の代表者は中国人であるからだ。我々は一等国日本人だなどと、肩肘

を張ってみても、黄色人の代表者としては通用しないのであった。

そのうちに大人達が参集してきたので、私はみんなに紹介された。珍らしがられて、大いに歓迎された。ブラウン師の説教は、堂に入ったものであった。その英語はイギリス本場の英語らしかった。

これが縁となって、それから私は、日曜日ごとにタコマ・パークに通って、午前中を教会で過した。鈴木一等書記官も、ブラウン師に英語を習いだした関係から、教会へ私と同行するようになった。神を信ずるためでなく、タコマ・パークの人々と交わって英語を磨き、アメリカ的な常識を学び取らんがためであった。

教会にはバイブル・クラスがあって、お説教がすむと聖書の研究が行なわれ、又折々講演会を催すことがあった。ある時私は頼まれて講演を引き受け、大使館の蔵書を参考にして原稿を作り、基督教日本伝来の歴史を一席弁じた。フランシスコ・ザビエール渡来のくだりは、大いに興味に投じたはずだった。ところがその次の機会に、教会日誌を開けて見ると、「某月某日、石射氏は日本の基督教々育について講演した」と見当違いの記録が載っているので、悄《しよ》げざるを得なかった。これをブラウン師に質《ただ》すと、記録係のお爺さん耳が少し遠いので、君の話がよく聴き取れなかったのだと釈明してくれたが、やはり罪はこちらの英語にあったのだと思った。中国語と同様に、アクセントを少しでも間違えると通じなくなる英語という奴も困り物だと思った。

教会の中心人物はジェームス、ジョーンズ、リビングストン、ミセス・ビヤホフなどという人々であった。方々から午餐に呼ばれたりして、みんなとの親しみを深めた。多くは市内に職場を持つ中産階級で、その質素な生活ぶりと、敬虔な信教態度には、頭が下がるゆかしさがあった。事物の尖端を逐《お》って浮わつく軽佻なアメリカかと思えば、こうした堅実な市民の群が、随処にいるのだ。私はアメリカの社会層を固める地の塩に触れたような気がした。

妻がワシントンに着いてから、私は夫婦でタコマ・パーク行を始めた。妻も珍しがられて、大いにもてるのであった。忘れられぬ思い出である。

ワシントンのえらい人々

大使館三等書記官は、外交官の末端である。その上懐が淋しくては、交際場裡に打って出得るものではなく、高位高官や身分のある人々とは、大使のお相伴で手を握るか、或いは公開の場面で、その人を遠望するくらいが、関の山である。ウィルソン大統領は、一度望見したばかり。その国務長官のコルビー氏とは、大使官邸の招宴に陪席して手を握ったにすぎない。

大統領の就任式は、国会議事堂の東玄関で、公開挙行されるのがこの国歴代の慣行である。一九二一年春のハーディング大統領の就任式には、私も群集と一緒に式場に押し寄せたが、すでに人の波で玄関先には近寄れない。式には各国の大公使も、大統領の身近に参列するので、うちの大使もあの辺かななどと思いながら式の進行をかすかに遠望し、拡声器から流れる大統領の就任演説を聴いてペンシルベニア街を帰る途中、式をすませてホワイトハウス乗り込みをする、車上のハーディング大統領を望見した。

その後間もなく、大統領の外交団接見が行われた。館員一同、三等書記官、官補の末に至るまで大礼服に身を固めて、幣原大使引率の下にホワイトハウスに繰り込んだ。こう勢揃いしてみると、日本の大礼服の野暮なけばけばしさが目立ち、ことに服装のお手軽なアメリカの雰囲気にそぐわず、我ながら沐猿冠を感じた。

ホワイトハウス内は、あっさりした飾り付けであった。案内係の先導について接見の間に進むと、ハーディング大統領のモーニング姿が中央に立って手を差し伸べる。幣原大使の氏名紹介に従って、官等順に How do you do? だけの簡単な握手だ。私の番になって手を握ると、大統領は、

「貴君は石井子爵の親類ですか」という。

「否《ノー》、サー、親類ではありません。よくそう問われるのですが、発音は同じでも字が違うのです」そう答えると、大統領は頷いて握手を解いた。大きく温かな手であった。

遠くから見るよりも、近勝りして福々しい大統領であったが、私には、傍らに侍立していた大番頭のヒューズ国務長官の方が、より印象的であった。

接見が済んで大使館に帰ると、幣原大使にからかわれた。

「君は正直すぎる。せっかく大統領があいうのだから、石井子爵の親類になりすませばよかったね。大統領はもっと長く君の手を握っていたろうに」

その頃のワシントンの外交界には、イギリスのゲジス大使、フランスのジュスラン大使などの著名人がいたが、三等書記官とは交渉なき存在であり、また一般に各国の大公使館の人々とも、私は交際を持たなかった。ただ、中国公使館の人々とは一、二回交歓の機会を持った。本国同士は不仲でも、出先で顔の黄色い同士の間には、期せずして親愛感が湧くのであった。

三等書記官の受け持つ仕事は、重要ならざる公務であった。それでも打ち合わせや問い合わ

せのために屢々国務省に出入する。行く先は大抵極東部で、そこには部長マクマレー氏、部員としてジョンソン、ロックハート・ネビルの諸氏がおり、公務を通じて、知り合いとなった中でも最も親しくしたのは日本在勤の経験を持つネビル氏であった。これ等の人々は何れも後日大公使に栄進した。

幣原大使夫妻の催される大夜会

大使夫妻の催される大使官邸の宴会には、我々三等書記官も時折陪席を命ぜられ、また月二回かに定期的に催される大使夫人のアット・ホームに出て、接待役として来賓の間を泳ぎまわるのも、我々の社交修行の一つであった。

こうした社交の場面で、最も華やかで印象的だったのは、一九二〇年の暮頃かに、大使夫妻の催された大夜会であった。この夜会は嘉納《かのう》〔治五郎《じごろう》〕講道館々長が、ヨーロッパからの帰途ワシントンに立寄った機会を捉え、柔道を実演によって紹介するという趣旨で催されたもので、場所はワシントン著名のレストラン・ラウシャの大広間、ニューヨークの柔道々場から取り寄せられた幾十畳かのマットを中央に敷き、その周囲に来賓席と酒肴席をしつらうという大掛りな準備がととのえられた。嘉納門下の数人の柔道家が、ニューヨークから呼び寄せられた。柔道二段の美丈夫亀井官補もその中にあった。

当夜の来賓は主だったアメリカ官民、外交団の歴々、ならびにそれ等の人々の夫人令嬢を合わせて数百人、まばゆいばかりの灯下に、男子は燕尾服の胸白々と、婦人達はそれぞれ好みの夜会服の裾を引いて妍を競った。況んや食卓には禁酒国のさ中にあって、シャンペン、ウィスキー、コニァックと、フランス料理の冷菜がふんだんに用意されている。満場気も浮き立つ華やかさだ。

幣原大使まず中央に進み、武器を必要とせぬ護身術としての柔道の意義を説明したのち、嘉納氏を紹介した。嘉納氏から手短かに柔道についての講演があって、すぐもろもろの型の演示に移った。

婦人客の中には型の意義が呑み込めず、どうして対術者が、わざとらしく顛倒するのだろう、と不思議がる者が多かった。それを説明するのが我々の役目だった。

続いて実演取組に移った。真先に現れたのが、柔道衣の亀井官補、たちまち婦人達の視線を奪った。あの美男子は誰かと口々にいう。我々が説明してやると、日本人にもこんな美男子がいるのかといった表情をする。相手がつよすぎるとみえて、亀井官補は度々マットの上に叩きつけられる。その都度婦人達は「チョッ、チョッ、チョッ」と舌打ちをして残念がった。アメリカ婦人は好男子への愛好心を臆面もなく表現する。そんな事もこの夜会に風情を添えた。

取組が数番あって実演が終わり、あとは談笑と酒杯とに夜がふけて、やがて客が散った。辞して行く来賓の顔には、十二分の満足の色があった。

恐らくその前後を通じて、ワシントンで最も華やかな夜会であったのに相違なく、翌朝のワシントンの新聞は当夜の盛況を大見出しで報道した。

英語修行――時は金なり

ワシントン着任第二年目の夏のある日である。昼食時になったので、大使館事務所を出て、ほど近いアパートに食事に帰る途中、トーマス・サークルを横切ると、花壇を背にしてベンチに一人の婆さんが腰をやすめている。何心なくその前にさしかかると婆さんが私に、

“Dime, please” と声をかけた。一〇セント銀貨《ダイム》をくれというのだ。身なりもあまり良くないしわ苦茶婆さんなので、ああ乞食だと思って、私はポケットを探って一〇セント銀貨《ダイム》を一個取出して差し出した。すると婆さん心外な顔をして、

“No, not dime. The time, please” ときた。

しまった、銭ではなく時間がききたかったのだ。こちらは時《タイム》を一〇セント銀貨《ダイム》と聞き違えたのだ。すぐ非礼を詫びて時間を教えたが、それだけでは相済まない気持だ。瞬間、頭に逃げ道が浮んだ。

“Time is money in America. Same things, aren't they?”

このジョークがお婆さんの顔をほころばした。私はしてやったりと安心して、アパートへ急いだが、冷汗が両脇から流れていた。

実用英語を教えずに、文法や論文や文学書にのみ力を用いる日本の英語教育を受けて、本場の英語国に行くと、日常の用向さえたし兼ねる。ましてやや込み入った話になると、聞くことも話すこともできない。日本で習った英語は、全く邪道である事がつくづく感じられた。

そこで英語の勉強、誰でもする通り先生を取るのだが、そんな事で上達は望めない。必要は発明の母という、やはり是が非でも英語で話さなければならない場面に、努めて出っ食わし、新聞雑誌を数多く読んで、実用英語に慣れるのが一番であった。それでも青年期を過ぎた者にとって、英語に熟達するのは至難の業と思われた。

私は幣原大使の英語は、日本人の達し得る最高峰だと思った。その修業の苦心談を度々伺ったが怠け者には真似のできることではなかった。私はその場、その場に臨んで一応話したり書いたり英語で用向がたせるようになりさえすれば良いという低い目標を立てて、拙速的に英語を勉強した。

大使館の同僚仲間で、いつも問題になるのは、英語の発音であった。ことに地名の発音が興味の中心であった。例えば「ボルチモア」が「ボルモル」、「コネチカット」が「カナテコ」、「ミズーリ」が「ミズーラ」、「シンシナチ」が「シンシナタ」、「ネービー・ヤード」が「ナビヤー」、それが我々の耳にきこえるアメリカ人の発音であった。

私が数年後、ワシントンからメキシコ在勤を経て帰朝する途中、ロスアンゼルスに立ち寄って旧友山田氏の客となった時、丁度そのころ、日本から来てそう間のない山田氏の岳父母が、そこに寄寓していた。二人とももう老年で、むろん英語を知らないのだが、老夫人は出好きでよく電車で市中を一人あるきするという。英語がわからずに大胆ですね、というと、「なにわけありませんよ。降りたい時には、〝揚げ豆腐ひや〟(I get off here の意)と言えば車掌がおろしてくれますしね」と老夫人は笑うのであった。

耳から入った英語である。語学の勝負は耳でつくことの適例であった。

ワシントン会議前記——第二の元寇

ワシントンに日本、イギリス、アメリカ、フランス、イタリーの軍縮会議を開くことある場合、日本は快くこれに参加せらるるや、予め意向を承知したいむね、アメリカ政府から瀬ぶみの申し出があったのは一九二一（大正一〇）年七月中旬であった。

これに先立ち、その年の五月にボラー上院議員の提案にかかる、日英代表者を会合して、海軍軍備縮小に関する協約を締結するの権能を、大統領に付与するの案が、上院の可決するところとなっていたから、そうした会議が実現されるであろう事は、わが大使館も日本政府も予期したところであったが、右アメリカ政府の申し出の中には、軍縮問題の外に、これに関連する太平洋問題及び極東問題をも同時に討議する事とし、それには中国をも会議に招請したいとの意向が明らかにされていたので日本は驚いた。

一九一五（大正四）年の二一か条交渉で、中国から獲得した諸々の権益や、対ドイツ戦争の結果、山東で獲得した権益は、中国からのみでなく、世界的世論の非難を浴びてきた問題であり、ことに山東問題は、二年前ベルサイユ講和会議を悩ました懸案である。これ等の問題が、極東問題としてワシントン会議に持ち出され、日本が被告の地位に立って袋叩きにされるのではたまったものではない。これは元寇以来の国難だ。大使館の我々若輩までが、そう考えて緊張した。

日本政府の訓令を体した幣原大使は、会議において討議すべき太平洋問題、極東問題の性質と範囲を、予め審らかにされたいとヒューズ国務長官に掛け合ったが、長官はそれは後日議題を確定するさい協議するであろう、このさい余り追及して下さるなというのであった。この点に不安を感じながら、日本政府は会議参加を内諾した。が、それには会議において太平洋問題及び極東問題を討議する主目的は、一般の主義及び政策につき共通の了解を遂ぐるにありと了解する。したがって、特定国間限りの問題や、既成事項は議題から避くるを可なりと思考するとの、留保が付言された。

続いてアメリカ政府から正式招請があり、これに対する日本政府の受諾回答にも、右の付言が引用された。問題の範囲をできるだけ限って、手傷を受けないで会議を切り抜けたいという日本政府の苦衷がうかがわれ、我々も是非そうあらせたいと、こい願った。ただ軍備だけは、各国共に極度に縮小するが良いと思った。

八月中には各国の正式の受諾回答が出揃い、太平洋及び極東問題に関係ありというので、中国の外ベルギー、オランダ、ポルトガルの三国も会議に招請された。

国内政争のために、国際連盟案を葬った共和党は、自分が政権について見ると、モンロー主義に立て籠って、国際政局に対して孤高の態度ばかりとってはおられない。何か大きな動きをして、列国を道づれに自国の海軍軍備の問題を解決し、あわせて世界的にも、大義名分を明らかにしたいとの政策から、ここに生まれんとするのがワシントン会議だ。中国春秋時代、列国を会同して盟主となった斉の桓公、アメリカはそれになろうとしているのだ。私はそんな感じを持った。

九月になって、議題がアメリカ政府から試案的に提示された。ヒューズ国務長官と、関係大公使との間に交換された意見を参酌したもので、日本政府も大体その試案に賛成した。

さてワシントン会議に入るに当って、わが大使館では幣原大使が会議全権に、その他の館員は、一同全権随員を命ぜられた。

会議は一一月一一日開催ときまり、それまでに加藤《かとう》〔友三郎《ともさぶろう》〕、徳川《とくがわ》〔家達《いえさと》〕両全権を始め、陸、海、外その他の諸省からの随員が、陸続としてワシントンに参着した。ワシントン一流のホテル・ショーラムが、全権団の宿所として殆んど買い切られ、全権団事務所には、マサチューセッツ街二〇〇〇番に手広な借家が手に入った。

ワシントン大使館以外の外務省側随員の主なる顔ぶれは、埴原《はにはら》〔正直《まさなお》〕次官〔事務総長、後に全権〕、松平〔恒雄〕欧米局長〔後事務総長〕、出淵参事官、木村〔鋭市〕、杉村、斎藤《さいとう》〔博《ひろし》〕の諸氏。海軍随員には加藤《かとう》〔寛治《ひろはる》〕、山梨《やまなし》〔勝之進《かつのしん》〕両少将、永野〔修身〕、野村《のむら》〔吉三郎《きちさぶろう》〕、上田〔良武〕、末次《すえつぐ》〔信正《のぶまさ》〕の四大佐がおり、陸軍からは田中《たなか》〔国重《くにしげ》〕少将が来ていた。又内閣から横田《よこた》〔千之助《せんのすけ》〕法制局長官が来た。

右のほか河上清氏、スタンフォード大学助教授市橋倭氏が招せられて、カリフォルニアからやってきた。

なお日本の各大新聞からの特派員も大勢にのぼった。

陣容ととのったわが全権団を、突如として襲ったものは、一一月四日の原首相暗殺の飛報であった。この日午後、私は下町へ買い物に出ての帰るさい、夕刊売子の手にした紙面に Japanese Premier Assassinated の大見出を見て驚いた。記事を読んでみると、一代の大政治家の余りにもあっけない最期であった。その翌日かに、全権団一同の暗然たる参会の下に、大使官邸で追悼会が催された。加藤全権と朝日の下村《しもむら》（宏《ひろし》）氏の弔辞が私の胸を打った。

会議の開幕と進行

参加各国の全権の氏名を列挙する事に、私は興味を持たない。ただかねて盛名を耳にしていたイギリスのバルフォア、フランスのブリアン、中国の王寵恵《おうちょうけい》、顧維鈞《こいきん》等の諸名士を目前に見る事に、興味が湧いた。

会議は一一月一一日の終戦記念日を休んで、その翌朝コンチネンタル・メモリアル・ホールで開幕された。五大国の代表がＡＢＣ順に、ベルギー、中国、オランダ、ポルトガルがこれに次して着席した。まず牧師の祈禱、次にハーディング大統領の開会演説、満場一致ヒューズ国務長官を議長に推戴、英、フランス両語が、会議用語と決定されて、会議はすべり出した。

大統領の開会演説は会議の基調として Simplicity, Honesty and Sincerity を説いた。議長席に着いたヒューズ米代表の演説は会議の運営進行の順序を宣明した。それで終わりかと思っていると、後段になって海軍軍縮の具体案を詳細に提議し、イギリス、アメリカ、日本の間に五、五、三の比率を維持すべき事を説いた。

日本に関する限り、ヒューズ議長の提案は、陸奥、土佐、加賀の三主力艦のほかに、起工・未起工の多数艦船を廃棄すべしと、一々艦名を指摘した。当時アメリカの頭痛の種と称せられたわが八八艦隊建造計画の実現を、食い止める案に外ならない。

会議の劈頭に、こんな具体案を持ち出すとは、誰も思っていなかったようであった。全く型破りの会議の進め方で、アメリカの決意と打つ手の凄まじさが感ぜられた。米紙は、ヒューズ代表爆弾《ボムシェル》を投ず、と喧伝した。

かくして会議はすべり出した。

会議における私の役目

全権団事務所に秘書室が設けられ、私は佐分利参事官（すでに参事官となる）に頼まれて秘書室勤務を命ぜられた。佐分利さんは、幣原全権の触覚となって各国全権団との接触に任じ、あるいは委員会に出席して活発に動き、私は秘書室にいて佐分利さんのために、外部との連絡や、刀筆の仕事を掌る、いわば佐分利さんの秘書であった。

だから会議の総会は、一、二度参観したばかり、各種の委員会は、その進行ぶりを、間接に知るだけで、私の関するところではなかった。

秘書室には斎藤（博）、市橋、沢田（廉三）の三氏と私のほかに、大使館タイピストのミセス・ウェンズ、外務省からの木村（祐）タイピストが机をならべた。斎藤氏は英語の達人、生来の器用で自得した英文速記術を役立てて、委員会や分科会に出て記録を取ってきたりしていた。市橋助教授は加藤全権の秘書兼通訳を勤めた。

様々な人が出入し、色々な情報が集まってきて、面白い秘書室であった。

わが三全権

わが三全権のうち誰が首席か決まっていなかった。当初は徳川全権が加藤、幣原両全権から首席に立てられたが、名実伴わず、自然加藤、幣原全権が立役者であった。徳川さんはわが全権団内で甚だ不評判であった。本来骨髄まで貴族的であるのに、強いて外面に平民ぶりを示そうとする表裏の矛盾が、接触するほどの者にすぐ感ぜられて、好感を持たれないのであった。

加藤全権は、およそ不愛想これに過ぐる人はあるまいと思われたのに、来る早々から会議の内外に信頼と名声を博した。新聞は加藤全権に深く魅力を感ずるとさえ報じた。形影相伴う如く、加藤さんに扈従した市橋助教授は、識見高く容易に人に下らない人であったが、加藤全権には無条件に心服した。加藤〔寛治〕少将のような猛者が、反対意見を立てて食い下っても、加藤全権にはてんで歯が立たないのだという噂であった。総て加藤全権の卓越した人格と、力量の致すところであった。

会議が峠を越したころのある晩、私はふとした用事でショーラムの加藤全権の部屋に呼び込まれた。加藤さんは、大使館の法律顧問ホプキンスなど二、三人を相手にウィスキーを傾け、大分御機嫌だった。「日本に帰ったら、譲歩し過ぎたと方々から叱られるだろう。みんなおれが悪かったと謝るばかりよ」といって笑った。私は加藤さんの笑顔を初めて見た。

加藤さんは、時々ホプキンス氏と、じかに英語で話された。若い時のイギリス勤務で、修業したのであろう、相当英語がわかるのであった。

幣原全権は会議が始まって間もなく、腎石病を発して、官邸に病臥の人となった。主として太平洋問題、極東問題を受け持たれたのだが、絶対安静を必要とするので、動きがとれない。そこで埴原事務総長が全権に補充され、その代りを務める事となったが重要な問題はすべて幣原全権の病床に持込まれ方針が決定された。甚しかったのは四国条約締結の時であった。この条約草案は幣原さん病床の作であって、これに関する日本、イギリス、アメリカ、フランスの秘密協議会には、医師の止めるのを振り切って出席する始末だった。

越年して一月になると病状やや鎮静したので、幣原さんは太平洋問題や極東問題の会議に出席し始めた。山東問題に関する中日直接会議では幣原さんなしのわが全権側は、中国全権の猛攻撃に辟易するばかりで会議は行きなやんだが、幣原さんが病後出席するに及んで、中国側主張の誤謬がぴしぴしと指摘され、その後は中国側が辟易し態度を改めた。それが問題の妥結を早めた。

この会議を通じて論難しあった幣原全権と王寵恵全権とが、親密な間柄になった。好漢、好漢を知るというべきであろうか。

樽俎《そんそ》〔宴会〕の間に折衝する。言何ぞ容易なるだが、外国語を以てする国際会議の場面で、立派に駆け引きのできる人は、幣原さん以外に、そう多く日本にいるわけではあるまいと私は思った。

四国条約案漏洩事件

先にも書いた通り、私の役目は会議の本質に関係のないものであったが、強いていえば四国条約にはある関係を持った。

かねてからアメリカの嫌《いや》がっていた日英同盟は、海軍軍縮と両立しないものであるから、ワシントン会議で寿命が尽きるのは当然だろう、と思っていると果してそうであって、その代替案として着想されたのが四国条約案であった。然るにその話ははじめイギリス、アメリカの間だけで行われていて、我方は知らずにいた。ある日佐分利参事官が国務省で偶然その話を聞き込んだので、病床の幣原全権に報告した。いやしくも日英同盟を廃棄して、その代替案を考えるのに、イギリス、アメリカの間だけで話を始めたのはけしからぬ、と幣原さんが憤慨して、佐分利参事官をやって条約の発案者バルフォア卿へねじこませた。

するとバルフォア卿のいうのには、四国条約の話はこの間自分から徳川全権に話しておいた。だから日本側全権もこの下相談に加わっているはずだといって、すぐイギリス全権団の事務総長サー・モーリス・ハンケイをその場に呼んで質すと、サー・モーリスは「しまった」といって、四国条約に関する英国案が日本側へ交付もれになっているのに気がついて慌てたという。

真の過失か故意の手落ちか、妙な話であったが、バルフォア卿から話を受けた徳川全権が、これを他の二全権に伝えなかったのは、事の重要性が呑み込めなかったのに相違なかった。

この事あってから我方も四国条約の話に加わった、というよりも、イギリス案を換骨奪胎して条約文にまとめたのが病床の幣原全権であった。それが幣原私案といわれイギリス、アメリカの容れるところとなった。そしてここに至るまでの経過と、条約案文を、日本政府に報告する電文案を佐分利さんのいいつけで起草したのが私であった。この問題は事前の漏洩を避くるため絶対極秘として取り扱われた。

ところがこの日本政府あての電信が、発電されて二、三日過ぎると、条約案全文をそのまま暴露したワシントン特派員発の「時事新報」記事が、東京からワシントンへ打ち返されて来て、大センセーションを引き起した。

誰が秘密を時事特派員に漏したか。漏洩者は日本全権員以外にあるはずがない。それにしても発電後の電信文原紙そのものの所在が不明だというので、まず執筆者の私が松平事務総長から取り調べを受けた。しかし私は絶対に漏洩の覚えがなく、発電後の電信の殻も、私の知るところではなかった。続いて栗山電信課長、白鳥文書課長が調べられたが、何れもその所在を知らない。こうして虱《しらみ》潰しに辿って行った末に発見されたのが、徳川全権の机の中だった。漏穴はそこにあったのだ。松平事務総長は急に沈黙してしまった。徳川全権をめぐって或る怪説が飛んだ。が、真相は判らなかった。

あとで朝日特派員の神尾茂氏が私に嘆いた。「時事の連中はいまいましい奴等だ。もうおれらはやるだけの事はやってのけたから、日本に帰っても遺憾なしなどと広言している。お蔭で僕等は本社から一体何をぼやぼやしているのかと叱られた」

時事特派員伊藤正徳氏等の大スクープであった。

四国条約にはこの外に変な事がつきまとった。調印後になって日本本土がこの条約の適用を受けるかどうかの問題が起り、国務長官は然りと発表し、殆んど時を同じうして大統領は否《ノー》と言明したのでまた一騒ぎになった。アメリカ議会の空気が否《ノー》であり、日本政府の意向も否《ノー》である事が判明した結果、その趣旨の追加協定が成立して騒ぎが収まった。

アメリカ国務省の「暗室」

四国条約の漏洩事件は、醜態には相違なかったが、日本はそれよりもさらにひどい、そして重大な醜態を知らずに演じていたのだった。外務省の暗号電信が、ことごとくアメリカ国務省に傍読されていたのだ。

その頃の外務省の暗号は、極めて簡便なしくみで、数か月電信係をした者は誰でも暗記ができ、来電を解読し、往電を暗号に直すのに、少しも骨が折れなかった。あとから考えれば、日本語の知識を持っていさえすれば、科学的研究によって、外国人にも容易に解読出来るものであったが、当時は暗号書さえ盗まれなければ暗号の秘密は保てるものと、一人ぎめにきめて平気でそれを用いていたのである。西洋語とは全く構造を異にする日本語の特殊性と、それを暗号化したものの難解性は、西洋人の解読力を絶したものという先入観に安んじていたらしかった。

　ところがその暗号が容易に読まれていたことが、ワシントン会議から数年経ってヤードレーなる人物の書いた「暗　室《ブラック・チェンバー》」という著書によって明らかとなったのである。この著書によれば、諸外国の用いる暗号を解読する目的で、アメリカ国務省内に特殊の研究室が設けられ、「暗　室《ブラック・チェンバー》」と呼ばれた。ヤードレーがその主任になり、多数の暗号専門家がその下で、諸外国の暗号の解読に働いたのであった。その科学的研究によって、多くの暗号が次々と解読されて行ったそのプロセスが、「暗　室《ブラック・チェンバー》」の中で逐一説明されている。わが外務省の暗号などは、実に他愛もなく解読されたのだった。

　知らぬが仏、ワシントン会議中わが全権団と東京政府の間に往復された暗号電信が、みな読まれていたのである。会議で日本がどんな手を打つか、相手国の主張に対してどう応じるか、が事前に米当局に筒抜けになっていたのだ。何の事はない、自分の持ち札を相手にのぞかれながら、カードを打つという醜態を演じていたのだ。

　この醜態を暴露してくれたヤードレーの「暗　室《ブラック・チェンバー》」は、同時に日本の眼を覚ましてくれたものであった。日本はこれ以後、外務省も陸、海両省も暗号を複雑化して秘密保持に専心し、また一方それぞれ「暗室」を設けて外国暗号の研究に力を注いだ。

　が、暗号が複雑化されればされるほど、その解読術も進歩するに相違なく、その後日本の用いる暗号の秘密が、果して十分に保持され得たかどうかは、疑問とすべきであった。その反面日本の「暗室」では、外国暗号を十分読めなかった。読み得たものは機密とするに当らないほどの用向に用いられる簡便を主とする暗号のみであった。ただ中国の暗号だけは如何に組立てをかえようとも、容易に解読し得たようであった。漢字の持つ欠点が、暗号の複雑化を許さないところに解読の鍵が容易に見出せるのだといわれた。

平和な国際間に行われる暗号解読戦、それにも日本は立ちおくれていた。

P・Tのキッス事件

会議が峠を越して、受持ち仕事の片づいたわが全権団の首脳者達が、ポツポツ帰朝し始め、事務所も大分静かになったころのある朝、丁度P・Tが日本へ発った朝だった。私が出勤すると、部屋にはミセス・ウェンズ一人タイプライターの机にいた。

間もなく全権顧問のフレドリック・モーア氏が入って来て、タイプ書類をウェンズに渡しながら、

“Morning, Mrs. Wenz. Did P. T. kiss you good-bye?”

“Why, no……”

見るとミセス・ウェンズが、耳許まで赤くして、恥ずかしそうに笑っている。モーア顧問は、これも笑いながら出て行った。不思議な会話に好奇心をそそられた私は、今のモーア氏の話は何の事かと尋ねると、ミセス・ウェンズはお話しできないといっていよいよ赤くなる。

そうなると、ますます聞きたくなって追及する。とうとう私はミセス・ウェンズを追いつめて一切を白状させた。それはウェンズに関した事ではなく、モーア顧問の下にいる若いタイピスト、ミス・スミスというのに関する秘話だった。ミセス・ウェンズの話によると、

――先だっての事、幣原全権が起草し、P・Tが会議で読み上げることになった文書を、前

の晩にタイプしたスミスが翌朝早く、自分でP・Tに届けることになり、ホテル・ショーラムに行ってその意を通ずると、P・Tの部屋に通された。
書類を手渡して帰ろうとすると、P・Tが右手を差し伸べてそれにキッスせいといわれる。スミスはえらい人に対する日本の礼儀なのだろうと思って、いわれるままにその手に軽くキッスした。すると問われるには、
"Are you married?"
"No your Hononr. But I'm going to be married soon"
"Well then……"
いきなりP・Tがスミスを両腕に抱き込んだ。仰天したスミスは、いかに日本でもこんな礼儀はないはずだと、もがいて顔をそむけると頰ぺたに熱いキッスが来た。懸命に振りほどき、心も空に、事務所に駆け戻ったスミスは一部始終をモーア氏に話し、この侮辱を両親に訴えると興奮した。そんなことを両親にいってはいけない、忘れてしまうが良いとモーア氏に宥められてスミスはようやく納まった——。
「そんな事があったので、さっきモーアさんがP・Tの出発に引っかけて私をからかったのです。この話は内証にしておいて下さい」
と、いつもつつましいウェンズ夫人もやや上気の態であった。
何分血気ざかりの連中の集まりであったから、会議中は様々なアドヴェンチュアが行われた。そしてその情報がみな秘書室に集まってきた。その中でこのできごとは圧巻だった。ウェンズ夫人とは内証にする約束だったが、私は幣原全権にだけはこの話を報告に及んだ。「君はとん

でもない情報ばかり持ちこむね」といいながらも、幣原氏の相好《そうごう》が崩れた。

会議から学び得たもの

会議は一九二二（大正一一）年二月六日を以て閉会となった。この会議の結果を総合してみると、最も多く収穫を得たのは中国、一番多く泥を吐かせられたのが日本。私はそんな気がしてならなかったが、当初の国難来たるの感じからすれば、案ずるより産むが易かったとの感じであった。

仕事の上で、いささかも会議の本質に触れる事のなかった私は、この会議から何を学び得たか。国際会議なるものの有りようを、多少なりとも知り得たのは当然として、この外に私がこの会議を通じて、外務省人たるの自覚をはっきり持つに至ったのが、予期せざる収穫だった。

これまで私は、禄を外務省に食みながらも、外務省の本流から遠く離れた末流に過ぎない自分を感じ、直属館長あるを知って本省に関心を持たなかった。どうせ本省は、特殊階級人の牙城だ。こちらは目前の仕事を、忠実にやっていけばわが事足れりだ。何が本省か、といった寧ろ反外務省的な自我にたて籠っていた。

しかるに本省から、あるいは他の在外公館から、会議に集まってきた大勢の外務省人に立ちまじって見ると、彼我の間に何のけじめをも感じない。同じくこれ僚友であった。我々が集散しつつ外務省を構成しているのだ。外務省は、やはり自分の棲家なのだ、自分の笠の上の雪なのだ。こうした心境が、会議中、知らず識らず私にしみこんで、会議後の私は、鮮明に外務省人《マン》になりきっていた。外務省愛護心がそこに萌したのであった。

大統領と府立五中校長

会議中は全権団以外、日本から多数の人々がワシントンを訪れた。議員団、政客、実業家、富豪、地方有志家といった人々までが、ワシントンを賑わした。議員団の中では、望月小太郎《もちづきこたろう》氏がしきりに英語を振り回すので鼻についた。その一行とは別個に、植原悦二郎氏も来ておった。会議を参観した上に大統領との握手を帰朝みやげにするらしく、大統領に会わせろという人が多かった。大使館ではいかに民主国とはいえ、元首たる大統領を理由なしに外客が煩わすべきでないとの方針で、面謁者を厳選した。面謁アレンジ係が私であった。

会議あけに、東京府立第五中学校長伊藤長七《いとうちょうしち》氏が、欧米教育視察の旅でワシントンに来た。私の妻の甥が五中生だったので、その紹介で私夫婦をたよって来て、生徒達へのおみやげとしてハーディング大統領とヒューズ国務長官に面謁して行きたいが、大使館で取計らってくれまいかとの、切なる頼みだ。その旨幣原大使に申し上げると、大統領の方は断念させ国務長官秘書のところへ駆つけて伊藤氏の面謁を頼み込むと、国務長官は会ってやろうとの事で、時間の打ち合わせもすぐついた。

伊藤校長はその翌日、定刻に国務省へ出向いて行った。英語が達者なのでその方の心配はないが首尾如何にと思っていると、二時間ばかりして伊藤校長が喜びを満面にかがやかせて私のアパートへ帰って来た。そしていきなり「誰が何といっても私はアメリカ崇拝です」と冒頭して事の次第を物語った。

——国務省に行って秘書官に名刺を通ずると、すぐヒューズ長官の部屋に通され、大きな手で握手されました。寛《くつろ》いで話せといわれるので、長官と差し向いで二〇分も話しました。よく尋ねてきてくれた、来米の目的は何かと問われたので、教育視察の目的です、閣下にお目にかかるのも帰ってから生徒達のインスピレーションの種にと思ったからです、と答えると長官はにこにこ悦んで、今まで視察した所では、アメリカの教育をどう思うかといわれるので感想を話しました。

そうこうしている中に長官は、貴君はもう大統領にお会いしたかというのです。いいえまだです。お会いしたいのですが手蔓がないのですと答えると長官は、では私が取計らってあげようと、すぐ卓上電話でホワイトハウスに話しておられました。電話を切った長官は、

「大統領はすぐ貴君をよこしてくれといわれるからこれからおいでなさい」

私は全く天へも昇る気持でした。それからヒューズさんにお別れしてすぐホワイトハウスに行くと、大統領の書斎らしい部屋に案内されました。なごやかですな、大統領は。まあ坐れと云うので大統領の机のわきに坐ると、貴君の旅行の目的は今長官からの電話でわかった、よく来てくれたと話を始められました。ヒューズさんの所と同じような話を交わしてから私は、閣下のお写真に署名を御願いしたいのですがといって、町で買った小型の大統領の写真をカバンから取り出すと、大統領は、そんな小さなのでなくこれに署名してやろうといって、机の中から大型写真を出して署名してくれました。これです、これです。私は目的を遂げたのでお暇乞いすると大統領は、I wish you every successと、うんと私の手を握ってくれました。

日本では、我々中学校長位では文部次官に面会するのさえ、容易ではありません。況や陛下に拝謁などは問題になりません。さすがにアメリカは違ったものですなあ。この人間と人間の

距離の近さはどうですか。今日という今日は、私は全くアメリカに惚れました。学生へも良いみやげ話ができました——。と、伊藤校長は感激した。そこで私の方からも材料を出して、かつてウィルソン大統領がロック・クリークから二少年を車にのっけて町へ送り届けた話をすると、伊藤校長はいよいよ感銘を深くしたのであった。

伊藤校長はワシントンを満喫して、地方旅行に出て行った。

会議後の大使館

会議がすんで一か月ばかりして、幣原大使は病気療養のため帰朝せられ、佐分利参事官が代理大使になった。

その頃から私は忙しくなった。佐分利代理大使が新聞報という仕事を考案し、それを私が引受けたからである。日々のアメリカ紙を手広く読んで重要な論説や記事を要訳し、午前中に一本の電信案にまとめて、午後本省へ発電する仕事で、要は東京をしてその日のアメリカ紙を即日読ましめる事にあった。まず早朝出勤して十数種の新聞に目を通さねばならない。無責任に新聞を読みすてるのは楽だが、その中から重要記事を摘出するとなると一苦労であるのみならず、その訳文は拙速にして要を得なければならない。初めは恐ろしく気が急く仕事であったが、慣れるに従って要領がよくなった。この事務の御蔭で、私はアメリカ各地の新聞に親しみを持つ事ができた。ワシントン、ニューヨーク、フィラデルフィアの諸新聞はもちろん、「クリスチァン・サイエンス・モニター」「ボルチモア・サン」「セントルイス・グローブ」「ニューオルリーンズ・デーリー・ピカユーン」「シカゴ・トリビューン」「クリーヴランド・プレーン・デイラー」などといえば、今でも私の耳に親しい響を持つのである。

同じころ本省から「米国政党に関する調査」をせよとの訓令があり、芝辻書記官と私がその調査を分担した。私は参考書さがしに国会図書館に通ったりしたが、思うような調査ができない。その中に有田書記官から調書の提出を迫られるままに、不完全極まるものをまとめあげて提出した。ところがたちまち有田氏からその不できさを指摘されて恥じ入るの外なかった。それが本省に送られ、「各国政党に関する調査」と題する印刷物中に収録されているのを後日に至って一読し、自羞を新たにせざるを得なかった。

ワシントンでの私生活は楽しくもあったが、経済的に苦しかった。着いて間もなく、妻が瘰癧を発してサナトリウムに入る。間もなく幼児が胃散過多症で弱りだす。アメリカでの病気は医療費が高くて三等書記官の経済には大痛手なのである。

映画は実によく見に行った。フェアバンクス、ピックフォード、ギッシュ姉妹、チャプリン、クーガン、ロイドなど名優の作品は大抵見逃さなかった。芝居へも折々行った。ドリンクウォーター作の「リンカーン」、探偵劇「ゼ・バット」などは今でも目に残っている。音楽と舞踊は大抵御免を蒙り、ヴォードビルやレビューをエンジョイした。その頃のレビューはまだ素足時代ではなかった。婦人のスカートは次第に短かくなりかけたが、真夏といえども素足で街頭に出る者がなかったのに、ある夏の日勇敢な尖端嬢が二人靴下《ストッキング》なしでF街に出現したので騒ぎになり、巡査が駆けつけて取り締ったという記事がワシントン紙を賑わした時代であった。

ワシントン会議が終わった年の夏、私は休暇を貰い、会計係を口説いて旅費を時借りし、家族同伴で観光旅行に出た。まずナイヤガラからセントローレンス河の急湍と、サウザンドアイランズ、トロントを経てモントリオール。さらにオタワに足を伸ばし、引返してボストン、そこでバンカーヒル、ロングフェロー、エマーソンの旧跡、博物館、ハーバード大学を見てニューヨークに出た。ニューヨークでは馴染のタイムス・スクエアのホテル・アスターを本拠にして家族に市内見物をさせた。二週間のお上りさんの旅であった。

この秋、私は大使館の官費で中部諸州を旅行した。ワシントンからシンシナチ、セント・ルイス、カンサス・シティー。セント・ルイスでは名物の製靴工場や、ミシシッピー河の艀運輸機構《バージ・システム》を見学した。それからデンバー、コロラドスプリングス。一、四〇〇〇尺のパイクスピークは、遊覧バスで頂上を極めた。それより南下してオクラホマシティーを通過してリトル・ロック温泉に立ち寄り、メムフュース見物、ケンタッキーを通ってワシントンに戻った。なだらかに起伏するケンタッキーの山々や、村落を色どる黄葉には、いい知れぬ旅愁を感じた。すべてで二週間、見学と遊覧とを兼ねたあわただしくも愉快な旅行であった。

メキシコへ転任

私は一九二二（大正一一）年一〇月、メキシコ公使館へ転任を命ぜられた。当時日本政府は、オブレゴン政府を承認し、ワシントンから帰朝して通商局長の職にあった古谷〔重綱〕さんが、メキシコ公使に任命されたので、誰か書記官が一人、ワシントンからメキシコへ引抜かれるぞと噂し合っていたのが、私に白羽の矢が来たのである。

これより先、芝辻書記官がキューバからメキシコを旅行して帰ってきて、メキシコの国情不安を強調し、あんな処へ転任させられてはかなわんと、ひどくおじ気をふるっていた。あまりメキシコにおびえているのに乗じて私は悪計を案じた。電信課の連中と共謀して、「芝辻書記官にメキシコ在勤を命ずる」との本省電を偽造して、芝辻君に配付したのである。トリック図に当って、芝辻君の悄げ方は一通りでなかった。二、三日ほったらかして知らん顔をしている処へ、「石射書記官メキシコ勤務を命ず」という正真正銘の本省電がやってきた。人を呪わば穴二つとは正にこれだ。それにしても余りに覿面《てきめん》だった。この転任命令は全く不意打ちであった。今度転任になるのは、中国行きにきまっていると、自らも思い、はたも思っていたのだ。なぜ縁の遠いメキシコへ私をやるのだろうか不思議だったが、私は何かロマンティックな前途が待ってるような空想さえ持って、勇躍して出発準備にとりかかった。ただし妻子は、ワシントンから帰朝させる事にした。メキシコがいかに乱国であろうとも、独り身ならば恐れるに足りないと思ったのだ。

知人への暇乞い、タコマ・パークへの最後の訪問、そこばくの買物を済ませ、一一月初め妻子を日本に発たせて、その晩私は南行のエキスプレスに身を委ねた。車窓に仰ぐワシントンの夜空には、国会議事堂のドームとワシントン・モニュメントが照明に映えてくっきりと立っていた。ワシントンへの名残りと旅愁が潮のように湧くのだった。

メキシコ途上のパントマイム

途中ニューオルリーンズに数泊して、南国情景を味わった。それからテキサスのサンアントニオ、そこからメキシコ市行きの国際列車に乗るのだ。

ニューオルリーンズからサンアントニオへの車上十数時間は、ミシシッピー盆地《バレー》をひた走りに西走する単調な旅であったが、ちょっとしたできごとがその単調を破ってくれた。

私の車室は乗客がまばらですいていた。そこへ途中の駅から、二人連れの婦人客が乗り込んできたのが私の注意を引いた。五十がらみの品の良い老婦人と二十前後の娘で、親子連れに相違なかった。娘は少しも険のない、チャーミングな人柄であった。二人はこちらから数列隔てた筋向うに席を取り私とは斜めに顔が合う。私が読み耽っている雑誌から、時折眼をそらして筋向いに視線を向けると、そのたびに親子連れの視線とかち合うのである。妙な具合であった。

やがて怪しむべし、先方の二人は、私に目をくれながら、何やら話し合いを始めた。正に何らかの関心を私に寄せているのに相違ないのだが、われこそは日本の青年外交官、などとひそかに自負してみたにしてからが、路傍のアメリカ人の眼には一介のジャップに過ぎないはずの私に、妙齢のアメリカ娘が特殊の感興を持つべきはずがない。しかるにさらに怪しむべし、その娘さんが紙切れに鉛筆を走らせ、それを折畳んだとみるや、微笑しながら私の席へ持参に及び、無言のまま置いて行った。

事態は尋常でない。胸の動悸を制しながら紙片を展げてみると、

Please loan me a knife to peel my apple.

何の事だ、林檎の皮をむくのにナイフを貸せというのだ。この馬鹿々々しい文面に、私は覚えず失笑した。だが、書面に対しては書面を以て回答するのが、外交の常法だ。あいにくナイフを持ち合わせない。私は先方の文面の下に、

Sorry I have none with me.

と書いて、折畳んで娘さんの席へ届けてきた。先方も無言だからこちらも無言だ。

返事を読んだ娘さんは、笑顔を軽く私へ点頭して了承の意を表した。パントマイムはこれで呆気なく終わって、それからサンアントニオに着くまで、双方の視線は度々出合いはしたが、遂に是悠々行路の心だった。

それにしても、ナイフを貸してくれ、咫尺《しせき》の間にいながら、そんな他愛もない用向をなにゆえにわざわざ書面にしたのか、今もって謎なのである。後日その疑を僚友達に質すと、その一人から、それは君手紙の行間を読むべきだったのだ。それが読めんのでは、君も良い外交官にはなれん、とあっさりかたづけられた。行間の意はとにかくとして、こちらの出ようでは、このパントマイムを有声《サウンド》劇に発展せしめ得たのに、それをしなかったのは、外交官として腕の無い証拠だった。

サンアントニオでは、なか一日を市中見物に費やし、第三日目の午後、メキシコ市行きの国際列車に乗り込んだ。列車は薄暮国境河川リオグランデの鉄橋を渡って、メキシコ側ヌエボ・ラレド駅に入った。車外に降り立って初めて見るメキシコの風物に気をとられていると、横あいから声をかけられた。「あんた、石射書記官でねえすか」

日本語、それもわが郷土訛りではないか。ふりむくと四十がらみの朴訥人であった。ここの日本人会の役員でメキシコ公使館からの通知によって、私の通過を見張っていたのだという。果してこの人は東北の産であった。

発車までの一時間を利用し、この人のフォード車で市中の夜景を見物させてもらった。真に一衣帯水のアメリカとメキシコ。一は文明の尖端を行き、他は古典的ラテン文化を固守するかに見えるこの両者の対比《コントラスト》は、通りすがりに一瞥した国境風景にも、鮮明に浮んでいた。

列車はとっぷり暮れてから、ヌエボ・ラレドを出た。禁酒国《ドライ》からウェットのメキシコに入ったとたんに、列車の酒場《バー》が開かれ、車内は遅くまで賑わった。

メキシコ市に着くまでのなか一日は、巨大な仙人掌《カクタス》と竜舌蘭《マゲィユ》の疎生する、目も遥かな砂漠の連続であって、気流の激変が起すのか、砂漠の遠近に時々凄まじい旋風が起り、砂塵を虚空に巻き揚げるのがせめてもの見物であった。

モンテレー、サンルイスポトシを南して、首府メキシコ市の人となったのは、一一月一〇日の朝であった。駅には公使館員諸君が出迎えてくれた。取りあえずアメリカン・ホテルというのに旅装を解いた。古谷公使は、家族連れで数日前に着任されたばかりで、国書捧呈もまだ済んでいなかった。

7　メキシコ在勤

古谷公使とオブレゴン大統領

当時公使館のメンバーは、間もなく通訳官に進んだ菅原力三氏、書記生二人、外に留学生が一人いた。なおワシントンからここの陸軍武官に任ぜられたY中佐が数か月前に着任していた。海軍はまだ武官を置いていなかった。

小ぢんまりした公使館の陣容は、ワシントン大使館にくらべると別世界の感があった。それにも増して、私に別世界を感じさせたのは、前世紀の文化を固守して時勢の進運を拒んでいるかに見える、古風なメキシコ市の様相であった。それがしかし私の尚古趣味、浪漫趣味に投合した。

私の着任後、数日して国書捧呈が行なわれた。私は公使の随員として式に参列した。式場は市中心区の連邦政庁内。先方はオブレゴン大統領、その傍にパニー外相が侍立した。

この時初めて謁見した隻腕将軍オブレゴン大統領の精力的な風貌は、さすがに乱国の英傑かなどの印象を私に与えた。メキシコはディアス大統領三〇年の独裁政治が、一九一〇年のマデロの革命に潰えてからこの方、幾度か革命戦乱を経て一九二〇年オブレゴンの台頭となり、今や国情ひとまず安定し諸政ようやくその緒に着かんとする時であった。しかしイギリス・アメリカ両国は、まだ正式使節を任命せず、代理大使で間に合わせていた。日本も一九一九（大正八）年大鳥公使の帰朝以後、公使を空席にしておいたのであったが、オブレゴン政府の妥当を認め、四年ぶりで古谷公使の任命を見たのである。

古谷公使はアメリカのミシガン大学の出身で、英語はもちろんフランス語の大家、思慮精密、多彩な経験を持ち完成《アコムプリシト》された外交官であった。ただ健康に恵まれないのが疵《きず》だった。夫人もまた才色ともに勝れ、欧米人の間に伍して、すこしも遜色を見ない外交官夫人であった。

ワシントンでは下積みの私も、メキシコでは首席書記官として事務を主宰する地位に立ったので、責任の加重を感じたが、同時に仕事のやり甲斐をも感じた。ことに古谷公使が、私を信任されて、万事寛宏な態度を取られたのは、私の最も幸せとするところであった。ここに在勤中、私は二等書記官に昇格し、高等官四等に進んだ。人並な昇進であった。

ある時、古谷公使のうちあけ話があった。

――東京で自分がメキシコ公使に内定すると、是非私を書記官として連れて行ってほしいと、懇請これつとめたのがK君だ。でも私は最初から石射ときめていたからK君の懇請に耳を貸さず、人事当局に話して君に来てもらったのだ――。

私は古谷公使の知遇に感激すると同時に、私の進路が、思いがけなく、メキシコにそれた理由を初めて知った。この場合才人K氏を斥け、鈍才の私を取った古谷公使の人選に、私は賛意を表した。自由がききすぎるため、才人軌を越し易いメキシコの土地柄をかねて耳にしていたからである。

我観メキシコ

私はラテンアメリカの国々を、自分とは縁遠い存在だと思っていた。だから従来中南米についてほとんど知るところがなかったのだが、その私の眼が中南米諸国に向って開かれ、それへの関心が私に芽ぐんだのは、全くメキシコ在勤のお蔭であった。私はメキシコを通じて、中南米諸国を予想し判断した。つまりメキシコは、私にとって、中南米諸国へのインデックスになったのである。

だから、少しメキシコを語りたい。

メキシコがスペインから独立したのが一八二一年、ラテンアメリカ諸国の独立の先駆者であった。独立以前は新西班牙《ノボ・イスパニア》の名で呼ばれ、一六一三（慶長一八）年ローマ法王庁に使した伊達《だて》正宗《まさむね》の臣支倉常長《はせくらつねなが》の往復経由したのがこの新西班牙テワンテペック地峡で、その残した足跡らしきものが、今なおその地に探り得るという。

独立後間もなく、今のアメリカテキサス州の帰属問題でアメリカとの戦争に敗れ、テキサスからカリフォルニアにわたる広大な領土をアメリカに割譲したが、それでも現有国土の広さは、旧日本の約三倍、熱帯・亜熱帯に跨る大国である。

国の中央を北起南走する大高原地帯は、雨量少なく、グロテスクな天人掌《カクタス》と、巨大な竜舌蘭《マゲィユ》の点綴する茫洋たる沙漠で、農耕に適しない。高原の両側は海に面する緑地帯であるが、土地狭く、農業国としては将来性に乏しく、商工業もいうに足るべき規模のものはなかった。

これに反して、地下資源国としてのメキシコの将来性は、高度のものとせられた。タンピコの石油は銀と共にすでに世界に名だたるものであり、金、銅、鉄、亜鉛等の埋蔵量の豊富さも確かめられていた。ただメキシコの悲しむべきは、これ等地下資源開発の利権が、外国資本の手に帰している事だった。ディアス時代の外資導入政策の結果であって、マデロ以降の革命は、何れもこれ等の利権回収をその旗幟の一つとした。当時イギリス、アメリカ対メキシコの外交のもつれはこの利権回収が大きな原因であった。

人口は当時一、四〇〇万、一平方マイル一九人の稀薄さであった。国民の人種的構成は、原住民メキシコ・インディアンが三割、スペイン系白人が一割、その両者の混血が六割。社会の上層をなす者は白人であったが、この三者の間にもまた外来者に対しても、すこしも人種的差別観念が存しないばかりか、アメリカで嫌われる日本人も国境のこちら側では、特殊な尊敬と親愛を寄せられていた。我々がレストランなどに入ると、居合わせたメキシコ人達が一斉に日本万歳《ビバ・ハポン》といって酒盃を挙げる事も、一再ならずあった。

概してスペイン人のもたらしたヨーロッパ中世紀の騎士道の遺風が国民の間に存し、それが曠野《こうや》の育くむ野性と溶けあって、情熱と尚武と冒険好きの国民性を馴致したのであろう。

宗教はカトリック一色、国語はもちろんスペイン語である。外国語ではフランス語が尊ばれ、英語は外務省以外にほとんど通用圏を持たなかった。私は話されるスペイン語の美しさを、メキシコに来て知ってひどく魅力を感じた。本国のスペイン語は、ごつごつして荒っぽいと聞いたが、ここでは微妙で滑らかな響きを持っていた。

政体は二八州を合衆した共和制。中央政府の所在地を、連邦区と名づけて特別行政地域とするなど、すべて範をアメリカに取った。一九一七年制定の憲法が、当時の基本法であり、その第何条かに「国民は武器携帯の権利を有す」とあるのが珍しかった。ピストルが自由に買え、ハンドバッグの中にこれを忍ばせている婦人もあった。議会内の論争が嵩じてピストル沙汰になる事さえあった。日本議会の名物鉄拳武勇談などは、これに比べれば、物の数とも思えないものであった。

鉄道は、首都を起点とする三条の幹線が、アメリカ国境に向って扇形に通じており、その外にわが南米航路の寄港地マンザニヨ港への支線が、ガダラハラ市から派生し、メキシコ湾のベラクルーズ港と、テワンテペック地峡に通ずるものが、首府から東に走っていた。

北メキシコに蟠踞してしばしばアメリカ国境を襲ったため、一九一六年パーシング大将の率いるアメリカ軍の討伐を受け、しかも巧みに身をかわしてこれを失敗に終らせた曠野の怪傑パンチョ・ビヤは、なお多数の部下を擁して、隠然たる勢力をなしていた。国内の治安状況はなお悪く強賊《バンディット》の大がかりな跳梁が折々伝えられた。

メキシコ市の美観

メキシコ市は、海抜七、四〇〇尺の高さに位置する高原都市である。

アメリカ・メキシコ国境から起る二つの併行山脈シエラ・マドレが幅広い高原を間に抱いて南走し、南走するに従って抱かれた高原はその高度を増し、国の南半に至って一連の大山塊に突き当る。その突き当りに立ちはだかって海抜一八、〇〇〇尺、山巓のコーンから煙を噴くポポカテペトルと、それに比肩するイスタシワトルの二大雪山の俯瞰を受けつつ、首府六十万市民の生活が営なまれるのである。ゆえに市の景観は実に雄渾で、熱帯とはいえ、高原なるがゆえに市の気候は、常にわが晩春初秋の爽やかさである。私の着任は一一月というように、市の郊外にはアルファルファの緑が眼にしみ、名も知らぬ熱帯の花が、市中や郊外の家々の籬を色とりどりに飾っていた。

その頃の市中には、街路樹稀れに、中心区でもアメリカ式大厦は無くて、スペイン風の四層楼、五層楼が中世紀色をたたえて立ち並んでいた。総じて落ち着いた古風が町全体を支配し、近代的新鮮さは何処にも見当らなかった。

風俗も、スペイン風をそのままなのであろう。街路に面した二階のベランダから、若い娘が上半身を乗り出し、下ではもみあげを長くした若者が、ギターを抱えて思慕を音楽に託している情景などは、夕暮の散策によく出っくわす場面であった。

鍔の広いメキシコ帽、かぶれば首だけが出て、上半身が蔽《おお》われるサラッペ、日本の草鞋に似たワラッジなど、労働者や農民の貧しい服装にも、捨て難い異国情緒を覚えた。

古風なメキシコ市に、近代色を点ずる唯一の例外は、市の中心区から西方三マイルの郊外、大統領官邸であるチャプルテペック城に通ずるレフォルマ大道と、その途上に金色燦爛《さんらん》と聳《そび》えたつ独立百年記念塔であった。

メキシコ市の美観は、しかし人工美ではなく、その位置する盆地のありのままの天然美にあった。深くこの高原市の風景を愛した私は、帰朝後同僚の集会で、人生書記官となるならば、すべからく一度は任をメキシコ市に受けよと説いたのであった。

日本・メキシコ関係

日本・メキシコ関係は、当時甚だ稀薄であり、面倒な紛争がなく、わが公使館にとっても居留民にとってもメキシコは正に薔薇の床といってよかった。そこに人種的差別感がなく、しかも日本人が特に尊敬されていた事は既に述べた。かつて強大国ロシアを屈服せしめた日本を、武勇の権化と崇拝し、彼等が嫌忌するアメリカにとって油断のならぬ日本の武力を、頼もしとする民衆の心理であった。

当時日本・メキシコの国交を律する条約としては、古めかしい日本・メキシコ通商条約と、外に大田〔為吉〕代理公使の結んだ医術開業に関する相互条約があった。この通商条約は、条約改正に行きなやんだ明治の日本が、最初に結び得た記念すべき対等条約であった。

この条約の下に、日本人は来航移住の自由を保障されていた。アメリカとの紳士協約によって、メキシコへのわが移民もある程度自制されねばならなかったが、渡航者の数は、逐年増加し、主として中小の農商業者として栄えてきた。なかんずく横浜の加藤商店の出店「新日本《ヌエボハポン》」は首府唯一の百貨店として名声を馳せていた。

医師開業条約は、日本・メキシコ双方の医師が、相手国において無試験で開業するの自由を認めた相互条約であったが、実は日本医師にのみ有利な一方的条約であった。もっともメキシコの狙いは、供給過多な日本医師を誘致して、国内極度の医師不足を緩和する事にあった。このねらいは適中して、日本のお医者達が風を望んで渡墨し夫々繁昌したが、中には山師医者が誇大な広告で無知な患者を釣ったりしたので、メキシコ医師界の指弾を受け、それが祟ってせっかくの相互条約も更新を断られるの結果を招いた。

メキシコ在留の日本人の数は、当時五千を出なかった。一見不思議なのは、入国日本人が年々相当数に上るのに、在留日本人の数が固定的であった事だ。アメリカへの密入国が多いためだとせられていた。最初からアメリカへの密入国を目あてに渡来する冒険者が相当あったのは否めない事実であった。

それはとにかく、わが居留民は、折々の革命騒ぎの飛ばっちりを受けつつも、概して安居楽業を続け、その上に立つ日本公使館の職務も平穏無事であった。

「メキシコに於ける反米思想」と「外国資本の活動」——この二つの問題を調査報告ありたしとの訓令が公使館に来た。私が調査を引き受けた。調査上の困難は資料難にあったが、アメリカから図書刊行物を取り寄せたり、メキシコ鉱産局に勤めていた日本技師の助力を得たりして、夫々二百頁程の原稿をまとめあげて公使に提出した。私としては、かつてワシントンにおける「米国政党に関する調査」の不できを償う考えもあり、力作これ努め、資料難の割には、我ながら上できであり、公使からもお褒めの言葉があった。

調査をまつまでもなく、当時メキシコにおける反米思想は、著しいものであったが、調査研究してみると、その由来が系統立って明らかになった。アメリカの発展途上に、幾度も犠牲を払わされた怨恨が累積した反米思想なのだ。だが一面武力も国力も微弱なメキシコが、内乱とか革命とか、兄弟牆《けいていかき》に鬩《せめ》ぎながらその独立に指一本差されないのは、モンロー主義のお蔭に外ならない。つまりアメリカというお目付け役なしでは存立し得ない国なのである。メキシコ人個人々々の対米反感は、いかにもあれ、一旦国際的に緩急ある時は、どうしてもアメリカに味方せざるを得ない国なのである。だから「日米国交万一の場合に、メキシコの反米思想なんかを計算に入れるならば、大きな誤算に陥るであろう」と私は調査報告で結論した。

　この調査報告は、参考資料として本省から刊行配布された。

「外国資本の活動」では、メキシコの土地、地下資源、交通機関等に対する外国、ことにイギリス・アメリカ資本の静態・動態を明らかにした。これも本省で刊行されたが、校閲係の怠慢から大事な数字が悉くミスプリントのままなので、私は配布を押え、せっかくの調査報告がそれなりに埋れてしまった。

Y陸軍武官の追放

Y中佐が陸軍武官としてワシントンから転じたのは、私の着任数か月前であった。この間に彼は酒と賭博に身を持ち崩していた。イカサマ競馬に引っかかり、金を取られたのを遺恨として、競馬場でピストル沙汰を引き起したりして、醜名を新聞に流していた。古谷公使と私が着任したのちも彼の身持ちはすこしも改まらない。いつも昼近くに目を醒まし、さめるとまずビールの満を引き、夕方までに一ダース近くもあける。夜になるとフロントン（上海の回力球《ハイアライ》）に出かけて金を賭ける。それが彼の日課だ。

　彼は陸軍からの公私の送金を使い果して足りず、公使館員や居留民の誰彼にも、迷惑をかけるに至った。コミッションでも取って、公金の穴を埋める気と見え、日本陸軍の払い下げ武器を、メキシコ陸軍に売りつける運動が、彼の唯一の公務であった。私の忠告も誰の忠告も耳に入らないほど、良心の痲痺した無頼漢になりきった。私の前任書記官は、見て見ぬふりをしていたらしいが、私は我慢がならなかった。日本・メキシコ国交上からも、放って置くべきでないと公使に進言し、Y中佐の行状を詳述してその召還方を日本政府に電報した。

それが利いて、間もなく彼に帰朝命令が来た。が、同時に届いた帰朝旅費は、すぐフロントに消えて無一文。本人に勧めて陸軍の僚友から旅費を送金させると、それも賭博に注ぎ込まれた。やむなく最後には、公使館で陸軍から金を取り寄せ、私の手で日本までの汽車汽船の切符を買ってやり否応なしに彼をメキシコから送り出した。公使館も市中の居留民も、これでほっとした。一九二三（大正一二）年の春であった。

帰朝後Y中佐は一時休職になったが、間もなく現役に復活し、後に陸軍中将にまでなった。彼は陸士陸大の成績が、抜群であった事を常に誇りとし、陸軍部内での自己の地位の強固さを確信していたようであった。たしかに頭がよく、剛腹な人物ではあったが、彼を寛恕した陸軍の紀律《ディシプリン》に、私は深い疑いを禁じ得なかった。

天皇機関説

関東大震災後間もなく、Y武官の後任に、K中佐が来任した。前任者に比すれば常識があり、社交的であり、また同伴した夫人のコケットが調和剤にもなって、公使館と彼との関係は、円満に進行した。

この夫婦がホテル住居から借家住居に移った時、その披露という事で一夕その新居に我々を招待した。当時公使夫人は令嬢令息達をつれて帰朝途上にあったので、主賓は公使のみ、私と大儀見、渡部両書記生、荒木留学生の四人が陪席した。K中佐夫人が席間を取りまわした。

酒と御馳走が進行している間に、勲章と爵位制度が話題に上った。私は、日本の叙勲が、適正に行なわれないのを理由に、いっそアメリカ流に勲章制度などは無い方が良いし、爵位も一代制を取るべきだとの意見を述べた。K中佐は、

「君は天皇の栄誉大権を否認するのか」

「勲章と爵位を問題にしているのだ。栄誉大権は別な形で、いくらでも発動の余地がある」

「君の議論は天皇の大権を私議するものだ。怪しからん」K中佐の顔色が少しずつ変ってきた。

「天皇の地位を何と考えるか」

「天皇は公法的に国家の最高機関だ」

「それが怪しからん」

二人の間に美濃部憲法論と上杉憲法論がたたかわされた。

「ではもし天皇が無くなったとしたら、日本はどうなるか」

「君主国ではなくなるが日本国は存続する」

そこへ荒木留学生が口を挿んだ。

「天子様だとて神様じゃないでしょう。生理的な事はなんでもなさる」

「不忠の臣！」K中佐の怒声とともに灰皿が私の胸に飛んで、中の汚物が胸から膝に炸裂した。

「何をする！」私は本能的に立ちあがった。慌てたのはK夫人だ。

「あなた、何をなさるのです。こんな失礼をして、本当に済みません」

良人をなだめながら私の胸の汚物を拭きにかかった。双方をなだめる公使の言葉と、K夫人を憚って私は沈着を取りもどしたが、一座は白け渡った。

「僕の議論にもいい過ぎは有ったかも知れないが、いやしくも客に対してこの非礼は何事だ。僕は帰る」

そういって私が座を立つと、公使も他の諸君も同時に辞意を告げ、K夫人の「どうも失礼しまして」を後にして外へ出た。

帰路、公使から「君はよく我慢した」といわれた。翌朝K武官が公使館に顔を見せて、私に詫をいった。それで私は一切を水に流したつもりだったが、心の中には軍人への反感が滓となって残った。

数年後になって、私は天皇機関説を捨てた。といっても、上杉憲法論に転向したのではない。家族制度の発展拡大である日本国生成の由来からすると、天皇地位は、これを国の機関とみるよりも、民法上の家の家長の観念を以て解すべきだという、独自の天皇論である。

武官と私のこんな争いなどよりは、もっと大きな事件がその頃公使館の中に醞醸していたのであるが、ここには筆を憚からねばならない。所詮メキシコは魔の国であった。

私生活——乗馬

私はホテル生活をほどよく切り上げて、メキシコ人の家庭に下宿した。老嬢二人だけの家庭で、親切に世話してくれた。辛いメキシコ料理の味も食べなじんだ。

よく映画を見た。大抵アメリカものの見返しであった。ここでの名物は闘牛であった。初めての時は、馬が牛から受ける攻撃の残酷さ、牛が闘牛士からさいなまれる無残さに、目を掩う感じだったが、見慣れるに従って、不思議に興味を増すのがこの演技だった。

メキシコでもっとも楽しんだのは乗馬だった。大儀見、渡部両書記生と一緒に乗馬を習い、毎週二、三回朝食前に郊外を乗りまわすのを習慣とした。市の西郊チャプルテペック城の背後に起伏する一帯の丘陵と、渓谷との跋渉は、浩然の気宇と、繊細な情調と二つながら味わい得るものであった。落馬して怪我したこともあったが、乗馬の快味は捨て難かった。

こうした平穏な私の生活にも、悲傷と不安とが襲ってきた。一九二三（大正一二）年八月末、二男病死の国もとからの飛電が私を悲傷させ、続いて関東大震災の報道が私にショックを与えた。神田居住の家父の消息が、十数日後にようやく判明したのであった。その頃、ある朝私は独り馬をチャプルテペック丘陵《ハイッ》に立てて感傷にひたった。その時の詩。

連邦区境西三里
丘越え行けばなだらかに
静寂《しゞま》の谷に落ちてゆく
山ふところの広ごりて
高原の気の澄む朝
野を掩い咲く赤き花。

蹄《ひづめ》に踏むのいとしさに
馬を下りて佇めば
花繚乱と脚を埋め
惆悵として愁《うれい》湧く

頭《こうべ》をあげて眺むれば
白雲生ずメキシコの市。
衣袂に滲みる秋風に
淡き悲傷に堪えかねて
眼を伏せてそぞろ行き
或いは仰ぎ立ちつくし
彼のウエーダウン・イーストの
花野を行きし人をしぞ思う。

政論家イギリス人ディロン

メキシコ市在勤中、公私の場面で面識を得た名士は日本人では来遊の志賀重昂《しがしげたか》、白柳 秀湖《しらやなぎしゅうこ》氏などであった。志賀氏と行をともにして、アステツの遺跡サンホワン・テワテワカンのピラミッドに一遊した事を記憶する。

アメリカでは最高法院判事J・B・ペーン、元駐日大使C・B・ウォーレンの両氏と面識を得た。一九一七年の憲法に則って、メキシコ政府がアメリカ人の所有地と鉱業権を取り上げ、それがアメリカ・メキシコ両国々交回復の邪魔になっていたのを解決するため、特派されたのが両氏であって、ウォーレン氏が駐日大使であった関係から、古谷公使が両氏のために一夕の宴を設け、その席に私も陪したのだ。

外交団ではスウェーデン公使アンデルベルグ氏と近しくし、ブラジル大使オリベイラ氏夫妻と知り合いになった。大使夫妻は、自らわが震災の義援金募集に乗り出すなど、わが国に特別の好意を示してくれた。夫人はすばらしい美人であった。

多分先方からわが公使館に接近して来たのだろうと思われるが、かつて一九〇五年ポーツマス講和会議にウィッテ伯のために働いた著名イギリス人政論家E・J・ディロン氏を、メキシコ市に発見したのは意外だった。一夕、私は古谷公使のお伴でディロン氏の晩餐によばれた。市内住宅地に若い奥さんとこぎれいな家を持っていて、何か執筆中との事だった。日露戦争当時の内輪話などをしてくれた。奥さんは映画好きらしく、私との間にチャプリン評が始まるとディロン氏が側から、

"His pictures are silly. I hate Chaplin"

嚙んで吐き出すようにいった。

メキシコの要人では、オブレゴン大統領には国書捧呈式かぎり、蔵相デラウエルタ、内相カイエス氏にも一度かぎり、ただパニー外相には度々面接の機会があった。いつも悠々として物に動じない人であった。このほか、わが公使館の友人として、出入りしたメキシコ人士は少くなかったが一々その名を覚えていない。

賜暇帰朝、グランドキャニオン、帝国平原

一九一五年外務省入り以来、私の海外勤務は連続八年を越えた。そろそろ日本に帰ってみたくなった私は、一九二四（大正一三）年早々、古谷公使の許可を得て、賜暇《しか》帰朝を本省に申請した。それが許され、後任越田書記官に事務を引き継いで帰朝の途に上ったのが五月初めだっ

た。

帰路はエルパソ線によった。途中はやはりマゲィユ、カクタスの曠野だ。エルパソに数日滞在し、居留日本人の世話になって、付近のアメリカ・メキシコ国境を見たのち、グランドキャニオン経由ロスアンゼルスに出た。

グランドキャニオンは、とてつもない奇勝という以外に、形容の言葉がない。地球面の箆棒《べらぼう》に大きな裂け目の断層が、七色の天然色を染め出しているのだ。

遊覧バスで見てあるいているうちに、隣席のアメリカ人夫妻から話しかけられた。

「私たちも、先年貴君の国を見物した事がある」と懐しそうだ。

「どこどこを見物しましたか」

「香港、上海、南京、北京、天津――」

「ああ中国ですか。私は日本人ですよ」

「それはとんだ間違いをしました」

そういって先方は、幾度も詫び言をいう。

「日本人同士でも、中国人か日本人か見分けのつかぬ事があるのです。気に懸けないで良いのです」

それで安心したらしく、あとは富士山、宮島、桜の話に移った。黄色い顔を見たら、中国人と思え、白人の頭にはそう彫り付けられているのだ。

グランドキャニオンの壮観はいくら見ても眼先が変らない、ただ偉大な単調の連続なので、私は一日でうんざりし、両三日滞在の予定を繰り上げ、その晩の汽車でロスアンゼルスに向った。

ロスアンゼルスではかねて文通をかわしていた旧学友山田喜輔氏の出迎えを受け、その宅に投じた。小学校以来のなつかしい対面であった。山田夫人の両親中沢老夫妻も、折柄来泊中で、一家は賑わしく私をもてなしてくれた。領事は折から着任したばかりの若杉氏であった。

かねて、アメリカ・メキシコ国境の視察を本省から許されていた私は、山田氏の自動車で、サンディエゴからチワナ、カレキシコ、メヒカリにわたって、数日間国境線を出入した。これ等国境の町々は、蔬菜《そさい》の集散地というだけのものであったが、アメリカ側の町では酒と女が禁ぜられ、メキシコ側は酒と女で賑わっていた。清濁二様の画面が国境の一線を画して、何の不思議もなく描き出されていた。

帰途はサルトン湖を右に見つつ、帝国平原の沙漠を縦走した。沿道処々に緑なすオアシスは、日本人入植者達の住宅と菜園であった。砂漠を貫いて蜒々《えんえん》する自動車路《ハイウェー》には、行車稀に、砥の如き路面と、風に追われた流砂が、早瀬をなして走る晩景は蕭条そのものであった。

ハリウッドは外観だけに止め、その他市中の見物も良い加減に切り上げてサンフランシスコへ急いだ。

サンフランシスコ総領事館の主人は、大山卯次郎氏であった。船待ちの数日を旧知の訪問に費したが、ウィリアムス少佐夫妻が一番よろこんでくれた。

東洋汽船のサイベリヤ丸でサンフランシスコを発ったのは、五月中旬早々であった。船がゴールデン・ゲートを抜けて外海に進む時、私は欄に倚ってアメリカ大陸への離愁にひたった。

ハワイ経由五月末横浜に着いた。家父と妻が出迎えていた。震災から立ち上ったばかりの横浜は、ある外人記者が形容したように、鉱山町《マイニングキャンプ》の様相を呈していた。

その夜、私は滝野川の借家に落着いた。震火災を免れた郡部町の暗い横丁の又横丁の、垢染みた二階家であった。

長男も長女も、五年見ぬ間に、見違える程大きくなっていたが、膝に来た長女の、余りに痩せぽちで軽いのに気が痛んだ。私と妻は、死んだ二男の思い出を新たにして相擁して泣いた。

久しぶりの畳生活はその当座悪くなかったが、あぐらをかいても膝頭がすぐ痛むので閉口した。下駄が不安定に感ぜられ、歩道の無い凸凹路をあるくのがひどく恐ろしかった。五年間馴染んだ洋式生活が横浜でぷっつり切れ、万事勝手の違った生活に放り込まれた気がしてならなかった。

東京の繁華街はけばけばしく復興しつつあったが、全体として五年前に比してさして進歩の様子が見られなかった。万事が雑然と動いており、男女ともに服装がおそろしくまちまちで、すこしも統一のないのが目に立った。

すぐ難渋を感じたのは交通機関だった。電車は停電と事故の頻発であり、乗り合い自動車は腰を掛けていてさえ、頭がつかえそうな名ばかりの改造バスが幅を利かせ、タクシーはまだ少なく、自家用車が民衆の反感の種となっていた。鋪装街路も稀であった。

8　本省勤務

通商局第三課――排日移民法

帰京後間もなく一〇日ほど郷里で過して帰京すると、外務省人事課長から呼び出しがあった。出頭すると、佐分利通商局長の希望で、明日からでも通商局へ出勤してくれとの申し渡しだ。賜暇帰朝の身分を申し立てて、二、三か月の休暇を主張したが、聴き届けられなかった。三〇年の外交官生活中、後にも先にも賜暇帰朝したのはこの時限りであったのに、帰朝だけが許されて賜暇は取り上げを食ったのだ。

こうして私はまた本省勤務に入った。六月末であった。

当時日本の政界は、総選挙後清浦内閣から加藤内閣への代り目の時であった。いわゆる護憲三派なるものが結束して清浦特権内閣を打倒し、三派連立内閣が成立して、加藤高明《かとうたかあき》子爵が総理、幣原さんが外相に就任した。

外務省の幹部は、幣原外相の下に松平〔恒雄〕次官、局部長が山川《やまかわ》〔端夫《ただお》〕条約、広田〔弘毅〕欧米、木村〔鋭市〕亜細亜、佐分利〔貞男〕通商、小村〔欣一〕情報、岡部〔長景〕対支文化、川島《かわしま》〔信太郎《のぶたろう》〕臨時調査、官房課長は堀田人事、坪上〔貞二〕会計、白鳥〔敏夫〕文書、小川〔善次郎〕電信の各課長であった。新内閣の作った政務官制度の結果、元公使中村巍《なかむらたかし》氏が政務次官、永井《ながい》柳太郎《りゅうたろう》氏が参与官として入省して来た。

私は通商第三課に属した。第三課は移民、旅券、在外居留民の保護、外国人の出入国を管掌し、赤松祐之氏が課長だった。私の第三課所属は名儀ばかりで、実は佐分利局長に直属し局長室で仕事をした。ワシントンから帰朝した塩崎〔観三〕書記官も、局長室で私と机を並べた。

時の大問題、アメリカの排日移民法の善後始末が、局長室の当座の仕事であった。

概して質の劣る南欧移民よりも、良質の北欧移民の入国に歩のよい歩合移民法が実施されたのは一九二一年だったが、十分その効果を挙げ得ないという所から、一九二四年その改定法案が議会に提出され、計算上日本移民の入国にも、年百八十余人の歩合を認めながら一人も入国させないとしたのが、一九二四年の排日移民法である。太平洋沿岸諸州の排日家の策動が、アメリカ議会を動かしたのだ。

この排日移民法案が議会に提出されるや、国際正義と日米通商条約に背反するものとして、日本政府が抗議したのは当然の措置であったが、一九二四年四月一〇日、埴原駐米大使の抗議文中に、もしこの法案が通過するが如きことあらば、日米間にGrave Consequence をもたらすだろうとあったのが、アメリカ議会と世論を刺激した。というよりも排日論者に、うまく尻尾を捉えられたのだ。重大な結果《グレーヴ・コンセクエンス》とは戦争を意味するものだ。日本は武力をかざして、アメリカに覆面の脅威《ベールド・スレット》を加えんとするものだというのである。議会ではジョンソン、ボラー、ショートリッジ、スワンソン、ロッジ等の上院議員が、躍気になって日本を攻撃し、ハースト紙がここぞとばかり書き立てた。日本は、あべこべに抗議文の釈明に苦心するという立場に追い込まれ、五月中旬、法案は議会を通過、その月末大統領の署名を経て、七月から実施されてしまった。

この移民法の制定は、アメリカ側のこじつけたような重大な結果にはならなかったが、日本国民の対米感情は、ためにひどく荒んだ。黄色人種の帰化禁止、カリフォルニア州その他の排日土地法、そしてこの移民法で、日本人は散々踏みにじられた気持であった。

サンフランシスコとワシントンとで移民事務に携わった私は、日本政府の意向をよく知っていた。移民を一人でも多くアメリカへ送ろうなどという気持は、いささかもわが政府にはなく、重きを置くところは面子《メンツ》にあった。対米移民の送出を、従来より厳重に日本政府の自制に任せるという形式で、日本の面子を立ててくれさえすれば、移民などは一人も渡米させずとも、わが政府も世論も納得するのであった。仮りに年百八十余人の歩合をそのまま生かして、日本移民の入国を認めたとしても、アメリカの人口から見れば真に九牛の一毛、その人口構成に何等の脅威となるものでない。それをしも一気に閉め出すというのは、余りに国際情誼を無視するもので、遺憾千万な立法であった。

アメリカ側でも、大統領も国務長官も、この移民法によって、日米関係をまずくする事は、好まざるところであったし、知日アメリカ人士もこれをゆき過ぎだと難じたが、世論の国では、少数者《マイノリティ》の意見は通らない。その八月初、クーリッジ大統領は、次期選挙への大統領立候補受諾演説において移民法問題に言及し、This incident is closed と宣言した。これに対して日本政府はこの問題は未決の問題である、その解決は後日にまつべきものだとの態度を明らかにしたが、実際に泣き寝入りの外なかった。

しかしアメリカの排日措置に抗議する日本自身にも、矛盾があった。中国人の来航に対する禁止的制限、外国人土地所有禁止法、在外二世をどこまでも日本臣民として把握し、これに兵役義務を課せようとする国籍法や徴兵令などが、いつもアメリカ側から指摘された。土地法と国籍法は、のちに改正されたが、喧嘩すぎての棒ちぎれであった。

排日移民法に対する善後措置について、通商局長と通商第三課長を中心に、省内関係当局の会議が度々催されたが、いつも議論倒れに終わるばかりで名案が出なかった。排日移民法は国際正義と日米通商条約の規定に背反する国際問題だという我方の建前に対し、アメリカの主張は通商条約の規定がどうあろうとも、移民問題はアメリカ自ら決し得る基本権に属し国内問題だ、というにあって、両者の間にも些かも近似点がない。日本に残された手としては、時の経過とともに、アメリカ世論の反省をまつ事より外はなかった。

日本の世論も、時が経つにつれ興奮から醒めつつあった。が、その過程において悲喜劇的愛国心の発露があった。移民法に憤慨した或る男が、在京アメリカ大使館前で割腹して、血の抗議をやったりまた他の男は、アメリカ大使館構内に潜入して国旗を引おろし逃げるところを捕まったりした。こうした愛国者がある一方、アメリカ式娯楽や生活様式が、非常な速力で震災後の東京に取入れられ、なかんずく流行し出したのが社交ダンスだった。ある晩帝国ホテルの大広間で、内外人が踊っている真中へ、日本刀を提げて乗込んだ一壮漢があり、おれが踊ってみせるとばかり大刀を引き抜いて剣舞を始め、居合わせた内外人を縮みあがらせた事件が新聞を賑わせた。児戯に類した滑稽さだが、日本の品位を自ら下げる苦々しい国粋発揮だった。

佐分利通商局長、西園寺公の信任

佐分利局長の側近にあっての事務は、繁閑常ならずであった。局長は、昼間は会議に出たり、外部に人を訪ねたりして席あたたまらず、夕方帰室してその日の文書の処理に取りかかる。例によって綿密にして飽くまで良心的な処理ぶりで、仕事にかかると、時を忘れる人であった。私と塩崎氏はそのお相手をして、夜半過ぎに家路につくのも珍らしくなかった。

文書の始末となると佐分利さんは全くだらしがなかった。機密書類でも電信でも、机上に放置してどこかへ出て行く。それを看守するのも私達の仕事であった。一九二四（大正一三）年の暮近くの行政整理で、外務省からも相当数の人員を吐き出さなければならなくなり、連日幹部が集まって人事会議を行なった。佐分利さんはその会議から帰って来ると、人事会議用の書類をデスクの上に置いたままどこかへ出て行く。あとで我々がその書類を無断借覧する。馘首候補者の顔ぶれが表の上で一目瞭然なので、気の毒がったり痛快がったりした。局長室勤務の役徳であった。

佐分利局長は西園寺《さいおんじ》〔公望《きんもち》〕公の絶大な信任を得ていたと思われる。当時相当の政治家でも、いわゆる西園寺詣でのできる者は稀であったのに、佐分利局長は度々興津《おきつ》に行った。いつも電信一本で面謁を申し込むと、すぐ会見日どりの返電が来るのであった。パリ講和会議以来の信任であったようだ。

佐分利さんは趣味と感覚においては貴族的で、かつ淋しい人であったが、茶屋遊びは嫌いでないらしく、赤坂の春梅が行きつけで私もよく連れていかれた。ただしめやかに、他愛のない遊びぶりであった。

佐分利さんは通商局長中に、北京の関税会議に行ったり、山県ミッションに随行して、フランス領インドシナに使したりして、本省から留守勝ちであった。北京出張中令夫人を失なってから、いよいよ淋しい人になった。田中《たなか》〔義一《ぎいち》〕政友会内閣ができるとイギリスの参事官に転出した。私はそこでまた佐分利さんの配下に入るような、回り合わせになった。

通商第三課長

一九二五（大正一四）年になって赤松通商第三課長がサンパウロ総領事に転出し、佐分利局長に口説かれて私がその後任を拝命した。

アメリカ移民法の問題が泣き寝入りに片着くと、通商三課の事務は、中南米諸国への移民送出と、旅券発給とが主たる仕事となった。通商第三課は別名移民課でとおっていた。

私の移民課長拝命は、自分ながら場違いの感がしたが、希望しさえすれば何時でも本領である中国へ行けるという自負心もあって、移民課長たるに甘んじこころよく勤務した。幣原外相が海外移民に深く関心を持っておられたのも、私の励みになった。

当時日本移民を比較的ゆるやかに受け入れていたのは南米諸国、フィリピン、なかんずくブラジルがコーヒー園就労の契約移民として、最も大量に日本人を受入れていたので、移民といえば先ずブラジル行を意味した。移民に携わる機関には、外務省の外に内務省社会局、海外興業株式会社、大阪商船、日本郵船などがあり、また各府県には海外協会なるものがあって、移民を奨励するほか、永田稠《ながたしげし》氏の力行会、崎山一衛氏の移民学校が傍系的に海外熱の普及事業をやっていた。内地の人口過剰が醸す生活苦からして、海外移民熱はその頃高潮に向う一方であった。しかし、こうした移民熱をいい事にして、図に乗るのは危険だった。わが国の移民政策は、細く長くでなければならない。しからざれば先様から足留めを食うのだ。量を自制して質を高める。そこに私は目標を置いた。人口問題の調節や緩和に役立つほどの移民量を送出するのは、自ら窒息を早めるゆえんたるを思わず、一図に移民政策を唱える論者が多かった。

が、何といっても、南米における日本移民の需要は増大する一方で、ブラジル行移民の量が一船毎に増していった。配耕されるコーヒー農園の労働は過重であり、衣食住事情も半獣的のひどさであったが、そのうえにマラリヤが移民の大敵であった。このほかに油断がならない難関は、アメリカ移民法的の着想であって、ややもすれば、日本移民の入国を禁止、又は制限せんとするの風潮が見られた。現に一九二三年、当時まだ日本移民の数が五万余に過ぎなかったブラジルでも、日本移民排斥を狙いとするレイス移民法案なるものが、早くも議会に提出され、五年間にわたって、賛否両論が議会の内外に闘わされた。幸いに日本政府がこの問題を外交の表沙汰とせず、田付《たつけ》〔七太《しちた》〕ブラジル大使をして専ら内面工作をやらせたのと、日本移民の有能さが、ブラジルの識者に認められたため、この法案は議会において握り潰されてしまった。この法案の懸案中、日本移民を多量に送出するのは、薄氷を踏む感があったが、現地の需要が議論を越えて日本移民を必要としたので、私の在職中のブラジル行移民数は、一九二五（大正一四）年の四、六〇〇から一九二八（昭和三）年の一一、〇〇〇に飛び上がった。

アマゾン探査

事実尨大な国土を擁し、しかも労働力の不足になやむブラジルは、多々益々移民を必要とした。現にアマゾン河口のパラ州知事は、州首府ベレムの上流アカラ河畔の土地約二五〇、〇〇〇町歩を、無償で日本移民のために提供するので、現地を調査してよかったら、日本人の手で開発してほしいとの希望を、人を介してわが大使に申し込んで来た。従来植民地として、失敗の歴史を持ったアマゾン流域ではあったが、この申し出をみすみす逸すべきでないと思った私は、通商局長と外務大臣を動かして調査団派遣を企てた。問題は経費であったが外務省には予算がない。大臣機密費からそこばくの支出を願ったほか、大部分はブラジル移民に興味を持った鐘紡《かねぼう》社長武藤山治《むとうさんじ》氏の手から出してもらう事に成功し、調査団の組織がすらすらと運んだ。

調査団は鐘紡重役福原八郎氏を団長とし、内務省、東大その他から土木、測量、衛生等の専門家約一〇人を取り入れ、アメリカ経由現地に渡り、約五か月にして帰来した。この調査が基礎となって生まれたのが、福原氏を社長とする南米拓殖会社であった。

私が武藤山治氏と会談したのは、橋爪〔捨三郎〕鐘紡重役の紹介によって調査団経費を要請のために、帝国ホテルに訪ねた時一回限りであったが、この一回の会談によって、武藤氏のえらさと人格の立派さが直感された。日本の実業家の中にもこんな品位の秀れた人がいるのか、これぞまさしく高士ではないか。それが私がこの人から得た印象だった。

このほかに通商第三課長在任中、私が手を染めた移民関係の仕事なるものは、ブラジル在留民に対する八五〇、〇〇〇円融資、海外移住組合法案の提出、神戸移住教養所設置の発案、イギリス領ボルネオへの試験移民の派出、シャムに移民の可能性ありやの実地調査等であった。これ等の仕事の経過中、興味深いでき事も少くなかったが今はこれに触れない。

旅券事務の種々相

移民事務以外、通商第三課の主たる事務は、旅券発給事務であった。世界大戦後に馴致された海外視察ばやりが後を引いて、誰も彼も外遊したがるので、旅券事務は多忙だった。外交旅券、公用旅券は通商第三課自ら発給し、普通旅券は各府県に委任されていたが、発給の可否に決を与えるのは通商第三課であった。資力の無い者、目的の怪しい者は無資格者とせられた。アメリカ行希望者が一番多かった。

ある時、心霊術研究のためと称する渡米旅券の請求があって、本人が陳情に出頭してきた。学術研究のための渡米は、排日移民法の下でも認められていたが、本人を見ると一向学術研究家らしくなく、市井の一売術者に過ぎない。

貴君は渡米してから、どんな方法で心霊術を研究するのかと質すと、行ってから決めるという。英語はできるのか、心霊術を英語で何というかときくと、英語は少しもできないというのである。「向うへ着くと、移民官から英語の試験をされる。少しもできないでは上陸禁止を食うばかりですよ」

「私の心霊術で気合を掛けて上陸してみせます」

この男はこれで落第。在米の親族をたよって、うまくアメリカに居すわろうとの腹だった。

ヨーロッパ行きの旅券がほしいのだといって、大蔵省理財局長冨田《とみた》勇太郎《ゆうたろう》氏の紹介名刺を持って来訪した一婦人があった。三十前後の、豊満な体軀に華美な和服を装った年増盛り、見るからに妖艶の気がむっとして息詰りを覚える女性であった。冨田理財局長の名刺に添えて提出したものを見ると、夫《おっと》の死亡通知の葉書で、友人総代として、時の首相若槻《わかつき》〔礼次郎《れいじろう》〕さんの名前が印刷してある。身分の高い人か若槻さん縁故者の未亡人に相違ない。

丁重な態度でヨーロッパ行の目的を尋ねると、ただ漫遊だとの答えである。余り直接法な質問は失礼だと思って、色々遠まわしに聞いてみても、資力や身分の点がはっきりしない。その日はそれで引き取ってもらい、すぐ冨田氏に電話を掛けると、実は自分もその婦人の身許を知らない、付きまとわれたので、已《や》むなく紹介の名刺を書いたのだ、然るべく扱ってくれ、と頗る頼りのない返事だ。まさか若槻首相に身許照会をするわけにもいかなかった。

もう来ないことを願っていると、二、三日してまたその婦人の来訪を辱うした。私の態度が煮え切らないと見たか、今度はエロ攻勢をとってきた。私の身辺に豊満な肉体を寄り添わせて、次の瞬間どういう形勢に立到るかわからない姿勢を呈する。こちらは全身むず痒くなる悩ましさだ。が、心証が得られなければ、旅券を差し上げるとはいい切れない。それに困るのは、外に用事もあるのに、一人で一時間以上も粘られることだ。その日も要領を得させず、ひとまず引き取ってもらって対策を考えた。落城はどうしてもできない。

数日して三度目の御来訪があった。又しても妖気を発散させながら話すところによると、ヨーロッパ行の前に中国や香港に行ってみたいと仰せある。それは結構です、中国へは旅券はいりませんし香港行旅券ならばすぐ出す事にします。まず手近かな中国旅行がよろしいでしょう、とうまく勧めると、ではといって納得して帰って行った。

香港は無旅券で行ける地域なのだが、請求があれば誰にでも旅券を出すことになっていた。そこに私は活路を見出したのだ。ようやく危険を脱した気持ちだった。食堂で幣原大臣にこの苦心談を報告した。大臣は、たとえ香港行旅券といえどもエロに負けて発給するとは官紀紊乱だ、と口ではいいながらにやにやしておられた。

その婦人はそれっきりで顔を見せなかった。果して中国香港への旅に出たかどうか、詳かでない。身分も遂にわからなかった。

公用旅券というのがあった。外交要務以外の公務を帯びた者のための旅券であり、その保持者は特別の理由の無い限り、外国で入国拒絶を受ける恐れがない。だからみなこれを欲しがった。民間人が、大都市または府県に運動して嘱託の名儀をもらい、そこばくの公務を授けられて、公用旅券で外遊する例が少なくなかった。

旅券には英語・フランス語訳文を付けなければならないのだが、嘱託という観念に適した英語・フランス語がないので、外務省では Temporary in the service of ――といったような訳語を用いていた。

なまなかに外国語の話せる民間人は、困りものであった。

俳人高浜虚子《たかはまきょし》氏が、令息のフランス行旅券の事で来訪したことがあった。初対面であった。私も先生の流れを汲んで、俳句に熱中したことがありますと名乗りをあげたので、二、三の俳談があったのち、私は食堂に行く序でに、虚子氏を省庭に見送った。一一月のあたたかい日盛りであった。二、三日すると手紙で、

会うて出る小春日和や昼食時　　　　虚子

とあった。返句がすぐ浮かんだ。

虚子去りし椅子やや斜め置き煖炉

旅券事務にともなって、こんな暢やかな場面もあった。

幣原外交

一九二四（大正一三）年六月から一九二七（昭和二）年四月まで、約三年の期間が、第一次幣原外交時代であった。この期間に加藤首相逝いて若槻内閣が出現し、幣原外相重任、一九二六（大正一五）年一二月大正天皇崩御、昭和と改元された。政党の離合集散が盛んに行われ、政府与党の民政党と、野党政友会が激しく対立し、朝鮮人朴烈《ぼくれつ》事件というのが、政争の具に利用されて、世間を騒がした。

加藤内閣の政績中で目覚しかったのは、陸軍四個師団の軍縮と、普通選挙法の制定とであった。民主々義と自由主義が全国を風靡し、陸海軍々人は肩身の狭い思いをした。電車の中の軍服姿が、心なき乗客の悪口を浴びる場面も珍しくないといわれ、「今に見ろ」と軍人が他日の機会を狙っていたのに相違なかった。

ヨーロッパでは国際連盟がなお華やかであった。ロカルノ安全保障会議[*7]があったのも、この期間であり、イタリーのムッソリーニ首相の名声が高くなりつつあった。しかしヨーロッパの動きは私には余り興味がなかった。ことに国際連盟というものには、初めから関心が持てなかった。アメリカの加盟しない連盟の実力を軽蔑していたのだ。

職務上は傍観者であったが、私の関心はやはり中国にあった。とはいえ、この頃の中国の混乱には呆れるの外なかった。南北抗争しているかと思えば、北方では奉直戦また奉直戦で、張作霖、呉佩孚《ごはいふ》、馮玉祥、などの軍閥が入り乱れて干戈を動かしたり、郭松齢《かくしょうれい》が親分の張作霖に反旗を翻《ひるがえ》して、中国版明智光秀の名を博したりした。華中は華中で江、浙が戦い、雲南、広西対広東の間でも戦争沙汰があった。*8

一九二四年末、張作霖と善後策を談ずるため孫逸仙《そんいっせん》が北上した時は、時局の前途に一縷の明光が点じられたが、翌年三月孫氏の病逝と共に明光は忽ち消滅。一方、不平等条約廃棄、利権回収熱は民衆学生の間に燃えさかり、その五月には、上海の日本紡績の工員ストライキに基因したいわゆる五・三〇事件、次で広東の沙基惨案が発生し、排外運動の火の手が、全国に広がった。イギリスと日本の権益が、最も損害を受けた。

この間、南方広東に拠っていた国民党政府は、孫逸仙の残した聯俄容共政策を続けてボロジン、ガロンの指導の下に党勢を強化し、羽翼成って一九二六年八月蔣介石《しょうかいせき》将軍を総司令とする北伐軍を起し、それがまたたく間に成功して、翌二七年七月国民政府が南京に樹立されたが、その過程において惹起された南京事件がわが国論を刺激した。わが南京領事館に避難中の居留官民が、北伐軍によって大掠奪を受けたのであった。

こうした中国の乱脈に対してわが国論が湧き、対華干渉、武力発動が唱えられ、その急先鋒が政友会と右翼であった。これに対して幣原外相の固くとった政策が、絶対不干渉政策であった。

幣原さんは外相在任中宣明した外交政策において、日本は偏狭な利己的見地に執着せず、列国との共存共栄の主義を堅持すべきであることを強調し、また外交政策の継続性《コンテニユイティー》を維持することによって、国家の対外威信の保たれるゆえんを説いた。また一国が力を恃んで、列国間に専横を極める時は、遂には無残な失敗を免れないとして、国際間の調和が永遠の利益を確保するものである事を明らかにした。特に動乱常なき隣邦中国の事態に、深く同情すると同時に、その国民的要望を尊重すべきであるとの建前の下に、徹底的不干渉主義を固執した。隣邦に対する幣原さんの深い同情は、心ある者の胸を打った。

しかしこうした政策は、幣原さんの発明でなく、平和主義といい国際協調といい、対華不干渉といい、従来歴代外務大臣の掲げた政策の基調をなしたもので、いわば霞ケ関の正統外交政策なのであった。ただそれが周囲の圧力に歪曲されて、いつも口頭禅に終わっていたのを、幣原さんが飽く迄守り通したところに幣原外交の特性があった。荒ぶる外部の論難攻撃に動じなかった信念の強さが、幣原外交の生命なのだ。対外強硬論者や、中国の事端に乗ぜんとする機会主義者の手先が、幣原外相に危害を加えようと外務省に暴れ込んだりして、幣原外相の身辺にはいつも危険がつきまとったが、御本人は平気で信念に徹した。

一九二七（昭和二）年四月、若槻内閣は、台湾銀行の破綻に発した財界恐慌の収拾に行詰って倒れ、幣原さんは、外務省を去った。時に松平次官はすでに在米大使に転出し、出淵勝次氏が次官、斎藤良衛氏が通商局長になっていた。

東方会議——田中上奏文

若槻内閣に代わって、田中政友会内閣が成立し、田中総理が外相を兼任した。そして政務次官森恪《もりかく》氏の画策するところの東方会議なるものが間もなく開かれ、幣原外交が覆えされた。

この会議は一九二七（昭和二）年六月、陸海外の首脳者と、在華の出先主要軍、官憲を召集して外相官邸で開かれ七月初めに終わった。その議定した対華政策は、中国との共存共栄を主眼とし、一党一派に偏せず、中国の国民的要望に同情する、ただし満蒙におけるわが特殊の地位権益の防護のため又その他在華の権益、居留民の保護のためには、断乎たる措置に出るというのである。

共存共栄を主眼とするといい、国民的要望に同情するという。これは幣原外交の用いた表現であって、断乎たる措置に出るというのが新政策の眼目なのである。つまり幣原外交の上衣を借り着して袖の下から鎧を覗かせた清盛外交が議定されたのであった。

この会議は、内外の視聴を集め、センセーションを引き起した。特に中国を刺激した。そうしてこの会議がもとになって、田中上奏文[*9]なるものが中国において流布され、それが世界に広まって、またまた大センセーションを引き起した。

会議は私の関するところではなかったが、私はその経過の大様を聞知していた。私の知る限り、東方会議は、田中上奏文にあるような、とてつもない大陸侵略計画を評議したものではなく、この上奏文は、確かに誰かの創作であった。しかもすばらしい傑作であった。後日の巷説によると、一日本人が書きおろし、数万円で中国側に売り込んだものだとの説であった。

しかるにやがて起った満州事変、中日事変、太平洋戦争において、この創作が殆んどその筋書通りに実演されたのは、驚嘆の外なく、創作者の着想の非凡さと、ヴィジョンの広遠さが、今さら振り返えられるのであった。

田中総理兼外相は、政界に数々の笑話を残し、ドン・キホーテなどといわれたが、その大まかで小節にこだわらない人柄に、私は好感が持てた。が、この兼摂外相をあやつる役者は、森政務次官であった。森氏は外務省の幹部を捉えて、君達は政党内閣の下で勤務する以上、万事与党の方針に従うべきだと、高飛車に出て不遠慮に言動した。省の機密費はおれが握ると、頑張ったとの噂もあった。豪放にして機略縦横、対華問題には、徹底的強硬論者であった。

田中内閣はわが権益と居留民の現地保護の名目の下に、前後三回山東に出兵し、清盛外交を実演した。我方はしかし何等得るところなく、中日関係はいよいよ荒むのみであった。

亜細亜局のモンロー主義

外務省では、絶えず中国問題に悩む亜細亜局が、最も際立った存在を示し、木村〔鋭市〕局長と、その下の谷〔正之〕第一課長が、華々しく活動していた。

その頃から亜細亜局モンロー主義の声が聞こえ出した。或る種の閥で亜細亜局を固め、閥外者には亜細亜局入りをさせない、亜細亜局員が海外に転出する時は良い任地をあてがう、怪しからんという非難であった。果たしてそんな派閥的な人事が、存在したのかどうか、私は一向無関心であったが、他の局課ではそうした非難が専らであった。

およそ官庁には、学閥が根を張り、官学出身以外の者は、要職に用いられないというのが古くからの定説であった。私もそれを覚悟で外務省にはいり、最初はそんな空気を感じないでもなかったが、本省勤務をしてみると、外務省の人事は大体メリット・システムで行われ、学閥らしいものが感じられず、官学、私学渾然として外務省機構を形造っていた。亜細亜局モンロー主義の声は聞えても私には気にならず、詮索する気にもならなかった。

いわゆる官僚主義《ビューロクラシー》。そんな臭味も、外務省には稀薄であると私は信じた。諸外国をめぐった者の集りだけあって、何といっても見界が広く、自由主義が支配的であったからだ。外交事務には必然的な秘密主義と、伝統の弱腰外交とのゆえに外部から攻撃されても、官僚主義の牙城とは見られなかった。内地の官庁にのみ巣食って、多年官界の駆引きに長じた他省官僚のセクショナリズム攻勢には、大抵の場合外務省がしてやられた。

「外務省は、みんな服装がきちんとしており、礼儀がやかましそうなので、外部から来るのに何となく気がひける」と、来訪者中にはそういう人もいた。別に気取っているわけではないが、外国回りの間に染込んだ洋服の着こなしと、身のこなしが、外部の眼には親しみにくく映じたのだ。

ハイカラで、弱腰と攻撃される外務省人に、貴族や金持ちが娘をくれたがるのは、親の好みか本人の好みか、「これこれの人の令嬢を彼の人にどうでしょうか」と若い事務官の身許や前途の見込みをききに私の所へやってくる人も、二、三人にとどまらなかった。「あの人は公使になれるでしょうか」が質問の標準だった。外交官生活の華やかさを、目当てにした結婚談には、好意を持てなかったが、私はいつも公使を保証してやった。

亜細亜局に比肩して、通商局が光っていた。そして一課、二課には、人材が揃っていた。佐分利さんの後任斎藤〔良衛〕局長は博識多才、省内のピカ一とジャーナリズムから謳われたが、田中内閣成立後間もなく、山本《やまもと》〔条《じょう》太郎《たろう》〕満鉄総裁に見込まれて満鉄入りをしてしまった。サンフランシスコから帰朝中の武富総領事が、斎藤氏の後任局長となった。

省内で特異の存在は、情報部と対支文化事業部であった。前者は小村欣一侯が部長であり、後者は岡部長景子が部長であった。

「わしが役所で見せたいものは、文化事業部に情報部………外にないぞえ侯爵子爵」

その頃誰かそんな替え唄を流布した者がいた。外交の本流に直接触れない部局である情報部と文化事業部への蔑視であり、小村部長へのあてつけであった。

この頃の小村さんは、省内では甚だしく不評であった。かつて外務省の小村といわれた人が、才人才に倒れるというのであろうか、誰からも陰口を聞かれた。巧言にして、誠意がないといわれた。私にいわせれば親が余り偉かった。さすがは大小村に似た児だといわれようとする意識に禍《わざわ》いされ、外に発して虚飾に流れ、きざに見える。それがこの人の病なのだと思った。後年私は、三井光弥《みついこうや》氏の著『父親としてのゲーテ』によって、その一子アウグストが非凡な文学的才能を持ちながら、「さすがにゲーテ第二世」などと見られるのを極度に嫌っていたことを知って、深く才人小村さんのゆきかたを惜しんだ。

広田さんの欧米局長は寧《むし》ろ平凡だったが、裁決流るるが如しで、机上に書類をためた事がないといわれた。事実いつ行っても広田さんの机には紙はし一つ載っていない。さすがに違ったものだなと感服せざるを得なかった。

短かい間だが白鳥氏が文書課長だった。外務省の公文々体から「候《そうろう》」を追い払ったのは、白鳥文書課長の功績であった。はげしい気性の持ち主だったが、その頃の彼は、まだ混りっ気のない外務省人であった。

一時外務省に革新同志会というものがあった。パリ講和会議のさい結成されたもので、そこに集められた大勢の若い書記官や、官補達が外交官として大事な修養時代を、電信引などで空費させられたがために、国際会議に臨んでも十分働くだけの能力が身についていない事を痛感して、将来若い外交官には語学その他の修養の機会を与える事、任地の公平を期する事などを綱領として、外務人事の革新を申し合わせたものであった。有田八郎氏などが有力な発起人であるらしかった。私もサンフランシスコ在勤中、その趣旨に賛成して入会したのであったが、私が本省の課長になった頃には、会は有名無実の存在となり、遂に解散してしまった。が、その後新人官補に、まず海外で勉学の機会が与えられるようになったのは、この会の残した事績であった。

移民地で排日問題が表面化せざる限り、通商第三課は外務省では第二義的な存在であった。事務はしかし多忙であって、私は早出晩退、課長在任期間、無欠勤の記録を造ったばかりか、日曜日をもたびたび犠牲にするほどの精勤ぶりであった。三年の後には、まだ見ない海外移民地の事情も呑みこみ、一かどの移民問題権威者になっていた。外務省人たるの自覚ももう揺ぎなくなっていたが、同時に官権というものを通じてのみ人生に触れて、一生を終わって良いものだろうかとの、疑問にもつきまとわれたのであった。しかし官吏生活で生きて行くより外に、方法がない現実をどうしようもなかった。

東京での私生活

私の本省勤務は一九二七（昭和二）年一二月、イギリスに転出するまで四年弱であった。この間、外務省内の信用組合から低利資金を借りて、滝野川にささやかな住宅を建て、そこから外務省に通勤した。場所は海軍火薬製造所（現在の東京外語大）の裏門から、二丁とは離れぬ危険地域であったが、そのために地代が滅法に安いので、背に腹はかえられなかった。

家庭では三男が生まれ、無為にして楽しかった。この間、私は高等官三等に進んだが、月収は三四〇円そこそこで、家計に余裕をみない。人によばれた宴会から、自腹で二次会にくずれたりすると、月末の家計に大穴があいた。その頃赤坂が外務省人の河岸で、私も折々足をはこんだ。嚢中は乏しく、三年かかって鴨緑江節を一つ覚えただけの野暮天だったので、若い妓達は鼻もひっかけてくれなかった。

通商第三課長になった年、私は一冊の翻訳小説を公にした。原著は一九二〇（大正九）年カリフォルニア州排日土地法騒ぎの最中、「サンフランシスコ・ブレティン」紙に連載された小説で、キップリングの詩句を取って「東は東」と題し、エリック・ブランダイスという作者の通俗小説であった。日本人の固陋な風俗習慣と陰謀性を背景に、一日本富豪の息子と、アメリカ娘との恋愛悲劇を、最も醜悪に描いた排日のための排日小説であった。太平洋岸アメリカ人の排日感情の底を流れる、対日本人観が覗われる一面、我々日本人にとっても、反省の糧を与えるものなので、私はその翻訳を思い立ったのである。当時女子大学にいた姪の名で自費出版したが、一版一、〇〇〇部の半分も売れなかった。面白くないからでなく、広告費がないからであった。

通商第三課に、若い属官で、米内山黙童と号するホトトギス派の俳人がいたので、一時課内に俳句熱が起り、私も句作に参加したりしたが、往年のような真剣な態度にはなれなかった。荻原井泉水の自由律俳句に心境を乱されたり、誰にでも手軽に楽しめる俳句の通俗性に飽き足らなさを感じたためであった。

一九二八（昭和三）年二月、わが国初めての普通選挙があり、家父が政友会から立候補した。私のイギリス行の直前であった。父への応援に、郷里に下って選挙というものの実際を見た。父は楽々と当選したが、普通選挙などといっても、地方人は金をくれなければ動かない実情であった。

イギリスへ転出

一九二七（昭和二）年末、かねて人事当局に申し出ていた海外転出の希望が容れられて、私は在英大使館一等書記官を命ぜられた。第三課長後任の大橋ロスアンゼルス領事が中南米一巡を終わって帰朝するや、事務を引き継いで赴任準備に取りかかった。今度も単独赴任であった。

イギリス行の途中、私は二つの公務を帯びた。一はサンフランシスコで沿岸領事会議を開き、排日移民法施行後の在留邦人の問題を検討し、併せて今後の移民問題の処理方針を打ち合わせる事であり、他の一つはその四月からハバナに開かれる、第二回国際移民会議に出席する事であった。

一九二四（大正一三）年、イタリー政府の招請で、ローマに開かれたのが第一回国際移民会議、主として移民の衛生、輸送、労働法制等についての国際協調を討議決定した技術的会議であり、今度のハバナ移民会議は、前回の決定事項の実績を検討し、その補強補遺を討究するのが目的であった。参加国は移民関係二十数か国、我方からの代表は駐メキシコ青木〔新〕公使と、国際労働事務局の笠間《かさま》〔杲雄《あきお》〕局長、私が事務総長、随員として欧米の在外公館から多数任命された。

私は東京からの随員たる社会局事務官山崎巌《やまざきいわお》、海興社長井上雅二《いのうえまさじ》、東大教授医博石原喜久太郎《いしはらきくたろう》諸氏を宰領し、三月初めプレジデント・ラインで横浜発シヤトルに向った。

シヤトルからハバナまで自由行動。私は随員の沼会計官と共に数日サンフランシスコに滞在し、領事会議に臨んだ。井田サンフランシスコ総領事を座長に、岡本《おかもと》〔季正《すえまさ》〕シヤトル、井上《いのうえ》〔庚二郎《こうじろう》〕ポートランド、水沢ロスアンゼルスの各領事が参集した。

会議は別段の事なく終わり、私と沼会計官はロスアンゼルス経由、ニューオルリーンズから便船でハバナに渡った。ワシントン大使館から事務副長の格で先着していた佐藤〔敏人〕書記官の計らいで、わが代表団の事務所と宿所が準備されていた。

ハバナはフロリダ半島の尖端キーウェストから渡れば、僅かに五、六時間の行程で、アメリカ人の飲みにくる酒場《バー》であった。

移民会議——英語の悲哀

青木、笠間両代表も随員も顔が揃い、四月初めからハバナ大学で会議が開かれた。議長は同大学総長某博士、用語は英語、フランス語、スペイン語、国際連盟から数人の通訳エキスパートが傭われてきた。議案は色々出たが難問題はなく、会議中一回も本省に請訓せずに意見を発表し、イエス、ノーを決定した。

会議が後半になってからキューバ代表から「移民は国際問題にあらず、国内問題なり」との決議案が提出された。冗談じゃない、この技術的な会議に、国際法的な原則を持ち出す奴があるものか。これが通ったら一九二四年の排日移民法問題で、わが政府の取った建前が崩れてしまう。アメリカの意を受けた提案ではあるまいが我方は大反対だ。もしキューバがあくまでこの案を上程するなら、日本代表は会議を脱退するとの態度を、議長に通告した。幸いにわが態度に共鳴する国々もあって、この決議案は撤回され、波瀾なしに会議が終了した。この一事を除いては、どっちに転んでも大した怪我なしに済む、気易い会議であった。

私はこの会議で英語の悲哀を感じた。各国の代表も随員も、皆フランス語ができ、会議はスペイン、フランス両語が支配的で、英語は余り相手にされないのだ。フランス語のできない私は、事毎に隔靴掻痒を感じたが、スペイン語に関する限り、わが方随員中に荒井《あらい》〔金太《きんた》〕書記官の如き達人がいて、大いに威力を発揮した。

会議中わが代表団が、各国代表団を招いて大晩餐会を開いた。フルドレッスで勲章佩用だ。わが方の随員井上雅二氏が、勲三等らしい妙な勲章を襟に吊っているのを見た外客が、それは旭日章《ライジング・サン》かと聞くと、然り、旭日章《ライジング・サン》だと井上氏は臆面なく胸を張った。よく見ると日韓合併以前の骨董的韓国勲章である。この井上氏の心臓は、我々仲間の語り草になったが、勲章に惹かれる民間人の心根に、浅ましさと憫れさが、感じられるのであった。

キューバ政府の案内で、製糖工場、煙草工場や、著名な鍾乳洞などを見学した。ハバナの四月は、もう暑かった。

渡英途上——フランクリンの恋物語

移民会議は四月下旬に終了し、わが代表団は解散した。私は沼会計官を伴って、キーウェスト経由ワシントンに着いた。約六年ぶりのワシントンであった。

そこで私は松平大使夫妻、並びにすでに秩父宮様と御婚約の成った節子姫にお目にかかった。大使館参事官は沢田節蔵《さわだせつぞう》氏、一等書記官は谷正之氏であった。

タコマ・パークに日曜日の半日を費した。バプテスト教会は、小ぢんまりした本建築ができていた。旧知の人々の昔ながらの親愛ぶりがうれしかった。かつて初お目見えの時、私を「チャイニーズ」と即断した子供達は、私より背が高くなっていた。

ワシントンからニューヨーク、ここから日本に帰る沼会計官に別れ、私はクナード・ラインでイギリスに向った。船中すべて英国式で、晩餐には必ずタキシード黒ネクタイで出なければならない。夕方になると、部屋付きの給仕人《スチュワード》が、トランクの中を勝手にあさって、晩餐の服装を取り揃えてくれる。小うるさいので断ると、自分の義務ですからといって承知しない。部屋を空ける時の用心に、ドアの鍵を要求すると、イギリス船では絶対に鍵の必要はありませんといってよこさない。さすがにイギリス船だけあってスチュワードまでえらい見識だと思った。

船中には立派な図書館があった。日中私はそこに入り浸って、読書に時間をつぶした。その時読んだ本で面白かったのは、ベンジャミン・フランクリンの恋物語であった。

アメリカの独立戦争中、フランクリンは駐仏公使としてパリに駐在し、戦費の調達と、反英宣伝に活躍した。妻と死別して独身であったフランクリンは、既に七〇の老齢であったにも拘わらず、パリ名流婦人の間に社交を深め、頗る人気を博している中に、哲学者エルベチウスの美しい未亡人に恋愛して、青年のような熱情を寄せた。ある時訪ねて行くと丁度その未亡人は入浴中であったが、彼は構わず浴室に押し入って浴槽中の未亡人に恋を語った。だが読者諸君心配する勿れ、その頃の浴槽は、今とは違って短靴の形をしており、入口が小さくできていたので、腰から下を見られる心配がなかったのだとその本が特に注解していた。フランクリンと、パリ貴婦人達との情熱交渉を、巨細に取扱かった本で、とても面白いものであった。ゲーテ七三歳の恋物語は、話に聞いていたが、中学時代に自叙伝を通じてのみ知った修養家の、しかも老いたるフランクリンに、こうした情艶史があろうとは意外な発見だった。

大西洋の航海は、私には初旅であった。

9　イギリス在勤

ロンドン生活の第一歩

サザンプトンで船を捨ててロンドン着、二時間の車窓から見たイギリス田園風景は、何か深い寂《さび》があるような風情に見えた。

ビクトリア停車場には、堀内〔干城〕書記官等数人が出迎えに来ていてくれた。「おい、ゴルフを始めろよ。ロンドンでは保健上それが絶対必要だ。おれはもう熱心にやっている」堀内氏の私への第一声だ。何をいうかと冷笑してホテルへタクシーを走らせた。

大使館できめていてくれたのが、シャーロック・ホームズのベーカー街のはずれにあるグレートウェスタン・ホテル、名前は堂々たるものだが、恐ろしい老朽ホテルだ。夜、尿意を催した時は、枕頭の便器にする。ラニング・ウォーターの設備が無く、朝の洗面水は、部屋つきの皺くちゃ婆さんが、ピッチャーに入れて、もったいらしく捧げてくる。サービスは一寸した事でも手間どる。もっと気の利いた女中《メード》はいないのかしらと見まわしても、大抵似たりよったりだ。それでいて晩餐には、黒襟飾《ブラックタイ》をして食堂に行かなければならない。第一タクシーなるものが、箱馬車にエンジンを取り付けた格好で、ガタガタしておびただしく鈍重である。アメリカの能率主義を経験した者には、別世界の感だ。

ポートマントスクエアの大使館事務所へは、ホテルを出てベーカー街を行くと、一五分の距離である。その途中に、ウェストミンスター銀行の支店があったので、一〇〇ポンドばかりの使い残りを預けようとすると、身元証明《ノファレンス》がなければ預かれないと窓口氏がいう。「そんな物がなくとも、ここに現金を持って来ているのだから良いではないか」、「いやそれでも身元証明が要ります」二、三押し問答した揚句、奥の室へ入れというので入って行くと、支店長らしき男がいて、イギリスでは、たとえ現金を持って来ても、身元証明がなければ口座を開かない事になっています。貴君は誰かという。日本大使館のこれこれと説明すると、では大使館から一筆書いて下さい、お預りしますとの事で話がきまり、その通りにしてようやく小切手帳を貰った。

現金を出せば、すぐ口座を開いてくれるアメリカから見ると、恐ろしい念入りだ。着いて早々、一定の型にはまらなければ、身動きできないような別世界を感じ、勝手が違うことばかりだった。

ただ英語の本場だけあって、話は割合によくわかる。鼻へ抜けるアメリカ英語と違って、ここでは発音が喉へかかるように聞こえた。いわゆる倫敦児《コクニー》英語は苦手だったが、それは誰でも使うという言葉ではなかった。

私はリジェント公園に面した、チェスターテレスに貸間を見つけて、そこへ移った。主人は陸軍軍人の未亡人で、バトラーや女中を置いて格式を維持しており、晩餐は黒襟飾《ブラックタイ》だというのに恐れをなし、朝食だけの賄を受ける事にした。

堀内書記官の勧説にも拘わらず、ゴルフを冷笑していたが、街路には行人さえ稀れになるロンドンの日曜日は、市中にいたのでは自分を持てあます外ない。着いて間もないある日曜日、所在なしにハイドパークへ遊びに行き、ベンチに腰を下している間に、つい睡気を催してとろとろとした。それが因で風邪を引き、四、五日寝込んでいる処へ堀内が来て「それ見ろ」という事になり、私は兜を脱いで道具一式を買い込みまず練習、これがゴルフの病みつきになって、日曜日ごとに郊外のリンクに出かけた。

こうして私はロンドンに住みついた。

大使館

ポートマントスクエアの大使館事務所は、普通の住宅を借家したもので、事務所らしくなかったが、オクスフォード街やハイドパークに近く便利な位置であった。佐分利参事官が代理大使、守屋《もりや》〔和郎《わろう》〕、堀内〔干城〕、武藤〔義雄〕、新納〔克己〕、桝谷の諸氏が、二、三等書記官、外に官補書記生が大勢いた。

別に総領事館があって、米沢〔菊二〕氏が総領事代理、また大使館商務官松山〔晋二郎〕氏も別に事務所を持っていた。

私はなるべく大使館の日常事務に携わらずに悠々自適して、自由にイギリスの空気に触れたい、その代り在勤は早く切り上げる、という虫の良い希望で来たのだが、佐分利さんの許すところとならずやむなく一等書記官の机に向かった。

日英の間には、中国の事態をめぐって話し合うべき幾多の問題があるに拘わらず、田中外交が荒れまわっている最中とて、日英の対華態度は離ればなれ、その他重要懸案もなかったので、大使館の事務は、平凡な日常《ルティーン》事務以外になく楽であった。みんなで手分けして、新聞論調の報告電を作るのが、午前中の日課だ。往年アメリカでは毎朝新聞を開いて、まず排日記事によってモーニング・ショックを受けるように習慣づけられていたのに、イギリス紙にはまるで排日記事がないのが淋しい位であった。

ロンドンの新聞から受けた唯一のモーニング・ショックは媓姑屯《こうことん》での張作霖《ちょうさくりん》の遭難を伝えたロイター電であった。事務所でそれを読んだ瞬間、「これは日本軍部の仕業だ！」と私は断言した。

佐分利さんの執務ぶりは、あいかわらず克明であったが、私は慣れっこになっていた。佐分利さんは、程近いグロベナ・スクエアの大使官邸にバトラー相手に独り住んで、公務の余暇を亡夫人の追憶に淋しく暮らしていた。ただ対外活動では、積極的に各方面と接触して、信望を博していた。代理大使とはいえ、実際においては押しも押されもせぬ大使だった。

大使館付武官は海軍が塩沢〔幸一〕大佐、陸軍が前田〔利為〕大佐だった。前田武官は、社交界では侯爵《マーキス》の待遇を受け、家庭では召使から我君《ミロード》と呼ばれた。菊子夫人は、大使館の宴会では、女主人《ホステス》を務める例であった。

守礼の国

第一次世界大戦後、イギリス人の服装は著しく簡略化されたそうだが、それでもシルク・ハットを用いる機会が実に多かった。大使館邸で佐分利さんと差し向かいで夕食を食べる時でも、黒襟飾《ブラックタイ》で行かねばならない。およそ紳士たらん者は、そのときどきに適応した服装に身なりを整え、進退坐行その法に合わなければならない。イギリスは守礼の国だった。

諸般の儀式会合に、正装で出席するのも、外交官の務めだった。儀式の最たるものはコートとレヴェだった。

コートは夜半バッキンガム宮殿で催され、皇帝・女王両陛下が、外交団を始め、朝野の名士淑女を引見される謁見式である。イギリス封建時代の古式による盛儀で、謁見に召される者は何千人を算する。この式が社交界シーズンの魁となり、その年初めて召される若い婦人はそれによって社交界にデビューしたことになるのだという。男子は大礼服か燕尾服で間に合うが、婦人はコート毎に、式服を新調しなければならない。節約しても一回一〇〇ポンドは掛かるので大使館夫人連の悩みでもあった。

レヴェは男子だけの謁見式で、コートに比べれば簡単であった。

この外に両陛下の園遊会《ガーデンパーティー》があった。やはりバッキンガムの宮庭であったと思う。両陛下はお召を受けた多数参会者の間を縫って、会釈を返され、話を交わされる。コートとはうって変わったなごやかな風景であった。私はかつて行った事がなく、話に聞くのみのわが新宿御苑などの観桜会、観菊会でのあさましい食べ物の争奪戦を想像した。

ジョージ五世陛下は私の着英した年の一一月重患を病まれ、バッキンガム宮殿の鉄柵に寄りそって、平癒を祈念する市民の群が毎日見られた。

イギリス皇室とわが皇室

私が新聞で読み、イギリス人と接触によって知り得た限り、皇帝と皇室に対するイギリス国民の尊崇は、自然にして深く、かつ親愛感を伴なっている。一体どこにその源があるのだろうか。ある時これを佐分利さんに質すと、僕もそれを考えているのだというので、二人で検討を試みたことがあった。

イギリス国民は、皇帝と皇室を自分達の日常生活から離れた、絶対の存在とは考えず、イギリス社会の一構成員と考えている。そこに神秘性の湧く余地がなく、社会性と親愛感が湧く。伝統を尊ぶ保守的国風からして、国民はありきたりの社会階級の存在を是認し、皇帝と皇室を各階級の最上位の標準と仰ぎ、これを尊崇し温存することによって、社会の各階層が正しく維持されるゆえんを認識している。政治的に見れば、皇帝は国政に最後のしめくくりをつけてくれる大切な扇のかなめ的存在である。しかも皇帝や皇室と国民との接触を隔てる何らの神秘性がない。かかる意識と距離の近さからして、敬親感が生ずるのは自然ではあるまいか。

その時ざっとこんな観察を佐分利さんに話したことを覚えている。いずれにしてもイギリス皇帝並びに皇室と国民との関係にはいささかのぎこちなさも冷厳さも見られず、なだらかな曲線美を見る感じだった。

わが皇室とイギリス皇室とは極めて御交誼親厚な関係にあったと思われた。ことにわが今上陛下は皇太子時代の御外遊で深くイギリス皇室と親しまれ、後、イギリスからプリンス・オヴ・ウェールスの来訪があり、さらに秩父宮様のイギリス御留学もあったりして、東西両大皇室間の相互尊崇と親交は、なみなみならず美しく感ぜられた。

しかるにある時、ある婦人名の手紙が、大使館に舞い込んで来た。あけて見るとその文面に、自分はかつてアフガン王宮、ペルシャ王宮に儀礼師範として招聘され、宮廷内の指導には多年の経験を有する者である。日本宮廷においても、同様の指導を必要とするだろうと思う。ついては自分を招聘されてはいかが、せいぜい日本皇室を立派にお躾《しつ》けしてあげる、とある。

この手紙には恐れ入った。日出ずるところの帝国も天子も、この婦人の眼にはアフガン、ペルシャの列を出ないのだ。この種の手紙は、これ一通だけだったが、イギリス民衆の対日本観に触れたような気がしてならなかった。

手紙に対しては、せっかくの御厚意ですが、それには及びませんと丁寧な返事を出した。

公私の生活——将棋とゴルフ

私の在勤中、万国信号書改定会議と、国際航海安全条約改定会議がロンドンで開かれ、私はそれへの代表委員に任命された。ともに技術的会議なので、わが海軍や逓信省から、それぞれの専門家達が派遣されて来た。各国の代表者が集まって、各々自国に都合の良い事を主張したが、海の上の事はやはりイギリスの発言が重きをなした。

ロンドンでの私の公務は気楽なものであった。公務の余暇に、将棋を覚え、ゴルフに熱中した。将棋は昼食時、大使館裏の「日の出」という日本飯屋で堀内氏が相手だ。ゴルフは最初はハーロー中学校に近いノースウィック・パーク、後には米沢領事とフラックウェル・ヒースに通った。日曜日には殆んどかかさず行ったものだが、手は少しもあがらなかった。練習を十分に積まないで、早急にコースに出たのが祟ったのだ。

一九二八（昭和三）年のクリスマスに、日本留学生達から招かれて、私は功力書記生と一緒にケンブリッジに行った。ここに留学中の山室宗文《やまむろむねふみ》氏令息や稲葉子爵の寮で、その晩歓待を受けた。寮といってもそこでの生活は、日本の学生々活からは想像できない程の貴族的なものであった。一か年の留学経費を聞いてみると、大使館一等書記官の一年の在勤俸に匹敵していた。翌日、校の内外を案内されたが、校内の一歩一歩が、イギリス史を飾る著名人の足跡であり、後進へのインスピレーションの源泉をなしていた。特権階級の学園。気の荒い日本なら、けちをつけて存在を許しておかないかもしれないと思った。

オクスフォードへは、つい行かないでしまった。

イギリス内を、隈なく旅行するつもりで、プランだけは常に用意していたが、懐が淋しいのと、長く机を空けかねるのとで、とうとう実行できなかった。ロンドン市内の名所、ウェストミンスター、セントポール両寺院、ロンドン塔なども、いよいよ帰朝命令が来てから大急ぎで見て歩いた始末で、旅行らしい旅行をしたのは、シェークスピアの生地へだけだった。

ストラッド・フォード・オン・エボン

シェークスピアの生地を訪れたのは、一九二九年四月のイースターの休みであった。まず汽車でバーミンガムに行き、そこに一泊。翌朝北へ小一時間バスに揺られて、ストラッド・フォードに着いた。シェークスピアホテルに宿を取って、シェークスピアの史跡を見て歩いた。

この地の情景は例のワシントン・アービングのスケッチ・ブックの麗筆以上には描けない。

町そのものは、ゆるやかなエボン川の流れに、小高く臨んだ青葉の部落で捨て難い風情がある。さりとて、中国でいう地霊人秀誕豪傑、さすがに曠古《こうこ》の大文豪シェークスピアの産地だ、と思わせる何らの特異性もない平凡さだ。

シェークスピアの足跡は、その通った小学校だの、教会だのと、通り一遍の観光客の注意を散漫ならしむるほど、沢山保存されている。私にはシェークスピアの見すぼらしい生家だけが、深い感銘を与えた。ことにその生まれた部屋の窓の扉や、壁に保存されているウォルター・スコット、ディケンズ、サッカレーなど一九世紀の文豪やアービングの署名が、錦上添花のゆかしさを感じさせた。

坪内逍遥《つぼうちしょうよう》博士やその他数人のイギリス文学者を除いては、シェークスピアに数々恨みのござる人が日本に多い。中学や専門学校で、実用英語に縁の遠いシェークスピア劇を、無理に読ませられたからだ。ある日本の旅行客がストラッド・フォードへ来て、シェークスピアの墓前で、「お前さんの御蔭でおれはとうとう英語を覚えないでしまった」と小言を食わせたという笑話も残っている。

シェークスピアホテルのマクベスの間というのに、一晩泊り、翌日は汽車で南下してバースに一泊、そこでローマ人の遺跡の大浴場を見物し、テームズ河岸の町々を経てロンドンに帰った。

ロンドンでのフーズ・フー

イギリスでは知り合いらしい知り合いはできなかった。イギリス人の持つ用心深さの故に交際がお手軽に成立しないのと、在勤期間が短かかったためである。ただ大使館の伝統的友人ともいうべき人々とはよく遊んだ。その中で今なお名を記憶するのはレディー・スウェズリングとレディー・アーノルドである。レディー・アーノルドは著名詩人サー・エドウィン・アーノルドの未亡人の日本人で芝紅葉館の出身、夫君詩人が嘗て日本に来遊中結ばれた縁だといわれた。頽齢《たいれい》ながら、もう立派なイギリス貴婦人になり切っており、大使館夫人達の良い社交指導者であった。

イギリス政界の大物では、バークンヘッド、カンリフリスターなどという顔を、今でも覚えている。大使館邸の宴会での面識であった。チャーチル氏とも一度、大使官邸の宴会で握手するだけの機会を持った。食事後コーヒーが出てからであったか、「我々イギリス人は立ち上がりはおそいが、一旦立ち上がったら真先に出る」と、誰やらに話しているチャーチル氏の言が、私の耳に残った。今と変わらぬあんなポーズであった。

マクドナルド翁の顔は、イギリス外務省の会合で見た。イギリス政府からわが東大図書館に寄贈する、チョーサーの古書の授与式があった時である。この寄贈の企てには、マクドナルド翁も、首相当時から関与していたとの事であった。一見田舎爺さんの風態であった。

時の外相はサー・オースチン・チェンバレン、これもある宴席で一度握手を交わした。鼻眼鏡をかけて「おほん」と納まったような格好は、日本的標準からすれば気障《きざ》の代表みたいに見えた。外務省極東課長ガトキン氏とは、事務の上でしばしば接触の機会があった。三、四年前大いに売れたセンセーショナルな読物、日本の固陋な風習を取り扱った「きもの」という英文小説は、ペンネームを用いて実はこの人が日本在勤中見聞した知識をもとにして書いたものだといわれていた。

横浜の元豪商茂木惣兵衛《もぎそうべえ》氏夫妻が留学中であった。茂木氏はロンドン大学で経済学を勉強中で、私は氏の紹介で、茂木氏の師ハロルド・ラスキー博士と、一夕食事を共にしたことがあった。博士から色々な質問を受けたが、日本の労働問題や社会政策について、まとまった知識を持たない私は、満足な返答ができないでしどろもどろの醜態を演じたのであった。

一九二八（昭和三）年八月、パリで行なわれた不戦条約に、署名の役割をすませた内田康哉《うちだこうさい》伯が、谷、白鳥両書記官を帯同してロンドンに立ち寄った。日清戦争中、イギリスに在勤して以来、三五年ぶりのロンドン訪問とのことで、昔なつかしさによく独りで出歩き、市中の様子には昔の面影が大分残っているといって昔の思い出を語られた。伯のロンドン立ち寄りは、中国問題をイギリス政府と話し合うがためであったが、成果は得られなかった。田中内閣の対華強硬政策とイギリスの対華宥和政策との間に、協調の余地がないのは当然であった。

序でながら内田伯の署名した不戦条約の「各国元首は国民の名に於て、政略の具としての戦争を放棄する」旨の規定が、間もなくわが枢密院の大問題になった。わが国の関する限り、戦争を放棄するのは天皇固有の大権に属し、国民の名においてするものではない。不戦条約の文句は国体に反するという国粋論である。政府も困って「国民の名に於て」だけは日本に当てはまらない事に、関係各国の了解を取り付けて枢密院を切り抜けた。署名者の内田伯にしても我々にしても「国民の名に於て」がそんな騒ぎの種子となろうとは、つゆ思わなかったことだった。不愉快な国粋論であった。

松平大使の着任

日本政府は、大使の空位を在米松平大使でうめることになり、大使は石沢〔豊〕書記官をお供に、日本経由一九二九（昭和四）年五月着任された。国書捧呈はセント・ジェームズ宮で行なわれ、皇太子が病帝に代って、国書を受けられた。

間もなく人事の異動があった。まず佐分利参事官がソビエト大使に内定して帰朝を命ぜられ、堀内、守屋両書記官、続いて私も帰朝命令を受けた。そして中山、若杉、岸〔倉松〕の三氏が、一等書記官として来任する事になった。

私への帰朝命令には、今回石射に上海総領事を命じ、重光〔葵〕現総領事は専ら対華折衝に、石射をして租界及び居留民事務に当たらしめる事に内定したから、至急本人を帰朝せしめられたしとあった。何の事は無い私は家政婦総領事として上海に行くことになったのだ。

海軍武官も塩沢大佐が帰朝を命ぜられ、我君《ミロード》組の島津忠重《しまづただしげ》公が来任した。大使が徳川二代将軍の後裔、陸海軍武官が島津、前田とあっては、日本政府はここに幕府を開く気かと私は苦笑した。

松平大使がパリ経由着任される時、佐分利参事官と堀内書記官と私が、フォークストンまで出迎えた。私の顔を見ると大使は、「君や堀内は少しはエチケットを覚えたかね」と、真向から来た。「もう卒業です」とこちらも減らず口を叩いた。儀礼に関する限り私には苦手の大使が来たのだ。

大使は単身着任されたので、官邸生活の淋しさをまぎらわすためもあって、真先に私が晩餐のお相手に呼ばれた。エチケットの試験だなと思ったから、黒ネクタイに服装を正して出かけて行った。型の如くバトラーのお給仕で、二人だけの差し向いだ。よも山の話をしながらの食事だが、案の如く大使が私の一挙一動から眼を離さない。間の悪い時は悪いもので、葡萄酒を飲んだら、グラスのふちに唇の跡がべっとり付いた。これは昔、天津で松平さんから厳しく戒められたところだ。しまった、と思って慌ててナプキンでグラスの唇の跡を拭き取った。こちらは自分のへまさにやや滑稽を感じた位だが、大使はにこりともされない。日頃私の儀礼無視を、快く思っていないバトラーの奴は、良い気味だといわんばかりの顔をしている。折角の酒も料理も一向味がない。

その中に皿数が進んで鳥が出た。

"What bird is this?" と大使、

"I don't know, Your Excellency, but I will ask the cook, Your Excellency"
と、バトラーの奴、やたらに閣下《エキセレンシー》を頻発して引き下り、またすぐ戻ってきて復命、

"The cook says it is —— bird, Your Excellency"

またしても閣下《エキセレンシー》付きだ。

翌朝私は事務所で「昨夜は閣下鳥《エキセレンシーバード》の御馳走で閉口したよ」と皆に前夜の晩餐の話をした。
数日後、事務所で呼鈴に応じて大使の室に行くと、「今晩君は空いてるかね」といわれる。また閣下鳥《エキセレンシーバード》に相違ない、こいつを二度も三度も食べさせられては堪らない。
「私は今晩塞がっております」
「君、逃げるんかね」

「本当に先約があるのです」

「堀内はどうだろう」

「彼の男はきっと空いています。一度大使の御話を伺いたいといっていましたから、今晩は堀内が良いでしょう」と、極力、堀内氏を推薦した。

「では堀内を呼んでくれ」

そこで堀内書記官を大使の室へやったが、間もなく出て来たその顔は苦笑でゆがんでいた。

「石射君、覚えておれ」

堀内氏以後、誰々が官邸の晩餐に呼ばれたか知らないが、やがて大使夫人が来着されたので、大使の身辺は賑やかになった。


「わがイギリス」

佐分利参事官と堀内書記官が、シベリア経由まず帰朝の途に上り、その跡を追うようにして私と守屋書記官とがロンドンを後にした。一九二九（昭和四）年七月、浜口《はまぐち》〔雄幸《おさち》〕内閣成立の報を入れた翌日であった。時すでにロンドン軍縮会議が翌年早々に予定され、松平大使はその下準備にかかっておられた。去るに臨んで一年余の在勤をかえりみて、イギリスから学んだ事を点検して見ると、僅かにイギリス国民性の手堅さと強靱さに触れ得たような気がした位で、あとは空々漠々であった。

長年イギリスに在留した日本人は、大抵「わがイギリス」を感ずると伝えられる。イギリスとイギリス人の有する持ち味の奥ゆかしさに、魅了され同化されるのである。現に私の在勤中大使館に出入りするわが官民中にも、数人の「わがイギリス」党を数えることができた。私は在英日の浅かったのと、開放的であり溌剌たるアメリカ生活を経験したことから、非開放的であり万事にプロセスの緩慢なイギリス気質に対し、批判的でこそあれ、いささかも「わがイギリス」を感ずる境地には至り得なかった。一夕大使官邸の日本人だけの宴席で、私がイギリスに加えた座興的批判に対し、隣席から躍気な反駁が出たことがあった。その人はまさに「わがイギリス」党であった。私が真にイギリス的なものを了解したのは、むしろ数年後の上海総領事時代であった。

ロンドンを発って夕方パリに着き、松嶋《まつしま》〔鹿夫《しかお》〕、栗山両書記官の世話になって、観光と食べ歩きに数日を費した。料理はカレーからパリへの汽車の食事からしてイギリスとは比較にならぬ甘味を持っていた。シャンゼリゼー、モンマルトルの夜の行楽も、フランス語を話せぬ身には興味を満喫し得ぬ恨みがあった。

パリからベルリンに北上し数日滞在、佐久間、芦野両書記官の世話になり、ポツダムやサンスーシーなどを見物した。パリの華麗さはなく、ただ清潔感のみのベルリンであった。

ベルリンからモスコー。泊まったホテルの前にはいわゆる赤の広場を隔てて、クレムリンが威圧的に聳えていた。田中《たなか》〔都吉《ときち》〕大使から晩餐の御馳走になり翌日出発、ナポレオンが駒を立ててクレムリンを遠望した雀ケ岡と、革命博物館を見たに過ぎない。

モスコー以東の汽車の旅は、いつウラルを越したのか、今どこを通っているのか、見当もつかず幾山河を経由した。汽車は薪を焚いて走った。べらぼうに広い国土である。バイカル湖畔の月明が悽惨身にしむように美しかった。

車中の食事は案外豊富であった。キャビヤで飲むウォトカの味がよかった。汽車が駅に着くと、どの駅でも民衆が群がり寄ってきた。皆みすぼらしい服装で、一様に跣足《はだし》である。魚目混珠《ぎょもくこんしゅ》、中には眼の醒めるような美人を見受けるのであったが、跣足であることに変わりがなく、それがことさらに痛々しく感ぜられた。

ロシア語以外どこの言葉も通じない旅であった。万国共通語の手真似に物を言わせて、僅かに用を弁じた。七、八日後にチタに着くと、おりから東支鉄道問題で張学良《ちょうがくりょう》軍とソ軍が国境で撃ち合っているので満州里には行けず、ウラジオストックに向ってさらに数日の旅を続け、ウラジオストックから連絡船で敦賀経由、東京に着いたのは七月下旬であった。留守中に生まれた次女が女の赤ん坊とは見えぬたくましい顔をしていた。

吉林へ転任

浜口内閣の下に外務大臣は再び幣原さんである。帰朝挨拶に罷り出ると大臣、「君は上海に行く事になっているそうだが、上海には重光総領事がいるのに、君がまた総領事で行くのはどういうわけか」と問われる。私は家政婦総領事の由来を説明したが、大臣は腑《ふ》に落ちないような風であった。

その後、ある朝の新聞に、川越氏の後任として、私が吉林《きつりん》総領事に任命された事が出ていた。狐につままれたような気持で藤井〔啓之助〕人事課長に尋ねると、大臣直筆の任命だという。吉林行きはあまり感心しなかったが、大臣直筆の人事とあれば否応なかった。が、この模様がえによって、私は一身上の危難から救われ、その代り満州事変に遭遇したのであった。

石射を早く赴任させてくれという川越氏の希望で、私はろくに休養もせずに東京を出発した。例によって単独赴任である。京城経由奉天に立ち寄った。

奉天総領事はシャム公使から転じた林久治郎《はやしきゅうじろう》氏で、その下に領事として森島、森岡、藤村等の旧知の面々がいた。当時奉天総領事は、名は一総領事とはいえ、実は東三省政権への全権公使であり、在満十数個所の外務公館の、総元締の格であった。さればこそ、林氏がシャム公使から抜かれて、総領事に還元したのであった。

私は林総領事の内輪話で、張作霖爆死事件の真相を知った。陰謀の張本人として、関東軍参謀河本《こうもと》〔大作《だいさく》〕大佐の名前が語られた。そのほか易幟《えきし》問題の経緯、楊宇霆《よううてい》、常蔭槐《じょういんかい》暗殺事件の真相も、林総領事の語るところだった。満州は大きな伏魔殿、この次に何が起こるかとの不気味さを深くした。

奉天滞在中、私は一三年前、上州磯部温泉で知り合った柴山兼四郎氏に再会した。往年の柴山中尉今は陸軍中佐、傭聘《ようへい》されて張学良の軍事顧問の職にあった。

早く赴任してくれとの希望に応じて、律義にやって来て見ると、奉天で受け取った川越総領事の来電には、余り早く来てくれるなとあって、私の吉林着の日取りを指定してよこした。それまでは時日があるので、私は奉天、長春《ちょうしゅん》で悠々日を消し、ついでにハルビンまで足を伸ばした。長春では吉長鉄道会計主任の親友富田氏、特産商として名を成した穴沢氏と久しぶりで交歓した。そして九月末、川越氏指定の日に吉林入りをした。長春から吉長鉄道で東へ三時間、沿道の山野は既に秋霜に黄ばんでいた。

当時の主なる在満外務公館は、林奉天を筆頭に、永井〔清〕長春、岡田〔兼一〕間島《かんとう》、清水

〔八百一〕斉々哈爾《チチハル》、八木〔元八〕ハルビン、そして関東庁には外務省から三浦義秋《みうらよしあき》氏が入って外事課長となっていた。

10　吉林総領事時代

吉林省城——張作相、熙洽

満州の副王、張作相《ちょうさくそう》の居城吉林は、古風な物淋しい町であった。ただ東南に松花江《しょうかこう》に臨み、周囲に山嶺が起伏して山紫水明、東三省の京都と呼ばれるのが、せめてものとりえであった。

総領事館は省城徳勝門外の一角にある一構えの中に、官邸と事務所と相接していた。書記生四人、警察官一〇人ばかりの痩せ世帯であった。

居留民は千名足らず、総領事館監督の下に居留民会があって、学校、墓地等を運営した。居留民の主流は材木業者であって、敦化《とんか》方面の奥地から枕木や坑木を伐り出して、満鉄に売るのを収入源とした。満鉄公所があり、満鉄病院があり、「松江日報」という日刊紙があった。日本芸者屋が数軒あった。

省政府は城内にあって、主席張作相将軍の下に、参謀長熙洽《きこう》、財政庁長栄厚《えいこう》、実業庁長孫其昌《そんきしょう》その他数人が省政府委員として政府を固め、行政を分担した。外に外交部特派の名儀で交渉員鐘毓《しょういく》氏（のち施履本《しりほん》氏来任）がいて、私の交渉相手をなした。わが陸軍から林大八《はやしだいはち》中佐が、軍事顧問として入っていた。

張作相督軍は五十余歳、緑林の出とは思えない篤実な人物であった。張作霖亡き後の学良の後見役として奉天に出て長逗留するのが常であった。その留守中督軍を代理する参謀長熙洽氏は、日本陸士出身の四〇そこそこの直情径行の士であった。私は熙洽、栄厚、孫其昌、鐘毓氏等と特に懇意にした。私以外に外国領事はいなかった。

私は着任の翌年春、家族を呼び寄せた。妻は三男と次女をつれてやって来た。

総領事としての私は、材木業者のために満鉄に口を利いたり、民会の問題を裁いたり、全くのお庄屋総領事であった。始終、吉林省内の朝鮮人問題に煩《わずら》わされた。一は独立運動に暗躍するいわゆる不逞鮮人の取締り、二は朝鮮人の学校問題、三は万宝山《まんぽうざん》事件であった。吉林省内在住の幾十万の朝鮮人が、開放地以外で自分の学校を設けて、子弟を教育するのを省政府が弾圧する、というのが学校問題であった。朝鮮人は中国人から高麗《カオリ》と呼ばれて賤民視されて嫌われていた。朝鮮人問題で苦労するとは、外交官も落ちぶれたものだとの自嘲を禁じ得なかった。が、田舎領事とは言え、大公使の下の書記官とは違って、いわば一城の主《あるじ》であって、その責任は国家に対し直接的である。私は外交官としての職責の重大さを、吉林において初めて体験したのであった。

佐分利公使の自殺

ソビエト大使に内定してロンドンから帰朝した佐分利さんは、内閣が変わって幣原外相から駐華公使に振り向けられた。幣原さんの対華外交には、正に欠くべからざる人事と思われた。

駐華公使になりたての佐分利さんが、満州視察に北上して奉天に来たのは、私の吉林着任後間もない一一月中旬であった。その機会に在満の主なる公館長が、管内事情報告のため奉天総領事館に召集せられた。公使は我々の報告に熱心に耳を傾け、要点を克明にノートに書き留める勉強ぶりであった。

ロンドン以来の将棋の好敵手、堀内書記官が随行して来たので、彼と私が報告会の終わるのをまちきれずに片隅で一局始めると、「まだ報告会は終わっていない」といいざま、こま組を引っ掻きまわす佐分利公使であった。

佐分利公使のお相伴で、我々領事連も張学良邸の午餐によばれた。私は初めて学良なる人物に会った。秀才型の色じろの美男子であった。国民政府の外交部長であった羅文幹氏が顧問格で、学良に随身していたのは意外であった。

報告会が済むと、私は佐分利公使に別れ、永井長春領事と一緒に大連に南下した。私は着任挨拶のため、永井領事はオーストリアへ転任になったので離任挨拶のために、満鉄と関東庁に顔を出すのが南下の用向きであった。

それを済ませて、私が吉林に帰任すると間もなく、本省から電信が来た。奉天から帰朝した佐分利公使箱根において急逝す、という通知で死因は何ともわからない。なんだ、つい一〇日ばかり前奉天で別れたばかりではないか。その佐分利公使が急逝、実感がしない。止せば良いのに佐分利さんは、へたの横好きから箱根の山道を自分でドライヴして自動車もろとも断崖から墜落死したのに相違ない。私はとっさにそんな想像をした。

しかるに続いて佐分利公使自殺の報が入って来た。ふじ屋ホテルの一室で自ら拳銃でこめかみを貫きベッドの中に横たわっているのが、朝になって発見されたというのだ。あの冷静で理知的な佐分利さんが、何故の自殺か、殆んど信じられない。遺書が無いというからには他殺ではないか。佐分利公使が幣原外交の最も忠実な使徒と目されて、対華強硬論者の忌み嫌うところであろうことは想像に難くない。何にしても私にとって最も縁因の深い最も畏敬する先輩の非業の死だ。私は暗然としてしまった。死因は情況判断から自殺と判定されたが、私には割り切れない謎として残った。

ただ佐分利さんがいつも鞄の底に、拳銃を用意していたのは事実らしかった。ロンドンを発つ時、荷造りを手伝った大使館員がこれを現認して、不思議な人だと私に漏らしたことがあった。

高島愛子の結婚

話は少し戻って、奉天で佐分利公使一行に別れた私と永井領事が、大連に南下する車中談になるのである。永井領事の大連行きには、別に秘められた用向きがあったのだ。それは、かつて映画女優だった高島愛子《たかしまあいこ》との見合いであった。かつて外務省人であり、当時満鉄にいた前田孝義氏が親友永井領事の独身生活に同情し、高島愛子との間に縁談を進めようというのだ。永井領事は年すでに不惑を越えてもなお未婚である。愛子と前田夫人の実家とは元からの知り合いなので、前田氏夫婦が仲に立って愛子を大連に呼び寄せ、永井領事の南下を待ったのだ。

車中で委細を私に打ち明けた永井領事は、「僕は今さら結婚でもない、いっそ見合いを断わるつもりだ」といった。

　翌朝大連に着いて、二人で星ケ浦の星の家に投宿すると、前田氏が早くも永井の部屋に押しかけて来て長いこと話し合っていたようだった。やがて廊下に足音がして私の部屋へ来た前田氏、「永井は、石射が立ち合ってくれるなら愛子と見合いしてもよいというのだ、君立合ってくれ」「僕は永井君の結婚にむしろ反対だ。お断わりする」「永井の幸福のためではないか、そんな不人情なことをいうな」私は口説き落とされた。

　見合いはその晩、市中の中華料理店で行なわれた。永井領事、愛子、前田氏夫妻、私の五人で食卓を囲んだ。愛子の顔には知性らしき閃《ひらめ》きはなかったが、洋装に包んだ豊満な肉体は日本人離れのした立派なものだ。当の永井領事は、元来柳暗花明風流の士たるに拘わらず、妙にはにかんで笑顔を造るだけ、主催者の前田夫妻もしめやかにしているので一座は一向引き立たない。そのうちにアルコールがまわった私は興自ら発し、西洋映画の知識を振りまわして愛子と喋り散らし、一座の沈滞を救った。

　帰りの自動車の中で、永井領事何をいうかと思うと、

「君ばかり愛子と話して、僕は話す機会がなかった」

「冗談いうな、君も前田夫妻もだんまりでいるので僕はつとめた気だよ」

「僕の一生涯の伴侶として彼女が適すると思うか」

「わからん、君自身の鑑定にまつ外ないだろう」私にはとやかくの意見をいうだけの心証が得られなかったのだ。

　しかし、前田夫妻の斡旋功を奏して、早くもその翌晩婚約が成立した。今さら結婚でもない

といった永井領事にしては、あまりに飽気ない落城だった。永井氏はヨーロッパ赴任前一旦東京に帰る、愛子は一足先に親許に帰って永井領事を待ち受け、そこで挙式する。外交官と映画女優の結婚、などと新聞に書き立てられると困るから、挙式までは一切外部に漏らさない事など、すらすら話がきまったのであった。どうも話があまりお手軽に進行し過ぎた気がしてならなかった。

その後、大連、旅順での用務を果たして、私と永井領事は夫々任地に戻った。間もなくある日届いた「大連新聞」を見ると大センセーションだ。愛子が帰国間際に、一切を大連でぶちまけたのだ。彼女は記者に長々とインタヴューを与えた末、私は良人を助けて、日本外交のため活躍いたしますと大気焰を挙げて居る。挙式までは外部に漏らさぬという約束が、見事に破れているのだ。かつて映画女優として華々しく浴びたスポット・ライトへの憬れがさせた虚栄の業に違いなかった。全満の耳目を聳動《しょうどう》したできごとであった。

その後、永井領事と愛子は、予定の通り日本で結婚式を挙げ、相携えてヨーロッパの任地についた。夫婦仲が円満にいっていないという噂がやがて伝わって来た。そして一年程して私は永井氏から手紙を貰った。それには一別以来の無沙汰を詫び、簡単に「遂に彼の魔物を退治致候」とあった。間もなく愛子は、満鉄入りするため帰朝する木村〔鋭市〕チェコ公使に託されて、日本に帰されて来た。

日本に帰った愛子は、永井氏の非行を亡母の霊に訴える一文を某婦人雑誌に発表した。名文であった。女性達は無条件に愛子に同情し、永井氏を敵視した。

さらに一年ほどたって、永井氏も日本に帰って来た。東京で再会した時、私は一切を永井氏の口から聞いた。

「任地での愛子は、虚栄心とヒステリーの発作で、僕は全く持てあましたのだ。世間の噂通り、彼女は生理上致命的な欠陥の持ち主で、それがヒステリーの原因らしかった。発作のない時には話がわかるのだが、発作が来ると手がつけられない。余りに派手好きなのも僕を悩ました。僕はとうとう愛子と部屋を別にし、夜は鍵をかって寝た。すると翌朝入口のドアの底に愛子の手紙を発見する。夜書いて差し込んでおくのだ。全文いつも僕への非難だ。実に名文なので、読んでいる中につい引き入れられ、成程おれはこんなに悪人なのかと思われるほどなのだ。だから婦人雑誌に出た彼女の名文も、自筆に相違ない。要するに魔物で、僕には面倒が見きれなくなったのだ。最初から誤った結婚だった」

そう語って永井氏は憮然とした。永井氏は名利金銭に恬淡《てんたん》を極め、省内多くの人に親しまれた人だった。この一文は亡友永井氏を弔うの文である。

墳墓発掘事件

間島総領事館の巡査をやめて、すっぽんとりを業とした男が、吉林の田舎で長らく行方不明となっていた。吉林総領事館の旧僚友の内偵で、不逞朝鮮人に殺害されたものとわかり、死骸の埋匿《まいとく》個所もほぼ見当がついたので、長岡〔半六〕副領事を宰領にして発掘隊を総領事館から派遣した。吉海鉄道沿線の一部落である。

夕方発掘隊が青くなって帰ってきた。埋匿個所を突き留めた筈の密偵の指示によって、発掘して見ると、それは古墳であったというのである。目的の死骸はむろん発見されない。

古墳の持ち主が祖先の墓を掘られ無念やる方なし、祖先に対しても不孝これに過ぐるものなしと、悲痛な訴えを省政府にしてきたのでたちまち大問題となった。墳墓あばきは中国においては特に大罪とされる。私は早速交渉員の所へ行って遺憾の意を表したが、そんなことで省政府は満足しない。謝罪、慰藉料、長岡副領事の処分、非行を再びせざる事の保証を要求してきた。日本側がいつもこの手でいく事のしっぺい返しである。非は明らかに我方にあるのだから、どうにもならないが、せっかく来任した長岡副領事の処分だけは緩和の余地を得たいと折衝した。地元の中国紙は私に遠慮してあまり書かなかったが、満州各地はもちろん華北、華中の中国紙までが、「石射総領事撥墳庇兇」という大見出しで、吉林通信を載せている事がわかった。

吉林省政府のいうのには、長岡副領事の処分が嫌なら嫌でもよいが、その代わり省政府の宴会には今後長岡副領事を招待しないことにするという。これでは長岡副領事の立場がなくなるので、私は意を決して外務省に請訓の上、先方の要求を全部受諾し、長岡副領事を転任させて事件を落着させた。

私はこの事件で汚名を天下に流した気がしたが、日本が素直に中国に屈した唯一の例ではないかと思った。たしか一九三〇（昭和五）年末のできごとであった。

万宝山事件――非はわれにあり

続いて起きたのが万宝山事件である。長春の西北数里の万宝山に、長春在住の朝鮮人達が水田経営の目的で、中国人から広面積の借地をしたのに端を発したのである。借地契約そのものの合法性にも疑問があったが、朝鮮人達がその開墾した水田に引水すべく伊通河《いつうが》に至る一里の間に無断で水溝を掘り、伊通河に勝手に堰《せき》を設けんとするにいたって、長春県長が干渉し、巡警隊を繰り出して現地を押え、朝鮮人を追い払おうとした。訴えを聞いた長春領事館は警察隊を派して現地保護と出たので両々対峙の形勢が出現された。長春田代〔重徳〕領事と長春県長との間に折衝を重ねたが、折り合いがつかず、問題は遂に吉林省政府と私とに移ってきた。

長春領事館のとった現地保護的措置は、日本側新聞の支持を受け、なかんずく田代領事の朝鮮での名声は英雄的になった。現地では殺傷がなかったのに、朝鮮各地では在留中国人に対して報復的大虐殺が行なわれた。

私の見るところでは、非は現地朝鮮人側にあった。無断で他人の所有地に水路を開設するさえあるに、河流を勝手に堰止めるのは、どこの国の法律も是認する筈がない。しかし、もう引っ込みがつかなくなった長春領事の立場を、覆すことは許されない。私は或る日の如きは坐り込み戦術をとって、九時間ぶっ通しで交渉員に折衝したこともあったが、先方は飽くまで頑強だ。省政府側は借地権は否認しないが、河水の堰とめは認められないという態度を堅持した。

だから伊通河からの引水を断念して、井戸掘さくに成功すれば問題は自然に片づくので、私は度々田代領事と協議して井戸掘さくと、貯水工事の計画を練ったが、実現の見込みが立たなかった。地下水の有無が疑問であり、仮に有ったとしても水量が疑問であったからだ。

一方万宝山現地では、双方の警察隊が日夜対峙を続けた。長くそのままにしてはおけない。私は省政府に交渉して、双方同時に警察隊を引き、問題の解決を後日の交渉にまつ事にした。五分五分の引き分けとなって現場の確執は解けたが、問題はその後の交渉においても未解決に残り、やがて満州事変が来た。一九三一（昭和六）年夏のでき事であった。

満州事変の前奏曲——中村大尉事件

私の解釈では、満州の不安は張作霖を爆死せしめることによって、日本自ら求めたものであった。晩年いよいよ老獪になって、日本側の注文通りには動かなくなった張作霖であったが、彼の生命線は実は日本への依存にあった。むろん彼はそれを心得ていた。驥足《きそく》を中原《ちゅうげん》に伸べんとの野心から京津に乗り出し、一敗地にまみれても、日本の生命線と頼む満州へ逃げ込みさえすれば、最小限度の不可侵的地位だけは頼まずして日本が保障してくれるのである。日本にしても、満州における特殊権益は彼あってこそ維持され、多少とも無理押しが利くのだ。満州の特殊地域性は、日本と彼とが持ちつ持たれつすることによって維持され得たのだ。つまり日本の生命線と、張作霖の生命線は大筋において一致していたのだ。その張作霖を、日本軍部の手であさはかにも死なせてしまったのは、大事な偶像を自ら破壊したわけであった。満州の禍は、これより始まったのである。

息子の学良が、日本を不倶戴天《ふぐたいてん》の仇《かたき》と見たのは当然であった。そこへ伸びてきたのが国民政府の力である。学良は親の時代の日本依存を、国民政府依存に切り替えてしまった。満州の各地に、国民党支部が置かれ、青天白日旗が翻って排日気分が濃化した。満州特殊権益の解消、旅順《りょじゅん》・大連の回収が叫ばれた。満州中央化の攻勢が急に浸潤して来た。学良は遠慮なく満鉄包囲線を強化し、大連と繁栄を争うべく葫蘆島《ころとう》の築港に着手した。こうした攻勢に押されて、日本の権益と満州の特殊地域的性格との影が、次第に薄れて来た。満州内の問題は、中央政府に持ち出さずに張政権相手に事を談じてきた日本側従来の方針も、やがて維持しかねるかに見えた。すべてこれ張作霖を殺した事から出発した形勢であった。

このような頽勢を挽回するための外科的手術は、幣原外交の許さざるところ、何か大きな外交の手はないものだろうか。田舎領事は田舎領事なみに満州の局面を憂えた。折りから万宝山事件に続いて起こったのが、中村大尉事件であった。

興安嶺《こうあんれい》踏査の密命を帯びて奥地に入り込んだ中村震太郎《なかむらしんたろう》大尉が、洮南《とうなん》近くでその地駐屯の奉天軍兵のために銃殺されたという事件である。関東軍は重大事件として外交交渉を奉天総領事に要求し、中国側が誠意を示さざる限り、実力によって解決する覚悟ありとの、強硬態度を示した。林総領事と奉天省政府との間に交渉が開始されたが、省政府は真相調査の猶予を求め、調査員を現地に派遣した。調査ははかばかしく進行しなかった。軍側は早くも省政府に誠意なしと断じたが、情報によれば次に来るべき何らかの企てのために、軍は寧ろこの事件の解決を望んでいなかったと伝えられた。そして次に来たものは満州事変であった。

万宝山事件と中村大尉事件は、満州事変の前奏曲だといわれたが、これを前奏曲たらしめたものは関東軍であった。

事変の報至る

柳条湖《りゅうじょうこ》事件の報が私に達したのは、一九三一（昭和六）年九月一九日早暁であった。呼び起こされて居間に行くと、領事館警察の佐久間巡査が直立不動の報告である。

「只今、長春領事館から電話連絡がありました。昨晩一〇時頃、張学良の軍が奉天北方で満鉄線を破壊したので、わが軍出動し、張学良軍との間に戦闘が開始されました。沿線のわが軍みな戦闘配置につき、長春ではわが軍、目下中国軍兵営を攻撃中とのことであります。報告終わり！」

佐久間巡査の怒り肩が興奮で波を打っていた。

私はこの情報を冷静に受け取った。関東軍はとうとう始めたなと思った。満鉄沿線の騒擾が想像されると同時に、禍乱《からん》を吉林に波及させたくない、居留民一千の安全を確保しなければならぬと思い定めた。

折りから張作相は郷里錦州《きんしゅう》で母の喪に服して不在である。私はとりあえず省長代理の熙参謀長と会見し、事態の重大なるを説いて吉林省政府の態度如何を質した。参謀長はすでに満鉄沿線の戦闘を知っていた。吉林軍は自分が力強く握っているから、決して日本軍に対して発動させない。吉林の治安と日本居留民の安全は、誓って保証すると確言した。その言葉には信頼がもてた。

領事館に戻ると、居留民会の役員達が不安な表情で来ていた。私は熙参謀長との会見の次第を告げて、おって何分の沙汰をするまでは静観すべしと慰諭した。長春から鉄路三時間かかる吉林は、一朝擾乱する時は孤立無援になる。居留民の不安がるのも無理はなかった。

夕方省政府の軍事顧問大迫《おおさこ》〔通貞《みちさだ》〕少佐（林中佐の後任）が来訪した。長春方面で日本軍に蹴散らされた敗残兵が吉林に逃げ込んで来て、居留民に危害を加えるに相違ない。早きに及んで総領事から軍を呼ぶように電報されたいと力説した。私は熙参謀長の確言を告げて、その必要を見ずと拒んだ。

その晩停車場に通ずる大馬路の一日本人の店にピストルが撃ち込まれた。報によって警察官数人がかけつけて調査した結果、大迫顧問の家に養なわれている浪人の仕業と見当がついた。居留民を恐怖に陥れ、軍の出動を乞わしめんとする謀略らしかった。大迫公館には、前々から一、二人の壮漢が居候していた。彼等は軍人であったかもしれない。

明くれば九月二〇日、前日からその朝にかけて、奉天及び長春の領事館からの情報電が次々と入って来た。関東軍はすでに司令部を旅順から奉天に移し、全面的に軍事行動を展開したのだ。長春方面からの民間情報も民会に入って来たので、わが居留民も動揺し始め、民会幹部がやって来て、せめて居留民の婦女子だけでも吉長鉄道が通じている間に長春方面に移したいという。よろしい、それは居留民の自由意思に任せる。但《ただ》し業主と青年男子は留まって、各自の職場を守る事を私は指令した。同時に私は、領事館員と警察官には、家族を動かす事を禁じた。領事館が動揺していない事を示すためであった。

それでも居留民はなお不安がるので、民会と相談の上、残留婦女子を領事館内に収容し、不測の禍を避ける事にしてその晩から実行した。こうした居留民の慌しい動きを見て、却って不安がったのは吉林市民であった。

私は熙参謀長の言に信頼するものの、万一不測の事件が突発した場合、軍の急援を期待し得るかどうかを確かめておきたかった。そこで小森〔喜久寿〕書記生に旨を含め、この日早朝の汽車で長春に派遣した。夜になって小森書記生は空しく帰って来た。長春領事館の助力を得て、軍との連絡を求めたが軍がごった返していて、取り付くしまも見出せなかったとの復命であった。

第二師団の吉林占領

二〇日の晩は無事に過ぎて二一日、この日早朝から吉長鉄道が不通になった。吉林駅に達した専用電話によれば、長春の吉長駅に多数の車輛が集結されているとのことであった。関東軍の来攻遠からざるを思わせた。

昼過ぎになって吉林の空に大轟音をたてて飛行機が一機飛んで来た。吉林開闢《かいびゃく》以来未曽有の大椿事《ちんじ》なので、万人空を仰いだ。胴腹に日の丸を染めた日本機である。領事館の所在を探しているらしく間もなく探し当てたと見えて、構内に何やら落として去った。すぐ私にもたらされたのを見ると通信筒である。中の書面を取り出して見るとこう書いてあった。

第二師団の主力は、数十輛の列車にて只今吉林に向かって進軍中なり。もう数時間辛抱せられよ。総領事殿　偵察将校某中尉

この書面を発表すると領事館内に居合わせた居留民から歓呼の声が挙がった。今まで脅えていた居留民はこの瞬間から強気になり、中には日本刀を腰にして寄らば切るぞと肩で風を切る者もあった。

この歓呼の最中に、施履本交渉員と省政府秘書張燕卿《ちょうえんけい》氏が省政府代表として私を来訪した。日本軍が進軍して来て、火の雨を降らされたのでは、吉林市民塗炭の苦を致す。省政府は絶対無抵抗の事に決し、既に省城の吉林軍を城外数里の地に移動させて恭順を厳命した。ついては日本軍が砲火を発する事なく、平和裡に進駐するよう、省城二十万の市民のために、貴総領事の斡旋を懇請する。進軍中の日本軍と連絡を取られるためには、吉林駅から特別車を仕立てる

用意ありというのだ。

私は即座にこの懇請を容れた。省政府の誠意の存するところを強調し、平和進駐を要請する旨の第二師団長宛の書面を自筆し、これを心利きたる浜村〔量平〕書記生に持たせ、特別車で吉林駅から出発させた。省政府代表として張秘書が同行した。二、三駅さきの樺皮廠駅あたりで軍用列車と出会う見込みであった。師団長宛の私の書面は情理を尽くし、我ながら達意の文章であった。

施交渉員はそのまま私の処に残り、結果如何を待った。午後五時頃、日本軍が平穏に着駅し始めたとの報を得て、私は施交渉員を伴なって駅に出向いた。すでに多数の居留民が詰めかけて師団長に挨拶しようとしているのを制し、私がまず駅長室で師団長に挨拶し、次いで施交渉員を引き合わせ、省政府の意向を披瀝させた。駅長室の入口でまちかねた居留民の中から、「総領事はこの期になってもまだ省政府におべっかする気でいる」という声が聞こえた。多門《たもん》〔二郎《じろう》〕師団長は私からの書面に加うるに、施交渉員の陳情で事態を了承した。

進駐の兵力は第二師団の主力とあって、駅の構内は見渡す限り車輛と兵隊であった。居留民会の世話で、軍は居留民達の家に分宿し、旅館名古屋館に師団司令部が置かれた。翌《よう》朝《ちょう》になると関東軍司令官名儀の布告が要所要所に貼り出された。その趣旨は張学良政権を膺懲《ちょう》し、東三省の民生を塗炭から救うのが軍事行動の目的であって、日本軍は住民に対しては秋毫も犯さずとあった。領事館も、居留民はこのさい行為を慎しみ、いやしくも中国人に非行を加えるが如き事あるべからずと、民会に諭達した。

第二師団が主力を挙げて進軍して来たのは、吉林軍を潰滅させるため手ひどい一戦を予期してであったが、かく平和進駐が行なわれたのは賢明な省政府の措置によるものであり、私も勝海舟の役目を演じ得た事を幸福に感じた。私の禍は、しかし、この時から始まった。

ピストルポイントの独立宣言

九月二二日の夜、熙参謀長が私を来訪した。日本軍が吉林軍の武装を解除するといい出した。直接それを実行されると、屈辱を感じて吉林軍中には抵抗する部隊ができるかも知れない。ついては武装解除は、省政府自身の手で穏やかに実行したい。師団長に願ってみてほしいとの懇請である。

私はすぐ師団長を往訪して熙参謀長の願意を伝えると、師団長は直接熙参謀長に会って話をつけたいといい、会見の時日を翌日午後三時と指定した。

翌二三日定刻前に、熙参謀長が施交渉員と通訳官をつれてまず私を来訪した。私は一行をつれて名古屋館に行き、師団副官の案内で二階の一室に通った。師団長と師団参謀長とを中心に、数人の参謀達が待ち受けていた。儀礼が済んで座が定まると、師団長がこの会談は軍事的なものであるから、外交官は席を外してもらいたいという。そこで私と施交渉員は別室に引き取った。

会談が思ったより長びくので、様子を見に行ってみると、会談の室はドアが固く閉じられ、廊下に数人の将校が、銘々抜身の拳銃を提げて立っている。何故の物々しさか不思議に思いながら、私は別室に戻った。その中に話がついたと見えて熙参謀長と通訳官が降りて来て、あたふたと自動車で帰った。施交渉員がこれに続いた。話がついたものと思ってそのまま私も領事館に引き取った。

間もなく張秘書から情報が届いた。今日の会談で、熙参謀長は吉林省の即時独立宣言を師団長から要求された。居並んだ参謀連から「独立宣言か死か」と拳銃を突き付けられての強要なので、熙参謀長は絶体絶命これを承諾した。ただし、吉林軍の武装解除は省政府の手に委ねられた、という情報である。会談中廊下の抜身の拳銃がピンと私の頭に来た。

時既に日本政府の事件不拡大方針が宣言され、その方針に即して対処せよとの訓令が、私に達していた。私は吉林省独立宣言の強要を看過できないと思った。

その夜私は師団長を名古屋館に訪問した。師団長は日本間で和服に寛《くつ》ろいで、師団参謀長の上野良丞大佐を相手に一杯やっていた。

私はすぐ口を切った。吉林省を独立させる工作は中国への内政干渉として、由々しい問題を引き起こすであろう。内面の強要工作を如何に厳秘にしようとも、間もなく世間に周知して、日本政府の対外的立場を不利ならしむるは必然である。事件を満鉄沿線に局限して、早急に局面を収拾せんとする政府の方針に破綻を来たす因ともなるであろう。私の職責上この独立工作について再考を求めざるを得ない、と申し入れた。

多門師団長は静かに耳を傾けた後、貴官のお話はよく了解できるが、自分の関する限り再考の余地が無い、すべて関東軍司令部の命令に出ずるところであるから、再考は軍司令部に向かって求めらるるより外ないであろう。しかし貴官は、独立工作は軍人共がやったもので、自分の関知しなかった事だとして黙過されては如何といった。私は私の職責がそれを許さないと応酬したが、話は物別れに終わった。

事態を詳説した私の報告電が、その夜本省と奉天総領事とに走った。

多門師団長は、チャプリンの名映画「担え銃《ショールダーアームス》」に出てくる小男のドイツ士官を思わせる矮人だった。この時以後度々の会談で得た私の印象では、物ごしが軟らかで智略に富む老練な将軍であった。将軍が一小隊長として日露戦争を戦った記録『弾雨を潜《くぐ》りて』も、嘗って私の愛読した好著であった。軍隊では実戦の経歴が重んじられるので、部下の連隊長達は将軍に推服しているという噂であった。多門師団長は、この後、馬占山《ばせんざん》軍と嫩江《のんこう》で戦った。

吉林省政府は熙洽氏を省長とし、九月二八日、国民政府からの独立を宣言した。いわゆる拳銃口《ピストルポイント》の独立で、東三省独立の先駆をなしたのである。

第二師団の軍紀

吉林占領後のわが軍は、留守部隊を残して他の戦場に向かったり、また引き返して来たりしたが、終始第二師団の兵であることに変わりがなく、軍紀は実に厳正に保たれていた。長谷部(照)旅団長の話によれば、強姦事件が唯一件あったという。軍法会議にかかったが、被害者中国婦人の巧妙な口供によって、その兵は処罰されずに済んだとのことであった。二師団兵は私の郷土の兵である。多門師団長は口を極めて二師団兵の純な素質を賞揚した。しかも社会悪に染まない現役兵であるから、なおさら軍紀に忠実だといった。私は郷土の兵に誇りを感じた。

将士の生理的需要に応ずるため、多数の朝鮮婦人が輸入されたが、商売は繁昌しなかった。東北農家の窮乏を反映して、兵達の多くが給与を郷里送金にするからであった。ただ将校の中には、料亭に登って抜身を振り回すような乱暴者もいた。

郷土出身の将校が、よく私を訪ねて来た。打ちあけ話を聞いてみると、彼等の念願は大抵恩給と勲章と年金とにあった。もう何年すると恩給がこれこれ、今度の事変で金鵄勲章功何級をもらえば、その年金がこれこれ。天宝銭をつらない将校の現実的な胸算用であった。

天宝銭組の念願もしかしその辺にあったようだ。彼等の論功行賞への憬れが遺憾なく形に現われたのは、事変発生数か月後賞勲局総裁下条康麿氏の吉林訪問の時であった。師団長、参謀長以下、幹部総出でいわゆる会食を催し、下条氏を如才なくもてなした。私も師団長の希望でその席に列なった。事変中の満州を視察して、至る所、軍から最も歓待を受けた人は、とどめを下条氏に刺すのではないかと思った。論功行賞だけは、軍刀をがちゃつかせても、まだ思うように運ばぬ時代であった。

軍の反感――居留民の離反

軍は初めから外務省出先機関を敵視していた。みな幣原軟弱外交の片割れと見られ、強硬意見を公にして、その片割れでない事を明らかにした公館長だけが名声を揚げた。私にはその芸ができずに、飽くまで政府の指示する不拡大方針に立て籠った。まず私が吉林省の独立工作にけちを付けたというので軍の忌むところとなった。本省の訓令に従って、軍の行動を正直に報告したのがけしからぬ告げ口とされ、領事館当然の職務を軍に相談することなくやったのが、軍との非協調と見なされた。

第二師団の主力が北の方の戦線に出動したあと、一時吉林に留守居した福原（六）旅団長は、体軀堂々とした立派な将軍であったが、私に対しては、いつも「お前には油断せんぞ」の態度を執った。領事館に大砲を撃ち込むそうだなどの謡言もこの頃行なわれた。

私に対するこうした軍の反感の源は、大迫公館にあった。省政府軍事顧問の大迫少佐は、今や特務機関長として独立吉林省政府の内面指導権を握り、勢い隆々たる存在となった。居留民は権勢の在る所に阿附した。独り総領事のみが、己を持して大迫公館に足ぶみしない。私への反感が、大迫公館に漲っていると伝えられた。

ある晩、張燕卿秘書が密かに私を来訪して、独立吉林省政府なるものの国際法上の性質について私の所見を求めた。小一時間の会談であったが、この来訪が大迫少佐の知るところとなって、張秘書が叱られた。「総領事の処へ出入りする者は敵と見なす」と。これがまた張秘書から私に内報されてきた。省政府は私を味方と頼み、軍は私を敵視するのであった。

居留民は第二師団進駐の瞬間に、私から離反した。事変前の総領事は、居留民の生命財産の保護者として彼等社会の中心をなしていたのであるが、今や吉林省官民が軍の威力の前に屈従している以上、総領事の存在は居留民の必要とする所でなくなったばかりか、軍に接近して総領事を非難することが、彼等の利益となってきた。強力者に迎合する民心の動向を、はっきり認識した私は、彼等の心理を浅ましくは思ったが、腹は立たなかった。

「松江日報」の社長であり、居留民会長であった三橋政明氏は、事変前私の処への最も頻繁な来訪者であったが、軍進駐後大迫少佐の推挙で省政府の顧問となってからは、殆んど総領事館に足踏みしなくなった。満鉄公所の浜田所長も同様であった。浜田所長は、しかし一度来訪して、私に大迫少佐への帰順を勧めた。私は軍の進駐するところ、外務機関が苦境に立つのは、日本の常例である事を説いて勧誘に応じなかった。

私は吉林在住中、終始大迫少佐に相談を持ちかける事なく、依然として交渉員を相手に、省政府との連絡を保った。交渉員施履本氏は吉林省独立後、間もなく、独立の内情を中央政府に報告した科で軍から吉林を追い払われ、その代りに飛び込んで来たのが天津以来絶えて久しき謝介石氏であった。外交部特派員ではなく、吉林省交渉員としてであった。私の知るこの人は時局便乗の名人、正に現代の沈惟敬であった。

軍の進駐以来、私の吉林在勤は不愉快になるばかりであった。のみならず総領事夫人としてお定まりの軍の送迎とか、慰問とかの形式的行事に煩わされる妻の立場も憐れに考えられたので、事変第一年の暮れに私は家族を東京に帰した。吉林の不愉快さを味わうのは私一人で十分であったからだ。

私にも増して不愉快な立場に置かれたのは、在満外務機関の元締め林奉天総領事であった。政府の方針に従って、関東軍中央部にブレーキをかけなければならなかった職責上の苦衷は、転電されて来る電信面によっても察するに余りあるものがあった。それはいつか林氏が公にされるであろうから、ここには書かない。

私の事変観――軍の兵変

満州事変のよって起こった思想的背景、柳条溝以後事変がどう発展したか、中国の憤激、国際連盟での論難、スティムソンアメリカ国務長官の非承認主義、これ等の事相を記述するのは、私の目的とするところでない。書かなければならないのは、満州事変を私がどう受け取ったかである。

まず事変の端緒である柳条溝事件の情報を聞いた瞬間から、私はその真実性を疑った。張学良もその軍隊も、抗日意識に燃えていたとはいえ、満鉄線に手を触れる事の、身を亡ぼすゆえんを十分認識していた筈である。況んや事は学良北京にあって不在中のできごとである。彼等の悪意に思い至る前に、まず頭にぴんときたのは、張作霖爆死事件で立証済みの、軍の謀略性であった。「また軍がやった」、それが私の直感であった。

間もなく奉天に出張したさい、総領事館側の内輪話により、関東軍が事変を目指して、いかに予め周到なる準備をしていたか、柳条溝事件の情況証拠が、いかに荒唐であるかを知って、私は自分の直感の当れるを確信した。

その後、関東軍は政府の局地解決方針を潜って既定事実を作るべく、軍略攻略において為さざるところなく、その行為を裏付けるものはすべて虚構の理由であった。そしてその虚構の最も大なるものは、「三千万民衆の民意」に基づく満州国の独立であった。過去に生きる数人の清朝の遺臣を除いて、東三省中国民衆の一人だって、独立を希望した者があったろうか。第一、世論がないのだ。世論の形式をとったものはみな偽装であった。

昔から国を盗んだ幾多の例は、今さら歴史をひもとくまでもない。国を盗むには多少とも虚構の理由がつきものだ。今日の強国は、遠からぬ昔、何れも他国の全部か、一部を盗んで大をなしたものだ。だから日本独り非難さるべき理由がないとはいえ、私は今日強国と称せられる国々の、そうした発展過程を是認し得なかった。自国だからといって、例外に置くのは私の正義心が許さなかった。いわんや今日は国際協調時代だ。私はあえて幣原外交の使徒を以て任じておらないし、また国際連盟を尊敬してはいなかったが、日本の進むべき道は、国際協調にありと信じていた。ことに隣邦中国とは、怨恨を去って固く結ぶべきだというのが、私の信条であった。満州事変は、私の信条に真向から加えられた打撃であった。

自衛戦、生命線の確保、満蒙問題の解決、口号はもっともらしいが、私の感じた満州事変の様相は関東軍の兵変《ミュテニー》であった。政府が何といおうとも、軍中央がどう留めようとも、満州を制覇して自分の自由意思で運営し得る国家機構を造る。これを遮るならば、本国といえども容赦しない。この行き方が兵変《ミュテニー》でなくて何であろう。

こうした理由や感情のゆえに、私は満州事変を呪い、まして軍のお提灯を持つ気にはどうしてもなれなかった。軍に対するパッシヴ・レジスタンスが、満州事変を通じての、私の一貫した態度であった。

関東軍からの弾劾

満州事変第一年の暮れ、若槻内閣が閣内不統一の故に倒れ、犬養内閣がこれに代わった。新内閣の外相たるべくフランスから帰朝の途中、奉天に立ち寄られた芳沢大使にお目にかかるため、私は奉天に出張した。一九三二（昭和七）年一月のことだ。この時私は、関東軍が外務省に向って、私を弾劾したとのことを奉天総領事館から告げられた。つい先頃関東軍軍参謀会議で「石射吉林総領事は軍と協力の意思なしと認む、至急召還を要求す」る旨を決議し、外務省に電達したというのであった。

この時は、既に林総領事は奉天を去ったし、私も吉林と関東軍に愛想をつかし、さらでだに満州から御免を蒙むりたい最中であったから、関東軍の弾劾は、不愉快ながら私にとっては機宜を得たものだと感じた。私はこの弾劾をさいわい、すぐ本省へ帰朝下命を申請しようと思ったが、軍の弾劾がてき面に効果を奏した形になるのは、悪例をのこすであろうと気がついて、しばらく思い止どまった。吉林に帰任して見ると、本省から精々軍に協力せられたしとの訓令が来ていた。笑止千万に感じた。

私はよく辛抱した。本省に帰朝申請をしたのは、五月末であったと記憶する。申請電信の中に、「本官は関東軍と両立せず」と明記した。後任には奉天の森岡領事を推薦した。

執政就任式――溥儀の人相

柳条溝直後、まず吉林省が独立させられ、続いて他の二省も右にならった。一九三二年々頭には軍事行動も一段落となって、満州は関東軍の手に帰した。この東三省を打って一丸としてどう料理するか、その献立を共和制にしようとか、帝制にしようとかの議論が、奉天で行なわれたが、結局帝制に落ち着き、引き出されたのが宣統廃帝だ。馬鹿な欺瞞だ。どうせ国を盗むならば、いっそ満州を、日本の保護領とする方が、悪に徹するというものだ。何の帝制ぞや。私はそんな反感をさえ感じた。

宣統廃帝が極秘裡に天津から連れ出されたとの情報は、すぐ天津総領事からわれわれに伝えられた。満州に着いてから、あちらこちらに匿されているうちに、溥儀の存在は、公然の秘密になってしまった。奉天にいたある外国通信員は、溥儀の即位日なら、四月一日《エープリル・フール》が最も適しているとと皮肉ったそうだが、それよりは約一か月早く、三月九日が即位日ときめられた。もっとも初めから帝位を践ませられるのではなく、まず満州国執政という名儀の下に、しばらく帝王見習いをさせられるのであった。

溥儀の執政就任式は、長春の塩務権運局で取り行なわれた。私はこれに参列した。本省の訓令で駆り出されたのだ。いわゆる日満の軍官民の主なる者が、参列したのであるが、式場が狭く飾り付けも簡素で、専門学校の卒業式程度の儀式であった。

式が終わると、別室でレセプションがあった。そこでシャンペンらしい酒杯を挙げて、溥儀執政万歳の音頭取りをやったのが、板垣《いたがき》〔征四郎《せいしろう》〕参謀に懐柔され、黒竜江省から引っ張り出されて軍政部総長にすえられた馬占山であった。どじょう髭をたくわえ、冴えない顔をした田舎者であった。

執政々府には、吉林から財政部総長として熙洽、外交部総長として謝介石、実業部総長として張燕卿の三氏が入った。長春は新京と改称された。

就任式場において、またレセプションにおいて、私は初めて長身蒼顔の溥儀氏を見た。私はかねがね人相骨相に興味を持ち、自己流の観相眼を養って楽しみとした。その私の眼に映じた溥儀氏は、何という不幸な人相の持ち主であったか。さすがにかつて中国の帝位にあった人だけに、どことなく高貴な気品を湛《たた》えていたが、その顔面に露呈された凶相が私を驚かした。幼なくして帝位を追われて以来、数奇な運命に翻弄され続けた過去の陰影と、今また海の物とも、山の物ともつかぬ満州国に拉《らっ》し来られた未来への不安感とが醸し出す、不幸な相貌であるかもしれなかった。

とにかく、私はこの人の相貌の下では、満州国は終わりを全うしないであろうとの印象を得て、吉林に帰り、藤村〔俊房〕領事にその感想を話すと、領事は、

「満州国とか何国とかいって中国内に仕切りをしても、四億の民衆は仕切れないよ。満州国も一時的現象さ」と達観した。藤村領事は事変の途中私が本省に要請して、奉天からもらい受けたのであった。中国各地に在勤三〇年、中国人情の表裏に通じ、一種の哲学を持った達人であった。

馬占山は、執政就任式後間もなく、黒竜江省の古巣へ脱走して反旗を翻し、民族の英雄になった。彼にしては、板垣参謀長に勧説されて満州国に参加したものの、来て見れば関東軍のきめた框内に押し込められ、窮屈でいたたまらず、再び古巣に自由の天地を求めたのであったと思われる。関東軍は兎狩りのようにして彼を逐いまわし、しかも取り逃がしてしまった。

私が満州国の建設に協力したのは、執政就任式に参列した一事だけであった。

薩摩焼きの元祖――ある資本家

満州事変前までは、横町的存在の吉林を訪問する人は、極めて稀れであった。その稀れな人々の中に外務省人としては田中都吉大使、堀田〔正昭〕欧米局長があった。堀田氏はスイス公使として赴任前の視察であった。貴衆両院議員達の来訪もあったが、名を覚えているのは鶴《つる》見《み》祐輔《ゆうすけ》、森恪氏などである。森氏は万宝山事件に刺激されての視察旅行であった。淋しい吉林も事変後は来訪者で賑わった。満鉄沿線へ来るほどの慰問団、視察者はみな吉林へ立ち寄った。

ある時、沈儒官《ちんじゆかん》〔沈寿官〕という名前の人が私を来訪した。会ってみると鹿児島県人で、薩摩焼きの元祖であった。語るところによれば、先祖は太閤秀吉の朝鮮征伐の時、島津義弘公に連れてこられた朝鮮人で薩摩焼きの元祖となり、爾来十数代、今なお朝鮮名を捨てないのである。一緒に朝鮮から連れてこられたのは、自分一家だけでなく、他にも金とか朴とか、多数あるのであるが、中途から日本名に改姓したものが多いというのであり、なお、

「外務省関係者にも私の仲間が日本名でおります。Tさんがそうです。Aさんの奥さんがそうです。私は先年先祖の故郷を尋ねましたが、系譜が明らかに残っているので、昔の親類達が大勢集まって来て、お前はよく今でも朝鮮名を名乗っている。感心だと大変褒められました」

外務省に流れる半島の血統が指摘されたのが、私にとって珍しいニュースであった。

関東軍は、資本家には満州の土を踏ませないとまで、資本主義《キャピタリズム》を敵視したようであったが、ある時、以前から満州に関係ある著名の財閥O氏が来満して、私の所へも立ち寄った。もっとも関東軍慰問という触れこみで、将校が一、二人付き添って来た。

O氏の私に対する態度は、実に慇懃を極めたもので、終始猫なで声。

「零下何十度という寒さの中で、兵隊さんが雪の上に、伏せのまま三時間も四時間も戦った話をうかがいまして、私は本当に涙を流しました」

そんな事に涙を流す柄ではない。私に対するよりも、明らかに付き添いの将校に聞かせたいための哀調であった。

宗教家は、神道も仏教も来た。私はO氏にひどく卑劣を感じた。慰問と公称しながら、実は教勢拡張が目的である。この種の慰問者は大抵まず領事館に来ては、乗り物の世話をしてくれとか、案内してくれとかいって、警察署を煩わした。然るにある時、天理教本部からの慰問団が立ち寄った。私に対して丁重な慰問の辞を述べたのち、警察官慰労のしるしにといって金一封を残して辞去した。すぐ警察署

長を呼んで包みを開けさせると金五十円也であった。感激した署長はお礼をいわなくてはとあたふた後を追った。

何ら領事館を煩わす事なく、しかも慰労金まで置いていった者は、事変を通じてこの一団だけであった。私は天理教の頭の良さに、敬服せざるを得なかった。

高島某と名乗る易者が来訪した。本物かどうかはわからない。頰鬚長くたれ悠揚たる人物である。自分は過去において、国家の大事を度々易断している。現にこの事変も、今年年頭私の立てた易に出ている、この通り、といって分厚なスクラップブックを取り出した。示された箇所を見ると、貼りつけた新聞の切り抜きにその人の立てた易として「本年は中国に出兵する事あるべし」と素人でもいえそうな事が出ている。私は笑うのは失礼だと思って我慢した。序でに私の人相を見てくれた。

「貴君は官吏としては成功しないが、長寿にして財運に富む人相だ」と断じた。

「財運に富むといわれるが、どうして今以て貧乏なのでしょう」

「貴君の財運は春なお浅くして、未だ開かざる蕾《つぼみ》の如きものです。まだ時季が到来しないのだ」

せっかく外交官になったのに、官吏として成功しないというのは心細かったが、長寿にして財運に富むで気をよくした。この観相が当たっているかどうか、それは未来のみが知っていた。

外国人で吉林に来た者は、哈爾賓《ハルビン》のアメリカ総領事ハンソン氏と、その随員の、東京アメリカ大使館のソルスベリー書記官の二人だけだった。国務省の命令で事変下の満州各地を視察して歩いたのである。ソルスベリー書記官は、日本語の達人だった。二人はもう吉林省の拳銃《ピストル》口《ポイント》独立の次第を知っていて、その真相を私から得ようとするらしかったが、私は要領を得させなかった。

第二師団の幹部を除いて、私は関東軍の首脳部と、殆んど交渉を持たなかった。一度われわれ外務公館長が、本省の命令で奉天に召集されたことがあった。行ってみると、関東軍から事変処理の方針について講習を受けるためであった。一同小学生のように、机を並べて坐らせられた。そして先生が、何と板垣大佐と片倉《かたくら》（衷《ただし》）大尉であり、おまけにわきには斎藤良衛博士が視学官然と付いていた。ああ斎藤氏も遂に関東軍に一役買って出たのかと思えば、なさけなくも感じ馬鹿らしくもなって、匆々《そうそう》私は吉林に引き揚げたのであった。

事変で著聞した石原参謀にも会う機会がなく、また事変勃発の報を聞いて、特務機関に駆けつけた奉天の森島領事に「とめ立てする奴は容赦せぬ」と軍刀を按じて威丈高になったという花谷少佐にも、ついめぐり会わせなかった。民間人の事変の立役者駒井徳三《こまいとくぞう》、笠木良明《かさぎよしあき》氏などはその盛名を耳にするのみであった。

関東軍司令官本庄《ほんじょう》〔繁《しげる》〕中将は、事変の当初幕僚に軟禁されて、神仏三昧に暮らしていると伝えられた。外部と接触させると、雑音がはいって司令官の心境が濁るとの考量から、幕僚が司令官を外部と絶縁しておくのだといわれた。私が本庄中将に会ったのは、多分私が満州引き揚げの途中奉天に立ち寄った時であった。もう事変も第二年の夏となったので、司令官は軟禁を解かれたのであろう。会見を申し込むとたやすく会えたのみならず、晩餐にもよばれた。見覚えのある張作相の奉天別邸が司令官官舎になっており、居室には日本各地からの寄贈とみえて、神社仏閣の大型のお守り札が、何百枚となく安置されてあった。軍司令官の神仏三昧とは、これだなと思い当たった。事変が温厚そのものの如きこの将軍の意図に反して敢行された事情は、もはや世間の常識になっていた。私はこの人に軍人を感ぜずして紳士を感じた。

リットン調査団

暴れる猫に、鈴を着ける鼠の役目を負わされて、国際連盟からはるばる派遣されたリットン調査団は、途中関東軍や満州国側から付けられた色々な言いがかりを切り抜けて、奉天、長春へと北上し、五月七日午前吉林に到着した。私はこれを吉林駅に出迎え、まず総領事官邸に案内した。事変前後の吉林情勢を、私から聴取するのがその日のプログラムの手始めだった。

一行を案内して、総領事館に着くと、日本側随員の吉田《よしだ》〔伊三郎《いさぶろう》〕大使が私に囁《ささや》いた。

「おい君、拳銃口《ピストルポイント》独立の事は喋るな」

官邸の広間で、一行と私の会談が開始された。通訳が随行していたが、マッコイ将軍の発意で通訳抜きという事になった。

一行に対する応答ぶりについて、予め来ていた外務省からの訓令を体して、言って差し支えない真実だけを、私はもっともらしく陳述したり、答えたりした。拳銃口《ピストルポイント》独立の点には、一行の方でも触れる所がなかった。

リットン卿を正座にして、並みいる一行に対した私は被告的立場を感じた。省みて身に恥ずる覚えはないのだが、知っている真実の全部をいい得ないのにいい知れぬ後暗さを感じた。質問は、主としてリットン卿と、マッコイ将軍から発せられた。長身のリットン卿は、貴族にふさわしい品位の人、マッコイ将軍の引き締った顔には、胡麻化しの利かぬ洞察力の閃きがあった。ドイツ、フランス、イタリーの委員三人は並び大名にしか見えなかった。

クロスエギザミネーションを予期したこの会談は、案外微温的場面に終始して一時間余りで済んだ。中国側随員の顧維鈞氏が、四辺みな敵意の中に、気まずそうにしているのを見かねて、私は氏に挨拶し二、三の会話を交わして他意なきを表示した。

次のプログラム熙洽省長との会見に赴むく一行と一緒に、官邸玄関前で記念撮影が行なわれた。

熙洽省長との会見で、一行がいかなる真実を知り得たか私には判らなかったが、少くとも拳銃《ピストル》口《ポイント》独立の真相だけは一行に握られた事が間もなく判明した。駝鳥の尻はどうしてもかくしおおせないのであった。

その日一行のため、省政府が大午餐会を催した。その席上私はリットン卿と打ちとけて話した。

席上ゴルフの話が出ると、リットン卿はこう尋ねた。

「ロンドンではどこでプレーしましたか」

「主にフラックウェル・ヒース。ネブワースでもやった事があります」

「おお、ネブワース、それは私のエステートのある処です。私はあそこのリンクの創始者《オリジネーター》の一人です」

これがリットン卿との記念の会話になった。

吉林市民の感謝

一九三二（昭和七）年七月、私に帰朝命令が発せられ、奉天の森岡領事が、後任になった。既定の人事であった。

熙省長は懇《ねんご》ろな送別会と吉林土産の貴重品の餞別とで、惜別の情を表示してくれた。出発を一、二日後に控え大方荷造りがすんだ処へ、吉林市民の代表者が数人来訪した。三年に近い在勤中、吉林市民のために尽した総領事の徳は甚大だといった。ことに日本軍進駐の際、吉林が砲火を免れたのは、全く総領事のお蔭であって、その時の話を省政府から聞いて、吉林全市民の深く感銘する所であるといい、いかに総領事が言を尽して多門師団長を説いて吉林を砲火から救ったかと、身ぶりまでして、私の知らない場面を見てきたように表現してくれた後、市民感謝の記念物として受納を乞うと持ち込んで来た小机ようの紙包を、乾隆《けんりゅう》御物だといって恭しく差し出した。私は市民の厚意を深謝しつつ記念品を受け、吉林将来の繁栄と平和を祈る旨を述べて、代表者を帰した。

吉林市民の厚意はうれしかったが、荷造りがすんだ後のこの持ち込みは迷惑だった。蒲団包の中にいい加減にくるみ込んで東京へ発送した。

東京に着いてから、荷ほどきしてよく見ると、実に精巧を極めた堆朱の小机であった。私は吉林在勤中の唯一の愉快な思い出としてこれを愛蔵したが、戦火で灰になってしまった。

地球の黒点満州を去る

私は後任森岡総領事の着任をまち、七月某日朝、大勢の見送りを受けつつ吉林を発った。草野〔松雄〕書記生が新京まで見送ってくれた。

感傷癖の私は、多少でも住み馴れた任地を去るに当たっては、いつもその土地への愛着感に胸せまるのを覚えるのであったが、吉林にだけは、それを感じなかった。いささかも感じなかった。

新京で一泊、事変後の哈爾賓を一瞥し、南下して奉天に立ち寄り、さらに大連に下った。大連では親友富田氏の霊前に花を捧げた。わが親友は新京で病を得、大連で療養中、去る五月長逝したのである。幽明相隔てた哀しい再会であった。

大連市中を歩いていると、二、三の映画館が目についた。出札口の立札には「子供、軍人さん半額」と昔はつけなかった敬称がつけられていた。

富田氏の遺族に見送られて、神戸行の船に乗った。水平線に沈み行く大陸を見かえりながら思った事には、「太陽から見たら地球の黒点は満州国だろう」——。

上海へ転任

東京に着くとすぐ、私は村井〔倉松〕氏の後任として上海総領事に任命された。五・一五事件で犬養《いぬかい》〔毅《つよし》〕総理が殺され、今や斎藤《さいとう》〔実《まこと》〕内閣。外務省は満鉄総裁から転じたばかりの内田外相の下に、有田次官、谷アジア局長、白鳥情報部長が目立っていた。事変以来、軍とタイアップして欧米の非難攻撃を蹴散らした白鳥情報部長は、狼の如き凄まじい存在振りを見せていた。

満州事変で引き摺られ、三月事件、一〇月事件[10]の噂におびえ、五・一五事件で胆を奪われ、国民も政党も、のしかかってくる軍部の圧力の下に自由意思を失ないつつあった。国家改造を目指す右翼の一人一殺主義の噂が、不気味に伝えられていた。

内田外相は就任早々、その七月の議会演説において満州国承認の意図を宣明し、議会また満場一致の決議を以てこれを支持した。中日関係は、いよいよ硬直せざるを得ない。この硬直する局面の担当者として、有吉前駐伯大使が駐華公使に任命された。公使は私より一足さきに、上海に赴任された。

上海は私には懐かしい母校の地ではあるが、そこへの赴任はまたしても難局行きだと思った。満州事変が上海に飛火して、所謂一・二八事件[11]となり、中日両軍の死闘が上海周辺に展開された。それはイギリス、アメリカ、フランス、イタリーの介入した停戦協定によってようやく終熄したが、中国人の怨恨は凝って解けないと聞く。それを揉みほぐすのは容易の業とは思われない。何か大厄が私を待っているような気がした。が、考えてみれば上海での一厄を、私は不思議にも既に免れたわけであった。

この春四月、上海事件後の官民合同の天長節祝賀会場へ、金九一味の朝鮮独立党員が潜入して爆弾を投じ、雛壇に立ち並んだ白川《しらかわ》〔義則《よしのり》〕、野村〔吉三郎〕の陸海軍大将を傷つけ、重光公使は隻脚《せっきゃく》を失なって、一時死線を彷徨し、村井総領事は、片脚の腓肉《ひにく》をしたたかに削ぎ取られた。もしも三年前の人事で、予定された通り私が上海総領事となっていたならば、腓肉を削ぎ取られる役目は私であったのだ。それを村井総領事が引き受けてすませてくれたのだ。私の幸運というべきであった。

九月になって、私は単身上海に赴任し、オーストラリアへ転任の村井総領事から館務の引き継ぎを受けた。

11　上海総領事時代

上海を無風状態に

上海が、国際都市として複雑な性格を持っていたことはいうまでもない。三十余国の僑民が住み、二十余か国の領事官が駐在して領事団を組織し、また、国都南京の不便を避けて、数か国の公使がここに居を定めていた。国際儀礼上、これら諸外国の領事・総領事を一々往訪して新任の挨拶を述べ、またその答訪を受けるのが、着任早々の一仕事であった。

日本居留民は約三万、土着居留民と商社側とに大別されていた。土着居留民は虹口《こうこう》サイドに居住し、主として共食い生活、紡績九社その他、大商社・銀行の支店が商社側と称せられ、なかんずく紡績会社の一団が、在華紡と称して大勢力をなしていた。数人の名誉職行政委員が、居留民団の執行機関として、居留民共同の福利厚生を掌っていた。

その上に、共同租界全体の治安と、福利厚生の責任を持つのが工部局、九人の市参事会員がこれを運営した。市参事会員は、慣行上日本人二人、アメリカ人二人、イギリス人五人の割合を以って、毎年一回納税者によって選出せられた。フランス租界は、専管居留地として独立していた。

中国側は、共同租界とフランス租界の周辺に、上海特別市制を敷き、呉鉄城《ごてつじょう》氏が特別市長、兪鴻鈞《ゆこうきん》氏がその秘書長、江湾路のはずれに孔子廟式の庁舎が新築されて、甍《いらか》を空にそばだて、その周囲に、特別市中心区の市街計画が、僅かにその緒についていた。

私の交渉相手が呉市長であった。

私の着任は、上海事件後五か月で、租界周辺には、破壊の跡がまだ生々しく残っていた。この事件は、日本居留民中の強がり分子の不必要な冒険がきっかけで展開された死闘で、引き分けになってすんで見ると、お互いにその馬鹿々々しさが悔いられるものの、一たん興奮した反感からまだ醒めきらず、気まずい白けた空気が中日の関係を蔽うていた。

私は中、日のみならず、諸外国の神経が錯綜するこの国際都市を、断じて再び戦火の巷とすべきでない。平和はまず上海からと思い定め、着いて間もなく新聞記者会談で、上海だけは如何なる場合にも無風状態に置くのが、私の抱負だと語った。そしてその抱負に忠実ならん事にこれ努めたのが、私の上海在勤の全意義であった。

公使館と総領事館

日本が国民政府を承認して以来わが公使は上海に常駐した。ガーデン・ブリッジを虹口側に渡った所の総領事館の建物には、公使館が同居していた。

公使館は有吉新任公使、その下に堀内〔干城〕一等書記官、岡崎、有野〔学〕、山田〔芳太郎〕、杉原《すぎはら》〔荒太《あらた》〕氏などの二、三等書記官がスタッフの主流をなし、別に情報部なるものがあって、須磨〔弥吉郎〕一等書記官、太田《おおた》〔一郎《いちろう》〕三等書記官がこれを固め、さらに別に商務官事務所があって、横竹〔平太郎〕商務参事官、岩井〔光次郎〕商務官がいた。

総領事館側は井口《いぐち》〔貞夫《さだお》〕首席領事と、寺崎《てらさき》〔英成《ひでなり》〕、乙津〔鋒次〕の両副領事が幹部をなしていた。領事館警察は、上海事件以後拡大され、内務省から入った纐纈弥三《こうけつやぞう》氏が警察部長、その下が一課、二課に分れ、警視、警部、部長、巡査合せて五〇人を超える大世帯であった。また、司法省から入った下川久市氏が、司法領事として領事裁判を掌った。

この外、公使館、領事館を通じて、十数人の書記生が在勤した。

領事館としては、類の無い、尨大な総領事館であった。

当時北京に矢野《やの》〔真《まこと》〕参事官が留守居役、南京に日高《ひだか》〔信六郎《しんろくろう》〕、青島に坂根〔準三〕、天津に桑島《くわじま》〔主計《かずえ》〕、漢口に三浦〔義秋〕、広東に川越〔茂〕の諸氏がそれぞれ総領事として在任した。

上海の陸海軍

上海に日本陸軍のいないのを、私はありがたく感じた。その代り海軍がいた。第三艦隊旗艦八雲が総領事館前の黄浦江《こうほこう》岸に常に横着けの老体を見せ、また、江湾路尽きんとするところに特別陸戦隊の兵舎があって、二千の兵力を擁していた。上海及び長江一帯を、自分の勢力範囲として威容を張る海軍ではあったが、陸軍に比べるといちじるしく保守的であり、非謀略的であるので、私はこれと親しむ事ができた。ただ兵員の不注意から、中国人や諸外国人に及ぼした損傷の責任を男らしく認めようとはせず、反対に他から加えられた損害はしつこくこれを追及してやまないという、海軍は海軍なみの病を持っていた。「威信の維持」にしがみつくことから生ずる卑怯さであり、それがかえって自分の威信を傷つけ、中外人士から嫌悪される因をなした。謀略的に波乱を巻き起こすおそれはないにしても、感情に走って軽挙する可能性を持っているので、上海の治安上、気のゆるせない存在であった。

第三艦隊の司令長官は、私の着任当時は左近司《さこんじ》〔政三《せいぞう》〕中将だったが、変わり方が早く、今《いま》村《むら》〔信次郎《のぶじろう》〕、米内《よない》〔光政《みつまさ》〕、百武《ひゃくたけ》〔源吾《げんご》〕、及川《おいかわ》〔古志郎《こしろう》〕の諸提督が次々とその後を継いだ。陸戦隊司令官も宇野《うの》〔積蔵《せきぞう》〕、荒木《あらき》〔貞亮《さだあき》〕、杉坂〔悌二郎〕、近藤《こんどう》〔英次郎《えいじろう》〕の諸少将が相ついで来任した。これ等の人々と私は概ね良好な関係を維持した。

公使館付き海軍武官は、最初は北岡〔春雄〕大佐、のちに佐藤《さとう》〔脩《おさむ》〕大佐であった。

陸軍は兵力を置いていないので、直接治安上の脅威をなさなかったが、公使館付き武官や補佐官達が、不吉感を持った存在をなしていた。武官は最初は田代《たしろ》〔皖一郎《かんいちろう》〕少将、のちに鈴木《すずき》〔美通《よしゆき》〕中将、そのあとに磯谷《いそがい》〔廉介《れんすけ》〕少将が続いた。武官以外に数名の尉、佐官がおり、その中で、補佐官の影佐《かげさ》〔禎昭《さだあき》〕中佐が最もくせ者らしく光っていた。

私はこれ等陸軍の人々とは、打ちとけて親しむ気になれなかった。

私が上海で見た海軍は、犯罪性を持たない正直者、陸軍はここでも智能犯性を持った悪漢であった。

中日感情の融和——有吉公使

上海事件後の中日感情のローカルなしこりは、次第にほぐれていった。一つは時の経過が感情上の創痍を癒し、一つは中日双方の識者達が、上海事件の愚を悟り、平和を求めたからである。中日官憲の間はもちろん、例えば周作民《しゅうさくみん》、李銘《りめい》、銭新之、呉洽卿、林康侯、徐新六、王暁籟氏などの実業界の領袖を始め、青班の親分と称せられた張嘯林《ちょうしょうりん》、杜月笙《とげつしょう》氏等と、日本側との公然たる交際交歓も回復されていった。公私の場面において、私は実に多数の中国人士と相識った。独り上海要人のみならず、わが公使館と接触する国民政府の要人達の間にも、また幾多の知友を得た。

私は、一総領事の身分として世界平和のために貢献するなどという、ヴィジョンの広い理想の持ち合わせはなく、ただ、霞ケ関外交の伝統たる国際協調政策の一使徒たるに過ぎなかったが、中日関係についてはユートピア的の理想を温存していた。それは学生時代、同文書院で培われた中日両国の唇歯輔車《しんしほしゃ》観念から生育したものというべきで、中日両国が心から融け合い、各自の利害をプールして中日兄弟ブロックを形成し得るならば、この東亜はいかに住みよい天地となるであろうか、また、かくする事によってのみ、中日両国は共存共栄し得るのだ。理想の境地への道は遠しといえども、到達不可能ではない。これに向ってちょっとでも一尺でも荊棘を開く、その努力は中国側にもこれを期待せねばならないが、まず徳を建て範を示すべきは、強者日本であらねばならない。それは一総領事の力を以って拓き得る境地ではないが、少くとも自己の職域だけには、この理想を推し進めよう。こうした考えから、私の着任第一声「上海を無風状態に」が生まれたのであった。

上海に来て得た多くの中国知友は、何れも中日関係に深い関心を持つ士で、私は多くの同志を得た気持ちになり、上海総領事になり甲斐を感じた。

総領事館の内部はよくまとまっており、銘々の分担事務は、能率的且《か》つ満足に遂行されていった。乙津副領事の老練は、民団行政に良い指導を与え、寺崎副領事の外交手腕は、諸外国領事館や一般外国人との折衝に妙味を見せた。上海事件で日本軍から直接被害を受けた多数第三国人の賠償要求が総計八〇〇万元にも上がったのを、慰謝料名義の僅々二〇万元でそれぞれの相手を納得させたのは、担当者寺崎副領事の手腕であった。

首席領事井口氏及び後に公使館から転じて井口氏を継いだ杉原領事は、共に私の良き女房役として、館内部のコオーデネーションを維持した。警察部裁判所の首脳部もまた、その人を得て、威信と能率を発揮する上に遺憾なかった。

私は毫《ごう》も内顧の患いなく、専心中国官民、租界当局、各国領事との接触に当る事ができた。公使館と領事館が同一場所にある場合、両者の間に軋轢《あつれき》が生じ易いものとされるが、有吉公使始め、公使館員諸君は、かつて領事館の事務に干渉した事がなく、私もまた分を守って公使館側の外交ぶりに批判を加えた事がないので、両者は渾然として一体をなした。

有吉さんは当初無任所大使兼駐華公使であったが、一九三五（昭和一〇）年五月、中日間に大使交換の合意が成ってから大使一本に還元された。現役外務省人中の耆宿《きしゆく》、閲歴貫禄において申し分なく、酸いも甘いも噛み分けた渋味ある風格の中に、外柔内剛奪うべからざる気魄を蔵し、見通しの鋭い大家であった。中国の現実に深い了解と同情を持ち、政府の無理解な対華政策を矯めつつ、荒れすさんだ中日関係を漸次軌道にのせて行かれたのであった、けだし有吉大使の温情と真摯とが中国側を絆《ほだ》したというべきであった。

私は大使を畏敬し、大使に親炙した。

居留民団――その他

居留民の自治体たる民団は、上海事件以後、新しい面倒な事業を持っていた。それは事件の砲火で受けた損害から、居留民を復興せしめるために、銀塊五万貫を日本政府から現物借用し、これをロンドン市場に売って資金化し、被害居留民に復資として貸出す事業で、この事業の運営のため、民団は復興資金部を特設した。正金から桜内篤弥氏が招かれて資金部長となった。被害額を誇張して一文でも多く借り出そうとする居留民と、その手には乗るまいとする民団との間に、しばしば利害の衝突があり、それが怨恨の根となって、民団当局が犬糞的非難の矢面に立たねばならなかった。復興資金は確かにその目的を達しつつあったが、一面、日本人社会の平和の癌をなすの趣があった。

この外に居留民間に派閥があり、個人的嫉妬排擠《はいせい》があって、民団行政の上に障害を与えた。だから民団の首班たる行政委員長は、骨の折れる役目であったが、時の行政委員長安井源吾氏は、年なお若きに似ない手腕家で、能率的に民団行政を運営した。弁護士という職業を通じ、居留民間の情弊にも通じていたので、安井氏の打つ手にそつがなかった。

虹口サイド土着居留民の間に、各路聯合会という町内会兼自警団的な組織があり、林雄吉なる右傾老人がそのボスとなって、居留民代表者の格で工部局に直談判をする鼻息になっていた。私は着任早々その僭越態度を押えた。

土着居留民に対する商社側は、紡績九社、大銀行、大商社を意味し、その重役乃至支店長達は、概ね一度は欧米の空気にふれた知識人で、一家の見識と経験を持ち、またその業務上の利害は上海の平和と一致していた。彼らは中国側または欧米人側と、業務上直接の交渉を持ち、その意見は温健であり、土着居留民の右翼的傾向と相容れなかった。

邦字新聞では波多博氏の「上海日報」、深町作次氏の「上海毎日」、宮地貫道氏の「上海日日」の三社があり、外に電通、聯合の両通信社、「朝日」「日日」等大新聞の支局があって、報道陣を張っていた。

総領事は、居留民に対する面において、全くの行政官であった。

上海停戦協定の補強——越界道路問題

上海事件は、中日停戦協定の規定する地域以外に両軍が撤退する事によって、引き分け的解決を見たのであるが、この地域の規定が事件解決後も効力を持つや否やについて、中日の間に解釈を異にしていた。事件後中国側は、しばしば南京・杭州間に軍隊を移動し、その軍用列車の通過駅ゼスフィールド・ジャンクションが停戦協定に定むる所の、軍隊立入禁止地域内にある事からして、停戦協定の番人をもって自任する陸戦隊が協定違反を鳴らし、中国側は停戦協定は停戦が完成された時にその寿命を全うしたもので、右地域に関する規定は、その時限りのものであるとの解釈をとった。外務省と海軍省は停戦協定なお有効説を持し、停戦協定の締結に介入したイギリス、アメリカ、フランス、イタリー側は、中国側と解釈を同じくしていた。

着任後、私の研究したところでは、日本側の解釈に無理があると思ったが、いまさら政府の方針を覆えすわけにはいかない。放置すれば陸戦隊は感情的に妄動するおそれがある。そこで私はこの停戦協定の効力の存続を、中国側にそれとなく認めさせ、その代わりに我方は、中国軍隊のゼスフィールド通過を承認する折衷案をたて、紆余曲折を経て、外務省と現地陸戦隊を納得させる一方、中国陸軍部次長陳儀《ちんぎ》氏を動かしたりした。しまいに外交部亜州司長沈覲鼎《しんきんてい》氏が乗り出して来て、私との間に話がきまり、私の目的とする文書が、彼我の間に取り交わされ、その結果、停戦協定の効力の存続が中国側によって確認され、中日間のローカルな紛争の一因が取り除かれたのであった。

　私の苦心したもう一つの問題に、越界道路問題というのがあった。共同租界工部局が、租界内の外国住民の乗馬や遊歩のために租界外に土地を買い拡げ、その上に道路を建設したものが、越界道路と呼ばれ、その道路面及び道路に接着して建てられた家屋とその住民に、租界行政が慣行上及んでいた。

　こうした越界道路は、西部にも虹口サイドにも数条あって、中国行政区域内にのび、犬牙錯綜しているので、市政府と租界との間に不愉快な行政圏紛争が絶えない。よって中国側に委譲して差支ないと思われる越界道路は中国側に委譲し、租界行政上望ましいと思われる地域を、中国側から譲り受ける事によって、双方の行政区域を整理しようとするのが越界道路問題なのであった。

　日本総領事が、何故にこの問題のために主役的に動かねばならなかったのか、記憶に残っていないが、前任者から引き継がれたゆきがかり上、また、わが外務省がこれを重視している関係からして、私はこれの解決に働かざるを得なかった。

　この問題はしかし、私の上海在任中遂に解決しなかった問題であり、回顧の興味も薄いので、ここに詳述するの熱意を欠くのである。

蔵本書記生失踪事件

一九三四（昭和九）年六月、南京で起きた蔵本（英明）書記生失踪事件は、上海にとっても一大センセーションであった。有吉公使が交渉案件を持して南京を訪問し、汪外交部長との会談をすませて上海に引き返された六月八日の晩、南京総領事館の蔵本書記生の行方が不明になったのである。

これより先、公使館情報部長須磨書記官が、南京総領事に転出し、河相達夫《かわいたつお》氏がそのあとに来任していた。

蔵本書記生は以前長春に在勤し、万宝山事件を通じ、吉林時代の私と知合の間柄であった。年輩でもあり、温厚で中国語も一寸話せるのであったが、冴えない質で出世運が悪く、いつも後進に抜かれて副領事に進めないのが気の毒であった。私は上海にもらい受けて、副領事になる機会を与えてやろうか、などと考えている最中、本人の失踪事件となったのである。

南京総領事館手一杯の捜査にも拘わらず、蔵本の行方は杳として手掛かりがない。その間、自殺説と排日分子による他殺説とに説が分れ、須磨総領事は、他殺との断定の下に外交部に詰め寄り、きびしくその責任を追及したので騒ぎが大きくなった。場合によっては撃つ気であろう、第三艦隊は旗艦八雲自ら南京に出動し、上海の陸軍武官室からも補佐官が駆けつけた。邦字新聞は書き立てる、気勢は揚がる、須磨総領事は強硬に外交部に迫った。中国側の出方次第で、いかなる大事件に発展するかと危ぶまれたのであった。

しかるに六月一三日午後、蔵本は中国警察の手によって生きて発見された。自殺の目的で明孝陵《みんこうりょう》背後の紫金山《しきんさん》中に入り、洞窟に潜んだが自殺の決心がつかず、その中に空腹に迫られ、食を求めに里に出た所を南京警察の手に押えられたのだ。本人はまず外交部に引き渡され、そこで一切を自供した。その自供の様子を、中国紙が報道した中に、こんな一節があった。

――自分は外務省に勤務する事多年なるも、同輩や後進が昇進する間にあって独り副領事になれず、周囲から侮蔑を受けるのみにて恥多く、悲観その極に達して自殺を決意したのである。各方面を騒がしたのは申し訳ないが、事は総《すべ》て自分個人の問題で、中日両国の何れにもかかわる問題ではない、と語って涙さん然と下った――。

蔵本書記生は、自供後直ちに総領事館に引き渡された。振りあげた拳のやり場にこまった須磨総領事が、外交部にかけつけて、深く遺憾の意を表したのは当然として、その時応待した汪《おう》精衛《せいえい》外交部長が、一切を水に流すといって示した坦懐たる態度は、やはり大陸の千両役者だけのものがあると感服せざるを得なかった。

新聞によれば蔵本書記生は、外交部での自供中で、紫金山の夜景を語って、強風が全山の樹林を鳴動させ、狼かと思われる野獣の叫声が断続して物凄かったといった。「紫金山鳴動して蔵本生還す」と私は当時の日記に注した。

対華強硬外交のあらわした馬脚であった。誰の発案か、上海頓宮病院の小児科某博士を狩り出して蔵本書記生の精神鑑定をさせ、精神異常と発表させて面子を繕ろったつもりでいたのは笑止であった。

蔵本書記生はこの事件のために外務省をお払い箱になった。須磨総領事は進退伺を出したらしいが、その儀におよばずとされて職に留まった。汪外交部長以上に寛宏な外務省であった。

『新生』不敬事件——磯谷少将と影佐中佐

上海在任中遭遇した最も不愉快なできごとは、一九三五（昭和一〇）年六月の『新生』不敬事件であった。

上海で発行される中国週刊誌『新生』というのが「閑話皇帝」と題する随筆を掲載した。筆者は易水なる筆名を用い、次のような趣旨を書いた。

日本、イギリスの各皇帝は骨董品ゆえ博物館送りとしてはどうか。現在の皇帝は昔と異り、有名無実となり、日本の天皇は世襲によって天皇たるに止まり、外賓接見、観兵式、諸儀式上必要ある場合のほか、人民は天皇を忘れている。日本の真の統治者は、軍部と有産階級である。生物学を喜ぶ日本天皇が一意研鑽せば、その成果は現在以上に有意義であろう。イタリー皇帝はムッソリーニに蔽われ、イギリス皇帝は宮中に籠り、時々狩猟をなすに過ぎない。イギリス人は平気で皇帝を一種高貴なる装飾品と考えている。

元来『新生』は左翼文士と思われる杜重遠の主宰する薄っぺらな小雑誌で、その存在さえ日本人社会に知れておらず、公使館情報部もこの一文に気付かなかった位だが、はからずも天津総領事館から指摘されて事実が知れわたり、不敬事件として上海の邦字紙が連日書き立て、居留民が激昂した。大使館は国民政府との間に、私は市政府との間に、この問題を取り上げざるを得なかった。責任官憲の謝罪、発行者と文責者の厳重処分など、数か条の要求がなされ、交渉十数日にして中国側は大体わが方の要求を容れる事になったが、そこへ故障を持ち込んだのが陸軍武官磯谷少将であった。

有吉大使、堀内書記官、私の三人が連席して話を聞くと、磯谷少将は、解決条件が軽すぎる。この際、国民党の解党を要求しては如何、とくに中国側の謝罪の形式をもっと苛重にすべきだ、と理屈をこねるのである。有吉大使はこれに対して、はっきり答えられた。「いやしくも私が交渉に当たる以上、大使としての責任において問題を解決するのである。今さら条件を苛重にするの要を見ない」「大使がそうお考えなら致し方ない」と磯谷武官は不機嫌な顔で引き取った。

中国側との問題はやがて片付いた。私は過去の事例で、不敬事件や国旗侮辱事件を騒ぎ立てるほど逆効果を来たす馬鹿げた事はないと思っていた。聖旨を伺えば、必ずや「そんな騒ぎをしてくれるな」に相違ないのであるが、政治家・右翼が事件を利用し、言論機関がきまってこれに迎合し事を大きくするのが、いつも取られるコースで、暗闇の恥を明るみへ曝して恥の上塗りをする以外の何物でもなかった。

『新生』の記事は、イギリス皇帝にも悪口をあびせているにもかかわらず、イギリス人社会は静まりかえって音もたてない。イギリス側としてこの問題をどう措置するか参考にしたいと思って、私は事件の事始めにブレナンイギリス総領事を往訪して打診すると、「イギリス国皇帝の地位は我々イギリス国民が一番よく了解している。外国人がどんな批評を加えようと問題でない。『新生』の記事なんか、イギリス国民の神経には少しも感じないのである」という落着きぶりであった。さすがにイギリス人の度量と見識は見事だと思った。なるほど皇帝の地位はその国民がしっかり認識しておればよい事で、他国人に認識を強いる必要はないのだ。私は日本居留民の大人気なさと、自分の立場の不体裁をひそかに恥じて帰ってきたのであった。

『新生』事件の解決の前後にわたり、有吉大使と私とにあててしきりに怪文書が郵送された。文句は大同小異で、あんな解決条件で満足するとは有吉も汝も不忠の臣だ。ただちに自決せよとか、罪を闕下に謝せとかいう意味を血書した匿名の手紙であった。有吉大使も私も別に危険を感じなかったが、領事館警察が捨ててはおけず、犯人を突きとめにかかった。当時警察部長の上田《うえだ》誠一《せいいち》領事が署員を督励して捜査を進めた結果、犯人が一人あがり、その男の口から怪文書の全貌がはっきりした。上海常住の小型浪人の西村展蔵なる人物が、数人の子分にやらせた事で、しかも西村の背後に陸軍補佐官の影佐中佐が糸をひいている事実まで判明した。

西村とその一党はすぐ挙げられたが、影佐中佐は、警察で手を触れるわけにはいかなかった。そこで私は磯谷武官を訪問して影佐中佐処分を迫った。が、武官が受け入れないので物別れとなった。磯谷少将自身糸をひいていたのかもしれなかった。私は詳細な報告書を外務省に送り、軍紀問題として陸軍の注意を喚起するよう稟請したが、なしのつぶてであった。

影佐中佐とは数年後、日華事変中に職務上再び接触せねばならなかったが、上海以来私の知ったこの人は、面と向っては態度慇懃、話が軽妙で外面的には練《ね》れた人物であったが、一寸も油断のならない鋭い謀略家であった。あとで書く通り、第一次近衛《このえ》〔文麿《ふみまろ》〕内閣の宇垣《うがき》〔一成《かずしげ》〕外相が興亜院問題で職を辞したその原因をたどると、当時の陸軍々務課長影佐大佐に突き当たるのである。汪精衛氏を重慶《じゅうけい》から脱出させ、南京に還都させた大芝居の作者が影佐大佐である事は、今や周知の通りで、謀略にかけては、鶏鳴狗盗《けいめいくとう》の雄にすぎない土肥原《どいはら》〔賢二《けんじ》〕将軍などよりは、はるかに冴えた手腕の持主というべきであった。

磯谷武官はその風采からすれば大物らしく見えて、実は小節にこだわる小うるさい人物と私には映じた。上海の正金・三井・三菱などの大銀行が、天長節でも平日通り店をあけているのは不都合だ、なぜ休業して祝意を表させないのかと、私のところへ苦情を持ち込んだりした。国際為替銀行の性質を知らない無茶な国粋論であった。

総領事官邸の天長節レセプションに、宋子文《そうしぶん》氏が祝賀にやって来たことがあった。めったに日本側との社交に顔を出さない人物なので、居合わせた新聞写真班が珍らしがって、宋子文氏と私をカメラの前に立たせた。主人の私は恒例によって大礼服着用のまま、宋氏は平服の中国衣であった。その翌日、大礼服で平服の宋氏と一しょに写真をとらせたのは媚態だといって、私に悪声を放ったのが磯谷武官であった。つまらぬ事をほじくり立てするのがこの人の商売のようであった。

この人は後に軍務局長として東京に去り、喜多少将がそのあとに来任した。

大東亜模擬戦、日本側の惨敗

上海共同租界の行政を運営する定員九人の市参事会員は、日本二、イギリス五、アメリカ二の割り合いで、日本、イギリス、アメリカ三国人からのみ選出されるのが、数年来の慣行になっていた。この定員比率は、大体上海における日本、イギリス、アメリカそれぞれの権益量を反映したもので、もともと日本人側は市参事会に議席をもたなかったのが、近年わが紡績業や、大商社の上海進出によって、日本権益が急速に増大した結果、二人の議席が、イギリス側から日本側に分け与えられたのであった。

市参事会選挙は、租界憲章により毎年二月、租界行政の監督機関たる領事団の指定する期日に行なわれるのであり、立候補者が九人である場合は、無選挙当選、九人以上の場合は、選挙戦が行なわれるのであった。日本人側の立候補者は常に二人、イギリス、アメリカ、特にイギリス人側からはいつも定員以上の立候補があって、自国人の投票を食いあった。であるからイギリス人候補者たちは、日本人の同情票を獲得しなければ、当選確実とはならない。つまり日本人側は、イギリス人候補者の当選に対して、カステング・ボートを握るわけで、このカステング・ボートを巧みに使いこなして、日本人候補者二人に日本、イギリス、アメリカの投票を集中させて最高点を取る一方、イギリス、アメリカ人候補者に対しては、日本人の投票を適当に分散させてその中の一人を落選させる、その操作に当たる日本人側の選挙運動者の手ぎわは、なれきったものであった。投票が連記制であったから、こうした操作も可能であったのである。

日本人側では、有志の間で選挙係長と数人の世話人がきめられ、選挙本部を日本人倶楽部に置く。選挙当日には、あらゆる日本人有権者が狩り出され、本部に立ち寄って誰と誰とを連記すべきかの指示を受けて、投票場に行く仕組みとなっており、それが有機的に運営されるのだ。

その結果は日本人候補者二人が、日本、イギリス、アメリカの投票の大部分を得て常に最高点、日本人側の同情に洩れたイギリス人候補者が、落選するのであった。毎年これが繰り返された。

投票締め切りとなると、その晩日本人候補者を中心に、選挙世話人一同、日本人倶楽部の楼上で、中華料理の卓を囲みながら得票の発表をまち、思う壺の結果に乾盃するというのが、一つの楽しい行事となっており、総領事もこの行事に参会するのが例であった。

総領事はこの選挙に大きな役割りをもっていた。候補者の人選と、候補者数の決定について、総領事の意向が尊重されたからである。候補者には英語力が先決資格であるから、その人選の範囲は自然商社側ときまり、大した問題はなかったが、いつも私を煩わしたのは、候補者の数の問題であった。

上海における日本の権益は、もはや市参事会に三人の議席をもって然るべき段階に達している。よろしくイギリス側の議席を削って日本三、イギリス四、アメリカ二の歩合とすべきである。イギリス側が肯じなければ選挙で争っても、日本側は三人の当選を獲得する可能性が十分あるという声が土着居留民の間に高まり、私にその要望がもたらされるのであった。いまだその時機にあらず、そういって私は選挙の度毎にこれを抑えた。

共同租界とはいうものの、イギリス側が市参事会員の絶対多数をしめ、工部局をわが物顔に動かしているのに対して、強い反感が土着日本人の間に存在していた。虹口サイドにたてこって、イギリス、アメリカ居留民などと毫も交渉をもたない者の、偏狭な国家主義の発露でもあった。これらの居留民にしてみれば、わが方の候補者二人が常に最高点をしめて当選する事に気をよくし、三人の候補者を立てても、日本居留民のもつ投票力の操作次第で、優に三人を当選せしめ得るという、皮算用が立つのであった。

日本側市参事会員の議席をふやすのは、イギリス側との妥協にこれを求むべきで、いきなり選挙で争い取るべきでないし、また争い取れるとする皮算用は、危険であるというのが私の意見で、それで土着居留民達の主張を抑えてきたのである。しかし彼らの主張は執拗であった。

一九三六（昭和一一）年二月の選挙前になると、各派連合会の林雄吉とその一党は、今年こそは是非三人立候補をと、私に要望してやまない。イギリス側が日本側に議席を譲ってくれさえすれば問題はないのであるから、ある日私はブレナンイギリス総領事を往訪し、日本居留民側の要望を打ちあけて、氏の意向を質した。ブレナン氏は、「上海におけるイギリスの権益は、プレドミナントである。現在日本、イギリス、アメリカ間の二、五、二の定員は合理的だと考える。自分の立場として、イギリス側の定員を譲れない。日本側が候補者三人を立てて選挙で争うというなら、それもやむを得ないが、イギリス側は必ず五人の定員を当選せしめ得ると考えるし、その場合といえども二、五、二の歩合を維持するため、日本側候補者の二人だけの当選は、イギリス側として受け合うであろう」と、確信に満ちた答えであった。

私は考えた。日本側で三人候補者を立てても、二人は当選するであろうから、一人落選してももともとである。この際、三人の立候補を承認して、失敗の苦汁をなめさせるのは、土着居留民のために好いレッスンとなるに相違ない。そう思いながら土着側、商社側の主なる顔ぶれを会同して意見を徴した。土着側はむろん三人説、大勢を知る商社側はこれを危ぶんだが、二人さえ当選すればもともとだとの打算から、三人説に合流したので、私は三人説に同意を与えた。

その時決定されたわが方の候補者は、満鉄支社の郷敏、三井支店長卜部卓、弁護士岡本乙一の三氏。三氏ともいやがるのを引き受けさせられたのであった。

三人説の急先鋒、林雄吉が選挙長で、日本側に好感を持っているドイツ、イタリー人の票数をかき集めれば、三人当選疑いなしと意気込んだ。

かくして日本人側は選挙にのぞんだ。日本側の三人立候補は、イギリス、アメリカ側に恐慌をきたし、いつもは選挙に無関心な「ノースチャイナ・デーリー・ニュース」は、イギリス、アメリカ結束して日本側の野望をたたきのめせと、連日書きたてた。従来の選挙で足なみの揃わなかったイギリス側は、いままでになく選挙長を立てて居留民間の統制をとり、今回に限って立候補を五人に制限するのみか、アメリカ側と連繫して日本側に対して共同戦線を張った。日本二、イギリス五、アメリカ二の枠が破れるか破れないかの一戦なので、おそらく共同租界始まって以来の活気ある選挙に相違なかった。

選挙の当夜、投票が締め切りになると、日本側選挙関係者は例年の通り、日本倶楽部の楼上で中華料理を囲んで開票の結果をまった。私も恒例により出席して、メーンテーブルにいた。いつもと違って一同の顔に緊張の色があった。

やがて開票の結果が、工部局から知らされ壁上に掲示された。日本側卜部氏落選し、あと二人は最低位で当選。イギリス五、アメリカ二の候補者は日本側候補者の得票をずんと引き離しての楽勝である。

一座は白け渡ってしまった。と見ると、林雄吉がナイフで指を刺しハンケチに「責任痛感」と血書して私に差し出した。瞬間みんなが色を失った。鮮血の余瀝《よれき》がハンケチに不気味な斑点をにじませた。

私は取り合わずにハンケチを戻してやった。芝居じみた仕草が、不快でならなかった。

この時、神風がふいてきた。当選が発表されてまもなく、なおよく投票函の奥を探ってみると、二百票余の票数が、計算もれとなっていたというので、各候補者の得票の訂正が、工部局係員から電話されてきたのである。それによると、日本側候補者の得票は幾分増加したが、当選の結果には変化がないので、工部局は得票の訂正で、事をすます意向であるといった。

一座は急に色めきたった。この選挙無効、工部局吏員の失態がくちぐちに叫ばれた。しかし夜もふけかかったので、がやがやしながら散会した。

その翌日、私は居留民の主だった人々を会同して対策を決定した。開票に重大な錯誤があったこの選挙は無効とすべきであるから、領事団会議を召集してもらって、選挙のやり直しの決議を主張する。ただし、やり直し選挙のわが方候補者は、二人とすること。この私の意見には、もう土着派にも異存のありようがなかった。

私は早速領事団々長としてのブレナン総領事を往訪し、私の主張を申し入れた。ブレナン氏はすぐ応じた。「貴見に同意する。すぐ領事団会議を開いて選挙やり直しを決議しよう。日本側立候補二人ならば、やり直し選挙は無選挙にできる」と、何のこだわりも示さない。

領事団会議はその翌日に開かれた。劈頭ブレナン総領事は、投票数の計算に錯誤があった事情を説明し、それ故に今回の選挙を無効とし、あらためて選挙のやり直しを宣言したいと提議した。全会一致、即決だった。

数日後のやり直し選挙には、日本二、イギリス五、アメリカ二の定員通りの立候補であったので、無選挙のまま当選が決定された。

日本居留民の面子は、かくして救われたのであったが、土着居留民は自ら省みる前に人を責めた。開票の過誤によって、神風を吹かしてくれた工部局イギリス人吏員の責任を追及して腹いせをした。

風波が納まってから、私は考えた。意外な神風によって居留民の面子は救われたようなものの、それは自慰にすぎない。自ら求めて得た不面目は消ゆべくもなく、上海各国人の前によい恥をさらしたのだ。が、これがレッスンになって、今後の行動を慎しむ事に役立つならば、苦杯も良薬たるを失なわない。この事件のせめてものモラルがそこにあると思った。

同時に、私はこの事件で示されたイギリス人の団結力に感嘆せざるを得なかった。常には足なみの乱れはあっても、いったん共通の利益が侵されるとみるや、感情をプールしてこぞって相手に立ち向かう。ジョンブルが大をなしたゆえんの卑近な例を見せられた感じだった。私はイギリス人の偉さをイギリスで見つけないで、かえって上海で発見した。ブレナン総領事を通じ、市参事会員選挙を通じて。

太平洋戦争が始まってから、私はこの上海の選挙戦を、太平洋戦争模擬戦と名づけて、両者のアナロジーを人に説明し、わが方に勝味のない論拠に利用した。

上海領事団――ブレナン総領事

領事団はどこの港でも都市でも、各国領事が多数駐在する所には、付き物の国際団体である。二十か国に余る各国領事をメンバーとする上海のそれは大きな団体であった。領事団長は先任順により、初めはアメリカ総領事カニンガム氏、後にはイギリス総領事ブレナン氏であった。なおこの領事団の中核ともいうべき、もう一つの領事団があった。中国に対して治外法権を有する国々の領事の集まりで、上海共同租界の行政に指揮監督の権を持つのがこの中核的領事団であった。日本、イギリス、アメリカ、フランス、イタリーその他三、四のいわゆる条約国《トリーテー・パワーズ》とよばれる国々の領事だけが、これに属していた。

領事団には秘書局があって、アメリカ人エドウィン・ロングという人物が、団長秘書として一切の事務を切り廻した。

月一回定例領事団会議があった。会議での発言中最も重きをなしたのは、日本、イギリス、アメリカ、フランスで、当時の国力がよく反映されていた。人柄をいうなら、団長のアメリカ総領事カニンガム氏は年からいっても領事中の長老、人ざわりの良い老練家で、誰からも敬愛された。フランス総領事メリエー氏は、条約通の法律家で、あらゆる問題について最も多く発言した。フランス語なまりのアクセントながら、英語は流れる如き達人であった。日本総領事はかくいう私、政府の政策を体し、意に染まぬ主張をして、会議を困らせた記憶も一再に留まらない。ドイツ、イタリー、ベルギー、オランダ、スペイン、スウェーデン、ノルウェー、デンマーク、スイスの各国領事もみなそれぞれ練達の士ではあったが、上海における自国の利害の稀薄を反映して、会議においてもあまり目立った言動がなかった。

これ等同僚の間にあって、ブレナンイギリス総領事が卓越した存在を示していた。常に謙譲な態度を持し寡言であったが、言えばその言は傾聴に値いした。多年の中国勤務でその功績が認められたのであろう、準爵《サー》のタイトルを持ち、教養の高い典型的イギリス紳士の風格を備えた人であった。日英の利害はとかく一致しなかったが、私が最も親しんだのは、領事団同僚中ブレナン氏に指を屈するのである。私はブレナン氏を通じてイギリス紳士を見た。

呉鉄城市長

上海での私の交渉相手は、特別市々長呉鉄城氏であった。

中国行政上、特別市は省と同位であり、しかも上海はその複雑なる国際性の故に最も難治の地とされ、その市長には先に黄郛《こうふ》氏、張群氏があった。ここに市長たる人は、秀れた行政手腕と外交手腕を持たねばならなかった。呉市長は正にその人であった。ポリティシアンにありがちな狡獪さは微塵もなく、イエス・ノーがはっきりしていて、その然諾に信頼が置けた。国際政局に広い展望を持ち、中日関係はその最も関心とするところであった。

「この際日本側が、何か一つの問題で親切心を中国に見せてくれさえすれば、中国には十倍にもありがたく響いて、中日関係は面目を一新する。今がサイコロジカルモーメントだ」

南京で国交調整の中日会談が行なわれていた最中、呉市長はしみじみ私にこういうのであった。満州事変以来、嵩にかかって詰め寄る日本の攻勢を、反発しながらも持てあぐんだ中国人のサイコロジーは、正に呉市長の言の通りであったのだ。私は呉市長を引用して、今やそのサイコロジーをつかむべき時だ、との意見を本省に報じたが、さざ波も立たなかった。

中日間の大局は別として、上海の局面を無風状態に置く事については、呉市長と私は互いに表裏をなして努力した。大題小做《ターテーシアオツオ》が呉市長と私との間の了解であった。大きな事件でも小さく片付けるという程の意である。上海の関する限り、中日の間に起こった数々の地方的不祥事件は、この了解の下に処理されて大事に至らなかった。

一面において呉市長はユーモアの人であって、その諧謔はいつも宴席を賑わし、ホスピタブルな主人であり、愉快な客人であった。色々な条件を携えて、私は実に頻繁に呉市長を煩わしたが、私交においても、実に頻繁に呉市長と交歓する機会を持ち、隔意なき交りを結んだ。数多い私の中国友人中、親友として第一指を屈すべきは呉市長であった。呉夫人馬氏も社交に長じ、私の妻をよくもてなしてくれた。

上海から見た日本の世相

私の上海在任三年一〇か月の間の日本では、自由主義が完全に国家主義、国粋主義に排撃され、政党と議会が凋落した。満州事変、五・一五事件と事件ごとに増大する軍の圧力は、小は一兵卒の交通規則違反に発端した大阪のゴーストップ事件から、大は政治外交にまで浸透した。その間、軍内部に醞醸した派閥相剋と革新思想と下剋上が錯綜して、相沢事件、二・二六事件を展開し、軍自ら醜態を白日の下に暴露したが、その持つ兇器の威力は、これ等の事件によって却って発揚され、国民も言論機関も軍の睨《にらみ》に射すくめられるより外なかった。右翼と軍の合作である国体明徴論なるものの前に政府・議会・国民教育が屈従した。

外に対して日本は、斎藤内閣の下に国際連盟を脱退し、国際協調主義をかなぐり捨てた。連盟総会から退席して帰国した松岡代表は、国民歓呼の声に迎えられた。

斎藤内閣で焦土外交を唱えた内田外相に代わった広田外相は、就任最初の議会演説において、万邦協和の外交方針を強調し、さらに質問に答えて「拙者在職中は、戦争は起り得ない」と言明し、さらにまた、ハルアメリカ国務長官に平和メッセージ[*12]を送ったりなどして、ここに国際協調主義を取り戻すかと思われたが、間もなく天羽声明で協調主義に破綻を見せ、やがて自らの手でワシントン軍縮条約を破棄せねばならなかった。万邦協和政策はどこかへ飛んでしまったのだ。

二・二六事件後の政局を担当した広田内閣は、組閣に当たって散々軍から痛めつけられ、軍部大臣現役制の復活を強いられるなど、完全に軍門に降った。

関東軍は、一九三三（昭和八）年の年初から熱河の張学良軍討伐を遂行して長城の線を確保し、その五月に、中国軍代表との間に塘沽《タンクー》停戦協定を結んで、冀東《きとう》地区を非武装地帯とした。これがもとになって、梅津《うめづ》〔美治郎《よしじろう》〕・何応欽《かおうきん》協定、土肥原・秦徳純《しんとくじゅん》協定などの一連の現地協定が成立したが、これ等は関東軍ないし華北駐屯軍が、その一存で中国側に強要したもので、日本政府は既成事実を押し付けられるのみであった。華北における外交権は全く軍の手に帰したといってよかった。

軍の企図するところは、華北の特殊地帯化にあった。その小手調べとして樹立されたのが、殷汝耕の冀東防共自治政府であった。

日本軍の華北特殊化攻勢に対する緩衝機構として、国民政府は北京に冀察《きさつ》政務委員会を設け、ひたすら苟安を求めた。日本政府は華北における軍の行動に、いささかも掣肘を加えなかった。加え得なかったのである。

その頃わが対華交渉の基調をなしたものは、広田三原則と称せられるものであった。その要旨は左の如きものであった。

一　中国は排日を徹底的に取締り、対日親善政策を採用すること。
二　中国は満州国の独立を黙認し、華北と満州国との間に経済文化の融通提携をなすこと。
三　外蒙より来る赤化勢力を排除するため、中国は日本の希望する諸施設に協力すること。

この三原則は中国には歓迎せられなかった。これを認めろというのは、金額の記載なき小切手に署名しろというのと同じだと評した者もあった。内容がどうにでも拡張解釈ができるからであった。

有吉大使はこの三原則に基づいて汪精衛外交部長を相手に、また時としては蔣介石氏を相手に、倦まずたゆまず中国側と交渉を続けた。その結果、中日間のしこりが一つ一つ解けかけ、華北における日本軍の専恣な策動を別にして、両国関係は正常な軌道に乗りつつあった。一九三五（昭和一〇）年五月の大使館昇格、その六月の中国政府の邦交敦睦令の発出は、彼我双方の国交調整への努力の結実であった。

我観蔣介石

満州事変直後の数年間は、蔣、汪合作時代であった。汪氏は行政院長兼外交部長として「一面抵抗一面交渉」の標語の下に、有吉大使との間に国交調整交渉を進め、蔣氏は軍事委員長として共産党討伐その他の軍務に専念した。

当時、国民政府を最も悩ました国内問題は、中共問題であった。一九二七（昭和二）年北伐後の国共分裂いらい、中共は猛然として各地にソビエト運動を開始し、やがて江西省瑞金《ずいきん》に中共中央政府を樹立して、国民政府に対して一大敵国を形成した。これに対する国府軍の屢次《るじ》の討伐は失敗を繰り返し、一九三三（昭和八）年一〇月からの第五次討伐が、ようやく奏功した。翌年一〇月、中共は瑞金を捨てて、いわゆる二万五千里大西遷の途に上り、やがて陝西《せんせい》の延安《えんあん》に赤色政府を開いた。

この剿共《そうきょう》軍事は、国民政府にとって一大消耗戦であったが、私の見る所では同時に国府軍の実力の増強を結果し、それが軍事委員長たる蔣氏に反映して、蔣氏の党、国内における地位声望を絶対的なレベルに押し進め、蔣、汪両氏の勢力のバランスがここに失調したというべきであった。

一九三三（昭和八）年の蔡廷鍇等の福建人民政府樹立も、三六年広西李白の抗日戦促進の旗挙げも、反蔣運動の現われであったが、蔣氏によって軽く解決されるのが落ちであった。

一九三五（昭和一〇）年一〇月、南京に開催された国民党六中全会で、汪行政院長が兇弾に傷つき続いてその一二月外交部次長唐有壬氏が、上海の寓居で暗殺された。私怨か、公憤か、中国々内事相もまた峻険なものがあった。

その頃日本の新聞雑誌は、好んで蔣介石氏に悪評をあびせた。ことにわが軍部は蔣氏を眼のかたきにした。排日抗日を巧みに利用しつつ、自己の覇権を確立せんとする中日国交上の障害物というのが、彼等の蔣介石観であった。蔣氏は果たしてそういう人物であったか。

我々外務省人の見るところは、丸きり逆であった。有吉大使は、蔣氏との接触によって得た結論として、「彼は中日国交の関する限り、吾人の同志である」と、ある席上で言明せられた。

一九三五（昭和一〇）年一一月、国民党六中全会で行なった蔣氏の対日外交演説は、私に深い印象を与えた。


国際関係の事については、吾人は国家と民族の利害を以て主要対象となし、一切の枝葉問題には、最大の忍耐を払うべし、和平いまだ絶望の時にあらざるを以てこれを放棄せず。最後の犠牲を払うべき場合にあらざるを以て軽々にこれを論ずべからず。吾人はいまだ最後の関頭には立ちおらず。

こういった蔣氏は、国内に横溢する抗日論を戒めたのである。私はこれを最後の関頭演説として銘記した。大使館付磯谷陸軍武官が軍務局長たるべく上海を去る直前であったろうか、往訪の磯谷武官に蔣氏は何といったか。

口幅ったい言い分なれども、中日国交の調整は、私の在職中においてのみ可能である。私がその地位を失えば永遠にその機会が失われるであろう。

私はこれを磯谷武官の口から聞いた。中日国交の調整を衷心顧念し、しかもそれに向っての自己の指導力を自信する者にして、はじめて発し得る言である。彼は真に中日国交調整を念とする同志であったのだ。

私はまた、中国民間人の声を聞いた。蔣先生の他の政治家と違う所は、彼が「説到那児弁到那児（言行一致の意）」の人である点だ、というのが定評であった。この評言は、中国において最大限の信頼感を表現する言葉なのである。

四年近い在勤の後、私が上海を去る頃の中日関係は、次第に改善の緒に着いたとはいえ、なお到る所に危険が伏在して、前途の暗澹さを思わせるものがあったが、中国側において蔣氏が健在なる限り、しかして日本側においてその対華態度を少しでも反省する限り、中日関係に最後の関頭は来ないであろうとの望みを懐いて、私は上海を去ったのであった。

ゆえにその年一二月、西安事件[*13]をバンコックにおいてきいた私は、蔣氏の命運を切実に憂えた。日本のためにまた中国のために。

その後、蔣氏の『西安半月記』が刊行された。それは生死の関頭に立ちながら、断じて所信を曲げなかった蔣氏の全人格を、如実に表現した一篇の長詩であった。

上海と二・二六事件

一九三六（昭和一一）年二月二六日は、何故とも知れず早朝来日本との電信連絡が杜絶した。ただ一本、払暁正金支店に入った電信が、内容不明ながら、日本に何か重大な異変の発生した事を示唆した。

不安のままに、午後に入って、電信連絡が復活し、異変の内容がぽつぽつ入電してきた。そのうちに、外務省情報部の公電が届いたが、電文の最後に「余り事態をアラーミングに取らぬようせられたし」とあった。人を馬鹿にしている。千何百という兵隊が兵変を起して、内大臣、首相を始め政府の首脳者達が暗殺されたというのに、アラーミングに取るなとは何たるたわ言か、と私は腹が立ってならなかった。

東洋の安定勢力と外には誇称しても、内では近年暗殺騒ぎの連続ではないか。これでは日本の政府は、暗殺の、暗殺による、暗殺のための《ガバンメントオブアッサシネーション、バイ・アッサシネーション、フォア・アッサシネーション》政府ではないか。正に狂暴性脳梅毒症状だ。日本よどこへ行く。私はそう叫んだ。

その日の夕方、折柄来遊中の世界的声楽家シャリヤピン紹介のためのレセプションが、上海白系ロシア人社会の領袖C・メッラー氏夫妻の名において、フランス倶楽部で催された。私達夫妻も招待を受けていた。行ってみると、内外各界の来賓で非常な盛会。梅蘭芳もその時知り合った。私の顔を見ると、みんながよって来て、東京の事件はどうなるのだと口々にいう。なあに大した事ではないのさ、その中に鎮定されると、何げない風を装ったものの、私は一流国にはあるまじき醜い姿を覗かれた気持ちで、内心恥ずかしさで一杯であった。

陰惨な二・二六事件とは違って、上海居留民の朗らかな興味をそそったのは、続いて起ったお定エロ事件であった。その当座、クラブでも料亭でも数人集まればこの話題で持ち切った。中国紙も、いつもとりすましている「ノースチャイナ・デーリー・ニュース」さえも、この事件を細かく報道して紙面を賑わした。

日本のできごとで国際的爆笑を買った朗報は、後にも先にもお定事件にとどめをさすのではなかったか。

上海知人録

上海は東西両洋の接触する国際都市だけに、ここに住み、或いはここをよぎる知名の内外人は、枚挙にたえないほど多く、その中、私が行きずりの面識を得た人々だけでも随分多い。

上海で特異の存在は大谷光瑞《おおたにこうずい》氏であった。始終居住していたのではないが、来れば西本願寺別院に陣取って長逗留した。何を聞いても知らない事のない博学と、その独創的な対外強硬論とに随喜する者もあったが、異常性格のゆえに識者からは鼻つまみにされ敬遠された。そのなめらかな京都弁と、腰の低さにつられて、こちらから狎《な》れ狎れしい態度に出ようものなら、たちまち不興を蒙《こうむ》って、どこかで仕返しを受ける。猊下《げいか》という敬称は、この人に対しては不可欠だといわれた。大谷氏に乗られた日本船では、腫れ物に触わるような慎重さをもって御機嫌を取らないと、船長非難の毒舌が本社に飛ぶといわれた。有吉大使はロンドン以来の友人らしく、親しげに交際しておられたが、私はいつも適当な距離を保ってこの人に接した。陰ではみんな光瑞坊主と呼びながら、面と向っては猊下々々と奉った。

勅選議員の坂西《ばんざい》〔利八郎《りはちろう》〕陸軍中将も度々上海の客となった。中国通として、貴族院に存在価値を持つ坂西氏は、時々色揚げに来遊するらしかった。来ると李択一《りたくいち》氏が、どこからとなく現われて形影相伴うのであった。

松井石根将軍も、一、二度やって来た。大アジア主義なるものを中国人に押し売りするので、至る所気まずい話題を醸し、その来遊は中日国交上有害ですらあった。この外、陸軍の将星では杉山、土肥原、坂垣、岡村の諸氏が、或いは北から、或いは北上の途中、上海を経由した。

ヨーロッパ行きの諏訪根自子《すわねじこ》嬢が、スペインに赴任の青木公使夫妻に伴なわれて官邸に来訪した。色の青黒いひよわそうな少女だった。ベルリンオリンピックへの途中、前畑《まえはた》〔秀子《ひでこ》〕水泳嬢も来訪してくれた。水に飛び込んだら、そのまま沈みきりになるかと思われる、たくましい体軀の持ち主に見えた。

芸能人では、近衛秀麿《このえひでまろ》氏が来て、フランス租界ライシャム座で指揮棒を振い、藤原義江《ふじわらよしえ》氏は、日本の芝居小屋で「どんと打つ波」を唱った。日本の高級芸能人にとっては、上海は好い市場ではないらしかった。

大小の日本洋画家の来遊は、相当頻繁であった。大家の部類では、熊岡美彦《くまおかよしひこ》氏ほか数氏を数え得る。わが芸術家の来遊は、中国芸術家の歓迎するところであり、両者の接近が期せずして得られた。上海には劉海粟《りゅうかいぞく》、王済遠《おうさいえん》氏など、常々私と親密な洋画家がいて、中・日洋画人のつなぎとなっていた。

居留民の主だった人々、ことに銀行商社の重役・支店長、新聞人は、みんな私の友人だったといい得る。これ等の人々は、一々その名前を挙げきれないが、何れもその道その道での一流人物で、この事実はわが国経済界にとっての上海の重要性、ニュース・ソースとしての上海の重要性を物語るものであった。

　ここはまた、私の母校、同文書院の所在地だけに、その出身者が、各種の業界に根をおろしていた。最も知られていたのは同窓の長老山田純三郎《やまだじゅんざぶろう》氏であった。令兄良政《よしまさ》氏以来、兄弟相継いでの中国々民党員で、孫文在世中深く信頼を受け、今は党の客分たる地位にあった。

同文書院々長は大内暢三《おおうちちょうぞう》氏。先代近衛篤麿《このえあつまろ》公の秘書として、また代議士として、多年政界に往来した老練家だけに、教職員と学生とをよく把握し、同文書院の最盛時期を出現していた。

中国からいわせれば、文化侵略機関である自然科学研究所[*14]は、新城新蔵《しんじょうしんぞう》理博が所長として指導していた。京大総長の栄職にあった新城博士にとっては隠居役でしかなく、気の毒の感がしたが、この人の来任以来、研究所は活気を取り戻したようであった。

　私の知り合った中国官紳は実に広範囲にわたった。ここにはその一々の名を省きたい。ただ期せずして面識を得た人々だけを挙げれば、「天津大公報」の胡霖氏と、張季鸞《ちょうきらん》氏。もっとも胡氏とは天津以来の再会であった。いわゆる安福派の梁鴻志《りょうこうし》、呉光新《ごこうしん》の両氏も珍しかった。段祺瑞老も南下して上海に隠棲していたが、遂にその顔を見る機会がなかった。

　日本の文化事業費で、フランス租界にできた中華学芸社には、留日同学の青年が拠っており、それ等の人々とも交渉を持ったが、今日その氏名を逸し、ただ敷式説《ふしきえつ》氏を牢記するのみである。

　面識を得た欧米人の中で珍しく思ったのは中国幣制改革のために来たリース・ロス氏、イギリスファッショ運動の指導者モズレー卿などであった。上海イギリス財閥のサー・ビクター・サスーン氏、ユダヤ系と称せられるこの人は、その種族的特長を認め得ない美丈夫であった。上海の住人となった「P・T・タイムズ」のウッドヘッド氏とは、天津以来の旧交を温めた。「ニューヨーク・タイムス」特派員アーベンド氏は、会って好感の持てる新聞人であった。日本に、辛辣な批評をあびせる「上海マーキュリー」のポウェル氏とは、数回顔を合わせたが、その油断のならぬ人相のいやさに、これと打ちとけて語るに至らなかった。

イタリー公使は、上海総領事から公使に躍進して間もないチアノ伯であった。「あいつ、岳父ムッソリーニの七光りで公使になったくせに、いやにこの頃公使を気取っている」と領事団の旧同僚から陰口をきかれていた。何と思ったか、公使は一夕私を主賓に、晩餐によんでくれた。さしたる人物とは思えなかったが、映画俳優にでもせまほしき大柄の美丈夫であった。それに引きかえ、公使夫人は、どう高く評価しても美人とは申しかねる小柄の婦人であった。

一九三二年末、中ソ国交回復され、初代駐華大使としてボゴモロフ氏が来任し、その後クリチンスキー総領事が上海に来任して、ガーデン・ブリッジぎわの旧ロシア総領事館を再開し、上海社交界にデビューしたが、より付く者も稀に孤立の存在をなしていた。ただ革命記念日のレセプションだけが、ソ連総領事館の賑わいであった。ふんだんに饗応される本場のキャビヤと火酒《ウォトカ》を目がけて、常には足ぶみもせぬ各国の客が蝟集するのであった。普断無表情なボゴモロフ大使は、この晩に限って愛想ある主人。クリチンスキー総領事夫妻はもともと、これがソ連官憲かと疑われるほど、内気で柔和な人柄であった。

上海での私生活

四年近くの上海在勤は、私の従来の官歴中、最も長いポストであった。西摩路《シーモー》の官邸に妻、長女、幼児二人を呼び寄せて、平穏な家庭を営んだ。その間に長女を三井物産社員本多敏郎氏に縁づけ、幼児二人は前後して学齢に達して、日本人小学校に通った。

私は上海着任後、半年ばかりで勅任官に進んだが、相変わらず財政難がつきまとい、長女の結婚費用の調達にさえ、一苦労せねばならなかった。もっとも家政の不如意は私ばかりではなく、大使館・領事館を通じて、大抵の者が余裕の無い生活を送っていた。もともと低目にきめられた在勤俸の定額が、長い間そのまま据え置かれて、在勤地の生活水準から外れてしまっている上に、常に日本円に不利な為替相場が、各人の収入に打撃を与えるのであった。それが救済を本省に訴えても、聞いてくれなかった。

ある時外務省から、外国領事館職員の収入を調査報告せよ、との訓令をよこした事があった。寺崎副領事が調査を担当して、まずお隣のドイツ総領事館に聞きに行った結果が「驚きました。ドイツのタイピストが僕より収入が多いのです。一体貴君はいくら収入があるのかと反問されて恥をかきました」であった。

それでも私は、上海生活をエンジョイした。領事団仲間や、中国官民との公私の社交は、煩わしいほど頻繁で、妻は迷惑がったが、顔を出さなければ却って目立つので、勉強するより外なかった。国際的集まりの定期的なものは、各国の国祭日で、その日には当該国の領事は、レセプションを催して祝賀の客を受けるのを行事とした。

各国に抜きんでて、最も盛大なのはわが総領事館邸の天長節のレセプションであった。酒と料理が豊富にサーブされ、中外の人士が競って来賀し、聖寿万歳を唱えて乾盃した。

居留官民間の社交も頻繁であった。宴会の場所は大抵月の家、六三、東語の大広間。芸者が、青畳《あおだたみ》に紅裙《こうくん》を引いた。私は中外人を呼ぶ宴会にも、男客ばかりの場合には、時として日本料亭を利用した。婦人の相客に気兼ねしつつ、お行儀をよくせねばならぬ西洋流の宴会に厭いている外国人達にとっては、青畳の上に寛いで、芸者にサーブされる日本流の饗応が、いかばかり魅惑的であったか。彼等は好んで日本料亭への招待に応じた。

私のホビーはゴルフと将棋であった。将棋はロンドン以来の唯一の好敵手堀内書記官を相手に、ほとんど毎日勝負を争った。二人の将棋は、奇想天外の妙手が続出するので、対局者以上に見物人が面白がり、居留民間の名物にさえなった。

居留民の間に体育会があって、シーズンになると、日本から大学野球チームやラグビー・チームを呼んで、地元のアメリカ人チームにチャレンジした。中外人の人気が集中し、しかも大抵日本チームが勝つので愉快になり、試合がすむと双方の選手達を官邸に呼んで交歓するのが、私の行事の一つであった。中国側は私を運動総領事と呼んだ。

シャムへ転任

一九三六（昭和一一）年初め、有吉大使が辞任せられ、そのあとへ、ベルギーから転じた有田大使が着任、一か月ばかりで二・二六事件後の広田内閣に外相として入閣し、川越天津総領事が一躍して駐華大使に任ぜられた。そして間もなく、私にも上海を去るべき時が来た。

五月某日、本省からの電信に「矢田部（保吉）公使の後任として貴官をシャム公使にとの内議あり、諾否回電あれ」とあった。総領事から公使には、一応栄進ではあるが、この電信は、私には官歴の晩鐘と響いた。擬せられた任地がシャムだからである。

誰がいい始めたか、三シャを避けるといういい伝えが外務省にあった。ギリシャ、ペルシャ、シャムへの公使は御免蒙りたいという意味なのだ。非衛生地であり、官歴の袋小路だからであった。シャムはわが多年の友好国だが、日本の外交大道からすれば横丁であり、公使のポストとしてはうば捨て山であった。過去においてこのうば捨て山から娑婆へ更生した唯一の例外は、後にブラジル大使になった林久治郎氏だけである。そのシャムにお前行かないかとの本省来電なのである。自分の寿命を読まれた気持ちであった。

諾否回電あれとあるからには、拒絶の余地はあったが、すぐ受諾を返電した。従来任地の選り好みをして、好いポストだけをつかもうとする、或る人々の策動を噂に聞くごとに、私はこれをいやしんでいた。人事当局からあてがわれた任地は、たとえ、望ましからぬものであっても、これに勇往するのが吏道であり、かくてこそ、外務機構の紀律《ディシプリン》が保たれるのだとの持説が、いつしか私の頭に宿っていた。シャム行きを断るのは、この持説の手前、私の潔しとするところでなかった。

受諾の電信に対し、折り返し私は帰朝命令を受け取った。事務の整理と、各方面とのお別れの行事に多忙な一か月を過ごし、家族と共に上海を発ったのは、七月初めであった。

東京に着くと、すぐシャム公使を拝命した。方々からおめでとうをいわれた。墓参に帰郷すると郷党の有志達は私を捉まえて、祝賀会をやらなければ承知しなかった。私はほうほうの体で東京に引き揚げて来た。自分ではうば捨て山行きの公使のつもりなのに、錦衣帰郷《きんいききょう》扱いをされるのがつらかったのだ。

公使を拝命すると「大公使心得」という小冊子を人事課から渡された。それによると、まず三陛下始め各宮家に参向して、任官御礼の記帳をする事、出発前天皇陛下に拝謁を願い出る事、明治、伊勢、橿原《かしはら》の三神宮に公式参拝する事、総理と各大臣に挨拶の名刺を置く事などが、指示されてあった。私は赴任前の時間を、儀礼にとられるのが惜しいので、政務に関係のない宮家への記帳廻りを略し、天皇への拝謁も御遠慮申し上げ、参拝は伊勢だけで御免を蒙った。

各大臣への名刺置きも馬鹿々々しいのですっぽかし、ただ総理大臣にのみ面謁した。が、総理官邸深く納まった久しぶりの広田さんは、総理たるの貫禄に捕われているのか、すっかり往年の明朗さを失っていた。色々話しかけても無表情で話に乗ってこない。何か危い物の上に乗っかって、バランスを取っている用心深さのみが感じられた。私は失望感を深くして総理官邸を出たのであった。

当時の日本・シャム関係に、真摯な関心を寄せている人に、池田成彬《いけだしげあき》氏があった。この人の発案で、三井物産内にシャム室なるものが置かれ、シャムの流寓政治家プラ・サラサスを客員として、専らシャム事情を研究していた。そんな関係から、私は一日大磯に池田氏を往訪した。初対面であった。交わしたのはむろんシャム談であったが、話の内容などよりも、私はこの人の人間としての立派さに深く魅せられたのであった。自ら磨きあげた人格の立派さである。およそこれ程チャーミングに大成した経済人が外にあるであろうか。かつて面識した武藤山治氏から受けた感銘とは、また別な意味で、私はこの人に頭の下がるのを覚えた。

輸出超過の日本・シャム親善

そのころ日本・シャム親善が、時のはやり物になっていた。一九三三（昭和八）年二月、連盟総会が満州事変に関するリットン勧告案採否の票決をやった時、シャムが投票を棄権して、日本ジャーナリズムの喝采を博した時以来の風潮で、その棄権を、シャムから日本への厚意の贈物と解釈しての親善攻勢であった。

　国際会議における投票の棄権は、問題がどう決っても利害を感ぜぬ時か、イエス・ノーをはっきりいえば、自国に不利を招く場合の安全弁でしかないのに、それをシャムからの厚意と取ったのは自惚れか政策的なのか、何れにしてもやいのやいのというのは日本側ばかり、相手は冷静に構えているらしかった。現に聞くところでは、前年シャムを訪問した安川雄之助《やすかわゆうのすけ》氏を団長とする経済親善使節団の如きは、全くの押しかけ客で、シャム政府からひどく迷惑がられ、押し売り親善の逆効果を収めたとある。

　私のシャム行きが発表されると、日本・シャム親善に一役買いたい人達が押しかけてきた。何れも親善にかこつけて私利を遂げようとするさもしさが伴なっていた。私は親善押し売りの禁物を説いてみな斥ぞけた。

　それにしても、近年日本・シャム関係が経済的・文化的に、地道に親密の度を増したのは顕著な事実であった。わが矢田部シャム公使と、シャムから東京へのミトラカム・ラクサ公使の、それぞれの努力の賜物であった。

　ミトラカム公使は極端と思われる程の日本心酔振りを発揮し、日本式宴会にはいつも紋付の和服姿を見せ、新・柳二橋では桜さんで通っていた。

クラ地峡開さく夢物語

そのころ、クラ地峡開さく計画なるものが、内外の新聞を賑わした。シャムの国土が、マレー半島に向って伸びるところ、八、九〇マイル幅のクラ地峡を、日本資本が運河に開さくして、シャム湾とインド洋を直結しようとする大計画なのである。

まずある日本新聞が書き、イギリス紙にセンセーションを引き起こした。もしこれが実現されるとなると、シンガポールが国際通商路から浮くかもしれないので、イギリス紙の騒ぐのは当然であった。

事、シャムに関する以上、赴任前に私はこの計画の虚実を突きとめておく事の必要を認めた。そして色々調べてみると、あいた口が塞がらない結果に突き当たった。それは私と同県人の、政治家ともつかず実業家ともつかぬある千三《せんみ》つ屋《や》の着想なのである。この人物は、いつも突拍子もない金儲け案などを持ち回って、人を煙に巻くことで県内に知られた老人で、この頃の日本・シャム親善の呼び声に便乗して、クラ地峡開さく計画なる人騒がせを思いつき、いい加減な計画見積り書を印刷して知名人に配布し、いかにも官憲や資本家の後援の下に、一応実地踏査を遂げ、着々実現に歩を進めているかの如く宣伝したのであった。

全く机上の空論で、本人はむろん物にする気も力もなく、官憲や資本家は相手にならず、ただ新聞のみが、奇抜な着想としてニュース・バリューを認めたのに過ぎなかった。本人にしては、他愛もない火遊びが、イギリス紙までを賑わしたのを、陰でほくそ笑み、天晴れレセップを気取っているらしかった。悪いいたずらであった。

赴任途上

私は九月下旬東京を立ち、伊勢参拝をすませ、神戸からヨーロッパ航路の郵船白山丸で赴任の途に上った。シンガポール経由のコースである。東京で傭った沼田〔源太郎〕コック夫婦が同伴した。

門司では、郷県の俵山温泉で長らく病気療養中の矢田部公使と落ち合い、日本・シャム関係を語り合った。公使はシャム在勤八年の間に、強度の神経痛を患って、歩行も不自由なほど衰弱していた。熱帯勤務のいたいたしい犠牲であった。

門司から上海、基隆《キールン》、香港へと、ジグザグに南下した。

船中で船長、事務長から「閣下」呼ばわりされるのが耳ざわりであった。この敬称の持つ陸軍的語感がいやだった。私は、「閣下」はよしてほしい、外務省には大使にも公使にもそんな敬称はないのだからと船長に願い下げを申し入れた。船長はしかし聞いてくれない。郵船では、大公使の方に閣下付けをする定めになっていますから、とあっさりいなされ、シンガポールまで閣下が私に着きまとった。

船がシンガポールに着くと、土地の英字紙の記者達がすぐやって来た。質問の第一矢「貴下のシャム行きはクラ地峡開さくの着手を意味するや」「日本ではそんな問題を誰も取り上げていない。全く根拠のない流説だ」そう言明しても、記者達の顔には、わりきれない表情があった。

出迎えてくれた郡司〔喜一〕総領事の話によれば、クラ地峡開さく説の外に、もう一つシンガポールの神経を刺激した事件がつい最近あったばかりだった。

日本の海軍将校が、身分を偽ってシンガポールに入り込み、軍港の秘密を探っていたのをイギリス当局に見やぶられ、退っ引きならぬ証拠を突き付けられて逐い出され、そのスパイを手伝わせられた日本人会長が、進退きわまって自決したという事件であった。誰知るまじと思ってスパイしていたのを、あべこべに面の皮をひんむかれた間抜けさ加減は、お話しにならぬと郡司総領事は憤慨した。イギリス当局の日本人を見る目が、それ以来きびしくなっているとの事であった。

シンガポールに数日滞在して、ジョホール王宮始め付近のゴム林などを観光見学した。ここも香港と同様に、華僑の世界であった。日本居留民の主だった人々とも交歓した。インド独立の志士を以て自任する千田牟婁太郎氏の気魄が面白かった。スイスから帰朝途中の堀田公使に、ゆくりなくもここで邂逅した。

シンガポールからバンコックへの国際列車の二晩は、うだるようにむし暑かった。途中、イギリス領からシャム領へ入ったとたんに風物が一変した。公園とジャングルの対照であった。列車の走るシャム領の夜は文字通りの真の闇、時たま遠くにちらちらする一、二点の灯火が、僅かに人家の所在を思わせるのみで、闇の底へ底へと落ちて行くような幻覚を誘った。

第三日の正午近く居留民の出迎え裡に私はバンコックに入り、公使官邸の主人となった。階下が事務室、楼上が官邸の索漠たる公使館であった。時は雨期上りに近く、構内の池はあふれるばかりに水を湛えていた。

12　シャム公使としての半年

公使館と居留民

数日後、私は王城に進み国書を捧呈した。幼弱な国王陛下はスイス御留学中とあって、王族アチット親王を主席とする三人の摂政が列席して国書を受け、日本・シャム国交の敦睦を念願する旨の口上を型の如く交換、随員を摂政に紹介して式がすんだ。私にしては初めての国書捧呈であったが、別段な感想は湧かなかった。

公使館員は、総領事兼任の森（喬）二等書記官、佐野（新一）官補、天田（六郎）副領事、ほかに書記生二名の小人数であった。佐野官補は間もなく帰朝し、そのあとへ笠原（太郎）三等書記官が来任した。

公使館付武官は、陸軍田村《たむら》（浩《ひろし》）少佐、海軍中堂（観恵）中佐、二人とも常識家で、常に公使館に対して協調的であったのは私の幸せであった。

矢田部公使時代には、ここも軍人禍があった。田村武官の前任者M中佐というのが凄く尖った神経の、しかも小細工好きの謀略家であって、居留民間に反公使館熱をあおったり、矢田部公使召還の電信を外務省に打たせたりして、陸軍的狂暴をほしいままにした。そのあくどい言動が、東京でも問題となった結果、M中佐自身が召還され、その離任間ぎわに私が着任したのであった。バンコック日本人の平和のために、良い厄介払いであった。

当時在留日本人は、シャム全国で五百に満たず、その大部分がバンコックに集中し、ささやかながら日本人会を持ち、小学校を維持していた。数においては土着的中小個人商家が多くを占め、中には二〇年、三〇年の在留歴史を持った者も珍しくなかった。数人の開業医が繁昌していた。大商社では正金、三井、三菱、大阪商船等がここに支店を持ち、古河も鉱山に手を伸ばしていた。三井、三菱の進出は目覚しかった。三井船舶部の如きは、数隻の新造船を配して、定期航路三井ラインを開設し、日本・シャム間を一〇日間で直結するという活躍ぶりであった。

顧問または技術者として、シャム政府に奉仕する数人の日本人がいた。

日本の大新聞は、まだシャムに興味を持たず、「朝日」から青木真氏が特派されているのみであった。華僑が三つもの漢字紙を持っているのに、われは一つの邦字紙をも持ち得ないのが日本居留民の姿であった。

シャムの欲する日本・シャム親善

一九三二（昭和七）年、いわゆる無血革命によって立憲民主政治が確立されて以来、足掛け五年、革命の総帥であり、国の長老であるピヤ・パホン総理の下に、時の国政は、革命理論の指導者ロアン・プラジット外相と、革命行動の指揮者ロアン・ピブーン国防相との合作であった。しかし、この合作にはひびが入っているとみられていた。一は議会勢力を背景とする文治主義、他は武力を握る武断主義、両者の思想傾向の相違から来る乖離であって、合作の中に潜む相剋は、いつかは表面化を免がれ得ない形勢にあった。

が、対外政策に関する限り、シャムは自己保存に徹し、いやしくも外国からつけ込まれる事のないようにとの慎重さにおいて、軍・官・民、心を一にした。イギリス、フランス二大強国の植民地に挟まれて嘗めてきた、失地と屈辱の苦杯から得た小心翼々、保身に徹底する叡知の外交なのである。

日本・シャム親善にしても、シャムとして素より望むところであるとはいえ、日本側からのあの手この手の親善攻勢は無気味であり、迷惑であるに相違なかった。親善への深入りは、日本から次に来るものの恐ろしさを想像せしめ、同時にイギリス・フランスの嫉視を憚からねばならないからだ。あるシャム紙はこの関係を忌憚なく表現した。前門虎を拒《しりぞ》けても、後門狼を進めては何んにもならぬと。

国際連盟でのリットン勧告案の票決にしても、イエスと投ずれば日本がこわいし、ノーと投ずれば、国内二百五十万の華僑が納まらない。やむなく無難な棄権へと逃避したのだが、それを日本への好意の表示ととられたのは、自分等の全く意外とするところであった、とあるシャム友人が坦懐に私に語った。

シャムの欲する日本・シャム親善は、あくまで有無相通のビジネス親善であった。シャムは無血革命の理想とする近代国家の建設に必要な資材と技能を、最も格安に仕入れ得る便利な源泉として、日本に接近してきたのである。なかんずく日本に求めた最大のアイテムは、軍艦の建造と操艦技術と鉄道材料とであった。南方を自分の縄張りと心得るわが海軍は、友軍でも仕立てるつもりになって、シャム海軍のために親身に世話を焼くのであったが、シャムは志を別に存していた。あとで書く、ピブーン国防相のラジオ放送が、はしなくもそれを語った。

ともあれ、シャムの国力と環境を考える時、その保身のための用心深さは、尊敬に値するものであった。この用心深さを驚かすことなしに、より実質的な日本・シャム親善関係を導き出す事が、私の使命であらねばならない。そうした自負とともに、私は任国への愛情を感じた。

プラジット外相

職務柄、私はプラジット外相と最も繁く接触し交遊した。まだ三〇代ながら、老成にして外柔内剛、議会内に大潜勢力を持った政治家であった。外務省で際立った存在は、ワンワイ親王であった。かつてヨーロッパの外交界に馳駆したシャム国随一の外交官であり、名は外務省顧問に過ぎなかったが、実は外交の指南番として重きをなした。日本人からは親英の日本嫌いと見られていたが、親しんでみれば、それは食わず嫌いの日本人の妄評であった。

バンコックには日本、イギリス、アメリカ、ドイツ、フランス、イタリー、オランダ、ベルギー等の外交使節が駐在した。中でイギリス公使サー・ジョシア・クロスビーが光っていた。シャムだけの在勤で公使まで叩き上げただけあって、シャム語に長じ、シャム国情の表裏に暁通する老練家であり、イギリス・インテレストの根深さの象徴であった。私をもくるめて、他の公使達は、この人の前には駆け出し公使の感があった。

ピブーン国防相の失言

ピブーン氏の国防省は、頻《しき》りに軍備拡張を計画し、これが予算の要求を以て議会を悩ました。議会が渋るので、ピブーン国防相はある時、直接国民にラジオで呼びかけた。その放送に曰く、

「シャムはなぜ国防の強化を必要とするか。今後の国際関係は片や日本、ドイツ、イタリー、片やイギリス、フランス、オランダの二陣営に別れて相戦うこと必至の情勢にある。その場合、日本のまず目指すのはシンガポールの攻略であるが、日本は海面からの攻撃を避け、兵をわが国に入れて陸路南下せんとし、イギリスは北進してこれを防ぐであろう。その時に当たってシャムが中立を全うするには、今から国防を強化して、日本、イギリス軍に備えなければならない――」

時は一九三七（昭和一二）年四月、ドイツ、イタリーがファッショ同士で協調しており、日本、ドイツは防共協定で結ばれたとはいえ、現存する日本対イギリス、フランスの友好関係の決裂を当然の結論とするさえあるに、シャムの国防目標を、日本軍撃退に置くという一国の国防大臣の言として、穏かならぬ揚言であった。陸海軍武官が私の処へ駆けつけて来た。日本海軍はシャム海軍の建設を親心で面倒を見てやっておるのに、その建設が日本軍を仮想敵とする建前だとあっては我慢がならぬと、中堂武官は大憤慨だ。クロスビーイギリス公使も来訪した。イギリスとしてもピブーン放送を聞き流しにできない。互に連繋して、彼の反省を促そうではないかという申し出だ。私はこれを了承した。

日本、イギリスの抗議を受けて、プラジット外相は扱いかねたのか、交渉未了のまま急に

ホアヒン海水浴場に避暑に出かけ、留守中当のピブーン氏が外相代理になった。ピブーン氏との直接交渉は、却って好都合であった。一回の会見で、ピブーン国防相は失言を認め、反省の印として放送のやり直しを諾し、あとからその案文を内示してきた。不徹底な内容であったが、反省の意思が出ているので我慢することにした。イギリス公使はもっと食いさがるつもりだといった。

その翌晩、ピブーン国防相は、案文通りの放送をやり、問題はそれで解決した。いわゆる酒盃の中の暴風であったが、数年後の国際情勢は、正にピブーン氏の予言通りの大波瀾を巻き起こした。今や私が不明を詫びなければならぬ番になったのだ。

ピブーン国防相は四〇そこそこの、シャム色の皮膚を持った小柄な人物ながら、ととのった顔に慧敏な気象がほの見えていた。たびたび接触しても、この人と私との間には、友情が通わなかった。先方はフランス語、私は英語、共通の言葉を持たなかったのも、一つの原因であった。

バンコックでの私生活

バンコックはメナム河の造ったデルタ上のクリークの町、繁華街は華僑の町、場末は蚊、蟻、とかげ、蛇の町。畳壁をめぐらした王城と、数基の大塔寺とが、古典的な異彩を添え、近代都市というにはほど遠いものであった。とはいえ、バンコックは当時東京の持たない三つの物を持っていた。市中にあるゴルフ場と、冷房装置の映画館と、エレベーターで上下する中華大飯店「海天楼」がそれであった。

象の国でありながら、首府では象が見られなかった。市中では用途がなく、飼料に金がかかって飼いきれないのであった。

バンコックは暑かった。絶望的に暑かった。公使館の設備が極度に貧弱なので、精神的に感ずる暑さでもあった。公使館は見捨てられた公使館といえるほど、粗末な設備であった。給与にしても、シャム公使の在勤俸は世界中の最低額であった。“Cheapest Minister in the World”私はそういって自笑するだけのゆとりを持ったが、館員達がもっと悪い生活条件の下に置かれていたのは勿論である。

「シャムのポストを、よりコンフタブルなものに」と私はたびたび本省にせがんだ。

私は幸いに健康を維持した。ゴルフとゴルフ後のウィスキーソーダのお陰に違いなかった。滅多に一〇〇を切れない、下手糞同士の新田〔義実〕三菱支店長が私のゴルフの好敵手であった。

日本の新聞は一〇日以上おくれ、シャム字紙は読めないので、ニュースは専ら華僑紙にたよった。新刊書は和洋ともに手に入らないので、公使館の貧弱な蔵書をあさって読みちらした。その中から二冊の好著を掘り出した。一つは外務省人郡司喜一氏の『十七世紀における日本・シャム交通史』、他は元在シャムイギリス領事ウッド氏の『シャム史』であった。私はこの二書を通じて、シャムの歴史を初めて知り、シャム史の中で、そこばくの役割を演じた山田《やまだ》長政《ながまさ》の事蹟を初めて知った。

バンコックにおける私の交遊範囲は狭かった。最も懇意になったのは、芸術院長ヴィチット・ワタカーン氏夫妻であった。夫妻ともに芸術に深い理解を持ち、日本・シャムの文化交流に異常の熱意を持っていた。夫君ヴィチット氏自身が、著名な劇作家であった。国務大臣ピヤ・シー・セナ、鉄道技監ピヤ・シー・チカン・バンチョン氏など、何れも情誼こまやかな友人であった。

日本・シャム親善の機関として日本・シャム協会があり、東京のそれと呼応した。会を通じて知り合った人々は少なくなかったが、おおかたその名を逸した。

シャム史上の山田長政

シャム史に伝わる山田長政は、その本名は顕われず、オクーヤ・セナー・ピモックというシャムの官名で知られている。日本の伝説では、長政は在留日本人を以て義勇軍を組織し、外敵の侵攻を禦いだ功により、六昆王《リゴール》に封ぜられた、というのであるが、シャム史の長政は、殊勲を内戦に立てているのである。

彼の前身はシャム史の関する所でなく、その渡航の経路も不明であるが、渡航の時期はおそくともわが慶長一五（一六一〇）年以前であろうと推定されている。その頃シャムの国都アユチヤは、一種の国際都市で、日本、中国、フランス、オランダ、インドの諸国人が、それぞれ、居留地とある程度の自治を与えられてここに住み、国際通商を業としていた。長政はおること数年ならずして穎脱《えいだつ》して日本人町の長となり、また日本義勇軍の長としてシャム宮廷の信任を受け、頻りに官位を加えられて一勢力をなすに至った。長政が初めて徳川幕府に書を致した元和七（一六二一）年は、シャムにおける彼の地位が躍進しかけた時である。

数年を経て一六二八年、国王崩じ、王位争奪戦が亡王遺愛の幼王子と亡王の弟との間に起った。長政は王子方に頼まれ、部下の義勇軍を率いて起って王弟軍に当たり、詭計《きけい》を以て王弟を捕殺した。事定まって新王は、長政を国の南境六昆《リゴール》の大守に封じ、その殊勲に酬いた。が、この行賞は実は、王位簒奪の野心を蔵する君側の奸、陸軍大臣が、新王に忠誠なる長政を、国都より辺境に斥けんとする苦肉の策であった。

長政は部下を率いて華々しく封に赴むいたが、そこでは新太守の威令に服せざる反乱軍と戦わねばならなかった。その戦いにおいて、長政は脚部に負傷して療養中、敵の間者のために傷口に施毒されてあえなくも落命した。時に一六三〇（寛永七）年、遺児阿因は弱年にして父業を継ぐ力量なく、長政の遺封たちまちにして潰えてしまった。

しかし国都アユチヤには、なお多数の長政残党が在留して不穏の存在をなしていた。陸軍大臣は禍根を一挙に絶つべく、ある夜無残なる不意打ちをかけて日本人町をせん滅せしめた。シャムの日本人ここにそのあとを絶った。

これが、長政についてウッドイギリス領事のシャム史と、郡司氏の日本・シャム交通史の伝える大筋なのである。長政の前後にシャムの国都に在住した日本人の数は、二千とも三千とも伝えられ、主として通商に従事し、そのたむろした一郭は、文献に残る見取り図に照して、四境今なお踏むべくある。一日、私は館員諸君と共にその跡を弔った。ただ見るメナム河の深淵に臨む疎林の廃址、つわ者共の夢の跡は風情なく荒れて、居留民の手になるささやかな一基の長政祠が淋しく立っていた。

長政は、一介の浪人くずれたるに止まらず、相当な器量人であったに違いないが、長政以前の日本人町の長には、彼以上の豪の者が数士あった事実が考証されている。しかも長政ひとり祖国の伝説に語りつがれるの幸運を担ったのだ。が、これをボルネオのサラワク王国の建設者、イギリス人ジェームス・ブルックに比すれば如何。時勢も環境も違うとはいえ、類似の経路を踏んで、一は非業に死してその跡空しく、一は理想国を今に残している。運不運とばかりはいいきれない。根本的なものは、両者の器量の相違ではないか。同時に日本、イギリス人の持つ素質の相違ではないか。私のシャム史の読後感にこんな疑問が低迷した。

Legate Mr. Ishii『東洋』のシャム座談会

日本からの文化親善の呼びかけには、シャム側もつとめて受けて立ってくれた。「朝日」の青木特派員の呼んだ朝日機の親善飛行、尺八の巨匠吉田晴風《よしだせいふう》氏夫妻の芸能ミッション、三島通陽子爵の青少年団の来訪は、何れもシャム官民から快よく迎えられて、彼我の親善感を深めるに役立った。

失敗に終わったのは東京某大学S教授の来講であった。S教授は国際文化振興会派遣の交換教授として、フィリピンに行っていたのであったが、協会の希望で、帰途シャムに立ち寄り、数席の講演をやることになった。ついてはシャム官辺と話をして、講演の手配をつけておかれたしとの本省電が来た。続いてS教授から、夫婦連れで行く、よろしく頼むとの私電が届いた。何とそれには私の宛名が Legate Mr. Ishii, Japanese Legation となっている。余りにも奇抜な英語だ。経歴を調べると、イギリスに五、六年留学した人だが、日本文でさえ難解なあの人の思想が、Legate Mr. Ishii 式の英語でうまく表現できるのかしらん。心配になったのでマニラ総領事館に問い合わせると、S氏の講演は当地では了解されなかったとの返電があった。しかし今さらどうしようもなかった。

やがてS教授夫妻が来着した。睦まじい良い御夫婦と見受けた。まず日本・シャム協会で歓迎晩餐会を開いたが、その席上でのS教授の英語スピーチには一同へき易した。あの英語を押えろということになり、翌朝公使館から笠原書記官がS教授の宿へ駆けつけて、講演は是非日本語でと説きつけ、シャム語出身の市橋〔和雄〕書記生を通訳に付けることに話をきめた。御本人は英語を封ぜられたのが余程不満らしかった。

シャム文部省の手配で、講演が二回行なわれた。初回は通訳が要領よかったので無難らしかったが、それでは時間を食う、次回は英語に願うと、文部次官から特に注文がきた。やむを得ず英語の封鎖を解くとS教授は大満悦。私は文部次官からの要請もあり、二回目は陪聴した。専門学校の学生群が聴講者らしかった。

S教授は勇躍して演壇に上った。演題は忘れたが、熟しきった得意の題目とみえて一時間半に亘《わた》る熱講だった。私にはしかし何をいっておるのか皆目わからなかった。発音抑揚を無視した英語の熱弁なのである。聴講者達にも当惑の色が漲った。講演がすむと、みんな救われた顔付きであった。

あとから私は文部次官に、講演はみんなに了解できただろうかと聞いてみた。次官は「さあ《ウエル》」といったきり、ややしばらく言句に詰まったが、「あの英語は難解だった」と苦しそうだった。誰にもわからない講演だったことが間もなく確かめられた。シャム学徒の英語力のレベルは、日本の学生よりずんと高い。聴講者の罪でなく講演者の英語の罪であった。私はS教授来講の失敗だった事を本省に報告し、文化親善のために学者を海外に出すなら、もっと本気に人選してほしい。シャムを甘く見て下さるなと強く付言した。

シャムで本国を見ていると、いうところの日本・シャム親善の裏にひそむ、醜悪な思いあがりが目に立った。その最も極端な例は、大蔵公望《おおくらきんもち》氏関係の雑誌『東洋』のシャム座談会であった。

対談者は、先年シャムでもてなかった経済使節団長安川雄之助氏と大蔵氏、外に尾崎某氏など。席上安川氏は、シャムを糞味噌にこきおろした。そしてその揚句に、

「では、シャムなんて国は人類の住むべき所ではないですね」

「シャム人は動物が人間の形に変わったものです」

こんな会話が、対談者の間にとり交わされた。これがふだん、国民外交を云々する著名人の放言なのだから驚かざるを得ないし、それをそのまま紙面に載せる『東洋』の不謹慎もまた極まれるものであった。たちまち留日シャム学生の目に触れて、憤慨を買ったのは当然であった。日本・シャム親善もへちまもあるものか、私も腹が立って日記の中で次のような筆誅《ひっちゅう》を加えた。

雑誌『東洋』のシャム座談会における安川老、尾崎、大蔵等のシャムに対する悪口雑言は実にひどい。友邦に対する礼譲を全然無視して、独善からシャムを見下しているものだ。

本省へ強くいってやる。

実業家は実業家で独善になっている。思いあがった日本の姿は、各方面にその影を印しているのだ。

在京シャム公使館から問題にされ、対談者がそれぞれ形式的に引責して、事は簡単に片付いたが、日本側の唱える日本・シャム親善の不純さを、遺憾なくシャム側にお目にかけた著例で

あった。安川氏の如きはそれまで東京シャム協会の副会長であったはずである。

シャムからの展望

国際政局の無風帯ともいうべきシャムに納まってみると、閑寂な横町生活の気安さを感じ、著しく神経の安静を覚えるのであったが、外界は遠慮なく動いた。

一九三六(昭和一一)年一一月の日独防共協定は、その成立に至るまでの経緯は知らなかったが、シャムから見ていても協定の額面そのままには受け取れなかった。越年して間もなく、広田内閣の総辞職、宇垣氏の組閣流産、林〔銑十郎《せんじゅうろう》〕内閣の成立、内閣の生殺与奪はいよいよ陸軍の手中に帰したのかと心を暗くした。

林内閣の佐藤《さとう》〔尚武《なおたけ》〕外相が、議会で、「戦争に直面するのもしないのも日本次第」と、正しい認識を表明したのに対し、軍部や右翼が、時局認識の不足として問題にするに至っては、「日本は亡びる」(日記から)と感じたのであった。

中日間には、一九三六年秋から川越大使、張群外交部長間に国交調整交渉が開設されていたが、その一一月綏遠《すいえん》事件*15の発生で頓挫してしまった。関東軍の内蒙謀略によって醸されたこの事件は、全中国を対日強硬論に駆り立て、国交調整交渉を立ちすくませたのだ。中日国交に晴れ間のない感じであった。

続いて西安事件。中日国交の明日への望みを蔣氏にかけていた私は、その生還の報を喜ぶのあまり祝電を呉上海市長に送った。西安を去るに臨んで、蔣氏が張学良と楊虎城《ようこじょう》に与えた訓戒は、これをバンコックの華僑紙で読んだ。その言々句々にあふれた愛国の赤誠が、私の胸を打った。

遠く欧米では、イギリス国王エドワード八世のシンプソン事件、ルーズベルトアメリカ大統領の再選があり、国際連盟は、イタリーのエチオピヤ攻略を抑えることができないで、またしても国際平和機関たるの沽券を落し、世の中は合従連衡《がっしょうれんこう》に還元しつつあるかに見えた。

公使から東亜局長へ

一九三七（昭和一二）年三月末、本省からの電信が私を驚かせた。東亜局長になってくれという意外の電信であった。その時の心境を日記に徴すれば、

（前略）中国を本領とする拙者ゆえ、東亜局長は相勤むべきであるが、現下の状勢において、拙者が出て良心的に勤まるであろうか。呻吟未だ返事を確定せず。

一晩考量の後、私は東亜局長引受けを決意して、「対華問題につき、大局的見地より軍側とそりの合わぬ事を御承知の上ならば、よろしく御取り計らいを乞う」（日記から）と本省に返電した。

帰朝命令がすぐ来た。後任には、村井〔倉松〕シドニー総領事が内定された。

こうして私のシャム在勤は、飽気なく終わる事になった。うば捨て山のシャムも、来て見れば愛着を感じ「もう少しいて理想とするところの十分の一でも実現したかった」（日記から）との名残り惜しさを感ずるのであった。

四月二二日、従者沼田夫妻を引具して、フランス領インドシナ国境アランヤ行きの汽車でバンコックを発った。途中アンコールワットの遺跡を見、フランス領インドシナを横断して、サ

イゴンから大阪商船の貨物船で日本に帰った。アンコールには二泊した。叢林《ジャングル》の間に数世紀の風雨を経て、今なおその俤《おもかげ》を存する結構の壮観と、壁間に残る彫刻の美とが、私の感傷をそそった。

アンコール懐古

朝《あした》媚南の畔を辞し
夕《ゆうべ》にやどるクメールの
廃都のほとり夜雨して
露しとどなる明けの道。

樹海深々千載の
殿堂のしじま訪い来れば
雨雲裂けて降る陽光《ひかり》
空しく虚址にそそぐかな。

嗚呼人生の短かきに
芸術のみぞ末遠く
古今の時を貫きて
など行客を嘆ぜしむ。

われ官情にまみるるも
去り尽したる昔人の
栄枯を歩々にしのびつつ
足しばらくは史の領を踏む。

13　東亜局長時代——中日事変

近衛内閣の出現

東京に着くと、佐藤外相からよろしく頼むとあって、すぐ東亜局長に任命され、前任者森島〔守人〕氏から引き継ぎを受けた。休養の暇もなかった。

折から国内は、林内閣が去る三月末、いわゆる食い逃げ解散をやった後の総選挙最中であった。

当時外務省の局部長は堀内〔謙介〕次官の下に東郷〔茂徳〕欧亜、松嶋〔鹿夫〕通商、三谷《みたに》〔隆信《たかのぶ》〕条約、吉沢《よしざわ》〔清次郎《せいじろう》〕アメリカ、岡田〔兼一〕文化、河相〔達夫〕情報、米沢〔菊二〕調査という顔ぶれ。東亜局は上村《かみむら》〔伸一《しんいち》〕、佐藤〔信太郎〕、花輪〔義敬〕の三氏がそれぞれ一、二、三課長であった。私は通商第三課長以来約一三年ぶりで、二度目の本省勤めであった。

佐藤外相と私との縁は、一か月も続かなかった。総選挙で敗れた林内閣が、政権に見切りをつけて、五月末あっさり退陣したからであった。

六月初め、近衛内閣が国民待望裡に成立し、広田さんが外相になった。近衛公の懇請によるもので、副総理格の入閣だと伝えられたが、私には広田外相に新味も強味も感じられなかった。ワシントン在勤時代からこの人に対して持った私の崇拝と期待は、この数年来急にさめつつあった。先年広田内閣組閣の際、軍部からつけられた注文に唯々として聴従したり、軍部大臣現役制を復活したりなどした弱体ぶりに幻滅を感じたのだ。この人が心から平和主義者であり、国際協調主義者であることに少しも疑いを持たなかったが、軍部と右翼に抵抗力の弱い人だというのが、私の見る広田さんであった。

近衛首相は、日本中に人気を湧かし、中国その他の外国からも期待を持たれた。日本一の家柄、西園寺〔公望〕元老のホープ、革新思想に富む新人、軍部中堅層に支持者を持つ人、颯爽たる美丈夫、正に時局待望の首相としてジャーナリズムがもてはやし、国民が随喜した。内閣の一番々頭に新聞人をかかえたのだから、人気製造はお手のものだった。婦人子供からも渇仰された。女学校に通っている私の姪がクラスの議会見学から帰ってきて、

「近衛さんがモーニングで演壇に出たとこ、とても素敵だった。叔父さんの洋服姿なんか、だぶだぶしていて駄目よ」

と、私まで引き合いに出して近衛公を礼讃した。

こんな卑近な礼讃は別として、私は近衛人気に好意を持てなかった。かねがね近衛公の側近者方面から洩らされた消息を総合すると「本領の無いインテリ」以上に公を評価し得なかったからだ。私が初めて近衛公と面識を得たのは、数年前の晩春、鎌倉の別荘に公を往訪して、中国問題を話した時であったが、公の盛名に対する疑念は早くもその時に私の頭に萌したのであ

った。

中日事変の勃発

中日関係の大局は、約一〇か月前私が上海を去った頃に比べて、少しも改善されていなかった。国交調整の彼我会談は、昨年一一月の綏遠事件以来中絶のままだ。佐藤外相がこの春の議会で表明した、平等の基礎に立つ中日国交調整論と、五月帰朝した川越大使の対華再認識論は、中国側に新鮮味を以て迎えられたが、中日関係の癌《がん》である華北の現実は、症状いよいよ悪化するの観があった。中日の緩衝役たる冀察政務委員長の宋哲元《そうてつげん》氏は、華北特殊化を目指す日本軍の諸要求に耐えかねて、この五月、展墓《てんぼ》を名として故郷山東省に逃避したまま帰任しない。日本軍は苛立っている。国民政府は華北の特殊化を断じて許すまじい意思を表明している。

国民政府の強い態度には、綏遠事件以来全国的に結晶した対日強硬世論と、西安事件を契機として国共間に成立したと思われる「内戦を停止し国力を集中して一致外に当る」ための妥協とが裏付けしているのに相違なかった。

華北の外務公館からは、わが駐屯軍の醸し出す不穏な空気がしばしば伝えられてきた。油断のならぬ情勢であるが、これを解消させて全面的国交調整に持ってゆく具体的政策は、日本側に持ち合わせがない。今さら広田三原則でもなかった。

私は、局長になったからには、と意気込んで、就任早々大乗的な構想を立てて、対華私案を練った。まずこれを、国民政府外交部亜州司長高宗武《こうそうぶ》氏との私的会談に試みようとの腹案であった。が蘆溝橋《ろこうきょう》事件で一切が夢になった。

七月八日払暁、私は外務省からの電話でたたき起された。蘆溝橋での中日両軍衝突の情報であった。しまったと思った。差しまわしの自動車で、外務省に着いたのが六時頃、構内には人影なく、すがすがしい早晨《そうしん》であった。情報部に行くと河相部長が出勤していた。「とうとう始まったね」「大きくならなければ良いが」顔を合わせるなりの挨拶であった。主管課の東亜第一課には太田〔一郎〕首席事務官が詰めていた。

やがて登庁した広田大臣を囲んで、堀内次官、東郷欧亜局長、私の三人が鳩首した。事件不拡大、局地解決、誰にも異存あるはずがなかった。続報が次々と北平大使館から入電した。事端は中国軍の不法射撃によって開かれたとあるが、柳条溝の手並みを知っている我々には「またやりあがった」であった。が、何れが手出しをしたかはさておいて、当面の急務は、事件の急速解決にあった。

その日午前中、陸軍の後宮《うしろく》〔淳《じゅん》〕軍務局長と、海軍の豊田《とよだ》〔副武《そえむ》〕軍務局長を私の部屋に会同して、事件不拡大方針を申し合わせた。中国問題については陸海の二軍務局長と、東亜局長とが随時外務省に参集して相談するのが従来からの慣行であった。三省事務当局会議と称した。

午後閣議があって、事件不拡大、局地解決の方針が決定され、その旨陸、海、外の出先機関に訓令された。現地では、二九軍と日本軍と対峙のまま、善後交渉が開始された。

不安の間に二日たって一一日、日曜日にもかかわらず緊急閣議が召集されたというので、早朝から出勤すると、東亜一課から太田事務官が顔を見せて大憤慨だ。先刻陸軍軍務局から連絡員がやってきて、今日の緊急閣議に、陸軍大臣から三個師団動員案が出る、そいつを外務大臣の反対で葬ってもらいたいというので、それ位なら何故その提案を自分等の力で食い止めないのか、卑怯ではないか、と一論判やったところです、というのである。明らかに陸軍部内の意見の不統一の暴露だ。現地でせっかく、解決交渉中というのに、何を血迷っての動員案か、頼まれずとも外務省は大反対にきまっている。

閣議への召集を受けてその朝九時、週末静養先の鵠沼《くげぬま》から帰京する広田大臣を、私は東京駅に出迎え、自動車の中で軍務局連絡員の話を報告し、頼まれるまでもなく閣議で動員案を食い止めて頂きたい、このさい中国側を刺激する事は絶対禁物ですからと進言した。大臣は頷いた。

ところがその日の閣議は、動員案をあっ気なく可決した。閣議から帰来した大臣の説明によると、その案は居留民の保護と現地軍の自衛のため必要が生じた場合に限り、動員を実施するという条件付きの、万一のための準備動員案だったから、主義上異議なく可決されたというのであった。手もなく軍部に一点入れられた感じで、私と東亜一課はいたく大臣に失望を感じた。

内閣は閣議決定に基づいて、その晩「重大決意をなし、華北派兵に関し、政府として執るべき所要の措置をなす事に決した」旨の声明を発したのみか、翌一二日夜政界、言論界、実業界の多数有力者を首相官邸に集め、首相自ら政府の決意に対して、了解と支援を求めた。行ってみると、官邸はお祭りのように賑わっていた。政府自ら気勢をあげて、事件拡大の方向へ滑り出さんとする気配なのだ。

事件がある毎に、政府はいつも後手にまわり、軍部に引き摺られるのが今までの例だ。いっそ政府自身先手に出る方が、かえって軍をたじろがせ、事件解決上効果的だという首相側近の考えから、まず大風呂敷を広げて気勢を示したのだといわれた。冗談じゃない、野獣に生肉を投じたのだ。

石原少将――風見書記官長

もう正面から手の打ちようもない。裏面工作として、私は当時参謀本部第一部長の石原《いしはら》〔莞《かん》爾《じ》〕少将に狙いをつけた。一か月ほど前、外務省の幹部会で石原少将を招待して意見交換をやった席上、「わが国防上最も関心を持たなければならぬのは、ソ連への護りである。中国に兵を用いるなどは以ての外だ。自分の目の玉の黒い中は中国に一兵も出さぬ」といい切った石原少将の一言が、私の記憶にささっていたのだ。

たしか七月一三日のこと、私は河相情報部長の斡旋で、平河町の河相氏宅でひそかに石原部長と会談した。河相部長も同席した。「中国に一兵だも出さぬ」との石原部長の決意に変化なきを確め事件局地解決の方針を約束した。石原少将は、この会談を秘密にしてくれ、軍内部の連中や右翼が自分の行動を付けまわして困るのだといった。これは同少将の、部内での困難な立場を物語るものであったが、作戦用兵を掌る第一部長が頑張ってくれる以上、動員出兵は避け得られると思って私は気が軽くなった。

現地では一一日既に解決条件が彼我の間に成立し、同時に山東省へ逃避中の宋哲元氏が駆け戻って、事件の善後処理に乗り出し、日本軍は橋本《はしもと》〔群《ぐん》〕参謀長の統制よろしきを得て平静を保っている。この分ならば、数日中に事件は片付くであろう形勢を呈した。

事件解決の交渉は南京でも行なわれた。事件発生の直前、川越大使は華北に出張し、留守を預る日高参事官が、本省の訓令を受けて外交部と折衝した。国民政府はもとより不拡大方針であったが、現地で協定せられる解決条件が、中国主権を侵害する底のものならば認容し得ないという建前を堅持した。

七月一八日、日曜日であるが出勤して執務していると、夕方風見《かざみ》〔章《あきら》〕書記官長から電話で呼ばれたので首相官邸に行くと、中日問題解決案を私見でも良いから話してくれという。そこで、かねて練っていたこれ以外に国交打開の道なしという大乗案の荒筋を話した。その時私は書記官長にいった。

「この事件は処理を誤ると日本の命取りになる。近衛総理の覚悟如何」

「皇室と近衛家の関係は並々ならぬものだ。今までの総理大臣なみに、時局をもてあまして辞職するが如きは、皇室と近衛の関係において許されないのだ。近衛内閣は飽くまで事件解決の責を全うするから安心し給え」と書記官長は壮語した。

「それなら、なおさら僕の解決案でいかなくては」

そういって外務省へ戻ると、私案を書面にして送り届けた。私に解決案を求めるなどは、殊勝の至りだと思った。同時に私は、大臣にも私案を提出して、書記官長との会談の次第を報告した。

蔣介石氏の廬山演説――三個師団動員決定

一一日のわが政府の重大決意声明は、案の如く中国側を刺激し、早くも中央軍の北上が報ぜられた。加うるに廬山《ろざん》会議中の蔣介石氏は、一九日重大なる声明を発表した。一昨年の六中全会における演説では、中日国交は未だ最後の関頭に達しておらない、軽々しく犠牲をいうべからずと急進抗日を押えたが、その最後の関頭の到来を宣言して、中国主権擁護の決意を国民に訴えた悲憤の大演説である。蔣氏もとうとう最後の関頭を口にしたか。中日国交の破綻をせきとめていた堤防の決潰だ。事態いよいよ重大を加えた。これに対処するの途は、我方の行動を慎重にするより外ない。然るに何事ぞ、政府は陸軍の要請で、二〇日閣議を召集し、三個師団の動員を議定せんとするのだ。

その朝私は後宮、豊田両局長を会同して、動員問題を議論した。海・外両局長は絶対反対、後宮局長は個人としては動員反対だが、部内情勢上、国内情勢上動員もやむを得ないと頑張った。内部の強硬論者と、右翼から圧迫されているのだ。意見対立のまま散会し、私は右の次第を大臣に報告して閣議での善処を進言した。

閣議は午前中からあったが、何らまとまらずに夕刻七時半から本格的に再開となった。どうも大臣の態度に煮えきらぬものを感じたので、私は東亜一課に嘆願書を作成させて、閣議に臨む大臣を総理官邸に追った。閣議室の入口で追い付いたが口頭説明の暇がないので、中で御披見を願いますと嘆願書を呈した。動員は事件拡大の端を開き、回復し難い事態を招来すること必然ゆえ、中日関係百年の計のため、閣議における御奮闘を嘆願するという文面で、石射、上村両人が連署した。ラスト・ミニットの注射のつもりであった。私は外務省に引き返して、閣議の結果をまった。

大臣は夜一一時過ぎに、閣議から官邸に戻ってきた。かけつけて見ると何の事だ、三個師団動員、大した議論なしに閣議決定とある。がっかりした。私は「辞職、少くとも休職の決意をしつつ帰宅」(日記から)した。

翌二一日朝、私と上村一課長は辞意表明を決意し、太田事務官が作ってくれた連名の辞表を持って大臣に面謁した。私共事務当局の進言も嘆願も御採用なく、動員に賛成せられたのは、事務当局不信任に外ならないと思いますからと前置きして、辞表を提出すると、大臣は意外な事を突込んできた。

「君達は部下の連袂辞職などを戒しむべき地位に在りながら、連名の辞表を出すとは不都合ではないか」

「連署は便宜上そうしただけです。別々の辞表と見做して頂きます」そう答えて、なおも動員問題に食いさがると、

「黙れ、閣議の事情も知らぬくせに余計な事をいうな！」大臣の一喝である。私はこうした広田さんをかつて見た事がなかったので、瞬間面食らったが、「御立腹は恐縮ですが」と言葉を続けかけた。すると大臣は調子を穏やかに落として、動員は実施しても、事態急迫せざる限り出兵はしないと陸軍大臣がいっており、また現地の情勢は解決近きにあるのだから、しばらく成り行きを見守る事にして辞表は撤回してくれ、諸君の意見はよく了解しておるという。

大臣の穏やかな調子で、私の鉾先は他愛もなく鈍ってしまった。これ以上抗争しても埒はあかない。事件さえ解決されれば問題はないのだ。「では御言葉に従います。この上共に御健闘を御願いします」といって、我々二人が席を立つのが落《おち》であった。うまく大臣にいなされたのだ。

この日午後陸軍の柴山軍務課長が、吉報をもたらした。柴山課長は事件早々華北に急行して、現地の情勢を見届けて帰京したのだ。現地は極めて冷静、解決条件は次第に実行せられつつある。増兵の必要なしとの帰来談であった。柴山課長からその旨意見の上申があり、加うるに現

地の橋本参謀長からも援兵無用の急電があったというので急に目先が明るくなった。当時の日記にはこう出ている。

現地より帰来の柴山課長の意見上申もあり、天津軍よりの援兵無用の来電もあり、軍は動員を暫らく見合わせる事になったという。陸軍大臣より外務大臣にもその話あり。東亜局第一課これにより大いに活気づき今後の平和工作をねる。

二三日には、陸軍から現地協定の内容と、その実施状況について発表があった。事件の円満解決近きにあるを語るものであった。その日は朝から三局長会議を開いた。陸軍からは柴山課長が代理で出てきた。善後交渉の方針について大体の申し合わせができた。もう山が見えてきた。それでも陸軍は北上した中央軍を気にして、後宮軍務局長がやってきて、中央軍の撤退を南京に外交工作してくれとせがむ。私は事件が解決しさえすれば、そんな工作はいらぬはずではないかと斥けた。二五日南京では日高、高宗武会見で、国民政府も現地協定の解決条件を黙認する意向である事が明らかにされた。もうしめた。次のステップは中日国交の大乗的調整に乗り出すばかりだ。私の胸は爽快になった。

三人づれの悪魔

それはしかし、ほんの束の間だった。二五日から翌二六日にかけての郎坊事件という彼我両軍の撃ち合いで、形勢が逆転してしまったのである。現地からの情報は、例によって責を中国軍の不法射撃に帰したが、動機は我が軍末端の不必要な動きが作ったものと判断した。何れにせよ、わが現地軍は、この事件で態度が硬化し、最後通牒を宋哲元将軍に突きつけて、二九軍の保定方面への全面的撤退を要求し、容れずんば自由行動をとると通告した。満州事変以来、国防のための飼い犬は、ここでも主人にお構いなしに相手に噛みつかんと猛《た》けるのだ。

悪魔は一人では来なかった。同じ二六日の夕刻になると、広安門から北京へ入城せんとするわが部隊が、城壁上の中国軍からの兵火を浴びた。非は中国軍の故意か、少くとも誤解にあるとせられた。事件発生以来、局地解決を目指して見あげた態度を堅持してきた橋本参謀長も、もう部内の興奮を押さえきれぬものと思われた。悪いことには部下の参謀に名うての策謀家和《わ》知《ち》〔鷹二《たかじ》〕中佐がいた。

他方、最後通牒で追い詰められた宋哲元氏は、屈辱的条件の受諾よりも抗戦を選ぶとの決意を中央政府に告げて、その支援を求めた。

わが陸軍部内の強硬派にとって、思う壺の事態がここにでき上った。軍は二七日の閣議に三個師団動員を通告し、あたかも開かれた臨時議会に、事件費九、七〇〇万円を要求した。議会はこれを鵜呑みにしたばかりか、御丁寧にも華北派遣将兵に対する感謝決議までやった。政府も負けじとばかり、軍事行動礼讃の声明を発した。

二八日早暁には、皇軍の膺懲戦が開始された。ジャーナリズムは政府の決意を礼讃して怪しまず、民衆は戦争熱に浮かされた。情勢は急転、火は燃え上って手のつけようもない。中国に一兵も出さないといった参謀本部石原第一部長はどうしたのだろう。おまけに二九日には、わが軍の傀儡《かいらい》冀東政府の保安隊一、五〇〇人が叛乱して、通州のわが守備隊・領事館警察・居留民約二五〇人を殺傷した。わが軍の油断が招いた惨劇であったが、罪は二九軍の煽動に帰せられた。二九軍はいよいよ以て膺懲を受けねばならなかった。悪魔は三人連れであった。

天皇のお思し召し

かくして喧嘩の売買は現地で全面的に始められたが、ここで陛下のお思し召《ぼめ》しが働いた。広田大臣の話によると、二九日の晩、お召によって伺候した近衛首相に対し、もうこの辺で外交交渉により問題を解決してはどうか、との御言葉があったというのだ。これが陸軍に伝えられて利いたものと見え、三一日柴山軍務課長が来訪し、停戦を中国側からいい出させる工夫はあるまいかと相談をかけてきた。軍は面目上、停戦を中国側からいい出させたいけちな考えにとらわれているのだが、それを咎めている暇はない。工夫あり、私の持つ全面的国交調整案を、停戦交渉と平行的に試みるならば停戦の可能性ありと告げて、私は国交調整案を柴山課長に説明した。柴山氏は私の考案を了承して帰っていった。

ここで私は一寸柴山氏の事に触れたい。既に書いたように、彼と私の相識は二十数年前の偶然の機会に始まり、遠慮のない交遊に発展した。私の識る最近の柴山氏は、陸軍部内で最も正しく中国を理解する第一人者であり、その公正な意見のために、たびたび部内から忌まれもしたのであった。今やその柴山氏が、軍務課長として東亜局との接触面に立ったのである。事件以来相互の理解が早く、両者の意見は概ね一致し、私にとっては陸軍部内で共に中国を談ずるに足る唯一の存在であった。機略にも富み、梅津陸軍次官の信任厚しといわれた。

船津工作

八月一日午後、陸軍から柴山課長、海軍から保科《ほしな》〔善四郎《ぜんしろう》〕軍務一課長を会同して、停戦交渉と全面的国交調整案について私の腹案を説明した。その腹案は、折柄滞京中の在華紡績同業会理事長船津辰一郎《ふなつたついちろう》氏に停戦案と全面的国交調整案を授け、上海に急行してもらい、船津自身の仄聞《そくぶん》した日本政府の意向として、右両案を密かに高宗武亜州司長に試み、その受諾の可能性を見極めた上で、外交々渉の糸口を開く事にあった。何故に回りくどい船津工作か。いま中、日双方の政府がこもごも重大決意なるものを声明し、断乎膺懲や徹底抗戦を叫んで啀《いが》み合っている最中に、停戦案と全面国交調整案をいきなり外交々渉のチャンネルに載せるのは機微に過ぎる。まず私人を介在して、局面収拾の可能性を相手に示唆し、その人をして国民政府の抗戦意識をほぐさしむべきだ。相手はかねてから中日和平に専念する高宗武氏、こちらは高氏と親交の船津氏である。両案そのものが、先方にアトラクティヴであれば、交渉の糸口はここから開けるに相違ない。これが私の着想であった。

この着想は陸海両課長の賛成するところであった。海軍部内がこれでまとまる事に問題はなく、柴山課長もこのラインで部内の意見をまとめると約束して帰った。

私は事の次第を大臣・次官に報告してその嘉納を得、まず東大病院入院中の夫人に付き添っている船津氏のもとに駆けつけた。氏は夫人重体のゆえを以て引き受けてくれない。改めて広田大臣からの、是非頼むとの懇請をもたらしてようやく口説きおとした。夫人は全くの重体で、気の毒であったがやむを得なかった。

三省事務当局間に一致した意見は、すぐ上局にテーク・アップされて陸・海・外三大臣及び三次官の間に、それぞれ数次の会談が行なわれ、全般的方針について合意が成立した。同時に三省事務当局会議は、高氏に提示すべき具体案を練った。国交調整案も停戦案も、大乗的な東亜局案がリードした。これならば、中国側も相談に乗ってくるに相違ないとの予想が、私を勇気づけた。次の八月四日の日記がそれを語っている。

外務次官、陸軍次官会見

これに基づいて、夕方保科、柴山、上村三課長を会同して停戦案、国交調整案を練る。段々コンクリートなものになる。これが順序よくはこべば、中日の融和、東洋の平和は具現するのだ。日本も中国も本心に立ち帰り得るのだ。尊い仕事だ。

まだ成案にはなっていなかったが、案の内容を私から船津氏に説明して、四日夜九時半東京駅発で上海に向け発ってもらった。成案となり次第全文を上海総領事に電報する手筈にした。同時に、上海総領事に対し船津氏の使命が電信され、紡績同業会の堤〔孝〕理事に旨を含めて、高宗武氏を船津氏との会見に誘出せしめるよう訓令された。訓令には、この会談はあくまで船津氏の発意に出ずる会談たらしめる趣旨であるから、外務出先は一切タッチせぬようにとの、注意が付加された。

三省事務当局の間にまとまった具体案が、陸・海・外三大臣会議で確定され、上海総領事に発電されたのは七日の未明であった。案の要旨は次の通りである。

停戦交渉案の要点

一、塘沽停戦協定その他、華北に存する従来の軍事協定は一切解消せしめる。
一、特定範囲の非武装地帯を設ける。
一、冀察冀東両政府を解消し、国民政府において任意行政を行なう。
一、日本駐屯軍の兵力を事変前に還元せしむる。

一、停戦の話し合い成立したるときは、中、日双方において従来の行き懸りを棄て、真に両国の親善を具現せんとするニュー・ディールに入る。

国交調整案の要点

一、中国は満州を承認するか、或いは満州国を今後問題とせずとの約束を隠約の間になすこと。

一、中日間に防共協定をなすこと。

一、中国は全国に亘り邦交敦睦令を徹底せしめること。

一、上海停戦協定を解消する。

一、日本機の自由飛行を廃止する。

一、両国間の経済連絡貿易の増進を図ること。

右の停戦交渉案のいわゆるニュー・ディールの中には、中国に対する経済援助と、治外法権の撤廃が考え込まれていたのであるが、それは国交調整交渉の進展過程において、具体的に明らかにすることになっていた。また国交調整案中の満州国の承認は、中国の不可能とするところである事は明らかであったが、中日間の癌である満州国のことには、もう強いて触れない方が良いとの意向が国民政府部内に動いているとの、信ずべき情報が事変前にあったので「今後これを問題にせずとの約束」はそこに狙いをつけたのであった。

川越大使の介入——船津工作の流産

上海総領事の来電によれば、堤氏の手で高宗武氏との連絡がとれ、九日上海において高、船津会談が行なわれる段どりとなった。プログラムは順調に運ばれたのである。そこへ川越大使が華北から帰任した。八月八日であった。

川越大使は事件発生の直前、静養のため青島に赴き、事件勃発するや北京、天津に北上し、その解決を見守っていたのであるが、かかる場合大使の使命は、国民政府との折衝にある。至急上海に帰任せられたいとの大臣の訓電が幾回か飛んだ。が、何の効果もなく、大使は天津から腰をあげようとしない。しまいに堀内次官の発意で、在省中の三浦〔義秋〕漢口総領事を、大臣からの帰任督促使として川越大使に差し立てた。

七月下旬の臨時議会が、川越大使を問題にしたのは当然だった。この重大時期に当って、大使たる者が任地を留守にしておるとは何事か、との攻撃の前に広田大臣は苦境に立った。まことに遺憾千万、只今帰任督促中でと、あやまるより外なかった。

その川越大使が、ようやくおみこしをあげて、上海に帰ってきたのである。帰京した三浦総領事は、自分が天津に着いた時には、大使は既に現地の情勢に見切りをつけて、帰任を決意していたのだと復命した。

上海に帰着した川越大使は、船津氏の使命をきくや、高司長にはおれが会って話すからと船津氏を遮ってしまった。岡本〔季正〕総領事が、外務出先はこの会見にタッチするなとの大臣訓令をいいたてて反対したが、大使は聴き入れない。

馬鹿を見たのは船津氏である。高司長を、わざわざ上海に呼び出した手前、九日約束の時間に高氏と会見はしたが、東京で授けられた使命には触れず、その頃釈放された抗日救国連合会の首領沈鈞儒等一味の事を話題とし、上海局面の平和のために、彼等の排日策動を厳重取り締まられたいと要望してお茶を濁した。

そのあとで川越、高両氏の会談が行なわれた。会談の模様は、川越大使から電報されて来たが、その詳細は記憶に存しない。ただ、その会談において川越大使は、日本側に寛容な態度の持ち合わせありとして、和平解決の可能と必要を高氏に説いた以外に、停戦案、国交調整案の具体的内容は、十分高氏に伝えられず、東京の狙った効果がぼやけてしまったという印象だけが、いまだにはっきり私に残っている。日記を引用すれば、

川越大使、高宗武氏と会見、打診したのはよけれども、船津を阻止して高との話をハグラカして了ったのはまことに遺憾だ。スキを見せねばウチ込んでこぬ。その工作のためにやった船津だったのに。

上海でのこのちぐはぐな成り行きで、私は陸・海軍側に面目を失した。出先機関の訓令無視は、陸軍だけではなくなった。が、仮に船津、高会談がプログラム通り行なわれたとしても、それは結実しなかったであろう。船津、高会見のその日の夕方突発した大山《おおやま》事件を導火線として、上海の局面が、滅茶々々に錯乱したからである。

蘆溝橋事件発生以来、上海は表面平静を保っていたが、華北からいつ飛火が来て、第二の上海事件を引き起こすかもしれないという危惧が底流し、中国側は、上海の周辺に密かに防備を強化し、第一次上海事件以来存続する停戦協定区域を侵しているとの情報が、わが陸戦隊を神経質にしていた。第二の上海事件を醸さぬようにとの訓令が、海・外両省から現地当局に与えられていた。

そこへ大山事件が起きたのである。事件発生地であるモニューメント路は、共同租界の行政

権が及ぶいわゆる西部越界路の一つであり、路面の外側は中国行政区域である。八月九日夕方、陸戦隊の大山〔勇夫《いさお》〕中尉が部下一人と共に自動車を駆ってモニューメント路を通行中、中国保安隊に惨殺されたのである。

イギリス、アメリカ、フランス、イタリーの停戦協定委員の発動を求めつつ、兪鴻鈞市長を相手に事件解決と当面の危機解消に当った岡本総領事の懸命の努力も酬われず、局面は悪化するばかり。戦端が開かれれば陸戦隊危うしとあって、海軍は佐世保から一、〇〇〇人の増援隊を上海に急派した。中国側にはいよいよ以て日本の戦争決意と響いたのに相違なかった。この増援は、政府の承諾なしに海軍の権限内で執り得る臨機の措置だという事で、留める暇もなかった。当面の戦に勝たんがためには、大局も外交も顧みることなく鹿を逐う猟師山を見ずの態度において、陸軍も海軍も同じであった。

砲火は一三日に開かれた。海軍だけでは支えきれないので、間もなく松井大将を軍司令官とする陸軍の兵力が上海に注ぎ込まれた。かくして北は北で、南は南で中日の死闘が拡大されていった。これから以後の事変の進展は一々書くにたえない。

船津、高会談が流産したので、せめてもの試みとして、南京の日高参事官をして停戦案と国交調整案を高司長に試みさせる事になり、その旨日高氏に訓電されたが、一五日、日本海軍機が南京を空襲したため、高氏との連絡がとれないとの返電があった。日高参事官は本省の訓令を受け、館員を率いて一六日に南京を去った。

日本政府は八月一三日の臨時閣議において、上海への大量出兵を決議し、一四日「――中国軍の暴戾《ぼうれい》を膺懲し、南京政府の反省を促すため、今や断乎たる措置をとるの已むなきに至れり。

此の如きは東洋平和を念願し中日の共存共栄を翹望《ぎょうぼう》する帝国として衷心より遺憾とする所なり——云々」の声明を発した。政府は軍部の思うままに急速度に動き出したのだ。私は次のように嘆ずる外なかった。

八月一五日の日記から

午前三時起きて出勤、太田三郎、小幡〔酉吉〕君なんかが内閣の声明を英訳していた。独りよがりの声明、日本人以外には誰も尤もというものはあるまい。

無名の師だ。それがもとだ。日本はまず悔い改めねばならぬ。然らば中国も悔い改めるにきまっている。中日親善は日本次第という中国の云い分が正しい。

八月二一日の日記から

午前九時半着にて日高帰京（中略）、同君の話によれば、国民政府は腹を据えて驚かない態度、空襲の日も南京は落ち付いていた。最悪の場合をもチャンと予想してかかっていると。

日本は馬鹿にしてかかった中国に手強い相手を見出したのだ。私の不吉な予言があたりつつあるを如何にせん。犬だと思っていた中国が、ウルフになっていたのだ。軍部のミスカルキュレーション。国民は愚にせられてウルフを相手にしているのを知らないのだ。

事変が全面的に拡大した結果、長江筋その他の居留民も出先官憲も、安全地帯に引き揚げさせねばならなかった。

ジャーナリズム、大衆、議会

事変発生以来、新聞雑誌は軍部迎合、政府の強硬態度礼讃で一色に塗りつぶされた。「中国膺懲」「断乎措置」に対して疑義を挿んだ論説や意見は、爪の垢ほども見当らなかった。人物評論では、「明日の陸軍を担う」中堅軍人が持てはやされ、民間人や官吏は嘲笑を浴びせられた。事変遂行に反対したり、軍部を非難すれば、すぐ憲兵の手が伸びた。言論は軍部の課した枠内に、完全に圧縮されてしまった。対華和平工作のため、近衛首相の密命を含んで上海に行こうとした宮崎龍介氏が、神戸かどこかで憲兵隊に押えられたという噂は事実らしかった。

九月初旬開かれた臨時議会は、またしても出征将兵感謝決議をして、軍部の御機嫌をとり、事変費二〇億二、〇〇〇万円を鵜飲みにした。「憲政はサーベルの前に屈し終んぬ」(日記から)。

この議会における演説で近衛首相は、事変の局地収拾方針を全面的かつ徹底的打撃を中国に加える方針に切り換える旨を明かにし、その目的を達するまでは、長期戦を辞さないと説き「諸君と共に、この国家の大事を翼賛し奉ることを以て誠に光栄とする」と結んだ。予めこの演説の草稿を入手した私は、「軍部に強いられた案であるに相違ない。中国を膺懲するとある。排日抗日をやめさせるには、最後までブッたたかねばならぬとある。彼は日本をどこへ持ってゆくというのか。アキレ果てた非常時首相だ」(日記から)と罵った。

元来好戦的である上に、言論機関とラジオで鼓舞された国民大衆は意気軒昂、無反省に事変を謳歌した。入営する応召兵を擁した近親や友人が、数台の自動車を連ねて紅白の流旗をはためかせ、歓声を挙げつつ疾走する光景は東京の街頭風景になった。暴支膺懲国民大会が人気を呼んだ。

「中国に対してすこしも領土的野心を有せず」などといった政府の声明を、国民大衆は本気にしなかった。彼等は中国を膺懲するからには華北か華中かの良い地域を頂戴するのは当然だと思った。

地方へ出張した或る外務省員は、その土地の有力者達から「この聖戦で占領した土地を手離すような講和をしたら、我々は蓆旗《むしろばた》で外務省に押しかける」と詰め寄られた。ある自称中国通が私を来訪して、山東か河北位をもらわにゃならぬと意気込んだ。また、ある宗教家が来訪して、上海あたりを取ってしまえ、それが平和確保の道だと説いた。尤もそれはコーランを片手に剣を片手にする回教牧師だった。なお、こんな事もあった。

九月某日の夕方、用があって次官室に行くと、官界出身のある知名の勅選議員が来談中であった。次官が大臣室に呼ばれて席を外したあと、その人との間に事変の話が出た。その人はこうなったからには、長江筋の要処を割譲せしめ、その他の所を長期占領すべきだと凄い鼻意気だ。こんな知識人でもそんな暴論を唱えるのかと、腹立ちまぎれに私はその誤りを鋭く指摘してやった。この人は既に故人となった著名な外交官を弟に持っていた。賢弟愚兄だと思った。この愚兄氏が、私の悪声を議会内に放った。こんな時局にあんな弱い東亜局長では困るといい触らしているとの事で、同じ勅選議員の小幡元大使が心配して、人を見て法を説けと、私に注意してよこされた。

私は印刷物を通じて対華意見を発する事は敢えてしなかったが、あちこちの私的小集会には希望に応じ出席して、事変遂行の不可を説いた。それが非難を買ったのであろう、先輩芦田

〔均〕氏や郷県の助川〔啓四郎〕代議士などから、君の対時局意見について、外部にとかくの噂がある、慎しむがよかろう、と好意ある忠告を受けた。

世を挙げて、中国撃つべしの声であった。芳沢、出淵両氏を始め、時局を憂うる諸先輩や民間人から、事変収拾についての建言が蝟集した。何れも傾聴すべき一家言であったが、なかんずく、上京中の上海満鉄事務所員小川《おがわ》愛次《あいじ》郎《ろう》氏の意見書が、最も鮮明剴切《がいせつ》であった。小川氏はその意見書を私に提示するだけでなく、近衛総理を始め官界政界の要人達に送呈した。氏はたちまち憲兵隊に拘禁され、私はこれが救出に苦心せねばならなかった。彼は在華多年、中国を最も正しく認識する、聞こえざる稀有の中国通であった。

私はジャーナリズムには評判甚だかんばしくなかった。新聞人との会見に快く応じないのが、一原因であるといわれた。外務省記者クラブ員と会見するのは情報部長の任務であり、また記者を相手に、心にもない虚言を弄して場面を糊塗するのは、新聞人を遇するゆえんでないと信じていた。さりとて、真実を語ればたちまちスクープに利用される。自然、さわらぬ神に祟りなしの退嬰が、私の対ジャーナリズム態度であった。ただ朝日の幹部、神尾茂氏だけが例外であった。交友三十年にあまるこの人は、私には快い来訪者であり、真実を打ちあけても他言無用を絶対に確守した。昔AP社長であったメルビル・ストーン氏であったか、「最も多くを知り、最も少なく書くのが、最も良い記者だ」と。私の関する限り、神尾氏はまさにその人であった。

ヒューゲッセン大使の奇禍

軍事行動下においても、諸外国の在華権益に損傷を与えぬよう、十分注意する事は、無論政府の当初からの方針であったが、現地の戦闘部隊は外国権益に遠慮しなかった。諸外国からの苦情や抗議が、踵を接して至り、のちには積り積って、アメリカ関係の抗議だけでも四百余件と算せられた。こうした渉外事件のうち、事変発生早々センセーションを起したものが、駐華イギリス大使ヒューゲッセン氏の遭難事件であった。

八月二六日午後、ヒューゲッセン大使は、経済顧問ホール・パッチ氏外一人と共に、イギリス国旗掲揚の自動車に乗って南京から上海に向う途中、常熟《じょうじゅく》・太倉《たいそう》間で飛行機二機から掃射機関銃弾を浴びせられ、脊柱に一弾を受けたのである。大使は上海カンツリー・ホスピタルに運びこまれ手当を受けた結果、危篤状態を脱したが重体、加害機は日本機と認められる旨、同乗の遭難者から発表された。当時上海方面の制空権が、完全にわが海軍に帰していた実情からして、誰が考えても加害機は日本機であると推定されるのであった。

しかるに、わが現地海軍は、変を聞いた当初、艦隊長官長谷川《はせがわ》〔清《きよし》〕中将自ら病院に走せつけて、遭難見舞の辞を述べ、遺憾の意を表したにかかわらず、たちまち態度をかえ、事実調査をした結果、その日自動車を襲った飛行機はないといい出した。現地海軍からの報告として、海軍省係官の図上説明によると、当日当刻、上海・南京間の上空に遊撃したわが海軍機はあるにはあったが、遊撃航路が、事件の現場より外れており、かつイギリス国旗掲揚の自動車を襲った覚えなしというのである。

イギリス大使館から、謝罪要求の厳重な抗議が提出され、問題は主として堀内次官と、着任早々のクレーギーイギリス大使との間に折衝された。現地海軍が、事実調査の結果を根拠として、加害の責任を否定し続けるので、次官、イギリス大使間の折衝は行きなやみ、問題は容易に解決に至らない。イギリス本国に悪感情が湧くのは、当然であった。当時の日記を見る。

在イギリス吉田（茂）大使より来電、ヒューゲッセン大使問題は、イギリスの感情を害すること甚しく、わが商取引、金融操作にも悪影響ありと。さもありなん。第三艦隊の卑怯国をあやまる。

そのうちに、海軍も次第に反省して、ようやく加害機は日本機であったらしいとの結論に達し、これにもとづいて、広田大臣から遺憾表示の回答をイギリス大使に送り、約一か月で問題は解決された。海軍説得にこれ努めた堀内次官と、堅忍事に処したクレーギー大使の合作であった。

宮中においても、この事件を憂慮せられているとの事で、事件発生の翌々日、宮内省から人が来て、イギリス皇帝へ御親電を発せられる事の可否について、外務省の意見を求めた。私はその儀最も然るべし、と大臣に進言したが、大臣は可否の意見は海軍がいうべきであるとして応じない。御親電は沙汰やみとなってしまった。遺憾千万であった。

アメリカ大統領の「隔離」演説

事変以来、列国の世論が中国に同情し、日本を非難したのはいうまでもない。遠慮がちながら、ドイツ、イタリーの新聞までが、日本を良くいわなかった。海外新聞の論調は、各地大公使や、領事から刻々報告されてきた。日本の言論は、事変の罪、中国にある事をあらゆる角度から論じ立てたが、外国へは例によって満州事変以来の詭弁としか響かなかった。

日本に痛かったのは、一〇月五日、シカゴで行なわれた、ルーズベルト大統領の「隔離」演説であった。戦争は伝染病である。これを惹起する病人を隔離しなければ蔓延は防げないといって、日本を保菌者に見立てたのである。これに対して河相情報部長は、無産者が有産者に進路をはばまれる時は、戦争になるのは自然の勢いだと声明した。さすがの陸海軍も驚いて外務省に河相声明の取り消しを要求したほど、隔離演説が利いたのである。

その頃誰の発案か、事変に対する日本の態度と真意を列国に説明するために、ミッションを送ろうという議が政府部内でまとまり、ドイツへ伍堂卓雄氏、イタリーへ大倉喜八郎男、アメリカへ松方幸次郎氏などが人選された。こんな事で、列国の世論を啓発できるならお安いものであった。気やすめのための国費消費としか思えぬので、私には何らの興味もなかった。[*16]

九月、中国は事変を国際連盟に提訴した。憐れなる連盟は、日本の態度を九か国条約及び不戦条約[*17]違反なりと判決して、問題を九か国会議に肩代わりする外なかった。中国の領土と主権を保障する一九二二年の九か国条約の締約国と、一九二八年の不戦条約国を会同して日本を押さえようというのである。この二つの条約の番人であるアメリカの参加が、この会議の強味であったが、そのアメリカさえ、進んで火中の栗を拾うだけの決意を持たない。そんな国際会議がどう決議しても、問題に解決をつけ得るものではなかった。事変は井戸端会議の段階を通り越していた。会議への招請を日本は拒絶した。私は省内会議で招請拒絶に賛成した。事変は中日の直談判以外に解決の道なく、それへのチャンネルを国際会議以外に求むべきだと私は固く信じた。

九か国会議は、一一月三日ブラッセルで開かれ、三週間にわたって議論を尽した結果、日本は九か国条約、不戦条約違反者である、事変の解決は、中日の直接交渉では成就しない、関係列国との協議によってのみ解決し得ると決議して散会した。暴れる猫の頸《くび》に鈴をつけようとするもののいない鼠の会議であった。

トラウトマン大使の仲介

国際会議に出席した日本代表が、仮に日本の非を率直に認めて引きさがったとしても、それは国民大衆を意気り立たせるのみで、進行中の事変の解決には一歩も近づき得ないであろうことは、誰しも一致した意見であった。欲するところは中日両国の直接交渉であり、それへの橋渡しをしてくれる、第三国の居中斡旋であった。

事変の当初、グルー大使を通じて、アメリカ政府から居中調停の申し出でがあったが、当時まだ第三国の仲介なしに、中日話し合いの可能性があったので、アメリカの申し出では謝絶された。その後事変は日を逐って拡大深刻化し、陸海軍は躍起になって兵力を中国に注ぎ込んだものの、なお中途解決に望みをつないでいた。ゆえに一〇月二日陸・海・外三局長会議は「帝国を被告の地位に置く干渉ないし調停はこれを排除するも、（中略）イギリス、アメリカその他第三国側の好意的斡旋は、その方法宜しきを得ればむしろこれを中国側引き出しの具として利用すること有利なり」との前提の下に「第三国の公正なる和平勧告的斡旋はこれを受理する」方針を決定し、総理・陸・海・外の四大臣がこれを「ＯＫ」したのであった。

この方針は一〇月二七日、広田大臣がイギリス、アメリカ、フランス、ドイツ、イタリーの諸大使を各別に引見して、九か国会議不参加の理由を説明すると同時に、中日直接交渉を開くための好意的橋渡しならば、もとより帝国政府の希望するところとして各大使に明らかにされた。なおその時、大臣は日本政府の欲する事変解決の条件についても、輪廓を各大使に打ち明けたのである。

その条件は大体において八月初め船津工作のさい、船津氏に授けられた停戦案、国交調整案と同様であり、一〇月一日総理・陸・海・外の四大臣の間に決定した「事変対処要綱」において、再確認せられたものであった。

こうして五か国大使に工作しておけば、その何れかの国が、中国側の意向を打診した上、好意的仲介に乗り出してくれるに相違あるまい。「中国側の本心の打診この一工作にかかる。東亜の形勢が右するか左するか」(日記から)と私はこの工作の効果に大きな期待をつないだ。

仲介の申し出はまずイギリス側からあった。が、主として陸軍側の反対で受け入れることができなかった。当時、イギリスが中国の背後にあって、国民政府の補強工作をやっているとの説がいい触らされ、対イギリス国民大会さえ企てられる反イギリス情勢の下において、イギリスの仲介は国民感情の手前望ましくないとする陸軍側の意見はもっともであった。

が、実は陸軍の腹は、ドイツに花を持たせたかったのである。陸軍の誰から話したか、ドイツ大使館付き武官オットー少将にわが方の事変解決条件を説明して、ドイツの仲介乗り出しを要望したことが後に判明した。いわゆるトラウトマン仲介はここに端を発したのである。

一九三六(昭和一一)年暮に成立した日独防共協定に、イタリーが参加したのがこの一一月、日本、ドイツ、イタリー三国顔を揃えてコミンテルンを睨《にら》むのみでなく、イギリス、アメリカに対しても凄味をきかせようための歩調の一致であったが、中国に対する日本、ドイツ、イタリー、殊に日本、ドイツの利害は相反していた。近年ハンブルグの商工業にとって中国は良い市場となっており、またフォン・ゼクト将軍を首班とする一連のドイツ軍人が国民政府顧問として討共軍事を指導したりして、ドイツのインテレストはここ数年来目覚しく中国に伸びていた。このインテレストの伸長が、中日事変によって飛ばっちりを受けるのは、ドイツにとってひどく迷惑であり、一日も早く事変の終熄を欲したのであることに相違なく、トラウトマン大使の一役は、こうした考量の下に買われたものと思われた。

一一月中頃から、上海周辺の戦局が進み、南京攻略必至の形勢となったため、国民政府は大規模の持久戦決意と重慶への遷都を宣言し、内政、外交、財政の三部だけを差当り漢口に留めた。南京駐在の各国外交使節の大部分は、国民政府の要請に応じて、漢口に移駐した。蒋介石将軍は、留まって南京を死守する決意を表明した。イギリスの仲介申し出を断わって以来、第三国からは何の申し出もない。最早、中日直接交渉への望みの綱は切れたか。

この時トラウトマン駐華ドイツ大使が、徐謨《じょも》外交部次長と共に漢口より南京に下った。その目的は中日間の和平斡旋にありと外電が報じた。明らかに和平問題に対する蒋介石氏の意向打診のための下江であったが、時既に遅しと私は感じた。一一月三日であった。

七日午前、在京デリクセンドイツ大使から、広田大臣宛に私信が届いた。重要問題について御話し申し上げたいが、病気引籠り中で外出が叶わない。失礼ながら午後お茶を用意して御来駕を待つとある。大臣がこれを受けて往訪すると、果して和平仲介の話であった。

ドイツ政府は日本政府の意を諒し、在華トラウトマン大使をしてかねて御示しの和平条件を持して中国政府に接触せしめたるところ、蔣介石将軍もドイツの斡旋により、「日本側提示の条件を和平会談の基礎とする事に同意」した。ついては先に御示しの条件は、あのままで宜しきや。当時とは情勢の変化もあり、もし多少修正を必要とせらるるならば、その点改めて中国政府に伝達の労をとるであろう。

デリクセン大使はこう語って、なお中国側の意向として、日本側に原状回復の用意あるべき事、和平条約は中日の将来にわたり、友好関係の礎石とするに足るべきものなる事、華北の主権領土及び行政を、中国側が完全に確保すべき事を以て、和平の前提とする旨を付言した。

このデリクセン大使の申し出に基づいて、即刻開かれた総理・陸・海・外四相会議は、ドイツの仲介を受諾して話を進める事を申し合わせ、続いて陸・海・外三局長会議を開き、新たにデリクセン大使に内示すべき和平条件を議した。先にデリクセン大使に内示された条件に、損害賠償要求の一項目を付加したものが成案となった。中国がわが在華権益に加えた不当の損害、例えば青島のわが紡績工場を焼き払った如き、加害の要償を至当と認めたのであった。

しかるに、だらしのないのは陸相の態度であった。四相会議でドイツ仲介の受諾を決定した翌日、杉山《すぎやま》〔元《はじめ》〕陸相が広田大臣を来訪して、一応ドイツの仲介を断わりたい、首相も同意であるからと申し出た。陸軍部内の不統制のままに、朝令暮改する陸軍大臣であった。驚いた事には広田大臣もまたそれに賛同した。「アキレ果てたる大臣共である」（日記から）。

しかしそれでも陸軍は、とうとうドイツ仲介を受諾することに翻意した。海・外事務当局の二日がかりの工作が奏功したのであった。次のステップは、三局長間にまとまった条件案を、政府大本営連絡会議と閣議にかけて合法化することであった。閣議は問題ない。問題は連絡会議にあった。

大本営が設置されたのは一一月二〇日。もちろん陸軍の発意に出でたもので、海軍の反対、政界、財界の異論もあったが、陸軍に押し切られたのである。大本営が設置されると、いわゆる政戦両略の一致という美名の下に、政府・大本営間に連絡会議なるものが生まれ、政治外交いやしくも軍事に関連を持つ重要政務は、この会議を経なければならなくなった。三省事務当局の和平条件も例外ではなかった。

連絡会議の出席者は、大本営側から参謀次長、軍令部次長、政府側から総理・陸・海・外の四相とされ、内閣書記官長と陸・海軍務局長が幹事役であった。当時両軍務局長は既に更迭があって、陸軍町尻《まちじり》〔量基《かずもと》〕少将、海軍井上成美《いのうえしげよし》少将であった。私は三局長会議の結果、来るべき政府・大本営連絡会議に出席して、和平条件の説明に当る役を引き受け、広田大臣の許可を得た。

政府大本営連絡会議——和平条件の加重

連絡会議は、一二月一三日と予定されたが、その日は首相の都合でお流れとなり、翌一四日午後首相官邸において開かれた。

呼びこまれてその室に入ってみると、近衛首相を正座に、丸い大テーブルを囲み、首相の右から多田《ただ》〔駿《はやお》〕参謀次長、古賀《こが》〔峯一《みねいち》〕軍令部次長、杉山陸相、広田外相、米内海相、末次《すえつぐ》〔信正《のぶまさ》〕内相、賀屋《かや》〔興宣《おきのり》〕蔵相が居並んでいる。風見書記官長の顔は見えず、陸・海両軍務局長が別のテーブルに控えていた。私は広田、米内両相の間に椅子を与えられた。はじめ私は、米内海相と賀屋蔵相との間に座した海軍大将服の小柄な見なれぬ人物を誰かと怪しんだが、それは意外にも新任早々の末次内相であった。

和平条件案は、既に幹事から各員に配られていたので、私はすぐ説明にとりかかった。まずこの案が大乗的見地から立案された次第を述べ、しかもなお中国側の受諾を疑問視せざるを得ないとの観測を前提として、逐条的に説明を加えた。説明が終わると、質疑応答、続いて意見交換に入った。近衛首相は終始沈黙していた。原案を忠実に支持したのは米内海相と古賀軍令部次長のみで、多田、末次、杉山、賀屋の諸氏から出された異論によって条件が加重されていった。末次内相は折々隣席の米内海相に向って「海軍はこんな寛大な条件で良いのか」とか、「華南地区に海軍基地として永久占領地を持つ必要はないのか」と詰問を放った。かねてから和平論者との評ある多田次長から、条件加重の意見が出たのは不可解であった。わが広田外相に至っては一言も発言しない。

私はもう我慢ならなくなった。説明以外に発言権のない立場を忘れて立ち上り「かくの如く条件が加重されるのでは、中国側は到底和平に応じないであろう」と争った。この発言は冷たく無視された。誰も応ずる者がないのである。

条件の各項にわたって加重された点を、原案に対照して一々解説する無味を避け、要点だけを摘示すれば――

原案では、華北の中央化を妨げない趣旨にしたのが、特殊地域化の要求に変わり、塘沽協定を始め諸軍事協定の解消、冀察及び冀東政府の解消を規定した原案が削られ、南方の非武装地帯を上海周辺に限ったのが「華中占拠地に」と拡大され、中国側が故意にわが権益に与えた損害の賠償のみを予定した原案が、戦費の賠償をも要求し得る趣旨に変わり、

和平協定成立後初めて停戦協定に入るべき旨の一項が付加され、なお日本政府は、中国側より講和使節を日本に送る事、和平交渉に入るや否やの中国側回答は、年内になさるべき事を期待する旨が申し合わせられた。

これは明らかに、中国に降参を強いるものではないか。列席者が席を立つのを待ちかねた私は、両軍務局長に向っていった。

「これではぶちこわしだ。もう一度連絡会議のやり直しを工作しようではないか」

「一旦きまった以上、やり直しは不可能だ」両局長が同音に答えた。私は涙を呑む思いで引揚げた。折から、南京陥落祝賀の大提灯行列が街路を遊行していた。一二月一四、一五両日の日記を見る。

続いて連絡会議、我輩呼び入れられて案の説明をなす。賀屋、末次新内相、陸相、参謀次長等強硬論をはき、わが方大臣一言もいわず、とうとう陸軍案にして了わる。アキレタ話。

こうなれば案文などはどうでもよし。日本は行く処まで行って、行き詰らねば駄目と見切りをつける。

連絡会議の決定案は、さらに閣議で可決され、二二日に至って広田大臣からデリクセン大使に話された。その日の日記によれば、

対ドイツ回答案、午後六時執行さる。大臣官邸にドイツ大使を招致し回答文を与う。大臣、大使間に問答あり。ドイツ大使は蔣介石はこれではキクマイと。その通り。こんな条件で蔣が講和に出てきたら彼はアホだ。

私はこの場面に立ち合ったのではなく、あとから大臣の話で、委細を知ったのである。席上ドイツ大使は余日少ない年内に、中国側の回答を期待するのは無理だというので、然らば一月五、六日頃までにと延期された。

「国民政府を相手にせず」

年が改まって一九三八（昭和一三）年一月四日、デリクセン大使から、広田大臣に国民政府との接触状況について中間報告がもたらされたが、諾否の確報はまだしであった。この前後から、もう和平交渉を打ち切って、国民政府との国交を絶つべきだとの声が、軍と政党方面から聞こえつつあった。私は大臣に進言した。あの加重された条件では、到底色よい回答が中国側から来るはずがありません。和平はさしあたり絶望です。日本が事変を持てあまして、目が醒めるまでは、時局を救う途はありません。そうした時機はやがて到来します。それまでは「国民政府を相手にせず」結構です。この点については私は争いません、と。

一三日閣僚午餐会があり、その席上、一五日までに中国側から諾否の回答がなければ、交渉を打ち切って次のステップに移るべしとの非公式決定があり、続いて一四日午後閣議が開かれた。閣議は中国側からの回答を待たずに、「国民政府を相手にせず」に突き進むべきか否かを論議した。

その最中に、デリクセン大使が広田大臣に会見を求めてきた。会見は外務省で行なわれた。大使は中国側の回答をもたらした。曰く、日本側提示の条件は漠然として詳らかならず、もっと具体的に明示されたしというのであった。大臣は直ちにこれを閣議に報告した。閣議はこの回答を中国側の遷延策であるとなし、彼に誠意なし、この上は「国民政府を相手にせず」に邁進すべしと決定した。

翌一五日朝から政府大本営連絡会議があり、続いて閣議があった。連絡会議においては、参謀本部側はなお和平交渉に未練を持ち「国民政府を相手とせず」の延期を主張したが、政府側の強気が勝ちを制した。翌一六日デリクセン大使に仲介を謝絶し、同時に「国民政府を相手とせず」の声明を公表する事に決定された。夜、広田大臣の会議からの帰来談であった。

明くれば一六日、連絡会議の決定が、広田大臣からデリクセン大使に伝えられ、声明が公表された。私はむしろサバサバした気持になり、反逆的な快味をさえ感じた。

トラウトマンドイツ大使の和平仲介には、一つのエピソードが伴なった。ドイツが仲介に乗り出したのを知ったイタリーは、中途からおれも一枚加わりたいといい出した。中日の間に処して、ドイツだけが良い子になるのを欲しないイタリーであった。

「日本の方では異議ありませんが、先鞭《せんべん》をつけたドイツの意向をおきき下さい」と日本側に出られてイタリーはドイツに当った。聞くところによればドイツの断わり方が巧妙であった。

「ドイツは中・日の間に立って、単に伝書鳩の役目をしつつあるのだ。この場合伝書鳩は一羽で間にあうであろう」

御前会議――白い御手袋

事変以来、陸・海・外三省間に、事変対処要綱なるものが両三回議定せられ、それには崇高な道義的精神が厳粛な字句で盛られたが、常に空文に終わった。陸軍のなすところ、常に要綱から逸脱するからであった。例えば「第三国の権益はこれを尊重し」と規定しても、現地軍はどしどし第三国の権益を荒し、軍中央はこれを制止し得ないのである。

しかも陸軍は、過去の対処要綱を総合した、事変処理根本方針なるものを御前会議にかけて、重みを持たせたいといい出した。一九三七（昭和一二）年一二月のことであった。当初海・外事務当局はその必要なしとして応じなかったが、陸軍が熱心に主張するので、しまいにこれを容れた。かくして、一九三八（昭和一三）年一月一一日の御前会議は、陸軍のこの希望に基づいたものであった。

連絡会議が和平条件を加重して以来、差し当り和平を望み得ず、事態静観の外なしと感じた私は、御前会議にも関心を持てなかったが、命ぜられるままに広田外相の随員として会議の席に臨んだ。

場所は宮中の広間、列席者は大本営側から両総長の宮、並びに両部次長、内閣側から首相・陸・海・外・蔵の各大臣、枢府から平沼《ひらぬま》〔騏一郎《きいちろう》〕議長、その他随員達。一同玉座の両側のテーブルに威儀をただす。玉座は臣席より二、三間ほど離れて、六曲の金屏風を後に、テーブルを前にしつらわれている。定刻一同の最敬礼裡に陸軍装にて出御着座、近衛首相が司会係、広田外相から議案を御説明申し上げた。うす暗い光線の中で、テーブルの上に置かれた雪白の御手袋のみがクッキリと目立った。

参列の誰々からどんな意見の開陳があったか、記憶していないが、要するに原案賛成の平凡な意見が、修辞美わしくもっともらしく述べられたのに過ぎない。それで原案可決となり、陛下は終始御言葉なく、全員の最敬礼を背にして入御、会議は二時間とはかからなかった。

国家の最高意思を決定する御前会議とは、いつもこんなものか、実にぎこちない形式的なものであった。私はその日可決の事変処理根本方針を、ここに言及することにすこしも興味を持たない。御前会議の光景だけが、今なおまざまざと眼に残るのである。

南京アトロシティーズ

南京は暮れの一三日に陥落した。わが軍のあとを追って南京に帰復した福井〔淳〕領事からの電信報告、続いて上海総領事からの書面報告が我々を慨嘆させた。南京入城の日本軍の中国人に対する掠奪、強姦、放火、虐殺の情報である。憲兵はいても少数で、取り締りの用をなさない。制止を試みたがために、福井領事の身辺が危いとさえ報ぜられた。一九三八（昭和一三）年一月六日の日記にいう。

上海から来信、南京に於ける我軍の暴状を詳報し来る。掠奪、強姦、目もあてられぬ惨状とある。嗚呼これが皇軍か。日本国民民心の頽廃であろう。大きな社会問題だ。

南京、上海からの報告の中で、最も目立った暴虐の首魁の一人は、元弁護士の某応召中尉であった。部下を使って宿営所に女を拉し来っては暴行を加え、悪鬼の如くふるまった。何かいえばすぐ銃剣をがちゃつかせるので、危険で近よれないらしかった。

私は三省事務局長会議で度々陸軍側に警告し、広田大臣からも陸軍大臣に軍紀の粛正を要望した。軍中央部は無論現地軍を戒めたに相違なかったが、あまりに大量な暴行なので、手のつけようもなかったのであろう、暴行者が、処分されたという話を耳にしなかった。当時南京在留の外国人達の組織した、国際安全委員なるものから、日本側に提出された報告書には、昭和一三年一月末、数日間のでき事として、七十余件の暴虐行為が詳細に記録されていた。最も多いのは強姦、六十余歳の老婆が犯され、臨月の女も容赦されなかったという記述は、殆んど読むに耐えないものであった。その頃、参謀本部第二部長本間《ほんま》〔雅晴《まさはる》〕少将が、軍紀粛正のため現地に派遣されたと伝えられ、それが功を奏したのか、暴虐事件はやがて下火になっていった。

これが聖戦と呼ばれ、皇軍と呼ばれるものの姿であった。私はその当時からこの事件を南京アトロシティーズと呼びならわしていた。暴虐という漢字よりも適切な語感が出るからであった。

日本新聞は、記事差し止めのために、この同胞の鬼畜の行為に沈黙を守ったが、悪事は直ちに千里を走って海外に大センセーションを引き起こし、あらゆる非難が日本軍に向けられた。わが民族史上、千古の汚点、知らぬは日本国民ばかり、大衆はいわゆる赫々たる戦果を礼讃するのみであった。

極秘日本人名録

南京占領後、わが軍の手に入った日本人名録なるものが、私の手許に回覧されてきた。中国外交部の編纂にかかり、最密件（極秘の意）と銘が打ってあった。日本各界の要人数百人にわたり一々経歴を記し、人物描写を施したもので、一見津々と興味をそそる。私は自宅に持ち帰って一晩読み耽った。

全編誹謗の文字はほとんどなく、何れもその人物の美点長所が挙げられていたが、例外が二人あった。一は土肥原陸軍少将、その中国攪乱の謀略工作の跡を指摘し、土肥原は土匪原に通ず、中国人にして彼の名を聞く者、切歯して憎まざる者なしとあった。他は須磨総領事、その対華強硬態度を非難し、又どこかでやった須磨氏の演説を引用して、彼の中国に対する非礼暴言、概ねかくの如しと注してあった。

人物描写は、仲々細かく穿《うが》ったものがあった。陸軍の渡《わたり》兄弟のくだりには、兄弟共に頤の長いのを特長とするが、弟左近《さこん》中佐の頤は兄久雄《ひさお》大佐のそれより長しとあり、又、桑島〔主計〕東亜局長は、人に接して態度慇懃、あたかも商人の如しと書かれてあった。いずれも日本の新聞雑誌から、資料を取ったものであろう。

私自身は好評されていた。上海総領事として居留民の硬軟両派に処して間なく、頗ぶる政治手腕に富み、又運動競技を愛好し運動総領事の名ありとあった。不敢当《プカンタン》不敢当《プカンタン》、私は独り言して失笑した。

外務省情報部編纂の中国人名鑑が、事実を事務的に記述しているのに対比すると、ユーモアも感ぜられる好読物でさえあった。

パネー号、レディー・バード号事件

わが軍の南京攻略に際して、揚子江停泊中のアメリカ艦パネー号と、イギリス艦レディー・

バード号がそば杖を食った。パネー号はわが海軍機の過失によって、撃沈されたのである。アメリカからの厳重な抗議に対して、日本政府は平あやまりにあやまり、海軍はすぐ責任者を処分した。この時の海軍の処置ぶりはあざやかであった。一時沸騰したアメリカの世論がそれで納まった。

日本の子供までが事件を心配して、在京のアメリカ大使館に同情の手紙を寄せたり、救恤《きゅうじゅつ》のたしにと金を送ったりした事が新聞に見えた。本当に童心から出た誠意なのであろうか。私は一寸不純さを感じた。その頃、日本国民の頭には米主英従とでもいうか、イギリスはどうでもよいがアメリカの御機嫌は損じないようにとの、空気がしみこんでいた。それが童心にも反映したのかもしれなかった。

レディー・バード号は、蕪湖《ぶこ》沖で橋本欣五郎《はしもときんごろう》大佐の砲兵隊から撃たれたのである。イギリスからやはり厳重な抗議が来たが、陸軍は率直に非を認めようとしない。イギリス艦の方で煙幕を張って、敗残中国兵を収容したのが悪いのだ、などと虚構の説をいいふらして頑張ろうとした。が、結局陸軍も、イギリスに対する謝罪には反対しきれなくなった。ただ明らかにこの事件の責任者である橋本大佐を、どうにもし得ないのだ。一二月末、私が対イギリス謝罪文の案を確定するために陸軍省に行った時、橋本大佐を処分しきれない手ぬるさをなじると、町尻軍務局長は、軍の内部状勢上、彼を処分し得ない事情を、諒察されたいと逃げるのであった。

一予備大佐ながら、軍も憚らねばならぬ橋本大佐の威力は、英雄的であるというべきであった。

如水会館香村寮の一夕

一九三八（昭和一三）年二月二日の晩、私は小幡（酉吉）元大使から頼まれ、元三菱の江口《えぐち》定条《さだえ》氏を主人とする懇談会に出て、中国問題の話をした。場所は一ッ橋如水会館構内の香村寮、来賓は、宇垣大将を主賓に小幡、林（久治郎）元大使、林（弥三吉）、原（勘）、工藤（義雄）の陸、海軍退役将官、水野梅暁《みずのばいぎょう》和尚等の数人。初めて見た宇垣大将の風采は、かつてメキシコで謁見したオブレゴン大統領の不敵な面影を彷彿せしめるものであった。

一座は数奇をこらした手頃の日本間で、酒肴を囲み、主人江口氏から私に、見らるる通りの顔ぶれで絶対漏洩せざる約束ゆえ、事変に関して腹蔵なき話をきかせてほしいと挨拶があった。

私は事変以来「国民政府を相手とせず」の声明に至るまでの近衛内閣の事変対策変遷の内情、首相を始め主要閣僚のだらしなさ、和平条件を加重して、トラウトマンの仲介を逸した政府大本営連絡会議の愚劣さ、などを忌憚なくぶちまけた上、日本が泥田に深入りして困り抜いた揚句、「国民政府を相手とせず」を自ら乗り越えて、和平の手を中国にさし伸べるようにならなければ、事変解決の道は所詮開けるものではないが、そうした時期は遠からず到来する、その時必要なのは「国民政府を相手とせず」を乗り切るだけの勇気ある政治家であると、所見を加えた。

宇垣大将その他から種々質問が出た。酒の勢いもあり、語気の激越さを意識しつつ私は思い切り喋った。散会したのは一一時頃であった。

前年一〇月以来、内閣に参議なる諮問機関が置かれ、宇垣大将は現にその一員であったが、事変に関する政情の裏面については、政府から多く知らせられていなかったらしくみえた。思いきや、私は数か月後、宇垣大将を外務大臣として迎える回り合わせにあった。

中華民国臨時政府と維新政府

中日事変を、あくまで一事変として解決し、国際法上の戦争たらしめないこと、華北その他何れの地区にも、第二の満州国を造らないこと、占領地に軍政を布かないことについては、陸・海・外事務当局間に当初から堅い了解が成立しており、陸軍もこれを破ろうとはしなかった。が、占領地域が拡大されるにしたがって、その地域内の行政を担当すべき中国人による新機構が、必要となってきた。もう治安維持会のような自警団的存在では間に合わなくなった。

こうした当面の必要と、現地占領軍の工作とによって、昭和一二年末、まず王克敏《おうこくびん》氏の中華民国臨時政府が北京に樹立され、南方では翌年三月、梁鴻志氏の中華民国維新政府が南京に成立した。この両政府の樹立計画は、陸・海・外事務当局会議において終始検討され、その結果によって必要な訓令が現地軍に発せられた。私は両政府の樹立を、陸軍と争わなかった。両政府が現地軍の傀儡になることは、十分わかっていたが、傀儡にせよ何にせよ、無いよりはましな現地の情勢であった。またこんな政府は、後日国民政府との和平の場合に、これを解消せしめるのに、手間ひまいらないであろう。要は第二の満州国ができさえしなければよいのだ。これが私の画した一線だった。

当時滑稽だったのは南北両政府の間の「たけくらべ」であった。北は北で先輩を以て任じ、南は南で中原を制しているのはこちらだとして下らない。この「たけくらべ」意識は、何かにつけて南北の折合いを妨げた。両者の背後における日本軍同士の対抗意識でもあった。

対事変新機構征華行省案

一九三八（昭和一三）年早々、内閣方面に東亜事務局設置論なるものが台頭した。戦局が拡大された今日、外務省の力のみを以てしては、事変の処理は不可能である。よろしく総理直属の対華中央機関を設置して、各方面の人材を集め、専心事変処理に当らしむべきだというのである。

一月末になると、企画院立案の東亜事務局設置案が、内閣から配付されてきた。外務省局課長会議は、外交の一元主義を法制上において毀すような制度を認むべきでないとして挙って反対した。その旨を私から広田大臣にもたらし、もし企画院案の如きものが閣議に出た場合、これが可決を防いで頂きたいと進言した。一方東亜局と調査部とで対案を練って、企画院案に対抗し、内閣側と議論を重ねた。自主的なのか他動的なのか、企画院案のチャンピオンは外務参与官から栄転した船田《ふなだ》（中《なか》）法制局長官であった。

折柄開会中の議会でも、対華中央機関設置の希望が、議員から述べられた。悪いことには近衛首相が中央機関設置に傾いているのみならず、広田大臣もなるべくならば事変処理の責任を、他の機関に転嫁して身軽になりたがっているのだった。まずうちの大臣の腰を強めねばということで、堀内次官、米沢調査部長と私とが、先鋒となって度々広田大臣に進言を行なった。この問題で議論になると、三人揃ってもいつも大臣に言い抜けられた。

「うちの大臣の頭のよさは相当なものだなあ」と、ある晩議論の帰りに堀内次官が感嘆した。

ともあれ我々の進言が利いて、広田大臣は首相を抑えて、議会の質問に確答を与えさせず、また閣議にも中央機関案が議題に上ることなく、やがて広田大臣の辞任の時に及んだ。昔、日本征服を企てた元の世祖は「征東行省」を設けたと歴史にある。中央機関設置案は、正に征中国行省ではないかと、私は腹が立った。昭和一三年三月二日の日記を見る。

午後議会において、船田法制局長官と会談、「東亜省」問題を論ず。氏のアイデアは占領イデオロギーであるのだ。我等と根本的に違うのだ。かくの如き謬見を打破せねば、中日は永遠に仇敵状態を続けることになる。論争一時間余。

このアイデアが後に興亜院となり、大東亜省を実現したのである。

「黙れ」議会

この春の議会はさんざんだった。まず二月一七日夜、政民両党の本部が襲われた。襲ったのは政党解消を要求する防共護国団六〇〇人、背後には塩野《しおの》〔季彦《すえひこ》〕法相、末次内相ありとさえ噂された。その二四日には、国家総動員法案が議会に提出された。むろん陸軍の発案であって、必要なる場合統帥権の発動のためには、あらゆる国民の自由を犠牲にしようとする大法案である。提出の始めから衆議院は騒然たる光景を呈した。私はそれを目撃した。

越えて三月三日この法案を審査する委員会において、説明委員として出席した陸軍軍務課員佐藤《さとう》〔賢了《けんりょう》〕少佐が、議員の議論に対して「黙れ」の一喝を食らわした。たちまち大問題となったが、翌日陸相の陳謝で事済みとなった。佐藤少佐は何の処分も受けない。およそ一国の議会にして、たとえそれが委員会であっても、一陸軍少佐から叱責を受けたという例は、他にこれを聞かない侮辱であった。しかも衆議院は唯々として陸軍大臣の陳謝を容れ、やがて法案を可決したのであった。

もっともその法案は、必要ある場合には、議会ばかりでなく、国民全体に「黙れ」を食わせんとするものであったから、衆議院の委員会が食った「黙れ」の如きは、何でもないといえばいい得ないでもなかった。私はこの場合には居合わせなかった。

かくして議会は亡びつつあった。

広田外相の辞任——宇垣新外相の登場

昭和一三年五月末、近衛内閣が改造された。広田、賀屋、吉野《よしの》〔信次《しんじ》〕の三相が退けられ、外相として宇垣大将、蔵相兼商相として池田成彬氏が入閣した。広田外相は、すこしも陸軍を抑えようとはしないので、首相から飽きられているとの噂が、以前から行なわれていた。恐らく事実であろう。が、夫子自身、陸軍のまにまに動くくせに、あまりに虫の良い首相の他力本願というべきであった。私は広田外相の辞任に、いささかも惜別を感じなかったが、首相の心事に不愉快を禁じ得なかった。

広田氏の辞任をきっかけに、白鳥〔敏夫〕氏を次官に擁立しようとする動きが、外務省内に起った。革新派と称する若手事務官達の策動であった。彼等は口に外務省の革新を唱えながら、実は親分白鳥氏を次官に擁立して、省内の壟断《ろうだん》を目論むファッショ派だと目されていた。白鳥擁立を、内閣や軍部方面にも働きかけた形跡があったが、問題にされず、宇垣新大臣の下に人事は従来のまま維持された。ただ新規な人事は、佐藤〔尚武〕、有田両氏が外務省顧問に任用されたことだった。

宇垣大将の外務大臣としての登場は、全く意外であったと同時に、私は多少の不安を感じた。いわゆる政界の大物に相違なく、又、軍部から嫌われているとはいえ、もともと軍出身ではあり、中国問題に対する気心も知れなかったからである。

宇垣大臣の就任早々、私は所管事務説明のため大臣室にまかり出た。前に香村寮での面識が役立って話はしよかった。事変の現状を説明した上、何卒大臣のお力で「国民政府を相手とせず」を乗り切って頂きたい。今やその時期が迫りつつありますと切言した。大臣は、

「君の言う事はもっともじゃ。近衛総理から外務省を引き受けてくれと交渉を受けた時、わしはこのわしに伊井掃部頭になれというのかと反問すると、そうじゃというのだ。然らば引き受ける。その代わり一月一六日の声明を反古にするかもしれんがよろしいか、よろしい万事任せる、という了解で外務を引き受けたのじゃ。命を投げ出して事変を解決する決心じゃよ」

「大臣がその御決心なら水火の中へも私はお供します。あの声明を突破するからには、外務省の焼打ち位は覚悟してかからねばならぬと思います」

「その通りじゃ」

私は一陽来復の思いで大臣室を出た。

その後数日して米沢調査部長その他数人の同僚と共に、対華中央機関問題の従来の経緯を大臣に説明し、外交一元制度の擁護を要請すると、大臣はよく事態を了承し、諸君の要望に添うといわれた。

宇垣新大臣を迎えて旬日ならずして、外務省内の空気に新味と明朗を感じたのは私一人では

なかった。大臣が佐藤、有田両氏を顧問に引き入れたのも、外交を正しく建て直さんとする布陣と思われた。

「今後の事変対策に付ての考案」

私は所管事務説明のさい、大臣に披瀝した対事変観を、さらに詳細に敷衍《ふえん》して大臣施策の用に供しようとの考えから、「今後の事変対策に付ての考案」なる題の下に、長文の意見書を草して大臣に提出した。大臣は数日かかって熟読した由で、いわれるには、君の意見書は自分の所見と一致している。間もなく五相会議（総理、陸、海、外、蔵）で事変対策の検討が始まるはずゆえ、関係各大臣に読ませておきたいから、との事で私は必要部数を複製して大臣に提出した。その後、大臣の話によると、「五相会議ではあの意見書に異論が出て、何もまとまらなかったが、自分はこれで行くと言い切っておいた」といわれた。

この意見書は私の対事変観、対中国観、対華方針を論策したもので、今に至ってもなお俯仰天地に恥じざる大文字だといっても、自画自讃の譏《そしり》を受けないであろうと確信するのであるが、長文ここに引用に適しない。

張鼓峰事件——板垣陸相の虚言

一九三八（昭和一三）年七月のソ満国境張鼓峰《ちょうこほう》事件[*18]は、欧亜局の主管であったが、私の知ったところでは、現地日本軍は、よりによってソ連軍と渡り合ったが、軍中央は事件の拡大を欲しない。当時杉山氏のあとを継いだ板垣陸相から、外交交渉による解決を宇垣外相に要望し、その結果モスコーで外交交渉を進めていると、間もなく板垣陸相が宇垣外相の処へ駆けつけ、事件を武力で解決するから同意してほしいと申し出た。外交交渉が決裂したのなら格別、今現に交渉進行中なのに途中から武力解決とは何事かと、宇垣外相に撃退されたのにかかわらず、陸相は宇垣外相も同意でありますからと申し上げて、武力解決に御裁可を願った。が、たちまちウソがばれて、陛下の御不興を蒙ったと伝えられた。やはり部内の意見の変転のまにまに右往左往する新陸相であった。

その頃、陸軍省の或る人が、こんなことを私に打ち明けた。「うちの大臣と宇垣大臣とではてんで勝負にならない。大先輩と後輩の貫禄の相違ばかりでなく、頭の組織がちがっている。閣議などでも、うちの大臣は宇垣大臣からやり込められて帰ってくるので、部内では歯がゆがっている」

宇垣外相の和平工作

宇垣大臣は、漢口陥落以前に和平工作の端緒を摑みたい腹で、色々思案しておられたが、あたかもよし、六月二六日香港中村《なかむら》〔豊一《とよいち》〕総領事からの飛電が、その糸口を伝えてきた。孔《こう》祥熙《しょうき》氏の腹心喬輔三氏が中村総領事に密会を求め、和平条件についての日本の腹を知りたいという。孔氏の指図によるもので、先方のまず知らんと欲するのは、和平条件として蔣介石氏の下野を要求するか否かにあり。孔氏の背後のつながりは確実である。至急何分訓令を乞うというのである。宇垣大将の外相就任に対する、重慶和平派の反響に相違なく、正に摑むべき和平の糸口であった。

宇垣大臣は、自ら筆を執って、中村総領事への訓令案を起草せられるほどの熱心さであった。だが問題は蔣介石氏の下野を、和平の条件とするか否かにあった。大臣自筆の訓令案には、蔣氏の下野を条件とする旨の記載があったので、私は、かくてはこの和平談は最初から成り立ちませんと争った。大臣は、最後的には蔣氏の下野を条件としない腹であるが、国内の反蔣感情からして、最初からそう言い切りたくないとの意見であった。妥協の結果「蔣氏に対する日本国内の反感は、相当強い。その下野を条件とするか否かの点は、今にわかに決定せず、後日の商議に残すこととして、その他の点で、蕎氏との会談を進められたい」と、中村総領事に訓令された。

これをきっかけとして、中村、蕎両氏間に和平談が開かれた。電信の往復のみでは、意を尽し得ないので、中途、中村総領事に帰朝を命ぜられ、直接大臣から、訓令が与えられたりした。中村、蕎会談がある程度熟すれば、孔祥熙氏自身、機を見て雲仙に密航し、宇垣大臣と会商しようという段取りになっていた。

宇垣大臣の和平工作とほとんど同時に、影佐軍務課長が高宗武亜州司長を、香港から東京に呼んで、密かに汪精衛氏の誘出を策しているとの情報があった。またしても陸軍式謀略だが、影佐氏の口車に乗って重慶を離脱するほど、汪氏は愚かではないであろうと、私は観測していた。それは然し、汪氏に対する私の買いかぶりであったことが、間もなく証明されたのであった。

外務省革新事務官のグループ

宇垣大臣は就任後間もなく、クレーギーイギリス大使との会談を開始せられた。事変によって生じた新事態と、イギリスの在華権益との調節を求めようとするクレーギー大使の希望に応じたもので、当時宇垣・クレーギー会談と称せられた。

その頃、外務省の若手事務官八人の一団が「宇垣大臣の世界観と外交方針を知りたき要望」の下に、週末大磯に静養中の宇垣大臣を訪問し、その意見を聴くとともに、自分等の所信を述べたことがあった。その八人は、東光、三原、中川、手場《ママ》、青木、甲斐、高瀬、高木の諸事務官であった。

つまり大臣の外交方針如何、われわれの所信はこうだと詰め寄ったのである。

その会談の内容の委曲は、ここに尽し得ないが、まず大臣の外交上の抱負につき、問答があった後、事務官側は人事問題に触れ、

　今日たとえ閣下が真に大方針を抱懐せらるるとするも、現在の外務省の人的要素を以てしては、その実現は不可能なるべし。今日の事態は差し迫っており、キーポイントだけは、改めること焦眉の急なるべし。

と、人事刷新論を唱え、次に皇道外交なるものを持ち出して、

　今日漢口攻略を目前に控え、帝国外交も、蒋政権潰滅、防共枢軸の強化、及び在華イギリス、フランス、ソビエトの政治的勢力の排除のため、断然たる措置に出ずべき秋と思考するところ、最近の大臣の関係大使との御交渉ぶりは、生等の最も憂うるところなりとす。

また生等は、皇道宣布の奉行の前衛たる外務省員として、皇道外交は如何なる綱領方針により施行せらるべきやを研究し、皇道外交の名称を有する一連の根本論策を有しおり

と、論じ、さらに、

右皇道宣布の思想よりするも、このさいアングロサクソンと、東亜において、中途半端なる妥協をなす要を認めず。蔣介石及び国民党政府との和平や妥協は、絶対に許されざるのみならず、議会その他において政府自ら公然と対蔣援助を高言しおる英国政府の代表者と、会談せらるることそれ自ら、甚だしく日本の弱体を世界に表明することと信ず。今日百言あって一利なき日英商議は、直ちに中止せらるべきものと思考す。

といって宇垣・クレーギー会談の中止を勧告し、外交施策は、ドイツ、イタリーとの関係を強化すべしと論じた。

大臣にしてみれば、孫のような連中との、大人気ない会談なのであったが、それでも以上の議論に懇切に一つ一つ、応答された後、

結局自分の如き老人が出馬したのは、国民の要望たる、一日も早く急速に戦争を中止することを実行することにあるは、兄等も了解せられおることと思う。何れまたその方針は五相会議にて決議し、国家の意思として定りたるうえ示すべきを以て、右時期まで待たれたし、且つ一月一六日の政府声明の方針は、差し当りこれを遵守すべきも、将来情勢に応じ、変更するやも知れざる旨心得置くべし。

と、いって席を立たれ会談はこれで終わった。

これら事務官達は、この日の会談内容を覚書の形にまとめ、刷り物にして省内に配布した。

以上二字下げの部分は、その中からの引用である。それまで私にははっきりしなかった革新事務官の顔ぶれが、これで明らかになり、彼等の思想の輪郭もわかったのであった。省内の刷新を叫び、皇道外交を論ずる彼等は、いわば外務省の青年将校なのであった。

これら革新事務官達の衆望の帰するところが白鳥氏であり、その中間に、ボス的存在をなす先輩事務官や、課長級の人物がおるのだと伝えられた。これら一味の連中は軍の一部と連繫を持っているといわれたが、真相は私の知るところでなかった。こうした省内の乱れも、要するに時勢にかぶれた病いであった。

後に至って、これら事務官の中から、狂信的な日独同盟論者や、ドイツ心酔者が出て、皇道外交を奉ぜざる者は斬る、などと陸軍的な思いあがった言辞をさえ弄した。

対華中央機関——宇垣外相の辞職

宇垣外相就任後、間もなく事変処理のための中央機関設置論が再燃した。前に述べた如く、総理直属のそうした機関に、事務処理の権限を集中して、外務大臣の権限を削るのみか、占領地にその機関の出店を置いて、現地当面の政務処理に当らせるという案なのである。主唱者は、従来法制局と企画院であったが、今後は陸・海がその推進力に加わった。当時陸・海軍務局は、柴山、保科両課長が前後して転出し影佐、岡《おか》〔敬純《たかずみ》〕両大佐がこれに代わっていた。外務省は東亜局長さえ落城させれば、問題なしと見たか、影佐、岡両課長は共同戦線を敷いて、度々私を口説き落としにきた。影佐課長は、対華中央機関ができて、事変関係の仕事を、一手に引き受けるようになれば、現地軍をして一切の現地政務から手を引かせる。それが軍の希望なのだ。

お疑いなら自分が証文を入れるといった。貴官から一札もらったからとて、何もならぬと答えて私は肯じない。不思議な事には、岡課長はこの問題に異常な熱意を持ち、私が動かずと見て、宇垣大臣に直談さえした。然しこの問題に対する大臣の反対態度は、我々事務当局以上に強かった。

外務省もただ反対ばかりしておるのではなかった。米沢調査部長と東亜局は、事変処理の最高権限を、外務大臣に留保する事に最後の一線を画しつつ、幾通りかの妥協案を用意して、法制局、企画院に立ち向ったのであるが、話はいつも不調に終わった。

そのうちに、内閣側は陸・海側のバックで、手製の中央機関設置案を閣議にかけ、一気に押し通すべく歩を進めてきた。むろん近衛首相承知の上である。今やこの案一度閣議に上れば、宇垣大臣の苦境に陥ること、必至の情勢に立ち至った。これに対していかなる手を打つべきか。形勢いよいよ迫った九月二九日午前一〇時、大臣室で宇垣大臣を囲んで幹部会が開かれた。佐藤、有田両顧問、次官、各部局長が列席した。主として内閣側との折衝に当ってきた米沢調査部長から、従来の経過と内閣方面の緊迫した情勢について説明があり、続いていろいろな意見が出たがまとまらない。しまいに私は「事態かくなった上は、大臣の御裁量によって、閣議においで何れとも善処して頂くより外ない」と結論的に意見を述べた。

静かにきいておられた大臣は「よろしい」といって座を立たれ、それで散会となった。

座を立たれた時の大臣の顔に、ただならぬ気色が見えた。私はすぐ顧問室に立ち寄って、どうも大臣の形相はただ事ではない、思い切ったことをしないよう忠告して下さらぬかと頼んだ。有田顧問は「うちの大臣は千軍万馬の古つわ者だ。ヘタなことはやりはせん」と受け付けてくれなかった。

それから一時間もたたぬ中に、宇垣外相辞表提出の情報が、内閣から伝えられた。大臣はあの足で内閣に立ち寄られたものらしかった。強い大きな支え棒がぽきんと折れた感じであった。一瞬目先が暗くなった。私にとっては万事終われりだった。

その翌日、堀内次官と私は、相談の上、大臣に対する輔弼よろしきを得なかった責を負って、辞表を出した。私の東亜局長としての後半期は、宇垣大臣を頂くに及んで轍鮒《てっぷ》蘇生の思いであった。事変解決の望みを、宇垣大臣の決意とその政治力に繋いで、孜々として働いた。私の進言が、よく容れられるのも悦しかった。非常時の大臣らしき大臣として、傾倒したのであった。今やこの人去って何の東亜局長ぞ。

一〇月三日、外務省員一同に対して、宇垣前大臣と近衛兼摂外相との引き継ぎ挨拶があったのち、私は宇垣さんに面謁して、私の失望と辞表提出の心境を陳べた。

「事変の解決を、自分に任せるといっておきながら、今に至って私の権限を削ぐような近衛内閣に留まり得ないのだ。余の心境を諒とせよ」

宇垣さんの言葉には温情がこもっていた。惜しい大臣だった。

オランダへ転出

次官と私の辞表は、次官が駐アメリカ大使に、私が駐オランダ公使に転出の形でさばかれた。上村一課長も東亜局を見限ってイギリスへ転出した。後任次官は沢田〔廉三〕参事官、新東亜局長は栗原〔正〕ルーマニア公使と内定した。その頃、なお未赴任在京中の白鳥イタリー大使から出た人事だと噂され、新聞は白鳥、石射を逐うと評した。

私は一一月はじめ後任栗原氏の着京まで、なお名儀上東亜局長の椅子にいた。近衛首相はあれこれと専任外相を物色しながら「実は専任外務大臣は誰でも良いのだがね」と堀内前次官に漏したという。この時局を前にしてあきれた総理大臣であった。白鳥氏の言を容れて、在米の斎藤大使に口をかけて断わられたのも、この時である。結局有田外相が出現した。

堀内前次官と沢田新次官との事務引き継ぎのさい、各局部長と大臣官房課長が、次官室に呼び集められた。まだ名儀上東亜局長の私も出て行った。お互いに平素からよく知り合った君、僕同士なので、堀内氏はいろいろ諸君のお世話になったと簡単な挨拶で済ませた。新次官からもよろしく頼む位の挨拶を予期していると、意外にも沢田次官は一同に向って一場の訓辞を始めた。時局の困難を詳説し、これに対処するに異常な決意を要するゆえんを力説した。訓辞というよりも大演説であった。私があっけにとられていると、岸〔倉松〕秘書官が私の尻をつついて、局部長の最上席という事で、何か答辞を述べろというのである。馬鹿馬鹿しかったがやむを得ない。我々も貴意を体して、大いにやりますってなことを、切り口上で述べてばつを合わせた。何か陸軍的な形式主義を感じて悪い後味であった。

私は一一月九日、オランダ公使を拝命し、間もなく中国旅行に出た。立川から空路北京に飛び、天津、青島、上海、南京を見て年内に帰京した。北京から飛び出す時、飛行機事故に遭遇したが、幸いに命に別状がなかった。王克敏、梁鴻志氏などと会ったほか、多数の中・日友人達と旧交を温めた。北京の東単牌楼の横町という横町は、日本料理屋が軒をならべ、夜は絃歌の声が湧いた。古都北京のさびを踏み荒している感じであった。上海のガーデン・ブリッジは、立哨の日本兵に敬礼しなければ通れなかった。表通りだけの視察であったが、目に映った中国民衆は無表情、日本軍民のみが、わが世の春を無反省に楽しんでいた。

在京中の私生活

東亜局長在任中、私は勅任一等に進み、収入もこれに準じてふえはしたが、家計はやはりその日暮らしであった。家庭内の衣食住は簡素を極め、避暑、温泉行などの行楽は、私にも家族にも縁遠いものであった。住居は依然として移民課長以来の陋屋《ろうおく》。手ぜまなので、夜分不時の訪客があると、せっかく敷いた夜具をあわてて押し入れに詰め込み、そのあとに訪客を通すという醜態をたびたび演出する。私が増築を提議しても、妻は「私はいつも留守居役ですから、このままの家で十分です。無理算段をして、増築や新築をするには及びません」と応じない。私の望みがようやく叶って、わずかに来客の膝を容るるに足るだけの新築を、旧屋に接して持ち得たのは、数年後ブラジル大使になってからであった。

局長在任中、私の唯一の贅沢はゴルフであった。たまに日曜日などに、僚友数人と誘い合わせて印旛沼近くの六実ゴルフ場に遊んだ。が、その帰りが悪かった。誰かの主唱に雷同して一同向島《むこうじま》の料亭に脱線し、そこで向島芸者なるものとたわむれ、彼等がレコードに合わせて踊る卑俗な股旅踊りに興じた。そんなことが二、三回あった。

ある時、上海・南京方面から帰京した数人の軍人を、東亜局の名で招待する事になり、私が主人役で、新橋山口で一席の宴を張った。かねて外務省なじみの一流の新橋芸者達が座にはべった。が、今さらの事ではないが、彼女達は甚だつつましやかに構えて、はしゃいでくれない。

それが私には物足りない。

そこで思い出したのが向島芸者である。座興に彼等を呼び寄せて、踊らせようではないかと、同席の上村第一課長と相談のうえ、電話をかけさせた。やがて向島芸者が数人乗り込んできて、臆面もなく数番の股旅踊りを踊った。主客一同やんやと興を催したが、新橋組の顔には迷惑の色があった。それにお構いなく、私は向島芸者のサービスぶりをほめて痛快がった。いささか酔っているせいもあった。

向島組が引き取ると、新橋組の姉さん株の一人が、私に向ってきっと開きなおった。姉さん株といってもまだ若い美妓であった。名は覚えていない。

「石射さん、あなたは新橋を何と思っているのですか、あんな人達をここに呼ぶなんて、あなたは新橋で遊ぶ資格のない人です。もう新橋に来ないで下さい」

ほんとうに柳眉《りゅうび》が逆立って、厳然たる態度だ。

「そう君、腹を立てないでくれ、ほんの座興のつもりだよ」

「いけません。もう来ないで下さい」

一座は急に白けきった。なみいるほかの芸者達も、沈黙して取りなしてくれない。

「新橋に来るのは役目がらだ。手銭では来たくとも来られないのだから、そう手きびしくしないでくれ」と私は冗談にまぎらして、話をはぐらかそうとした。

「役目であろうと何であろうと、もうあなたはお断わりです。覚えていらっしゃい」

相手はあくまできめつける。

私は完全にやりこめられて言句につまった。日本一の矜持をもつ新橋芸者の席に、向島芸者を呼んだ無分別な失策を、今さら悔ゆれども及ばない。落語ではないが「さあ、ぐうとでもいえるならいってみろ」といわれれば、「ぐうー」という外なくなった。

その芸者は私が沈黙したので席を立ったが、もう一座の空気はあたたまらない。酒の味もにがくなった。その晩の一席はさんざんの不首尾に終わった。私はにがい不面目をかみしめて引き取った。が新橋芸者の張りの強さと、自負心の高さに感服するだけの、心のゆとりを失なわなかった。

それ以後、人によばれた宴会の席上、彼女と顔を合わせたことは数回あったが、彼女は遂に私に口をきいてくれない。こちらも彼女の顔を見ると、禁を犯して新橋へ来たような、引け目が感じられてならなかった。

赴任途上オランダ領東インド視察

オランダに赴任するからには、オランダ領東インド（蘭印）をぜひ見ておかなければならなかった。私は一九三九（昭和一四）年二月初旬、単身東京発、神戸から南洋海運の船で南下し、まずメナド、マカッサル経由でスラバヤで船を捨て、斎藤〔音次〕領事の世話になって、付近の視察観光に数日を費した。それから西行してスマラン一泊、バタビヤに入って馬瀬総領事に迎えられた。滞在中、総督その他の当局と会見交歓、ボイテンゾルグ、バンドンを見た後、シンガポールに渡り、ヨーロッパ行の郵船照国丸の客となった。二〇日間のジャワの旅は、暑かったが愉快であった。視察記は本書の目的外として、ここにいいたいのはジャワが日本の及ばぬ風光美を持っている事である。火山地帯ゆえ富士山がいくつもあった。ただ白雪を頂かないだけだ。見事な舗装道路が都鄙を縦横に通じていた。二、三年前、台湾を経由した時、基隆、台北間の街道さえ、舗装が未完成であったことと思い比べて、等しく植民地ながら力の入れどころが違うのを感じた。

シンガポール以西の航海は、私にとってお上りさんの初旅であった。ピナンの蛇寺、セイロンのガンジーの仏跡、アデン、紅海、カイロ、ピラミッド、ナポリ、ポンペイ。ナポリでは、堀田大使遺留の沼田コック夫妻を収容し、マルセイユ、ジブラルタル、カサブランカ、そして一〇年ぶりのロンドンに入った。大使は重光氏、ヒトラーのお蔭で、任地を失なった藤井〔啓之助〕チェコ公使が滞在中であった。

一〇年ぶりのロンドンは、大使官邸も大使館事務所も昔のままであり、市中目抜きの場所にもさして変化を見なかった。ハイドパークの芝生の処々に防空壕が掘られつつあるのが時局を語っていた。

数日を買物に費やし、四月五日、ハーウッチから対岸のフラッシンゲンに渡り、そこに出迎えた萩原書記官の案内で、その晩八時ごろヘーグに着いた。ヘーグは春なお浅く寒かった。

14　オランダ公使時代

ウィルヘルミナ女皇、公使館、北斎の名画

数日して国書をウィルヘルミナ女皇陛下に捧呈した。若くして皇位を継いだ当時の真影に見る美しさは、寄る年波にかき消されて、うかがうべくもなかったが、端正な容姿にはおのずからなる品位の気高さがあった。皇儲ユリアナ姫には、拝謁の機会がなかった。

公使官邸は、一八一三年広場の独立記念塔に直面した白亜館で、前庭、後庭にマロニエの植え込みがあり、明かるい住心地のよい家であった。事務所は程遠い陋巷にあったのを、六月末、官邸の筋向うに手頃な借家を見つけて、そこに引き移った。

館員は萩原〔徹〕三等書記官（のち、矢口〔麓蔵〕書記官）、村松〔薫〕通訳官、書記生数人。武官として海軍は、はじめ渡名喜《となき》守定《しゅてい》少佐、のち、前田《まえだ》精《ただし》中佐、陸軍は、馬奈木《まなき》敬信《たかのぶ》大佐がベルリンから来任した。

なおその頃、ヨーロッパにおけるわが外交の布陣は、イギリスに重光〔葵〕、ドイツに大島《おおしま》

〔浩《ひろし》〕、イタリーに白鳥〔敏夫〕、ベルギーに来栖《くるす》〔三郎《さぶろう》〕、ソビエトに東郷〔茂徳〕、ポーランドに酒匂《さこう》〔秀一《しゅういち》〕、スイスに天羽〔英二〕、スペインに矢野〔真〕、スウェーデンに栗山〔茂〕という顔ぶれであり、のち白鳥、大島両氏が去って、来栖、天羽両氏がそれぞれそのあとをおそい、栗山氏がベルギーに転じた。フランスはしばらく大使空席のままで、のちに沢田〔廉三〕氏が来任した。

日本、オランダ国交の由来が古いだけに、わがオランダ公使館は、実に一八七三〔明治六〕年の開館と記録され、ここに公使たりし人々の中には、高平《たかひら》〔小五郎《こごろう》〕、珍田《ちんだ》〔捨巳《すてみ》〕、佐藤《さとう》〔愛麿《よしまろ》〕、幣原〔喜重郎〕、落合《おちあい》〔謙太郎《けんたろう》〕、田付〔七太〕、広田〔弘毅〕、斎藤〔博〕など、著名外交官の名を見るのである。広田さんが、広田チューリップと命名された新種のチューリップを創り出したといわれたのも、ここに在勤中の事であった。この話は、しかし事実に相違する訛伝であった。

この公使館の歴史の古さを、官邸応接間のそこばくの備品が物語っていた。そこには狩野芳《かのうほう》崖《がい》、滝和亭《たきかてい》、野口幽谷《のぐちゆうこく》などの、明治画壇の巨匠の筆になる小品の画帳が数冊あった。白眉はしかし葛飾北斎《かつしかほくさい》肉筆の掛け軸であった。方三尺ほどの絹地に、鍾馗《しょうき》を懲らすの図を、雄渾《ゆうこん》な描線で描いたもので、たしか「北斎八十歳筆」と署名してあった。正に国宝にもなるべき珍品である、明治初年開館当時にもたらされた、わが公使館伝統の装飾品であろうと思われた。私はオランダ人の客に誇った。

「これは日本のレンブラントである」と。

蛮国オランダ王の肖像

ここのドイツ公使は、フォン・ゼック伯爵といい、もう長年オランダに在勤している人だった。この人がある時、私を晩餐によんでくれた。行って見ると相客は、フランス公使とドイツ公使館員など小人数のスタッグ・パーティーであった。ドイツ、フランス公使の間にはフランス語が用いられ、私は英語だ。

食事がすんで応接間で雑談している間にふと見ると、テーブルの上に日本の浮世絵が一枚額入りになって飾ってある。浮世絵の珍重されているのがうれしくて、近寄って見ると、誰の作か忘れたが、美々しく軍装した碧眼紅毛人の半身立像で、「蛮国オランダ王之肖像」と肩書が付いていた。むろん想像画である。珍らしいので見入っていると、ゼック公使、

「君、この絵は何の絵かね。ここに書いてある日本字を読めばわかると思ったので、以前君の国のある前任者にきいて見たのだが読めないといった。君には読めるか」

「読める」

「では読んで訳してくれ」

「直訳すると、野蛮国《バーベーリアン》オランダ王の肖像《イメージ》ということになる」

ドイツ公使は手を打って大笑いした。

「バーベーリアンとあるのを知ってくれたのか知らないでくれたのか、これは珍品だということで、ここの宮中から贈られたものだ。面白いではないか。だが君の前任者が読めないというのに、どうして君に読めるのか」

「私の前任者というのは誰なのか」

「広田公使だ」

「野蛮国《バーバーリアン》とあるので読みたくなかったのだろう」

「私は広田さんらしい心づかいだと思った。

「君は正直でよい」とドイツ公使がほめてくれた。

フランス公使との間にはこんな会話があった。

「日本はなぜパリの大使を欠員にしておくのか」

「谷という人物に、フランスがアグレマンを拒否したからだ。谷が上海で何かいったことが君の国のお気にさわったのだそうな」

「そんな話をちょっときいたことがある。いったい谷という人はどんな人物か」

「若い時、パリ在勤をして、フランスをよく理解している人物だ。適任者だと思うのだが」

「君の話を本国に報告しよう」

フランス公使と私の会話が外交団の話題になった。つねづね、自国語以外の言葉を絶対に用いないフランス公使が、私と英語で喋ったのが驚異なのだ。ある同僚が私にきいた。

「フランス公使の英語は達者なのか」

「相当なものだ」

「へえー?」

このフランス公使に英語を喋らしたのは私の手柄と見られたが、私にしては珍らしいことではなかった。着任当時の初対面の時から、私は英語でフランス公使と話していたのだ。

自国語を世界一の言葉と考える、フランス人気質は別としても、大陸では英語もドイツ語も、フランス語の前には権威がないのである。

しかしオランダでは、英語もよく通じた。ちょっと教育あるオランダ人は、大抵イギリス、ドイツ、フランス語の何れをも解するのであった。

世界の動態――オランダの政変

私のオランダ着任の前後は、ヒトラードイツがボヘミヤ、モラビヤの併合、チェコの領有に成功し、ついで東プロシャの回廊問題でポーランドにいいがかりをつけ、ムッソリーニイタリーがアルバニヤに侵入するなどで、ドイツ・イタリー対イギリス・フランスの関係は、悪化の一途を辿った。平和維持のためにドイツ、フランスに往来するチェンバレンイギリス首相の洋傘携帯姿が、一再ならず新聞を賑わした。

一九三八（昭和一三）年末から、翌々四〇（昭和一五）年パリ陥落まで、約一年七か月にわたる期間の、欧亜両方面における時局の推移を大ざっぱに要約すると、

一、一九三八年末、軍務課長影佐氏の工作奏功して汪精衛重慶を脱出、時を同じうして近衛声明が発出された。三九年五月、汪氏上海に来たる。中日事変はいよいよ拡大。

一、三九年一月、平沼内閣成立、日本・ドイツ・イタリー同盟論活発化す。

一、三九年四月、ドイツはイギリスとの海軍協定を破棄し、両国の関係一層険悪化す。九月、ドイツ、ポーランド開戦、ドイツ対イギリス、フランス開戦。

一、三九年五月、ドイツ・イタリー同盟成立す。

一、三九年七月、日本・アメリカ通商条約、アメリカによって破棄せられ、日本の国論か

まびすしくなる。

一、三九年八月、ドイツ・ソ連不可侵条約成立し、平沼内閣辞して阿部《あべ》〔信行《のぶゆき》〕内閣出現、翌年一月米内内閣成立す。

一、四〇年五月、ドイツ軍ベルギー、オランダに侵入し、オランダ政府イギリスに亡命す。

一、四〇年六月、ドイツ軍ダンケルクに大勝、パリを占領す。

この間にあって、オランダは初め有名な老政治家コライン氏の内閣、外務大臣はパタイン氏、その下に次官スヌック氏、政務局長ファン・クレフェンス氏がおり、植民大臣はウェルター氏であった。一九三九年七月政変があって、デ・ヒーア氏が組閣し、ファン・クレフェンス氏が政務局長から一躍外務大臣になり、日本から帰朝早々のファン・ローエン氏が政務局長となった。ウェルター植民大臣は居残った。

後にイギリスに亡命したのは、このデ・ヒーア内閣であった。

チューリップ、風車、日本婦人

ヘーグにおける私の生活の一半は、胆石病に悩まされた。着任して間もない六月末、発病して入院し、胆石摘出手術を受けて、五〇日近く病床に呻吟した。健康に自信を持っていた自分の身体内に、こんな難病が潜んでいようとは思わなかった。執刀者はドクトル・エキザルトという外科の名手で、手術はうまくいったが、一旦癒着した傷口が化膿して、退院後も病院通いを続けなければならなかった。発病した時の激痛、手術後の麻酔から覚めたあと数日間の激痛は、形容を絶するものであった。公使だというので手術料が高く、これも痛かった。

この一事を除いて、ヘーグの私生活は快適そのものであった。国際条約と平和宮の都ヘーグは、ヨーロッパの村と呼ばれるほど、都会らしくない樹林に富んだ静かな町であった。春は公園に日本桜が咲き乱れ、西北の郊外に出れば、村という村には目の及ぶ限り、多彩なチューリップの栽園が広がる。ヘーグを中心に、わが九州と大差のない小国土に、砥の如き公路《ハイウェー》が縦横に走っていて、どんなところでも自動車を駆るに適していた。ロッテルダム、ライデン、ユトレヒト、アムステルダムの諸市、ピーター大帝が造船術を修業したザーンダムの旧蹟、ドイツ廃帝ウィルヘルム二世の隠棲地ドールン、何れも半日の行程にある。この国特有の風車は亡びつつあったとはいえ、なお処々に聳えて、牧場と水渠《すいきょ》の点綴《てんせつ》する田園風景に、趣きを添えていた。夏はヘーグの海岸スケヴニンゲンが賑わった。ほど近いゴルフ場は四季を通じて、楽しむべくあった。

居るに従って交遊の範囲が広まり、一々人名を挙げ得ないが、その中でまず指を屈すべきは、オランダ経済界の重鎮日蘭協会会長ファン・ワーリー氏であった。古く領事として横浜に在勤した経験を持ち、日本婦人を妻として、その間に一女があった、知日オランダ人中の第一人者であった。ライデン大学の日本学教授レーデル博士、同大学博物館長クルーゲル博士もまた、我々の親しい友であった。レーデル博士の愛妻は数年前、博士が日本訪問のさい、いわゆる「陋巷《ガター》」から救いあげた妙齢の婦人であった。

わが鎖国時代を通じて、日本と交渉を持ち続けた唯一の国だけに、この国の人々の今なお持つ日本への興味は、伝統的に深いものがあり、それがいろいろな形にあらわれていた。

オランダはイギリス、フランス、ドイツ、イタリーに通ずるヨーロッパの大道から、やや外れているので、ここに来遊する日本人は多くなかった。それでも近衛秀麿氏、野上豊一郎《のがみとよいちろう》博士夫妻、大毎の楠山義太郎《くすやまよしたろう》氏、外務省人では、矢野スペイン公使、本省から特派の伊藤《いとう》〔述史《のぶみ》〕公使、ベルギーからの来栖、栗山両大使などを数え得る。舞踊家崔承喜《さいしょうき》も巡業に来て、かなりの当りをとった。

日本・ドイツ・イタリー同盟論

一九三九（昭和一四）年一月、近衛内閣に代わった平沼内閣が、組閣早々から日本・ドイツ・イタリー防共協定を同盟条約に強化する問題で苦悶し、会議また会議、白鳥、大島両大使が強硬に政府に迫っているのに対し、米内、山本〔五十六〕の海軍と有田〔八郎〕外相、石渡《いしわた》〔荘太郎《そうたろう》〕蔵相が反論を持して動かない。陛下はもともと同盟はおいや。こうした情報は誰からともなく私の耳に入っていた。

　この問題については私は全く局外にあったが、三国同盟論には初めから反感を持っていた。私が近代史で読み取ったドイツは不信の塊りであり、かつての世界大戦で宣言した「必要は法律を知らず」が、一貫したドイツ外交の奥の手だと、私は観じていた。いわんや彼ヒトラーに対し、私の日記は「変態的犯罪者」と烙印した。こんなドイツと一緒になって、国運を危うくしてたまるものか。それが私の頭のしこりであった。

　五月末、ローマ駐在の下条同盟支局長がヘーグに来遊して、こういう情報を伝えてくれた。白鳥、大島両大使は枢軸条約締結への平沼内閣の躊躇を手ぬるしとして、そんな内閣は潰してやると豪語し自分等の意見を採用しないならば召還してくれと政府に迫り、特に白鳥大使は、有田外相を飛び越えて直接平沼首相に電信を打っている。三国同盟ができれば、イギリス、アメリカ、ソ連、フランスへの牽制になってヨーロッパ戦争が避けられ、日本にとって中日事変の解決が楽になるというのが、両大使の考え方だ、と。

私はその考え方は大間違いだ。海・外・蔵三相が反対している以上、白鳥がじたばたしてもそんな同盟はできやしないと、けなしたのであったが、それが下条氏から白鳥大使に伝わり、その激怒を買った。かねてベルリンへ出張中の萩原書記官が帰ってきて、折柄、やはりベルリンに居合わせた白鳥大使からの伝言をもたらした。

「石射の馬鹿野郎、いらん事を下条に話したというではないか。そんな事をいう奴は、本省にいってやって首にするぞ、帰ったらよく石射にいえ。白鳥さんは満座の中でそういって怒っておられました」

間もなく八月二一日に成立したドイツ・ソ連不可侵条約によって、面目を潰された平沼内閣は、従来考量し来たった対欧政策を放棄して、道義的独自の政策を建てると公表した。三国同盟論を清算するとの意味であろう。良い按配だと思ったが、私の当時の日記はなお一抹の不安を記録している。

日本はまだ、ドイツ、イタリーにミレンが残っているのではあるまいか。道義的政策などといっても、ドイツあたりから口説かれると、またヒッカカる惧《おそ》れあり。

八月二八日、「複雑怪奇」の語を残して平沼内閣が辞職し、三〇日阿部内閣が成立して、野村海軍大将が外相の任に就いた。越えて九月一日、ドイツのポーランド進撃によって、ヨーロッパ戦乱の口火が切られた。その機会に私は新大臣に意見を具申した。「日本は同盟関係をいかなる交戦国とも結ばず、あくまでこの戦争の局外に立って、中立を高価に買わせつつ、専ら経済的発展を策すべきである」との趣旨で、私の意を体して萩原書記官が起草したものであった。これを白鳥大使に転電すると、またまた激怒を買った。私の意見具申をこっぴどくこきおろした反対意見が、白鳥氏から本省に飛び私へも転電されてきた。私への憎悪が、電文に横溢していた。九月七日であった。

ドイツ・ソ連不可侵条約で背負投げを食ったので、日本では同盟条約論が下火になったらしかったが、開戦以来、ドイツの挙げつつある目覚しい戦果に眩惑されて、ひたすらドイツに見習おうとする気配がいよいよ日本に濃化しつつあるのが、私の憂いであった。一二月二三日と三一日の日記がそれを記録している。

ドイツを一から十まで模倣する日本、それが日本を、内外に向って険相にしているのだ。ドイツ崇拝の迷夢からさめなければ、日本には平和は来ない。東洋にも平和は来ない。それにはドイツが負けて、日本が一大反省をするのが一番よろしい。

予言は困難である。感じからいえば一九四〇年は、ドイツの敗衄《はいじく》をもたらす。米紙がいう如く、ヒトラーは大失策者として歴史に残るだろう。それを私は日本のために良い教訓と見る。ウィシフル・シンキングであるかも知れない。

私の考えるドイツは、日本にとって悪魔であった。イギリス、フランスによって悪魔が退治されるのを、私は念願した。

ヨーロッパ戦乱

ヨーロッパ開戦からドイツ軍のベルギー、オランダ侵入に至るまで、約一〇か月間のヨーロッパの政局と戦局は、私の日記によっても、歴々とその推移の跡を尋ね得るのであるが、それは戦史と外交史の領域に属する。ただ、私の任国オランダが、吹きすさぶ戦乱の嵐の中に、いかに一身を処したかについて、少しく触れざるを得ない。

小国オランダにとって最も貴重なものは、ヨーロッパの平和であり、局外中立の地位であるのはいうまでもない。前大戦には、幸いにドイツ軍の侵入を免れたが、その前例を以て、明日を卜するわけにはいかない。要は戦争さえなければよいのだ。戦雲いよいよ急を告げた一九三九年八月下旬、同憂のベルギー、オランダ両国はフィンランド、スウェーデン、ノルウェー、デンマーク、ルクセンブルグの代表者と共に、ブラッセルに会同して、平和提訴の叫びをあげた。条理を尽した提訴であったが、ヒトラーの押す横車をとめるだけの力はなく、一週間ともたたぬ九月一日、ヨーロッパの平和が破れた。

オランダは、厳正中立の殻の中に立籠るより外なかった。イギリス、ドイツ両交戦国からは中立尊重の約言を与えられたが、少しでも中立違反があれば、これを見逃しておくドイツではない。ドイツに揚げ足を取られて、侵入の口実にされまいための用心から、オランダのとる中立態度は、品行方正そのもの、操行満点といってよかった。可能性一〇〇パーセントのドイツ軍の侵入に備えて、この国伝統の洪水戦術を準備すると同時に、腹の底では味方と頼むイギリスに向けても、海岸防備を固め、来たれば撃つぞの態勢をとった。たまたま領空を侵す飛行機があれば、それが、イギリス、ドイツ何れの機であろうとも、撃ち退けずにはおかない。交戦国の間諜活動に対する取り締りは厳正を極めた。

それでも、ドイツからいろいろ文句を付けられたが、これに対し、オランダはいささかも自屈することなく、条理を以て立ち向った。オランダの惨憺たる苦心と、その剛毅な態度は、見あげたものであった。

ドイツがオランダの軍服や警官服を、しきりに密輸入しつつありとの情報が、かねてから伝えられ、ドイツ軍侵入の下心を想像せしめていたが、果然一九三九年一〇月末、ドイツの大軍が、ベルギー、オランダ国境近くに集結されつつありと確報された。越えて一一月六日深更、スパーク外相を随えたベルギー皇帝が、突然ヘーグに入って女皇と協議の結果、翌七日交戦各国に対して、和平斡旋申し入れの両元首の親電が発せられた。ベルギー、オランダ二度目の和平工作であった。ドイツ軍の侵入必至の態勢に向って打った窮余の一石に相違なかった。この呼びかけは、ヒトラーの蹴るところとなって結実しなかったが、不思議にも間もなくドイツ軍の侵入態勢が解かれ、ベルギー、オランダ当面の危機はさらりと解消した。

そのころ数日間、オランダはほかにもいろいろなできごとで騒然とした。一一月七日には、南部オランダのドイツとの国境フエンローで、殺傷事件が突発した。兇行者は、国境を無視して来襲した平服ドイツ人の一団。被害者は何の目的か、密かに国境のドイツ軍と接触をとりにいったヘーグイギリス公使館在勤の某陸軍大尉と、これに随行した一オランダ陸軍中尉、後者はその場で銃弾に斃《たお》れ、前者はドイツ国境内に引きずり込まれてしまった。表面それだけの事件であったが、裏面の真相はわからない。被害者の身分が身分だけに、一つのミステリーとして国際的にもセンセーションを生んだ。

その一〇日夜には、オランダナチ党が集会して、ドイツ軍侵入歓迎の意を表明し、またオランダ軍内部のナチ共鳴将校数人が拘引されたとの噂が専らであった。一二日にはベルギー、オランダ国境のブレダにおいて、クレフェンスオランダ外相と、スパークベルギー外相との慌しい会見が行なわれ何かしら緊迫感を与えたが、ドイツ軍の侵入は遂に実現せられなかった。何故の心変わりかわからなかった。チェンバレンイギリス首相が“Hitler missed the buss”と揶揄したのはこのことであった。

当面の緊張は解けたが、オランダ政府は油断なく国防を強化し、いやしくも中立を侵犯し来たる者あらば、独往これに当るの態勢を固めた。雄々しいダッチ・スピリットの発露であった。

ヒトラーは次のバスを待ちつつあり

ドイツ軍がベルギー、オランダを侵すかどうかについては、当初から私は、一貫して観測を持っていた。マジノ線は仮に難攻不落でないとしても、これを突破してフランスの心臓を衝くとなれば、大犠牲を覚悟せねばならない。それはドイツの欲せざるところであろう。とすれば、いよいよイギリス、フランスとの決戦を求める段になれば、どうしても道をベルギー、オランダ方面にとり、マジノ線のないベルギー、フランス国境からフランスになだれ込むより手はないはずである。つまり前大戦の轍が踏まれるのだが、今回はオランダだけが、侵入を免がれるわけにはゆかぬであろう。なぜならば、ドイツ空軍の対イギリス空襲の近道であるオランダを、一々避けて遠まわりするのは、対イギリス作戦上、ドイツにとって不便この上なしであるからだ。必要は法を知らない。思うに、ドイツ軍のベルギー、オランダ侵入は、時の問題に過ぎない。私は本省への情勢報告中に、ヒトラーは次のバスを待つことにしたのだと書いた。公使館に出入りするオランダの友人達は、この観測を好まなかった。侵入を免がれた前大戦の例が頭にこびりついているのだ。ゆえに一九四〇年四月九日、ドイツ軍がデンマーク、ノルウェーに侵入した時、オランダの民衆は、ドイツの鋒先が北にそれたものと思って、自国の安全に、ウィシフル・シンキングを強めたらしかった。

日本、オランダの問題

日本、オランダ両国間には、オランダ領東インド問題以外に、ほとんど交渉問題はなかった。私の知る限り、当時の日本はオランダ領東インドに対して、領土的野心を持っていなかった。日本の欲するところは、オランダ領東インドの豊富な天然物資の獲得にあった。宝庫の口をもっと開いて、我をして必需品をもっと潤沢に取らしめよ。資源の開発に日本資本を参加せしめよ。日本人の渡航制限を寛大にせよ。これが日本の要望であった。さらに要約すれば、日本の必要物資の対外依存の重点を、手近なオランダ領東インドに置こうとする政策であった。

この政策の下に、先年長岡《ながおか》〔春一《はるかず》〕大使一行が、オランダ領東インドに出向いて会商を行なったが、わが方の出ようが悪くて物分かれとなった。その後、ハルトオランダ領東インド経済局長官と、石沢〔豊〕総領事との間に成立した「ハルト・石沢協定」によって、曲りなりにも、日本、オランダの経済関係が運営されてきたのであった。

が、一朝有事の際に、オランダ領東インドに足がかりを得ようとするわが海軍の底意と、ジャーナリスティックな心なき南進論とに禍いされて、オランダ領東インドの対日感情はすさみきっていた。その感情を少しでも和らげ、オランダ領東インドの門戸を、もっと開かせる事が、私に課せられた当然の使命であった。私の東京出発の折、外務省はこの使命のための具体案を練っており、成案ができ次第、私に電訓されることになっていた。

ヘーグ着任後間もなくから、私は折に触れ、オランダ外務省に対して、オランダ領東インド問題に言及し、追ってくるべき訓令の執行に備えて、地ならしに取りかかった。オランダ領東インド問題の主管当局である植民大臣ウェルター氏とも、たびたび意見を交換した。日本の合理的な要望は、十分考量するという、原則だけが約束された。

東京からは具体的な訓令は来ないで、原則的な訓令ばかりが来た。日本の要望は叶えます、という証文をまずとりつけた上で、いろいろ具体的な注文をつけようとする腹なのである。万事に実際的なオランダ政府相手に、そんな話を進めようもなく、私は具体的訓令の来るまで、軽々に動かない方針をとった。

それよりも私の関心は、オランダ本国とその政府がドイツの占領下に立った場合の、オランダ領東インドのステータスにあった。かかる場合、ドイツのことだからオランダ領東インドも自分の支配下にあり、などとの建前をとらぬとは限らない。そうなると、イギリス、フランス両国もオランダ領東インドに対し、何らかの手を打つかも知れない。そうでなくとも、日本の南進論者に、乗ずべき機会を与えるであろう。オランダ領東インドをめぐって戦波の東洋に及ぶ禍根がここに伏在する。

ドイツのオランダ本国占領前に、日本の対オランダ領東インド態度を鮮明に表明し、ドイツその他諸外国をしてオランダ領東インドに指をさささせないようにしておくべきだ。この趣旨の下に、私は東京に対して数回の意見具申を行なった。日本の公明正大な態度の表明によって、オランダ側の安心と信頼を買い、追って来るはずの具体的訓令の執行のために、途を滑らかにしておこうとの腹でもあった。東京との間に電信の往復を重ねた。そして私の最後に到達した構想は、オランダ領東インドに対して、日本自ら手を触れないことを明らかにすると同時に、他国の手をも封ずる旨の"Hands off Policy"を、でき得べくんばアメリカを道づれにして声明することであった。この意見具申に基づいて、一九四〇（昭和一五）年四月一六日、有田外相の声明が行なわれた。具申した意見のポイントがぼやけていて、歯がゆさを感じたが、それでもなきにまさるものであった。列国にも良い反響があった。

ドイツ軍遂に侵入

一九四〇年、ヘーグの春の野は、例年の如くチューリップに飾られていた。しかしオランダそのものの運命は風前の灯であった。四月二九日天長節のレセプションに来たオランダ陸軍省の一高官は、私の問に答えて、

"There is every indication of imminent German invasion"と語った。

五月八日、ベルリン行きの途中、ヘーグに立ち寄った伊藤〔述史〕公使は、旧友のスヌック外務次官から、ドイツ軍の侵入はここ一両日の間に迫ると告げられ、倉皇としてドイツに去った。

一〇日払暁、私はどよめく轟音と砲声で目を醒した。寝室の鎧戸《よろいど》をあけて空を仰ぐと、空

一杯の飛行機だ。これをめがけて射ちあげられる高射砲弾が、花火のように空中に炸裂する。機関銃弾がたばしるのであろう、急霰の軒を打つような音がひっきりなしに聞こえる。ハーケンクロイツをつけた飛行機が、火焰と黒煙を噴きながら落下するのが、間近に見える。凄絶な光景に我を忘れてしばらく見とれた。ああ！　これ遂に平和の都に降る鉄火の雨である。時を移さず、私は、ドイツ軍侵入を本省に打電した。

ドイツ空軍の攻撃は、専ら郊外の軍事施設と、飛行場に向けられ、瞬たく間に対空防禦を沈黙せしめた。各機種を合わせて五〇〇機と噂されたオランダ空軍は、一挙にほうむられたのに相違なかった。陸上では必死の攻防戦がドイツ、オランダ国境に展開された。オランダ軍戦線を越えて国の心臓部に、落下傘部隊が陸続と着陸しつつあると伝えられた。

ドイツ軍の侵入を予期していたわが公使館は、全員を約一か月ささえるに足る食糧品を、予め買い込んでいた。オランダがドイツ軍を支え得る期間を、最長一か月と予想したのであった。戦線が身近かに迫った場合、各所に分宿する館員と家族約二〇人を、官邸と事務所に収容して、籠城するより手はなかった。地下室を片付けて退避所を用意しておいた。

第一日で制空権はドイツ空軍に帰した。夜の市中は灯火管制に入って、不気味な静けさであったが、第二日早朝から、第五列狩りが始まり、市中、あちらこちらに銃声が起った。昼頃になると、わが公使館前でも小市街戦が始まった。私は事務所にいた。おそるおそる覗くと、オランダ兵が遮蔽物に身をかくして、前面二、三丁さきの建物の窓と、撃ち合っているのだが、銃声は間もなく止んだ。第五列がどこかへ移動したのだ。

こうした市中の不安を縫って、東京から電信が頻着し始めた。数通に分かれた長文のもので、

一一、一二、一三の三日にわたって着電した。オランダ領東インド交渉に関する、具体的訓令であった。オランダの運命危うしの報を受けて、関係当局の意見を急にまとめて、あわてて打電したものらしかった。

冒頭まず、日本、オランダ両国の親善関係が、太平洋の和平維持に不可欠なるゆえんと、その前提として日本、オランダ領東インド間に密接なる経済関係を樹立することの必要を長々と述べたのち、石油を含むわが必需品一三品目の供給をオランダに承諾せしめんとするものである。貴公使は、以上の趣旨にて、至急オランダ政府に向って、交渉を開始せられたしとあった。

今、前門に虎を防いで、存亡の瀬戸ぎわに立つオランダに向って、この要求とは何らの無情ぞ、と心が痛んだが、訓令は感傷を許さない。私は一三日夜、一晩かかって訓令の趣旨を英文の覚書にまとめ、翌一四日朝、オランダ外務省と時間を打ち合わせ、午後二時スヌック次官を訪問した。数機のドイツ機が、何かを探し求めるかのように上空に輪をえがいており、街路には人通りが途絶えていた。

時すでに女皇とその政府閣員はイギリスに亡命したあとで、外務省にはスヌック次官が、ファン・ローエン政務局長と共に残留していた。

私は来訪の目的を告げ、この訓令の執行が、オランダ政府に対してなされるものと見做してさしつかえなきやを質した。スヌック次官は、貴見の通り、今や自分が外相代理であるから、と答えた。次官の態度は従容たるものであった。私は政府訓令の内容を、口頭で説明したうえ、用意の覚書をスヌック次官に手交した。次官は、

「要求せられる一三品目に、数量の記載がないが、日本は無制限に必要とするわけではあるま

い」

「数量に関する電信が未着なので、ここに記載し得なかったのである。その点は今後の交渉において分明するであろう」

私は公使館に戻り、まず訓令執行済との一電を本省に送り、続いて交渉の模様をくわしく別電に認めた。その中で私はこう書いた。

「今やオランダが、国家存亡の関頭に立ちつつあるさい、貴電御訓令の執行は、あたかも臨終の床に貸金の催促に行きたるの感あり。貴電はまことに執行に適せざる御訓令なりし」

せめて電文の中ででも、一矢酬いなければ納まらぬ私の心境であった。

この報告電を起草中、午後五時頃ウィンケルマン司令官が、オランダ全陸軍を率いてドイツ軍に降った事がラジオで報道された。洪水戦術も、オランダ軍の勇戦も、遂にドイツ軍を支えきれなかったのだ。なおこの日の午後、ドイツ空軍がロッテルダムを空襲して、市の中心区に大惨禍を与えたことが、オランダ軍降伏の決意を早めたのだといわれた。

防戦五日、オランダ軍は潰えたが、オランダ政府はロンドンに生き残った。あとでファン・ローエン政務局長に確めたところによれば、私がスヌック次官に手交したオランダ領東インド交渉の覚書は、密使船を差し立てて、ロンドンのオランダ政府に送り届けられたということであった。私はオランダ外務省の律義さに敬服した。

ヘーグにおける交渉は、これ以上進めようがなかったが、これが新たな日本、オランダ交渉の土台になって、後に芳沢さんが交渉使としてオランダ領東インドに渡られたのであった。

ロッテルダムの惨状

一四日、オランダ軍降伏の夜、ヘーグはすさまじい光景を呈した。ヘーグ守備のオランダ軍が、むざむざドイツ軍の手に引き渡すに忍びない武器その他の軍需品を、公園《ボッシ》に近い大広場に山と積んで、これに火をかけたのだ。ガソリンや弾薬の爆音が、全市を震撼し、火焔は空をこがした。火の粉が吹雪の如く散乱した。遠巻きにこれを見守る民衆は、黙々として立ち尽し、オランダ兵は悲憤の涙であった。

一六日午前、私は二、三の館員とともに、車を駆ってロッテルダム大爆撃の跡を視察に出かけた。途中五里の間、落下傘部隊を運んだ輸送機が乗り捨てられたのか、沿道各所の地面に、尨大な機翼を横たえているのが沢山見えた。

ロッテルダムの中心区は、見る影もなく全壊し、一望崩れ落ちた煉瓦で埋まっていた。所々煉瓦の底から、煙がくすぶり立っていた。僅か三〇分の空爆で、三万人の生命が失なわれたという。思い切ったドイツの悪魔ぶりは、驚倒の外なかった。

一六日になると、ドイツ軍がヘーグに進駐して、政府機関を接収した。ヘーグの関する限り、ドイツ軍の行動に、狼藉の噂をきかなかった。私はドイツ軍の軍紀は厳正なりと、本省に打電した。

当方面の占領軍軍司令官はファルケンハウゼン将軍、司政長官としてヒトラーの股肱サイツ・インクアルトが来任した。「チューリップを作らずにジャガイモを作れ」とオランダ国民に呼びかけただけで、ほかに二人は何の声明をも発しない。日本の部隊司令官達が、中国でよくやった、一城を占領すると、白浪五人男のように名乗りをあげて、「今や帝国はあくまで蔣介石政府を打倒して」などと一くさり戦争目的を声明するやり方に比べて、垢ぬけがしていた。役者が違うと思った。

ベルリン出張と陳介重慶大使

ヘーグの外交団中、イギリス、フランス、ベルギーの公使はオランダ政府と一緒にロンドンに逃げて、中立国外交官だけが残留し、本国との連絡を絶たれてしまった。オランダ軍降服後、一六日まではオランダ電信局は動いていたが、ドイツ軍進駐後は機能を停止されてしまった。本省との間に、打ち合わさるべき幾多の用件を控えた私は、途方にくれざるを得なかった。国境外に出ることは、ドイツ軍が許さない。焦慮の幾日かをすごしている中に、日本、ドイツ本国間に了解がついたとのことで、私のベルリン出張をドイツ軍が承認した。

多分六月初めのこと、私は国境オルデンザールまで蓮見〔幸雄〕官補に見送られ、オスナブルック、ハノーバー経由でベルリンに出張した。そしてわが大使館を通じて、本省と電信の往復を重ね、来栖大使と心ゆくばかり語り合って、晴々した気持になった。折柄ドイツ軍がダンケルクを陥れ、パリに迫った頃で、ベルリン市中は捷報で湧いていた。戦線から帰還した一部の部隊が、ウンター・デン・リンデンの大通りを行進し、市民の熱狂に応えた光景は、実に豪華なものであった。

このベルリン出張には、ロマンチックな副産物があった。それは重慶からの駐ドイツ大使陳《ちん》介《かい》氏との密会《ランデヴー》であった。

陳介氏は日本の一高、東大出身で、多年塩業銀行の経理として上海経済界に重きをなしていたのであるが、一九三六（昭和一一）年、国民政府に望まれて外交部次長に就任した人である。日本語をよくし、日本の国情に通じ、在華日本人間に顔の広い著名人であって、私の上海総領事時代に得た親友である。

その陳介氏が、今や重慶大使としてベルリンに来ているのである。何とかして会いたい、是非会おう。来栖大使に尋ねてみると、以前から陳介氏の名は聞き及んではいたが、なお未知の間柄であり、ドイツ政府の催す公式の集会などで、陳大使と出会うことはあるが、お互いに顔をそむけるのみであるという。中・日戦っている以上、公式の場面で顔をそむけるのは、やむを得ないとしても、それでは気まずいであろう。私も久しぶりで陳大使と再会して、旧交を温めたいから密会を申し込もう。その機会に貴兄も同席して、陳氏とひそかに相識になってはいかが、と来栖大使に提議すると、もちろん望むところだという。そこで私は手はず万端を引き受けた。

私の立場としては、陳大使との密会は、誰にも憚るところがないのであるが、陳大使にしてみれば、日本の大公使との密会の事実を、万一部下や外部に知られたら、たちまち漢奸《かんかん》の烙印を押され釈明相立たぬ窮地に陥るのは必定である。したがって密会は極秘裡に、アレンジされなければならない。あれこれ手段を考えたが、結局ドイツ人の音声を装って中国大使館に電話をかけ、直接陳大使に話をするのが、案外無難であろうと思い定めた。

そこでわが大使館の、ドイツ語の達者な外交官補に旨を含め、私のホテルから、中国大使館に電話をかけて、陳大使のデスクに繋いでもらった。折よく在館の陳大使はすぐ電話に出た。

こちらの電話口で私が官補に代わった。

「モシ〳〵、陳さん、私、石射ですよ」

「おお石射さん、いつオランダから出てきましたか、ああ実に会いたいですね」

元来沈着な陳大使も、私からの意外の電話に驚いた語気であり、「実に」という用語に無量の感じがこもっていた。

「私もお会いしたいので、冒険的に電話をかけたのです。是非お会いしようではありませんか。御存じでしょう××ホテル。私の部屋は××号室、すぐわかります。来栖大使と一緒に待っています。御都合はいつが良いですか」

会合はその時から一時間後ときまった。早速来栖大使に来てもらい、シャンペンと冷菜を調えて待ち受けた。定刻をほとんど一分も違えずに、陳大使は私の部屋に笑顔をあらわした。私と陳大使とは抱き合わんばかりに腕をとり合って、久濶の言葉をかわした。上海での一別以来四年ぶりの再会であった。

私は陳、来栖両大使を引き合わした。

陳大使は日本の新聞をとっており、近着の東京朝日に、石射オランダ公使留守宅訪問の記事が出ているのを読んだばかりの所へ、貴君が電話に出たので驚いたといって笑った。

三人で一時間あまり語り合った。中日関係の事には触れない考えであったが、当時リッベントロップ外相が、中日事変解決の話を、密かに重慶に持ちかけているという情報を耳にしていた来栖大使と私は、自然職業意識にかられてそれとなく陳大使にいってみた。

「いわば兄弟喧嘩のような中日事変を、第三国の斡旋に待つなどとは、恥ずかしい話である。

中日直接交渉で話がつかないものか。重慶の空気はどうですか」

　これに対して陳大使は、重慶の抗戦意識の固いことを語り、事はしかく簡単に行かないといった。なお、大使がいうのには、中国側は過去の日本のやり口からして、事毎に日本の誠意を疑わざるを得ない。例えば事変前、自分の外交部次長時代に、日本から提議された中日航空連絡の協定に、中国が同意しなかったのも、それがためであった。日本飛行機の着陸地点を協定しても、日本側は口実を設けて、意外な個所に不時着を企てないと誰が保証し得るか、というのが中国側の疑心であった。日本で軍部が支配的である間、中国側は日本に信用が持てないですからね、というのであった。そういわれれば、来栖大使も私も、返す言葉はなかった。

　この外に懐旧談や、知人の噂がとりかわされた。陳大使もかねてから、来栖大使の噂をきいていたといって、ここで知り合いになったことを悦んだ。

　話の中途から冷菜をつまみながら、シャンペンを酌《く》みかわし、会談はなごやかに終わり、後日を約して陳大使は辞去した。私は本意ない別れを感じたが、この密会が首尾よく遂げられ、久濶の情を叙し得たことに満足した。来栖、陳両大使にとっては、公式の場面で顔をそむけ合うだけの距離はあっても、人知れぬ以心伝心の脈絡が、両者の間に通うだけの下地ができたのである。その点でも私はうれしかった。

　滞在一〇日程で私はオランダに戻り、ヘーグの初夏を楽しんだ。この月二二日、フランスはドイツに降伏した。

さらばオランダ

やがてヘーグを引き払う時が来た。ドイツ政府の要求を容れて、中立諸国が、一斉にヘーグから公使を引き揚げる事になったのだ。

私は矢口書記官と書記生一人を留守居に残し、七月一五日朝、館員とその家族一同を率いて、ドイツ側仕立の列車でヘーグを出発した。ドイツ軍の占領下にあっても青葉に栄える静かなヘーグであった。

その夕刻ベルリンに着いた。そして第二次近衛内閣まさに成らんとし、松岡氏外相たるべしとの報をきいた。私は松岡氏に感ずる機会主義に不安を禁じ得なかった。

ベルリンの夜は、完全なブラック・アウト、食料は切符制度であったが、ホテル生活では、さして分量に不足を感じなかった。ただ果物が貧弱、豆コーヒー、薄荷茶、人造バターが食料事情の苦しさを物語っていた。

ソ連通過の手続きができて、一同ベルリンをたったのが八月一日、どこをどう通ったのか、汽車の走るままに数日してモスコーに着き、東郷大使、七田参事官の歓待を受けた。

両氏の口から、ノモンハン敗戦の真相が語られた。去年私がヘーグに着任して間もない頃、本省から磯谷関東軍参謀長の意向として「ソ連軍が頻りにノモンハン方面に進出してきて小うるさいので、関東軍は一気に片づける」由との情報電があった。その後、戦争は勝っておると伝えられ、その九月に停戦協定がモスコーにおいて結ばれたのであったが、真相はソ連軍の科学兵器の前に、手も足も出ぬわが軍の全滅だったのだ。

孫子読みの孫子知らずともいうべきか、敵を量らぬ、思いあがりが嘗めた苦杯であった。

モスコー見物の暇もなく、翌朝出発した。沿道停車場に寄ってくる民衆の服装が、前年通過の時に比べて、見違えるほどよくなっていたのと、前年見えなかった煙突が、沿道の主要都市に林立していたのが印象に残った。マンチュリーから満州国に入り、哈爾賓《ハルビン》、新京、大連経由、八月二〇日東京に着いた。時局緊迫下にあって贅沢を戒める「自粛自戒しましょう」婦人が銀座に出ているとのことであった。近衛首相の政党解消のための新体制が、世間を賑わせていた。政党滅亡の弔鐘であった。

ブラジルへ転任

外務省は松岡外相、斎藤〔良衛〕、白鳥両顧問、大橋〔忠一〕次官が固め、いわゆる松岡旋風人事が、吹きすさんでいた。多くの有為の士が、イギリス・アメリカ傾向だとの理由で、任地から召還され、馘首《かくしゅ》されつつあった。が、私は思いがけなく、桑島〔主計〕氏の後任としてブラジル大使に内定されていた。或る日、大橋次官からの電話で外務省に行ってみると、ブラジル大使を引き受けてくれという。瞬間黙っていると断わりでもすると思ったのか、次官は「おい君、是非引き受けてくれ」と念を押す。よし引き受ける、と話は簡単にきまった。斎藤顧問、大橋次官の合作だと思った。

ブラジル政府からアグレマンが来て、九月一四日親任式があった。それと前後して、建川美次中将がソ連大使に、堀切善兵衛氏がイタリー大使に任命された。型破りの松岡旋風人事は、大向うからの喝采を受けた。

私は一〇月四日、横浜発の浅間丸で従者沼田を同伴、アメリカ経由赴任の途に上った。それに先立って九月二七日、日本・ドイツ・イタリー同盟条約が成立した。ドイツからスターマーが来て、極秘裡に商議を進めているのを私が耳にしたのは、条約成立の数日前であった。

何をいってももう後のまつりとは思ったが、私は出発の挨拶を松岡大臣にした序でに、この条約に伴なう危険に言及した。大臣は、この条約は或いは日本にとって大変なことになるかも知れないが、今の日本としてはアメリカとの戦争を避け、中日事変を解決するためには、これより外に行く途がないのだ。途中そう説明してくれというのであった。大臣の長広舌を避けて、私はあっさり退出した。

電信事務の要務を帯びて南北アメリカを一巡する中村〔豊一〕前電信課長とワシントン大使館に赴任する横山《よこやま》〔一郎《いちろう》〕海軍武官などが、同船の客であった。

殊勲甲の奥田ホノルル領事

予定の如く、ホノルルに寄港した。港口に向けて徐行する船の上から見ると、幾隻もの航空母艦が、多数の小型機を玩具のように甲板に並べて、沖合あちこちに浮んでいるのが、指呼の間に眺められた。真珠湾から出て、甲羅を干している体だった。ただならぬ時局の近よりつつある感じだった。

船が波止場に着くや否や、ここの奥田〔乙治郎〕総領事代理がやってきた。

「この船にロスアンゼルスの某アメリカ人記者で、松岡大臣からステートメントをもらってきた男が乗っている。そのステートメントを取り戻せ、と大臣から訓令が来たのです」という。

「そりゃとても返してくれまいが、まあやって見給え」と言葉を残して私は上陸した。約束によってその晩、総領事官邸の晩餐に行くと、奥田代理は、取り戻しました、これですと出して見せてくれた。それには英文で「自分は幼年時代からアメリカで教育を受け、アメリカに第二の故郷を感ずる者であるが、三国同盟条約の行手が阻まれる如き場合には、これと戦うも亦《また》やむを得ないであろう」との趣旨がタイプされ、松岡大臣の署名が入っていた。

「これを取り戻した君は殊勲甲《こう》だ」と私は奥田代理を褒めた。戦争を振りかざしたこのステートメントが公表された場合、アメリカにどんな反響を与えるか。松岡大臣は気が変ではないのか。さすがに中途で正気づいたのはまだしもであると思った。

翌日船はホノルルを出帆した。いつ来てみても、太平洋のオアシスの名に背かないホノルルであった。

船がホノルルを出てから二日ばかりして、船客の旅情を慰めるための楽焼き会が甲板で催された。大小取りまぜた素焼きの皿を、大テーブルの上に積み重ねて、船客の取るに任せ、船客がそれに思い思いの文字や意匠を施したのを、傍にしつらえた電気炉で焼いてくれるのである。私も幾枚か焼いてもらった末に、左の詩句を案出して皿に書きつけた。

太平洋裏多貝玉　檀香島上金剛角
隠約更蔵珍珠湾　願無戦塵掩彩色

全くの即事で、七絶とも七古ともつかぬ破格の駄作ではあったが、太平洋の平和への念願を寓意したものであった。

この皿が釉薬《うわぐすり》をあびて電気炉に入れられ、やがて取り出されたのをみると真っ二つに割れていた。そこでやり直し。二度目がまた二つに割れて、電気炉を出た。三度目の正直とばかり一層念入りに右の詩句を書いて電気炉に入れてもらったのが又もや真っ二つ。こんな事は滅多にないのですがと、係の船員が不思議そうな顔をした。私は四度目の試みをしなかった。同時に入炉した他の皿が、その都度無事に焼けて出てくるのに、私の悲願を書いたものに限って三度も同じ失敗を繰り返すとは、どうしたものであろう。ひっきょう、太平洋の平和が破れるとの前兆だろうか。それにしても単なる慰みの楽焼きと、太平洋の平和との間に、因縁のあるべき道理はない。そう思いながらも、私は気を腐らして楽焼きの甲板を去った。越えて一年、わが海軍の真珠湾急襲をきいた瞬間、かつての楽焼きの失敗に、偶然のコインシデンス以上の意義を、認めざるを得なかった。

サンフランシスコからリオまで

サンフランシスコに着くと、たちまち新聞記者達に取りかこまれた。三国同盟条約の意義如何。アメリカとの戦争を避けるための条約だ。どうしてそういう理屈になるか。理屈ではない、私のボスがそういうのだ。記者達は、これで満足するはずがない。もっと敷衍して話してくれと迫られたが、敷衍すればぼろが出るに決っている。私は記者達の追及をはぐらかして、出迎えの領事館員と一緒に、上陸してホテルに収まった。

夜、ミセス・ウィリアムスに電話をかけて、誰だかわかるかというと「ミスター石射だろう」という。「どうしてわかるか」「夕刊にあなたのことが出ている。もう電話が来るはずだと待っていた」というのである。翌日夫人を訪ねて午餐を共にした。一二年ぶりの夫人は、顔にも頭髪にも老いを見せたが、折柄進行中の大統領選挙を論じて、自分は断然ウィルキー支持だと、元気一杯であった。数年前に故人となり、今はプレシジオ陸軍墓地に眠るウィリアムス老少佐の墓を共に弔った。

古巣に立ち帰った気安さで、三、四日サンフランシスコに滞在し、旧友達と交歓ののち、シカゴ経由でワシントンに着いた。堀内大使帰朝のあとを、森島〔守人〕参事官が代理していた。マサチューセッツ大通り《アヴェニュー》の山の手に新築された大使館は、南洋華僑好みの一風変った外観と色彩を持っていた。

河上清氏がホテルに駆けつけてきた。三国条約には実にこまる。アメリカ側の悪感情をなだめるのに良い材料はないかという。僕にも持ち合わせはないが、東京での伝聞では、あの条約はアメリカとは絶対に戦争せぬという条件付きで、枢密院を通ったということだったと話すと、河上氏は良いことを聞いたとよろこんで帰った。

ワシントンは秋まさに深かった。ある朝私は、ひとりロック・クリーク公園の林間にわけ入り、人影を見ない朝まだきの山合いに、落葉の小径を彷徨して、ワシントン在勤時代の思い出に耽った。

滞在数日にしてニューヨークに向う。井口〔貞夫〕総領事の歓待を受け、旧師角田《つのだ》柳作《りゅうさく》先生、旧友伊藤（七）、朝日特派員富桝周《とみますしゅう》太郎《たろう》、ジャパン・センターの前田《まえだ》多門《たもん》の諸氏と快飲したり歓談した。

ニューヨークからアメリカ船で一路南下、約四〇日にわたる旅路のはて、リオデジャネイロに着港したのは、一一月初旬であった。居留官民多数の出迎えを受け、直ちにボタフォゴの官邸に入った。

15　ブラジル大使時代

バルガス大統領

数日後に、カテテ宮において、国書をバルガス大統領に捧呈した。共通の言葉を持たない大統領と私との間に、アラニア外相が通訳の労をとった。六〇には少し間があろう、小柄で理知的な大統領の風采は、革命で天下を取った風雲児の俤を見せず、むしろ法律家といった印象を与えた。外相アラニア氏は長身寛濶、英語がすばらしく上手で、辞令に巧みであった。

大使官邸はボタフォゴ湾に直面し、見晴しは絶好だが、庭園らしきものは無く、邸前を往来する電車の軋音《あつおん》が、邸内の安静を妨げた。事務所は閑静なラランジェラスにあった。

館員は工藤〔忠夫〕、早尾〔季鷹〕両書記官、佐藤〔日史〕官補、勝山〔邦光〕商務官のほか、数人の書記生。後に森〔喬〕参事官が来任し、井上〔孝治郎〕書記官が工藤書記官に代わった。

陸軍武官は初め江湖〔要二〕中佐、のち、宇都宮〔直賢〕大佐がこれに代わり、海軍武官は重広〔篤雄〕中佐であった。陣容は整っていた。

着任一か月もたたぬ一二月初め、家父の訃報が私を驚ろかした。日頃健康であり、元気で横浜埠頭に私を見送ってくれた父であったが、狭心症でもろくも斃れたのであった。

リオデジャネイロの大景観

私はリオ市の大自然美と人工美を、ことこまかに写し出す筆を持たない。それまでの外交官生活で方々歩き回り、いい加減ニル・アドミラリに罹っていた私も、リオ市の大景観には、完全に驚倒されてしまったのである。かねて写真で見、話に聞いたリオ市と、今眼前に見るリオ市、百聞一見に如かずとはまさにこの事であった。

千尺、二千尺と地を抜き海を抜いて、リオ湾を圧する雄渾怪異な大磐石の山々。それを背景にし、或いは前景にして曲々湾々する長汀曲浦《ちょうていきょくほ》。そしてこれに沿って走る大路と高楼の櫛比するリオ、人口二百万の市街美。亭々《ていてい》たる椰子樹、鬱蒼たるマンゴーの並木。観点をかえる毎に、眼前のパノラマは刻々変転する。背後の群山の間からは、清冽な渓流が潺湲《せんかん》と走り、遡れば直ちに深山幽谷の気が迫る。朝々《ちょうちょう》暮々《ぼぼ》、雨によく晴れによく、もしそれ月明の下にひろがる一湾の風光に至っては、恍として人を酔わしめねばやまない。

誰かリオの真面目を描き得る。美港メルボルンは未だ識らず、私の知る限り、サンフランシスコの市街美、ナポリの海岸美、ヨセミテの渓谷を総合して配するに、水明の海湾を以てしたのがリオだというの外ない。如此山水如此景観、君一遊看之。私は友人達への通信にそう書くのであった。

官邸は前面ボタフォゴ湾頭に聳える一千二百尺のポンデアスーカと、これに隣立する大山塊をいながらに展望し、裏側のベランダに座せば、キリストの巨像を二千四百尺の山頂に支えるコルコバドの絶壁が眉に迫る。時あってか、雲霧が疾風の如く襲い来たって、コルコバドとこれに続く山塊を埋め、また、たちまちにして駆け去って行く。その刻々の変化は見れども飽かぬ眺めであった。

リオ着任当時は、南半球の夏季の初めであった。さすがに暑かったが私にはこたえなかった。

日・独・伊三大使の接近

着くと間もなく、ドイツ、イタリー両大使が、君の着任を待っていたといって私に接近してきた。彼等にしては同盟条約で結ばれた親類を迎えたつもりであろうが、私としてはブラジルで同盟関係を見せびらかすいささかの必要をも認めない。否、ここでは三国関係をできるだけ稀薄にしておくのが、賢明だと思った。ドイツ、イタリー大使からの接近に、私は迷惑を感じた。

さりとて、故意によそよそしくはできないので、淡白に交際しているうちに、時局の推移から来る当面の必要は、日本・ドイツ・イタリー三大使の関係を、濃厚なものにしないではおかなかった。三者の接近協調は、太平洋戦争に入ってからますます密になり、一九四二(昭和一七)年一月、南北アメリカ外相会議がリオに開かるるに及んで、最高潮に達した。三人は絶えず情報を持ち寄り、共同工作を謀議し、便宜を供与し合った。同盟条約嫌い、ドイツ嫌いの私に、こんな回り合わせが来ようとは、運命の皮肉という外なかった。

イタリー大使はウガ・ソラ氏、ほとんどブラジル在勤のみで大使になった人で、私と同年輩、娶ったブラジル婦人を数年前に失なって当時独身、ポルトガル語はお手のもので、リオ上流婦人界に知人が多いといわれた。イタリー人並みに感情家で、オステンテーションはあったが、憎めない同僚であった。

ドイツ大使プルフェル氏は、六〇才前後のキャリヤーマンで、ドイツ人によく見るぎごちなさがなく、俊敏老練な立派な外交官であった。夫人は若くて美しい淑女であった。役目を別にして、個人としても親しめる両大使であった。

サンパウロ訪問の中止

ブラジル国における私の使命は、日本・ブラジル親善関係の増進という概括的な任務は別として、日本移民の利益の保護増進と、日本・ブラジル貿易の伸長とを、当面の要務とした。

当時、ブラジル在留の日本人は、第二世或いは第三世を含めて約二三万と称せられた。一九三四年の移民制限法や、中日事変の影響を受けつつも、なお年々相当数の日本移民が送られ、受け入れられつつ集積した二三万人であった。歴史が古く、既に三世、四世をも産したドイツ、イタリー移民の数とは、比較にならなかったが、サンパウロ州を中心に、隣接諸州に入植した日本移民が、独特な農作技術と勤勉とによって、ブラジル農業の上に築いた地位は、優に他国移民を抜いていた。ことにサンパウロ州の農業は、日本移民あっての農業といってよく、その貢献は、歴代州統領の高く評価するところであり、移民を通じて、サンパウロ州と日本とは、互いに身近さを感じあっていた。こうした感情を表現する行事として、新任の日本大使は、一度はサンパウロ州に公式訪問を試み、州統領その他の官民と盛大に交歓し、地方居留民と相まみえるのが、慣行となっていた。

着任の翌年三、四月を期して、私もサンパウロ州訪問を計画し、州統領その他への手みやげ品を用意していた。そこへアラニア外相から書面が来た。時局柄日本大使のサンパウロ州の公式訪問は遠慮してほしい。行かれるなら非公式にしてほしいというのである。ブラジル政府の意のあるところはすぐ読めた。間もなく会見があった時、アラニア外相は、日本大使のサンパウロ州公式訪問はビッグ・センセーションになって人目を引く。この際、ブラジルとしては、アメリカ、イギリス等に気兼ねをせねばならぬ立場にある。悪しからず了承せられよ、と率直に説明してくれた。公式訪問はそれであきらめ、その後の時局の推移は、非公式訪問の時間をも私に許さなかった。結局私はサンパウロ州を知るいとまなく日本に帰ったのであった。

在ブラジル日本移民は、すでに創業時代を過ぎて安定期に入り、成功者が輩出していた。海興、ブラ拓、東山農事等の日本資本もまた、サンパウロ州を中心に根をおろして各種の産業を興し、アマゾン流域では、南拓の事業は振わなかったが、上司氏のジュット栽培は明日を約束されていた。

日本・ブラジル間の通商貿易は先年、日本がブラジル棉の買い入れに手を染めて以来、目覚しく増進した。正金、大阪商船が古くから支店をおいたほか、三井、三菱その他繊維商社が鋭く進出していた。個人商店では蜂谷兄弟商会が暖簾《のれん》最も古く、在ブラジル日本人成功者の第一人者と称せられた。ブラジルにおける日本人のインテレストは「欣々として栄に向い」つつあった。

日本字新聞の廃刊問題

社会的に人種的差別観念に煩わされることなく、法規上においても、大幅な自由を享有しつつある日本居留民にも、悩みがあった。一つは先年の教科書問題であった。祖国日本への執着を絶ちきれない第一世達は、子供達をもその絆につなぎたい欲望から、日本人の集団地では、それぞれ自分達のささやかな小学校を持ち、日本から取り寄せた教科書や、特にその目的のためにサンパウロで編纂された教科書を児童に教えていた。それが一九三七年に禁令となったのである。バルガス政権のナショナリズム政策の顕われとして、ポルトガル語以外の言葉を以てする初等教育が、禁止されたのである。日本人に対する差別待遇でないので、泣きねいりするより外なかった。

しかるに私が着任した翌年五、六月、バルガス政権のナショナリズムはさらに一歩を進めた。ブラジル内における外国字新聞の発行を禁止する法律を出したのである。施行期日に余裕を持たせた法律であったが、これが実施されるとなると、日本居留民の受ける打撃は甚大なものがある。なぜなら在ブラジル日本人の多数、ことに奥地在住の移民は、ポルトガル語新聞を解するだけの力がなく、サンパウロ市で発行される二、三の邦字紙を、唯一のニュース源としており、その廃刊は日本人の耳目を奪うものであるからだ。

私は邦字紙経営者達と相談の上、この問題をブラジル政府との間に、真剣に取りあげた。抗議すべき筋合いではなく、施行見合わせを申し入れたのである。アラニア外相に訴え、主管当局である新聞宣伝局長に説き、大統領にも面謁して陳情した。

時しも大統領の出身地リオ・グランデドスール州に大洪水が起り、罹災者の救恤が叫ばれた。私はサンパウロの邦字紙を語らって、義援金の醵出を居留民に呼びかけさせ、その成果をもたらしてアラニア外相に、邦字紙の効用を印象づけたりした。外相の好意的尽力に拘わらず、施行期日は一か月の延期が得られただけだった。窮余の一策としてアルゼンチンの邦字紙に、ブラジル版を発行させ、それを在ブラジル居留民に振りまく考案を立て、ブラジル時報社長黒石清作氏をブエノスに走らせたが、話し合いは遂に熟さず、邦字紙は一旦ここに消滅の悲運を見たのであった。

その頃ある日、着いた邦字紙「ニューヨーク新報」を見ると、サンパウロ通信が長々と載っていた。バルガス大統領の郷土州の洪水に際して、義援金の醵出を居留民に呼びかけた私の企てを、媚態外交と罵ったものであった。日本の武力をあてにする強硬論者は、南アメリカの一角にもいたのである。救われない気持であった。

この国の友人、日本への憧憬

ブラジル人中には、日本の友人が実に多かった。かつていろいろなミッションに加わって、日本を訪問したさい、各方面で受けた好印象を温存し、或いは日本からのミッションによって好感情を植え付けられた人々、さなくとも文芸、学術、通商を通じて、日本の長所美点を解する人々はその数多く、何れも日本の良友であった。中にも中日事変を観戦したリマ・フィゲレード陸軍少佐、細菌学のフォンセカ医博、後の航空大臣サルガード・フィリオ氏、リオの日本・ブラジル商業会議所会頭オルランド・カルバリョ氏、クラウデ・サウザ博士などは、わが大使館に最も親しい人々であった。バルガス政権の支柱であるズートラ陸軍大臣、ゴエス・モンテーロ参謀長も日本に興味と好感を持つといわれ、私の招宴などにも快よく顔を見せてくれた。

不思議に日本の文芸が愛好され、有島武郎《ありしまたけお》の『或る女』長与善郎《ながよよしろう》の『青銅の基督《キリスト》』が好評された。私の前任者桑島大使の残した日本・ブラジル文化協定は、文化を通じての日本・ブラジル接近の具として、実に有意義なものであったが、ブラジル側の都合で批准交換がおくれ、私の手でその交換手続きが済んだ時は太平洋戦争の直前であったため、惜しいかな、その効用を顕わすいとまもなく短命に終焉した。

日本語がまた意外に人気があった。リオ日本・ブラジル中央協会小林進氏の主宰する日本語学校は、多くの青年男女を引き付けていた。

すべて日本的なものが知識階級に憧憬される傾向にあった。一片の好奇心ではなく、日本・ブラジル親善気運と表裏する日本への関心の致す所であった。

日本人の誰彼

サンパウロ州訪問の機会を失した私は、その方面の在留者に、多く馴染みを持たなかったが、海興の主脳者である元の外務省人宮腰千葉太氏、同窓中野巌氏が時折リオに来てくれて、幾年ぶりかの旧交を復活した。大使館への最も頻繁な用務来訪者は、ブラ拓の宮坂国人《みやさかくにと》氏であった。

サントス近くにバナナ園を経営する元の私の長官古谷重綱氏を、リオに迎えた時の懐しさは格別であった。官邸に数日の宿泊を願って、絶えて久しい再会の喜びを持った。古谷さんはさすがに元の職掌柄、国際情勢に深い関心を持っておられた。私は愛蔵のH・G・ウエルズの“The Shape of things to Come”をお目にかけ、その中に書かれている通りの運命が、日本を待っているのですと説明した。読んだ古谷さんは「この通りだと大変な事になる」と嘆息せられた。

リオ市の居留民は三百余、椎木〔文也〕正金支店長、佐藤大阪商船支店長、蜂谷兄弟商会の蜂谷健九郎氏などが、重きをなしていた。みんな私とゴルフ同好の士でもあった。朝日特派員荒垣秀雄《あらがきひでお》氏、同盟通信員椎野豊氏は私の有益な話相手であった。

リオを通過し又は来訪した主なる人々には、初代アルゼンチン大使として赴任する富井周氏、同じくアルゼンチン行きの朝日特派員細川隆元《ほそかわりゅうげん》氏、訪米議員団の一人篠原代議士等を数え得る。一九四一（昭和一六）年六月、ドイツ・ソ連開戦でソ連経由が不通になり、ヨーロッパに散在したわが陸海軍の将校達の幾組かが、帰国の道をブラジルにとり、日本船に便乗した。彼等はブラジル市場に流れている安い円紙幣を買い漁って帰ったといわれた。利己心の前には自己も本国の禁令もなかったのだ。時局がいよいよ切迫感を持った頃、山田わか氏がドイツからリオに来て最後の日本船に間に合った。

最後の日本船東亜丸は貨物船であったが、こういう帰朝者達で超満員であった。大使館からの帰朝者工藤一等書記官もこの船であった。出帆間際になって駐華ドイツ大使として赴任するスターマー氏がやって来た。ぜひ東亜丸に割り込ませてくれろという頼みである。私にしてはこのリッペントロップの油断のならぬ手先を、東洋にやるのを好まなかった。何か又日本のためにならぬ使命を持っているかも知れない。なるべくはブラジルで立往生させてやろうとの下心から、便乗の便宜供与を渋ったが、プルフェルドイツ大使の懇請黙しがたく、とうとう商船支店に口添えせざるを得なかった。東亜丸はブラジル税関のお目こぼしで、水晶、マンガンなど、輸出禁制の軍需物資を吃水深く積み込み、多数の帰朝者とスターマー大使を載せてリオを出帆した。あとできいたところによると、日本・アメリカ開戦を知らずにミッドウェー付近を通過して、無事横浜に着いたとのことであった。

日本・アメリカ会談

時局の動きについて時々外務省から出先公館に与えられる情報電は、いつも簡単に荒筋を摘《つま》んだもので、ひからびて実感に乏しかった。生々しい情報はやはり新聞雑誌による外はない。私は飛行便で届く「ニューヨーク・タイムス」『タイム』と『ライフ』を時局解釈の糧《かて》とした。

時は Bad to worse に流れた。一九四一年二月、野村大使がワシントンに着いて、日本・アメリカ会談を開始したのは朗報であったが、会談は停頓を重ねてはかばかしい進展を見せない。この間にアメリカは武器貸与法を制定して、非枢軸国援助の決意を具体化したばかりか、五月末には無制限国家緊急状態を宣言して、非常時に即応する態勢に突き進んだ。六月二二日、ドイツ・ソ連開戦、七月、日本軍の南部フランス領インドシナ進駐、イギリス・アメリカの日本資金凍結、パナマ運河の日本船への閉鎖、八月大西洋憲章の宣言、一一月半ば来栖大使のワシントン飛来、ＡＢＣＤ会談、そして遂に一二月八日の最悪《ワースト》が来た。

この間、日本では、三月に松岡外相が訪欧して日ソ中立条約を成立させた。その外相が七月突如辞職したことの真相は、当時知る由もなかった。後任豊田《とよだ》〔貞次郎《ていじろう》〕外相が就任して間もなく一電が届いた。日本政府は努力を新たにして、日本・アメリカ会談を促進せんとする方針ゆえ、貴使においてもその含みを以て任国に対処せられたしとの意味で、中南米在勤の各大公使に宛てられた合電の訓令であった。私は前々年、ヨーロッパ戦争発生当時ヘーグから具申した「絶対に戦争外に立って、中立を高く売るべし」との意見に言及して、日本・アメリカ会談の結実を念願する旨の電信を以てこれに酬いた。

他の大公使も夫々大臣来電に応酬し、それが私にも転電されてきた。中に在メキシコ三浦公使からの大臣宛往電に「貴電あきれるの外なし」とあるのが私を驚かした。電文はただそれだけ。日本・アメリカ会談の余りに遅々《ちち》たるを慨したのか、或いはアメリカとの問答を無用と見たのか、何れにしても大臣来電をあざ笑った未曽有の奇電であるから、只《ただ》では済むまいと思っていた。果して三浦公使は本省から叱責を受け責任を問われたが、やがてパール・ハーバーがこんな問題を押し流してしまった。

この年七月、パナマ運河の閉鎖と、在アメリカ日本資金の凍結は、大西洋岸に居合わせたわが船舶と、ブラジルのわが商社を周章せしめた。従来燃料をアメリカで取り、帰航をパナマに取っていたわが商船は、南アメリカの南端マゼラン海峡をまわるより外なくなり、帰航燃料の注文が、ブラジルに殺到した。正金支店を始め、わが商社は在アメリカ資金の逃避工作に苦心した。またアメリカの政策に応ずるのであろう、ブラジル政府は日本の必要とする戦略物資たるダイヤ、水晶、マンガンその他の鉱産物を輸出禁制品とし、次々とその範囲を拡張しつつあった。

時局の緊迫は、このような身近なでき事からも、ひしひしと感ぜられるのであった。

情報網計画

八月、ワシントン大使館の情報主任寺崎〔英成〕一等書記官が本省の訓令を受けて飛来した。日本・アメリカ開戦の場合に備えて、ブラジル大使館を中心に、南アメリカに情報網を張るための相談であった。寺崎氏と私は、数日に亘って各種の情報手段を検討した。間諜の使用が当然考量されたが、これに伴う危険と適任者の問題でその考案は捨てられた。結局、開放的なアメリカの新聞雑誌の記事を、周到にチェックし整理して、その中から必要な情報を握るという地味な案に落ち着き、その担当者として寺崎書記官外一、二人の人員を、ワシントンからリオに転任せしめる事、並びに中南米各大公使館も、各々右の趣旨で情報触手を働かせる事との荒筋を決定し、寺崎書記官は案を携えて関係大公使館を空路歴訪ののち、ワシントンに帰任した。成案は本省の採用する所となったが、寺崎書記官等の来任を見ない中に、日本・アメリカ開戦となった。

翌年一月、日本・ブラジル国交断絶後、ブラジル当局は、諜報容疑者として多くの在留日本人を勾留し、或いは家宅捜索を行なったが、大使館が諜報中枢をなさない以上、いくら居留民を叩いてみても、埃の出るわけはなかった。

真珠湾――豈朕が志ならんや

一二月七日夕刻、リオのラジオが真珠湾の急襲を報じた。赴任途上浅間丸での楽焼きの奇現象がすぐ頭に甦《よみがえ》った。その日の日記に私は「大事去って大事来る」と書いたのを覚えている。

宣戦の詔勅が打電されてきた。館員及び居留民を大使館事務所に集めて、詔勅捧読式を行なった。私の胸を打ったものは「豈朕《あにちん》が志《こころざし》ならんや」の一句であった。叡慮《えいりょ》がこの一句に集約されている事を一同に解説した。

日本政府から次々と訓令が飛来した。私の当面の任務は、取りあえず宣言されたブラジルの中立をどこまでも確保する事であった。私はアラニア外相を訪問して、日本が何故にＡＢＣＤとの戦いに追い込まれたか説明し、日本の対アメリカ開戦が、すこしも中南米諸国に脅威を与えるものでないゆえんを述べて、ブラジルの局外中立維持を要望した。新聞記者会見においても、この趣旨を強調した。カフレーアメリカ大使は、日本の開戦はアメリカ大陸全体の安全を脅かすものだと声明した。私が参謀長ゴエス・モンテーロ将軍に会見して中立維持を要望すると、日本大使は急所を心得ていると、リオの新聞が書いた。ブラジルの新聞論調は、日本に悪くなかった。

真珠湾といい、マレー沖といい、すばらしい戦果なので、その当座どこへ行っても話がしやすかった。戦争になった以上、勝つの一手だ。情熱的なブラジル民衆は、日本陸海軍の精鋭さを賞賛し、アメリカ・イギリス海軍の間抜けさを嘲笑う傾向さえ示した。

が、私は密かに館員に向って、この戦争は一九四二年（昭和一七）中に終結をつけなければ、日本が負けだと断定していた。詳しい数字を持たぬ素人の頭にも、戦争による消耗の補充力においても、軍需品の生産力においても、アメリカが圧倒的に優勢であることが、はっきり映ったのであった。

日本に続いて、ドイツ、イタリーがアメリカに宣戦した。自然日本・ドイツ・イタリー三大使の足並みが、ブラジル中立の確保という共同目標に向って完全に揃った。三大使は頻繁に会合して、情報を持ち寄り、意見を交換し、工作を練り、最後まで緊密な協調を維持し、友交を密にした。私はドイツ嫌いの感情を、ピッジョン・ホールせねばならなかった。

開戦後間もなく、西半球の共同防衛措置を講究するためのアメリカ大陸二一か国の外相会議の召集が発表された。場所はリオ市、期日は翌年一月一五日と決定された。この発表を境として、ブラジル新聞の論調が目立って日本に不利になってきた。外相会議に対するブラジルの態度を打診のため往訪した私に対して、アラニア外相はこういった。

「ブラジルが時局に対して、将来どう態度を決定しようとも、日本居留民の安全だけは、絶対に保障する。この事だけは安心せられよ」

含蓄のある言葉であった。ブラジルが中立を捨てる場合を予想しての言葉に相違なかった。ドイツ・イタリー大使がアラニア外相その他から得た印象も、ブラジル政府の明日の態度を示唆するものであった。年末日本・ドイツ・イタリー三大使が集まって得た結論は、「ブラジルは来たる外相会議において、翕然《きゅうぜん》としてアメリカに傾くであろう」であった。

リオの外相会議の前夜

一九三三年三月、新任早々ルーズベルト大統領の宣明した善隣政策は、爾来アメリカ大陸諸国結束の中核をなし、三八年一二月のリマ汎アメリカ会議において西半球共同防衛責任《ソリダリティー》の宣言を産むに至った。汎アメリカ諸国の何れの一国の平和、安寧、領土が脅威を受けても、アメリカ大陸全体に対する脅威と見なして、共同してこれを排除する約束が、成立したのである。この宣言は一九三九年のパナマ会議、四〇年のハバナ会議によって、時の国際動向に応じて再確認され強化され、今や、リオ会議はこの宣言に基づいて、アメリカ大陸各国がとらんとする措置を議定せんとするのである。

アメリカの宣伝は、真珠湾の受けた急襲をもって、共同防衛責任の発動すべき全アメリカ大陸への脅威だと、頻りに叫んだ。

年が改まって一九四二（昭和一七）年一月一〇日頃から、外相会議参加の各国代表が到着し始めた。一二日にはアメリカ代表サムナー・ウェルズ国務次官がブラジル官民の大歓迎裡にリオ入りをし、当夜宿所コパカバナ・パラス・ホテルの記者会見において、「会議の目的は枢軸の西半球攻撃の手を封じ、両アメリカ大陸を安泰に置かんとするにある」と第一声を放った。新聞は一斉にウェルズ氏のリオ入りの盛況を報じ、吝《おし》みなく歓迎の意を表した。ブラジルの宣伝情報局には、既にアメリカの情報官が乗り込んで言論と報道の指導に当っていると伝えられ、ラジオと新聞は、完全にアメリカに握られた感があった。戦況記事は、引き続き日本の勝報を伝えたが、見出しが小さくなった。黄色《イエロー》の文字を以て、日本人を侮辱する記事さえ現われて、我々を不愉快にした。

各国代表中でキナスアルゼンチン外相が、最後にリオ入りをした。ブエノス出発前キナス氏が、共同防衛責任《ソリダリティー》の発動を云々するのは過早だといった声明は、我々を頼もしがらせた。

これより先、アルゼンチン、ブラジル、チリ三国間に不宣戦の了解が成立しているとの情報とアルゼンチン、チリ、パラグアイの三国があくまで中立維持の態度を決定しているとの情報を得たので、日本、ドイツ、イタリー三同僚はこれら数国の代表に向って、密かに工作する事を申し合わせた。ブラジルの態度を有力に牽制し得るものは、ブラジルと共に南米ABCグループをなすアルゼンチン、チリ両国であろうと、我々は観測した。しかし、アラニア外相は一月七日私との会見において、ブラジルは枢軸に対して断じて宣戦はしないが、外相会議の大勢が、断交に傾けば、ブラジル独りノーとはいえぬと、鋒鋩《ほうぼう》の一端を見せた。この前後、新聞に現われたアラニア外相の言動は、相当奔放であった。

こうして外相会議が開かれた。

外相会議とその帰結

外相会議は、予定の如く一月一五日を以て、外務省内で開会された。アラニア外相が議長に推された。バルガス大統領の汎アメリカ協調演説があって本会議に入り、劈頭《へきとう》ウェルズ氏が、爆弾演説を投げつけた。

「アメリカ大陸諸国に、枢軸外交官がおるのは有害無益だ。彼等がスパイ行為をなし、任国の秩序攪乱工作に従事しているのは証拠歴然だ」と述べ、早く遂い払ってしまえといわんばかりの、激越なものであった。

これを皮切りに、共同防衛の手段として、対枢軸国宣戦案、ないし国交断絶案が論議検討され始めた。アルゼンチン、チリ、パラグアイの三国が、宣戦案はもちろん断交案にも反対の態度を堅持するので、会議は数日間難航を続けた。ウェルズ次官が、反対説得に悩んでいるとか、ブラジル側が居中斡旋しているとかの情報が、刻々伝えられて来た。ウェルズ次官としては、二一か国一致の決議が得られなければ、使命の失敗になる瀬戸際に立ったのであろう。

結局、当初の「アメリカ大陸諸国は枢軸国との国交を継続するを得ず」とある拘束案に代わって、国交を断つ事の勧告案が二三日に成立した。アルゼンチン国代表の反対が、勝を制したのだと伝えられた。会議は外にいろいろの決議をして二八日に幕を閉じた。

日本、ドイツ、イタリー三国の同僚は、会議開会以来、一層協調を緊密にした。もう大勢我に不利と見通してはいたものの、最後まであらゆる手段を尽そうではないかと申し合わせた。まずアラニア外相宛に、銘々同工異曲の公文を送り、国交断絶がブラジルにもたらす不利益と、既存国家の伝統的親善をレマインドして、ブラジルの中立維持を懇切に要望した。一方アルゼンチン、チリ、パラグアイの各大使にも渡りをつけ、国交断絶決議への、反対態度の堅持を工作し、ローマ法王使節にも訴えるところがあった。而して遂に二三日の勧告案の成立。残る問題はブラジルがこの勧告案に順応して、対枢軸断交をいつやるかにあった。私は最後の手をペトロポリスなる大統領に向って尽そうとして会見を求めたが、手応えがない。やむを得ず一月二六日、ナブコ外務次官を往訪して、大統領への要望を述べ、その伝達を頼んだ。その節ナブコ次官は私の質問に答えて、“We are coming toward rupture very soon”と率直にいった。

二七日、ペトロポリスの大統領をかこんで、閣議が開かれたと報ぜられた。夜、伝わってきた情報によれば、軍部からの異論を越えて、国交断絶が決定されたというのであった。

二八日、外相会議最終の議場において、アラニア外相が、ブラジルの対枢軸断交を華々しく宣言した。四〇年にわたる日本・ブラジル国交は、それで終焉した。

国交断絶の通告

一月二八日午後六時、ブラジル外務省員カステロブランコ氏が、アラニア外相からの国交断絶通告書と、日本大使及びその館員の、ブラジル退去を要求する旨の、赤表紙の出国旅券をもたらした。なお出国可能となるまでの大使、及び館員の私生活には、何らの制限を加えぬ方針である事を、ブランコ氏は付言した。私は今さら何の興奮も感じなかった。ブラジル政府の寛宏を感謝し、アラニア外相によろしくと伝言を頼んだ。夕闇せまるランジェラスの大使館事務所での、索莫たる場面であった。

その時分、ドイツ、イタリーの同僚も、同様な通告を受けつつあったのに違いなかった。断交と同時に、日本との通信が断たれた。それでも二月二日、東郷外相からの私宛ポルトガル文電信が、ブラジル政府の厚意で届けられた。リオ会議中の、私と館員の努力を感謝する旨の丁重な電信であった。私は、failure of my mission の責任を痛感する旨の英文返電を認め、ブラジル政府の厚意的発電に委ねた。同時にブラジル政府の、我々に対する幅広な厚遇ぶりをも電報した。

断交間際に、東京宛に私の発した数通の暗号電信が押えられていたのも、カステロブランコ氏の取り計らいで発電された。ブラジル政府の我々に対する取り扱いは、寛大を極めていた。

その後二、三通の電信をひそかに東京宛に発した。ドイツ大使館の持つ秘密のチャンネルを通してブエノスに電文を郵送し、そこから東京へ発電してもらうのだった。何事につけてもドイツは抜目のない機構を持っていた。

監禁生活――居留民に対する圧制

断交の通告によって緊張から解放されたわが大使館は、残務整理以外に仕事がなく、ブラジル政府の厚遇の下に、各人悠々自適、いつとはわからない帰朝の日を待つばかりとなった。私は森参事官相手に、せっせとゴルフに通った。中央政府の方針が徹底しないためか、処によっては地方官憲が、その地のわが領事館に対して、行き過ぎた措置をとった事例もあったが、それも次第に緩和された。祖国の必勝を信ずる居留民は、安居楽業して、さしたる不安動揺を示さなかった。

然るに三月七日早朝、突然リオ警察から、私服警察官が官邸にやってきて、政府の命令により今日以後日本大使を官邸内に監禁する旨を宣した。一日一時間を限って、警官付き添いの下に私用外出を許す以外、外出はもちろん外部との通信交通を禁ずるというのである。電話線は直ちに切断され、ラジオと新聞だけが許された。外部からはわが利益代表国スペイン大使のみが、出入り自由であった。

この急変はスペイン大使の情報によれば、東京のブラジル大使が、日本政府から受けつつある冷遇への報復であるということであった。やむを得ない。私は書記生二人を相手に官邸に立籠って無聊《ぶりょう》に苦しんだ。

三月一二日、大統領令を以て、緊急事態が宣言され、外国人の身体財産に対する、憲法上の保障が停止された。それと同時に日本、ドイツ、イタリー人の検挙、家宅捜索が全国的に始まった。スパイ防止の非常手段であった。日本人の関する限り、旅行が禁止され、戸外や公開の場所における日本語の使用が取り締られた。日本と日本人に対する悪意の記事が新聞を賑わし、ブラジル民衆の対日感情を、急激にすさませた。リオの正金支店が、民衆から投石された事件が起った。

リオでの居留民は、次々と警察に勾留取り調べを受けた。荒垣朝日特派員、椎野同盟通信員も例外ではなかった。わが大使館でも井上一等書記官を始め、二、三の館員が取り調べないし家宅捜索を受けた。国際慣例違反としてスペイン大使の抗議を煩わした。サンパウロ方面はさらにひどく、めぼしい居留民が相継いで挙げられたといわれた。

真実スパイとか諜報網などいう、気の利いた組織も訓練も持たない日本居留民を、いかに痛めつけてみても、ネタはあがらない。最初真面目に捜査にかかった警察当局も、中途からだれてきて、検挙はしても訊問や取り調べをする事なく、そのまま無意味に留置するばかりとなった。この状態は被留置者には甚だしい精神的苦痛を与えた。

ブラジル官憲のこうした検挙や捜査は、スペイン大使を通じてなされる厳重な抗議にも拘わらずやまない。釈放される者のあとから、新しい検挙が続いた。アラニア外相のかっての約言に反して、何故に日本居留民に加える迫害か。情報によればアメリカが間接に下す筈《しもと》らしかったが、私はブラジル官憲の仕打ちを深く恨んだ。他日もし日本が戦勝した暁には、ひつじょう思い知らせずにはおかないと。

三月二四日、ブラジル政府は思いがけなくも私の監禁を解いた。日本におけるブラジル大使の待遇が改善されたのが原因らしかった。わが居留民に対する検挙と捜査はなお続いたが、その頃からブラジルの新聞の悪罵の重点が、日本人からドイツ人社会に移っていった。

在留イタリー人に対する圧迫は、極めて微弱であるらしかった。イタリーに対する、イギリス、アメリカの宥和政策の反映ともみられ、またブラジル自身がイタリーなるものを見くびっているからだともいわれた。ブラジルでは、イタリー人は親しまれはしたが、軽視されていた。

自由を取り戻した私は、森参事官と一緒にまたゴルフ通いを始めた。

リオのゴルフ場は、市の東南七、八マイルの海岸で、ガベヤ・ヴァレーの絶景内にある。その背景において、その眺望において、到底わが川奈ゴルフ場などの及ぶ所ではなく、恐らく世界にも冠たるものであろう。クラブ会員の多くはイギリス、アメリカ人であった。

しかし五月末、私と森参事官は、ゴルフ倶楽部から日本・ブラジル国交断絶の理由で、会員たるの権利を停止されてしまった。イギリス、アメリカメンバーの発議に相違なかった。

かかる間に、日本・アメリカ間に交換船の話が進み、南アメリカ断交国在勤のわが外交官、領事官はもちろん、民間の希望者も、これに便乗して帰国することが確定され、交換船のリオ寄港日取りがほぼ明らかとなった。サンパウロ原（馨）総領事を始め、地方領事館員が相ついでリオに集まってきた。民間の帰国希望者を詮衡《せんこう》して、ブラジル政府との間に名簿を確定した。民間人といっても一般居留民は日本政府の命令で詮衡外におかれた。官民その家族合わせて約三〇〇人が、リオから便乗することとなった。

この時、居留民の一部から、こんな圧制なブラジルにおるよりは、早く大東亜共栄圏内に移って、自由の天地を開拓したいとの声が聞こえてきた。祖国の宣伝に浮かされて、天国のような共栄圏がもうでき上っているものと早合点をしているのだ。居留民は祖国を万能の国と信じていた。

こうしたわが居留民の利益保護に当るスペイン大使を補佐するため、早尾二等書記官を残留せしめることになり、ブラジル政府はこれを承認した。

再び陳介重慶大使との密会

五月初めのある日のリオ新聞に、重慶大使陳介氏の来遊が報ぜられ、大写しの写真とともに、陳大使の記者会見記事が出た。前年七月、ヒトラー政府が南京の汪政府を承認した結果、陳大使はベルリンを退去してアメリカに足を留め、その間、南アメリカ視察を思い立ったのであった。コパカバナのホテル・パラスに数日滞在するとのことであった。記者との会談に、日本への悪罵がなかったのもゆかしかった。

先年、陳大使の任地ベルリンに私が行き合わせ、今度は私の任地に陳大使が来合わせた偶然さの中に奇縁を感じ、私は今度も是非会おうと思い立った。陳大使への接近はしかし、先年以上に秘密にやらねばならない。

森参事官と相談の上、密会の場所をホテル・パラスに近い同参事官宅と決め、直ぐ密書を書いて大使官邸雇いの二世ボーイを使者に立て、直接陳大使に手渡しさせることにした。手紙には二年前のベルリン会合のよろこびに言及し、リオでもそのよろこびを再びしたい。もし御都合よくば、何時でもこれこれの番地の森参事官宅へ来駕を乞うとしたためた。

使者の復命によれば、手紙は確実に陳大使の手に渡したという。先方からの消息を心まちに待っていると、三、四日後のある日の午後、森参事官から直ぐ拙宅へ来てほしいと電話が来た。私は陳大使の来訪を察した。

自動車で森参事官宅へ駆けつけてみると、果して陳大使が待ち受けていた。二人は又々相抱かんばかりにして再会をよろこんだ。大使は随員が市中見物に出た隙に、タクシーでやってきたといった。

時すでに中日の戦いは、太平洋戦争の一環となり、陳大使と私は、いかなる意味においても敵と敵とであったが、年来の友情にはすこしも変わりがなく、間を堰かれている愛人同士が、人目をしのんで逢瀬を楽しむような気持でお互いをなつかしんだ。

森夫人の心づくしの冷菜をかこんで、ウィスキーを飲みながら、私と陳大使は一別以来を語り合った。

当時戦局は日本に有利に展開し、わが軍はビルマに進撃してイギリス・中国軍をなやましている最中なので、私は中日両国が、第三国の領土まで出張って殺し合いをすることのうたてさをかこった。大使は大使で、中国奥地の日本軍の活発な新作戦ぶりからして、果して日本軍に重慶まで攻め込む意図があるか否かを懸念しており、まさかそんな不合算《プホーソワン》（割に合わぬの意）な行動をとるまいと思われるがどうか、と尋ねるのであった。私は陳大使のそうした観測を肯定した。

陳大使は話題を転じていう。アメリカでは来栖大使が問題になっている。多くの者は来栖は真珠湾の急襲の計画を知りながら、アメリカに油断させるために囮になって飛来したのだときめてかかり、今では「ダブル・クロス」（騙す）という俗語をもじって「ダブル・クルス」という俗語《スラング》さえ流行している。自分も度々アメリカ人から意見をきかれたのに対し、来栖という人は、そんな悪意の使命を抱いて来る人ではないと答えるのだが、真相はどうであろうかという。

私は政府から受けている情報の関する限り、来栖大使の使命が善意であったことに、すこしも疑いがないと断言すると、陳大使はそうだろうと首肯するのであった。

二人の話題にのぼった人々のうち、宋子文氏の在米中であることはすでに知っていたが、元の外交部亜州司長高宗武氏が滞米中であることは、私には初耳であった。高氏は汪精衛氏の南京政府樹立計画に一時参画した人であるが、日本側の持ち出した条件に愛想をつかし、中途で汪氏と袂《たもと》を分ち、日本側の条件を香港で暴露してセンセーションを巻き起した主人公である。そのセンセーションは知る人ぞ知る。知らぬは知らされなかった日本国民の大衆だけであった。

「高さんはあの暴露で漢奸の汚名をそそいだわけですか」

「そうです、今熱心に経済の研究をしています。私の処へもよく来ますよ」

そんな会話も、私と陳大使との間にかわされた。お互いに名残りは尽きなかったが、時間の都合もあるので、陳大使は一時間ほどで辞去した。

会ってはならぬ立場の親友同士のこうした密会が、或る種のスリルを感ぜしめる反面に、久しぶりの友人が、晴れて交歓もできないような時局を私は呪わざるを得なかった。

数日後、陳大使のサンパウロ行きが新聞に報ぜられた。

交換船――さようならリオ

七月三日朝、待望の交換船グリップス・ホルム号が着港した。乗船は午後一時と予定された。私は午前中自動車を駆って市外にドライヴし、リオに名残りを惜しんだ。

イタリー大使が別れに来てくれた。イタリー流の大きなジェスチュアで私を抱擁し、いや応なしに別れの接吻をするのであった。シャンペンの盃を挙げて別れた。ドイツ大使は顔を見せず、こちらから健康を祈ると書いて名刺を届けた。

午後一時過ぎ、スペイン大使クエスタ氏と同乗で波止場に乗り付けた。緑十字を胴腹に大きく染め出したグリップス・ホルム号が巨体を岸壁に横付けしていた。上下甲板の手摺りによって、幾百という顔が見おろしている中を、私はクエスタ大使と共に船にのぼった。リオからの約三〇〇人の乗船者は、総て乗り込み済みで、私が最後であった。野村、来栖両大使、若杉公使を求めて固い握手を交わした。知人という知人が待ち受けてくれていた。

見物や見送りのブラジル人が、仕切られた場所に群集した。その中の一ブラジル婦人が大声で船に向って叫んだ。「枢軸がきっと勝つ。日本万歳！」

私はその場面を目撃しなかったが、婦人は異常な激情ぶりであったという。北アメリカからの人々は、ニューヨーク出帆では到底見られない光景だと感嘆した。

船はその晩停泊、翌四日夕方出帆した。あとになりゆくリオの町は、灯火のまばたき美わしく、背後の山々は雲と闇とに閉ざされてさだかならず、湾頭に直立するポンデアスーカの巨山のみが、どす黒く輪廓を見せた。外海近くなって風浪高く、私は夕食半ばで船室にかけ込み床に臥《ふ》せった。床を離れたのは三日後であった。

船中、野村、来栖、若杉〔要〕の諸氏から、日本・アメリカ会談の苦心談が語られた。野村大使手記の「事務報告」なるものを反覆熟読した。大使が政府の訓令に苦しめられた記録であった。

グリップス・ホルム号は、日本からの交換船との出会い場所である南アフリカのポルトガル領ロレンソ・マルケスを目ざして東航を続けた。両アメリカ大陸からの引き揚げ者約二、〇〇〇人を乗せたこのスウェーデン船の内部は、日本人社会の縮図であった。仰々しい自治組織が造られていて、船室の割り当て、風紀、衛生、海難防止、学童の教育などが各委員会に分掌された。官吏、軍人、新聞記者、銀行会社員、個人商、学者、医師、芸能人と、それ等の妻子眷族が、狭い場面にひしめき合って、絶えずゴシップし、小悲喜劇を演出した。性欲のはけ口に困って婦人ばかりの室にねじ込み、誰でも良いから、相手になってくれと強談する者があった。国家の費用で旅行するからには、野村もわれわれも同等であるべきだ、と船室割り当ての不満を叫ぶ者もあった。

船は同床異夢を乗せて七月二〇日、日本からの交換船に先立って無事ロレンソ・マルケスに着いた。

ロレンソ・マルケスの冷汗

ロレンソ・マルケスの港は、湾とも河口ともつかぬささ濁りのだだっ広い港で、ウォーターフロントも小規模であった。船から見ると、一帯の山脈が低く垂れた雲に圧せられつつ街の背後に沈んでいた。アフリカ大陸のこの東南の一角に足跡を印すべしとは、かつて思い設けぬ所であった。

上陸は自由であった。町は小さな植民地町ながら整然たる都市計画の下に、碁盤目の街路は堅牢に舗装され、博物館、動物園、植物園を持ち、日本の小都市には見られない市街美と文化施設を備えていた。小ぎれいな店々には、購買欲をそそる気の利いた商品が、美しく陳列され、それを目がけて、交換船から買い手が殺到した。台所用品、繊維品、飲食料品、その他携帯可能なあらゆる品物が買い漁られ、数日の間に、ストックが尽きたといわれた。日本の物資難の声に刺激された、購買欲の嵐であった。

二日おくれて、南北アメリカの外交官、民間人を満載したわが交換船浅間丸と、イタリー船コンテベルデ号が、舳艫相啣んで入港した。「浅間とコンテベルデが見えた」の声で、誰も彼も甲板へ走った。舷側に染め出された日の丸を見て、誰もが歓喜で興奮した。両船の宰領者として高岡総領事が乗り込んでいた。

その翌日、人と物との積み換えが行なわれ、北アメリカ引き揚げ者は浅間丸に、中南米引き揚げ者はコンテベルデ号にと分乗した。三浦〔義秋〕メキシコ、秋山〔理敏〕パナマ、柳井〔恒夫〕コロンビア、坂本〔竜起〕ペルーの四公使と私とが中南米組の幹部をなした。

この港に駐在するドイツ、イタリー領事が、我々一行に色々な便宜を与えてくれた。一夕両領事とその夫人の主催で、ドイツ、イタリー合同の夜会が我々外交官のために町のホテルで催された。ドイツ、イタリー居留民も加わって非常な盛会であった。が、ダンスが始まる段に及んで、ハタと当惑した。主賓の中の誰かが、まず主婦にダンスを申し込むのが儀礼だ。主婦の第一人者は白髪のお婆さんドイツ領事夫人である。真先に出るべきはずの野村大使は首を横に振って動かない。来栖大使も同様である。そこで私の番だ。ダンスは元々嫌いな上に、六十余のお婆さん相手の義務的ダンスは、全くつらいがやむを得ない。勇を鼓して老夫人を誘って場に出た。五分か七分かの音楽切れが、いかに待ち遠しかったことか。が、それがスタートになってダンスが栄えた。あとで船に戻って着換えをすると、下着からワイシャツまで汗みどろだ。土地の暑さのためばかりではなく、心にそまぬダンスの冷汗だった。

この地から中立国船を求めてヨーロッパ大陸の新任地に赴任せねばならぬ森島〔守人〕ポルトガル公使、ほか数人の人々を残して、浅間丸とコンテベルデ号は二六日昭南（シンガポール）に向けてこの港を抜錨した。陸上の残留組があかず国旗を振って別離を惜しむ情景が哀愁をそそった。

両船は間近い間隔を取りつつ、マダガスカル島の南端をまわって、スンダ海峡を目指した。太平洋戦争の場面が、日に日に近くなった。スンダ海峡以北で恐れられた浮流水雷にも出合わず、カリマタ水道を通って、八月九日午後五時無事昭南に入港した。

昭南の二日

昭南の主人は寺内《てらうち》〔寿一《ひさいち》〕軍司令官であった。一行のため軍司令官主催の大晩餐会が催された。寺内大将は好々爺、その取り巻きに永田《ながた》〔秀次郎《ひでじろう》〕、大塚《おおつか》〔惟清《いせい》〕、大達《おおだち》〔茂雄《しげお》〕、徳川〔家正〕、砂田《すなだ》〔重政《しげまさ》〕の諸氏がいた。軍の案内で戦跡を見物した。英将パーシバル降伏の場面であるフォード組み立て工場が珍らしかった。

わが軍占領後、何千といわれる中国人が粛清の血祭にあげられ、名は昭南と変えられても、華僑の「星港」であることに変わりはなかった。

停泊中、某方面から飛来の久邇《くに》〔朝融《あさあきら》〕海軍大佐の宮に拝謁し、来遊中の芳沢〔謙吉〕大使にお目にかかった。光機関[*19]の要員として、インド独立工作に携わる千田牟婁太郎氏とも幾年ぶりかで邂逅《かいこう》した。

船は八月一一日昭南発、途中無事に一九日早朝、館山湾に着いて仮泊した。約二年ぶりの故国の山々を懐かしく見た。夜横浜港外に進み、そこに投錨した。灯火管制であろう、東京湾の周辺には灯火の閃きもなく、半弦の月が低く雲間に懸って、淋しい夜景であった。

二年ぶりの東京

翌早朝、船が岸壁に着いて上陸が開始された。出迎えに来た妻や長男と話す暇もなく、埠頭で催された神奈川県知事と横浜市長主催の歓迎会に臨み、終わるとすぐ三大使自動車を連ねて入京した。沿道は歓呼の声に湧いた。

まず宮城前に降り立って遥拝をすませ、外務大臣官邸で東郷外相と会談の後帰宅した。その翌日から拝謁、神社回り、東条《とうじょう》〔英機《ひでき》〕首相の午餐等多忙な数日が続いた。

約二年ぶりの日本は、戦捷《せんしょう》又戦捷に輝やいていたが、心なしか民衆の表情にはどことなしに一抹の暗影が宿っているかにみえた。統制に縛られる生活物資の不自由さが投げる影であろう。配給所の前には長蛇の列が見られ、街頭の店先は商品らしき商品が見えず、からからに乾いていた。随所に貼り出された様々な道義的標語は、それを無視して行なわれる闇取り引きと、裏口商売のためにうわ滑っていた。当局や公益団体は競って標語を氾濫させれば気がすむらしかった。「世の中は星に桜に顔と闇、馬鹿正直が行列に立つ」「胃袋に入るべき物もあらぬ世に、慰問袋に何を入るべき」こんな落首が帰朝早々の耳に入った。

戦争への決意がいかに気短かに且つ軽率にきめられたか、帰朝後知り得た所はリオで想像した通りであった。「断固」「必勝の信念」「八紘一宇」「大東亜共栄圏」というが如き一連の空疎な語音が単純な大衆を酔わせていた。が、戦局は勝ってばかりいるのではなく、識者によって早くも前途が憂えられていた。帰朝の私を中心にした同窓の小集会の席上、東亜同文会理事宇治田直義氏は一流の鋭い勘で、「この戦争は勝ちっこあるものか、日本の負けにきまっている」と罵しった。勝ったとのみ思わせられていた去る六月のミッドウェーの海戦が、まるきり逆であった事を、密かに私に打ちあけた永野軍令部総長の顔は憂愁に曇っていた。

興亜奉公日の代わりに、大詔奉戴日がきめられ、儀礼と形式が強化されていた。国民儀礼が町内会や隣組の会合でも行なわれた。町内会は盛んに神参りを催して、各家庭に参加を強要した。御民われ天地の栄ゆる時に逢えらく思うとか、神州不滅とか、古典を引用する時局便乗者の神憑《かみがか》り説が幅を利かせ、国民大衆は赫々たる戦果を謳歌した。東条内閣の憲兵政治が国民を完全に押さえつけていた。

私は九月一八日付けを以て待命を仰せ付けられ、臨時外務省の事務に従事する事を命ぜられた。この間、外務省では東郷外相が大東亜省設置に反対して辞職した。その日東郷氏が閣議で敗れ、外務省に戻ってきた所へ丁度私が行き合わせた。

「負けてきたが散々論じて君の仇を取ってきたよ」東郷氏は私にそういった。私がかつて興亜院問題で闘った経緯を知っての言葉であった。又しても機構いじりが外務大臣に禍したのであった。

東郷氏の後を、谷〔正之〕情報局総裁が襲った。そうして間もなく大東亜省が実現し、興亜院は発展的解消を遂げた。

16　待命大使時代

戦時調査室

戦争の結果、多くの外交官が任地を失なって待命となった。それ等の人々を集めて、戦時調査室なるものを設置する計画が立てられ、図らずも私がその主宰を松本次官から頼まれた。私を委員長とし、委員として柳井〔恒夫〕、秋山〔理敏〕、宮崎〔申郎〕、市河〔彦太郎〕の四公使、森〔喬〕参事官、武藤〔義雄〕、高岡〔禎一郎〕、石沢〔豊〕、林〔安〕、井上〔豪〕の諸勅任総領事、事務主管の幹事長として寺崎〔英成〕一等書記官が調査室を構成した。何れも選《よ》り抜きの錚々《そうそう》の士であった。

調査室は戦争遂行上、又その終結上参考となるべき内外の事情を調査し、政策的結論を見出すのを自らの任務と規定して、一九四三（昭和一八）年一月から店開きをした。委員諸君は調査室の任務を高く評価したが、私には差し当り御座敷を失なった「お茶引き芸者達のための検番」といった気の毒な感がしてならなかった。

戦時調査室略して戦調室は、各委員の分担事項をきめて調査に着手した。随時に省の内外から、諸問題の権威者を招いて時事の真相を聴取したり、委員の全体会議を開いて、問題を討議したり、熱心に研究を進めたが、資料の入手難からして、調査は振わなかった。当時一般には、禁断の外国短波の速記録が、日々戦調室に配布され、それが唯一の新鮮な資料をなした。しかし外国短波は調査に役立つよりも、戦局の真相を我々に教えた。勝利が次第に日本から遠ざかり、敗北が近寄りつつある過程が、敵の短波によって鮮やかに知られた。敵の宣伝に乗ぜられたのではない。我々の聞き込む国家機密の真相はもっと陰惨なものであった。

船舶喪失量の激増、製鉄量の激減、戦略物資の入手難、陸海軍の相剋、遠く離れて重囲の中に陥っているドイツ、イタリーの頼りなさ。況んやムッソリーニのイタリーは、蝕《むしば》まれた大木の如く空虚《うつろ》となりつつあった。しかも連合国はこの一月のカサブランカ会談において、枢軸の無条件降伏を戦争目的と定めて着々協調を密にしつつある。その夏には戦争遂行絶望論と、早期和平論が早くも戦調室に湧いた。戦調室はやがて敗北主義者《デフィーテスト》の巣窟と見られるに至った。

委員同士、時には激論を闘わすことがあっても、相互の間に憎悪の感情がなく、靄々《あいあい》の和気が戦調室の基調であった。そのなごやかな雰囲気を望んで宮川〔船夫〕参事官、大久保〔利隆〕公使、伊東〔隆治〕参事官があとから戦調室に参加した。

中国旅行

一九四三（昭和一八）年四月、帰朝中の重光〔葵〕駐華大使が外相に任ぜられ、谷外相が中国へ転出した。日本がその一月、汪政権の対イギリス・アメリカ開戦を認めると同時に、治外法権その他の対華特権を放棄し、汪政権の政治力強化を謀ったのは、重光大使のかねてから提唱した対華新政策《ニュー・オリエンテーション》の顕われであり、「重光業あり」と東条首相に買われての外相就任だと噂された。外相の更迭を一つの潮時として、私は退官の意思表示をしたが、重光外相から、「僕の在職中今のままいてくれ」との要望があり、ずるずるになってしまった。

重光外相は戦調室に対して、余り興味を持たないようであったが、頻りに戦調委員に中国視察を希望し、まず市河公使、柳井公使、続いて私も中国旅行に出た。同行者は森参事官と私の秘書官野崎〔正勝〕氏、六月中旬東京をたって福岡から上海に飛んだ。

江湾飛行場に降り立って、総領事館から出迎えの自動車に乗り、市中に向った。車の窓から見ると、向うむきに銃剣を構えた兵隊が半丁おき位に沿道の両側に配置され、物々しい警戒ぶりである。余程高貴の方のお通りがあるのだろうと思って、同乗の領警々察官に尋ねると、何と大使閣下のための警備ですとの答で、あっ気にとられた。江湾路の本通りに出ると銃剣兵の配置が尽きて、今度は領警々察官達が抜き身の拳銃を提げて、水も洩らさぬ警戒陣を布いている。拙者も中国に来ると、知らぬ間に偉くなったものだが、誰からも狙われる覚えがない。不思議なままに宿所ブロマン・ホテルに着くと、部屋に昇るエレベーターの中まで抜き身の拳銃がついてきて、まるで私自身の逃亡を監視する態である。何故の警戒かとあとで領事館当局に質すと、別段危険はないが、軍又は官の親任官を迎える場合には、その警戒をこんな具合に軍と領警が分担する事に儀礼が成立しているのだから、悪しからずとの説明であった。

軍はここにも形式主義を輸入し、それに領警を巻き込んだのである。形式主義は日本内地至る所に珍らしくはないが、ここでは私自身がその偶像にされたので、旅行の冒頭に実に不愉快な印象として残った。

当時、汪政権の貯備券発行高は一〇〇億に迫り、インフレの激勢が憂えられていたが、上海には物は何でもあった。ホテルの食事は和洋お好み次第のアラカルト、飲み物また然り。初めて南京路を走る自動車の中で、野崎秘書官が頓狂に叫んだ。「大使、パンがあります。アッ、かん詰も！」ゆびさす店頭を見ると、食パンの山、かん詰の山だ。空路僅かに三時間を隔てた福岡と上海との、余りにきわ立ったコントラストであった。

滞在約一〇日の間に、陳公博《ちんこうはく》市長始め、多くの旧友新人に会った。袁履登《えんりとう》氏は日本軍を罵り、袁良《えんりょう》氏は日本軍をあざ笑い、周作民氏は日本に愛想をつかして隠棲していた。新面識の中で印象が深かったのは、中国青年党首領曽琦《そうき》、顔慶恵、陳友仁《ちんゆうじん》の三氏であった。陳友仁氏に会ったのは、申報社長陳彬龢氏の催してくれた午餐会においてであった。上海棉業界の重鎮聞蘭亭老ほか数人が同席した。写真通り鋭い顔の陳友仁氏は、外国生れで中国語はできず、英語のみで話した。頻りに大東亜共栄圏理念をこきおろした揚句、そんな共栄圏ができても日本には盟主たるの度量がない。盟主たるの潜在力を持つ者は中国だといい放った。いわれてみれば頷ずける言であった。彼は又、幣原はどうしておる、幣原は時局をどう見ておるか、とひどく幣原さんを懐しがっていた。

聞氏その他二、三の人は我軍の上海占領当時、憲兵から受けた屈辱を語って、終生忘れ得ないと悲憤した。みんな汪政権の弱体を非難し、これを相手の対華新政策などは、益もないことだといった。

「屯積」という言葉はすでに耳に馴れていたが、「落水」という言葉をこの旅行で初めて知った。日本に靡いて操を汚したという意味である。これ等の人々は境遇上やむを得ず落水はしたものの、心の操は売っていない人々であった。

かねて聞く陳璧君を中心とする「公館派」が、汪政権を牛耳り、秕政これより出ずとの非難は、上海に来て見ると、特に言及する人もないほど常識になっていた。独り山田純三郎氏は威丈高になって、陳璧君を「欲深婆あ」、汪氏を「無節操漢」と罵り、中国を誤まる漢奸彼等より大なるはなしと憤慨した。

上海から南京、そこでは型の如く汪主席始め政府要人を歴訪した。親しく談話をかわして汪氏から得た印象は、この人がやはり中国一流の名優であるという事だった。

一夕、谷大使と共に褚《ちょ》〔民誼《みんぎ》〕外交部長の晩餐によばれ、褚氏得意の太極拳の実演を見せられ、その至妙の技を嘆賞した。

この方面の総司令官畑《はた》〔俊六《しゅんろく》〕大将と語った。いつもこの人に接して受ける感じは、日本もこんな軍人ばかりなら、世の中は泰平だろうと思われることだった。汪政権の最高軍事顧問である柴山中将と、久しぶりで一夕の歓談を持ったのがうれしかった。中将は弱体汪政権の内情をつぶさに話してくれた。

南京から漢口に飛び二泊、さらに南京に引き返した。眼下に蜒々と蟠《わだか》まる長江《ちょうこう》の流れには、船らしいものを見なかった。航行すれば敵空軍の餌じきになるからであった。漢口は何となく辺境の感じがした。この方面の戦線は湖南《こなん》にあった。

南京から空路北京着、六国飯店に宿った。ここの大使館の主人は陸軍中将塩沢《しおざわ》〔清宣《きよのぶ》〕公使、軍人にして公使を兼ねて良い気持そうであった。華北政務委員会委員長王蔭泰《おういんたい》氏その他の要人と会談した。此処の空気は南京とは趣《おもむき》を異にしていた。反国民党的感情の旧派政客から成る華北の政府は、汪政権などを問題にしていないのである。華北は自分等の華北、南京の知る所ではない。いずれ日本が出て行くまで、これと調子を合わせて華北を保てば時がすべてを解決してくれる。達観か落ち着きか、こうした気持が要人達の談話の中にも窺われた。華北の持つ伝統的横着さなのであろう、南京要人達の神経質と対蹠的であった。

北京は暑かった。街路樹の槐という槐が害虫に蝕まれて散々な光景であった。

北京滞在約一週間の後、張家口《ちょうかこう》に飛んで一泊した。途中飛行機の下に盛りあがる蒙古高原の俯瞰は、地球の大を思わせる壮観であった。

折から徳王《とくおう》は不在、此処に公使館を持つ岩崎《いわさき》〔民男《たみお》〕少将公使から自治政府の内情を聞いた。徳王治下の蒙古人は、僅かに三〇万足らず、数百万を数える漢人から見くびられ切っている蒙古自治政府であった。

「我々内蒙は、関東軍から独立を確約されて自治政府を造ったのに、日本は何故今に至るも独立を承認してくれないのか心外に堪えない」と旧知の自治政府総理呉徳齢氏から怨じ込まれて私は弱りきった。

張家口を終点にして、空路また北京に引き返し、青島経由上海に飛び戻り、数日後、福岡、そして東京。途中ムッソリーニの没落をきいた。

四〇日間にわたる中国旅行で、はっきり目に残ったものは、数年前の旅行の時と同じく、明日を憂える事なしに、わが世の春を謳歌する日本軍、官、民の姿であった。汪政権は大地に根をおろしていない鉢植えの木であった。

次女の筆禍事件

私は中国旅行前からの約束で、八月初旬東亜同文会の地方講演団に加わって、福島、秋田、青森を経めぐり一〇日程で帰京した。その留守中のできごととして、妻から次のような報告があった。

板橋憲兵隊支部から、うちの次女宛に呼び出し状が来た。何故の呼び出しか見当がつかず、また女学校の二年生になったばかりの女の子を一人で遣るのが心許なく、妻付き添いで指定の時日に出頭すると、憲兵上等兵らしい係官がすぐ訊問に取りかかった。問題は娘が数日前、上海在住の姉宛に出した手紙であった。手紙は先だって九死に一生を得てガダルカナルから帰還した近親の軍医大尉の生還談をそのまま姉に報じ、戦争程いやなものはありません、と結んだもので、まさしく軍機保護法違反なのであった。手紙が検閲で押えられたのだから隠しだてはできない。訊問に応じて真直ぐに答えると、このガダルカナル帰来談は誰の話かという。出所を申し上げればその人も処罰されるのですか、と妻がきく。もちろんだ。では申し上げかねます。隠しだてするとためにならんぞ、まっすぐにいえ。上等兵の口調がだんだん険しくなった。

妻は上役に会って申し開きをしたいと思って、隊長さんに会わせて下さいと申し出た。

「女と思ってやさしくすればつけあがって」と、上等兵の怒声が爆発した。

それにもめげず妻が主張するので、では娘だけ会わせてやる。いや私も一緒にと押し通り、親子で別室に机を構えた隊長の前に罷り出た。隊長は憲兵曹長、問題の手紙を前にして、これは最も顕著な違法行為だが、それを知りつつ書いたのか、と隊長だけに物やさしい。何分まだ子供の事ですから違法とは気がつかず書いたのです。母たる私の監督不行届から御手数をかけて申し訳ありません、と妻は辞を低くして詫び入った。

すると隊長は、貴女の御主人は満州事変当時吉林総領事ではなかったか、と意外な事をきく。その通りで御座います、私もその頃、良人と一緒に吉林におりました。ああそうですか、私も当時憲兵として吉林にいまして、石射総領事にお会いした事もあります、と隊長はひどく砕けてきた。それがきっかけで二人の間に吉林懐旧談がなごやかに交わされ、訊問はそっちのけになってしまった。

すっかり御機嫌になった憲兵隊長は、やがて同室の部下に聞こえよがしにおごそかな声で、

「では今回は許してやる」

妻はそれを鶴の一声ときいて、娘をつれて引き取った。——というのである。

いやな思い出の吉林在勤も、とんだ処で役に立ったものだと、私は妻に苦笑した。

いうまでもなくこんな事はごくなまやさしい事件だ。当時憲兵の揮った猛威の前に、国民はひたすら恐れおののくのみで、一部ではこれをＧ《ゲー》・Ｐ《ペー》・Ｕ《ウー》になぞらえてＫ《ケー》・Ｐ《ペー》・Ｕ《ウー》と呼んだ。Ken-Pei-Unit の略称である。

大東亜会議

日本、中国、タイ、満州、フィリピン、ビルマ、インド仮政府の代表者の寄り合う大東亜会議が、昭和一八年一一月五日から帝国議会議事堂内で開催された。会議の採択する大東亜共同宣言の立案には、戦調室からも、案を携えて、私と石沢委員が参加したが、戦調室は大体この

会議に気乗り薄であった。戦局は日増しに不利で、現にその一〇月初めには関釜連絡船崑崙丸さえ敵潜水鑑の餌食となったほど、共栄圏内の交通が不自由になり、わが勢力は逐日縮むのみで我々戦調委員の頭にはもう共栄圏の実現は、不可能と映っていたのである。

会議への各国代表は、みな日本側仕立ての飛行機によったのであったが、悪天候や機の故障にさまたげられて、途中何れも行路難に苦しんだ末、ようよう東京にたどり着いた形であった。わが航空技術のたよりなさを、各国代表にお目に掛けたばかりか、共栄圏の前途難の暗示とも感じられた。

それでも会議は予定通り、一一月五日午前一〇時、たしか衆議院予算総会室で開かれた。私は傍聴席でその進行を参観した。東条首相が議長、汪精衛、ワンワイ親王、張景恵《ちょうけいけい》、ラウレル、バーモー、ボース各代表が左右に居流れ、その背後に随員達が陣取った。東条首相の背後には、重光外相、島田《しまだ》〔繁太郎《しげたろう》〕海相、青木《あおき》〔一男《かずお》〕大東亜相が控えた。

午前中、東条首相を皮切りに、中国、タイ、満州、フィリピン各代表の大東亜理念に対する所信の披瀝があった。陸軍大将服に身を固めて、五分の隙も見せぬ東条首相の挙措は、もうすっかりヒトラーばりの独裁者ポーズが、板についた形であった。

バーモー、ボース両氏の所信披瀝を午後に残して、午前中のセッションが閉じられた。私は会議の形式的な場面に興味を失なって、午後からはもう行かなかった。翌六日、大東亜共同宣言五か条が公表された。内容はここに記録するまでもないであろう。

七日、日比谷公会堂で、大東亜国民大会が開かれた。これに臨んだバーモー、ボース両氏の雄弁を、ラジオで聴き入った。彼等の英語力は大したものだとの印象だけが残った。

会議が済むと、共同宣言はもう空疎な作文のような気がしてならなかった。実践がこれに伴うべくも思われなかったからである。

各国の代表者中、最も洒々落々、老獪不敵な面魂に見えたのは満州国総理の張景恵であった。満州国はどうせ日本の丸抱えである。日本のお気に召すように傀儡的に動けば事足りる。明日は明日の風が吹くといった諦観と、日本人の気質をすっかり呑み込んだ多年の経験がさせる芸であろうか、彼の態度は東亜の運命を決する歴史的大舞台を舐め切っているような落ち着きぶりであった。彼はかつて汪精衛と面談した時、国政は日本人官吏に任せてやらせるに限るよ、薄給に甘んじてしかも仕事に熱心だから、安上りで能率があがる、お前の方もそうするが良い、と汪氏に教えたと伝えられた。彼の目からすれば、汪精衛氏などは、まだ青臭い素人に見えるのに相違なかった。

東条首相退陣、小磯内閣出現

太平洋戦線では、一九四三（昭和一八）年二月、ガダルカナル島からの「転進」以来、わが軍は守勢に追い込まれ、その四月わが海軍の第一人者山本五十六大将を失ない、五月アッツ島の玉砕となって、戦局は次第に我に不利となってきた。陸海軍の強がりも、東条首相の国民に対する叱咤激励も空回りの響きを持ち始めた。以前からあった東条内閣打倒の声が一層高まり、憲兵がその弾圧に躍起となった。

かかる間にも戦局は容赦なく我に不利に進み、一九四四（昭和一九）年六月、サイパンが敵手に落つるに及んで、日本はもう内濠をも失なった大阪城であった。加うるに陸戦ではその五月以来のインパール作戦惨敗の真相が知れ渡り、しかもそれが東条首相の人気挽回のための政略的作戦だったとの噂も飛んで、首相の人気はがた落ちに落ちた。横町の厨芥箱《ちゅうかい》を覗いて、物の節約を説いたり、街頭の子供の頭を撫でて、平民ぶりを発揮したりして博したかつてのジャーナリズム人気は、今は却って攻撃の種とされた。東条氏が内閣延命策としてその改造を企てているのに対し、これを非とする重臣が密かに寄り合っていると伝えられた。人心ことごとく東条氏から去った。行き詰った東条内閣は、七月一八日総辞職した。国民は救われた気持であった。

後継に小磯《こいそ》〔国昭《くにあき》〕内閣ができた。私はこの人にまつわるとかくの悪評を耳にしていたが、その人となりを知らなかった。ただ一面識だけはあった。それは先年私がオランダから帰朝した直後、実業家山地土佐太郎《やまじとさたろう》氏の求めにより、一夕、星ケ岡茶寮で小磯氏と会談したのだった。当時小磯氏は、私がヘーグで糸口をつけてきた日本・オランダ交渉を展開するため、オランダ領東インド行きを政府から頼まれ、軍艦を出してくれるなら引き受けるなどと大人げない注文を出していると伝えられた。氏はオランダ領東インド行きについて、私の意見が聴きたかったのだ。

「オランダは性の強い国で、武力でおどかされていうことをきく国ではない。蘭印に対して手荒な事をすれば、イギリス、アメリカが乗り出して来て大変な事になります。この交渉はとてもむずかしい大役です」

こんな趣旨を私は小磯氏に話した。

その翌日の新聞を見て驚いたことには、小磯氏はオランダ領東インド行きを政府に断わったと出ている。私の薬が利いたのにしては、少し覿面すぎると思った。その小磯氏が、総理になったのである。

重光外相は小磯内閣に残り、大東亜大臣を兼任した。重光氏の外務省は、賑やかな外務省であった。本多《ほんだ》〔熊太郎《くまたろう》〕、有田〔八郎〕、山川〔端夫〕の三先輩を顧問に聘し、これに堀田〔正昭〕前大使、来栖〔三郎〕大使を加えて最高幹部を形成し、また各部局員を動員して、各種の委員会を設け、頻繁に会合を催した。重光外相の好みというべきであろうか、大掛りに衆智を集めて、時局に処するための調査研究にはげむという態勢なのである。が、遺憾ながら、戦局の方がどんどん変転し、こうした調査研究も、空回りに終わるのであった。有田顧問がこれを評して、「何ももうできないが、何かしている態勢をとるのが重光外交」だといった。

この間、連合国はカサブランカ、ケベック、カイロ、テヘラン等の会談を経て、攻勢への協力をいよいよ緊密化し、日本・ドイツはその重囲の中に陥ったのである。

駐独大島大使論

人事問題は、戦調室の関心するところでなかったが、大島〔浩〕大使については例外であった。

この有名なドイツ心酔大使は、当初から戦調室の問題の種であった。イギリス、アメリカ、フランスについて知るところなく、ドイツ一本槍のこの大使の頭には、ヒトラーやリッベントロップが宿っているとでもいうべきか、日本政府への報告は、ヒトラー、リッベン口移しの楽観論を伝えるのみで、ドイツ国情の変化について判断の眼を自ら閉じているものとしか思えない。同盟国相互の動き方にしても、日本からドイツへの希望をろくに取り次がずに、ドイツ側の言い分を熱心に本国に取り次ぐ。こうした盲目な大使は、この非常大事の時において、外交官としての用をなさぬ。彼、呼びかえすべし、とは戦調室の定論であったが、もう外務大臣の手におえぬ存在となり切っている大島氏に、微動だも与え得るわけではなかった。

一九四三（昭和一八）年二月、ドイツ軍がスターリングラードで全滅し、対ソ戦線が総崩れになりつつあっても、大島大使の電信には、なおドイツ必勝が謳ってある。余りの楽観さに、大島氏のスポンサーたる陸軍も気を揉み、実情見極めのため人をベルリンに派したが、却って大島大使にやり込められ、ミイラ取りになったといわれた。

松岡外相時代に、大島大使は、ドイツの近隣国駐在のわが公使達を区署する権限を許されたらしく、その権限を利かして、わが公使たちがドイツに不利な情報や観測を、本省に送るのを抑制しているとも伝えられた。

一九四四（昭和一九）年正月、在ドイツ大使館の某官補から、寺崎〔英成〕書記官に届いた私信を私は見せられた。その大意にいう。「今やドイツの敗戦は必至である。大島大使を囲繞するわが大使館の主流は、さすがにドイツ必勝論を捨てるに至ったが、なおドイツ盛り返し論を唱えつつある。主流以外はドイツ不勝論から必敗論に変わってきた。在留日本人間では、在ドイツ日本大使を在ドイツドイツ大使だと非難している。ドイツ人はソ連を恐れること甚だしく、イギリス・アメリカ軍の占領を望んでいる」と、成心を持たない青年官補だけに、ドイツの真相が正直に目に映るに違いなかった。

しかし大島大使の楽観論はなお続いた。が、それはどうあろうとも、対ソ戦線は既に明らかに盛り返しの望みなく、しかもその六月には連合軍の第二戦線が大陸に形成され、ドイツの頽勢最早蔽うべくもなくなった。日本としては気が気でない。ドイツ今後の戦争能力と方針を心配のあまり、外務大臣から切実なる訓電が飛んだ。これに対して大島大使から今さら何の御心配ぞ、日本はドイツと運命を共にするのみではないか、との趣旨が返電されてきた。日本をドイツと抱き合い心中させようというのである。

戦調室はまたまた大島大使論を蒸し返したが、林総領事が結論をつけた。

「大島は駐ドイツ大使として最適任だ。ドイツと共に没落するのが彼の役目なのだ」

この皮肉が大島大使論を解決した。戦調室はそれ以後再び大島を論じなかった。

近衛文麿公と私

一九四四（昭和一九）年六月末、東亜同文会の主催で、故近衛篤磨公の四〇年祭が、霞山会《かざん》館で行なわれ、式後記念の午餐会が華族会館で催された。文麿公が遺族の資格で列席した。同文会は近衛先考を会長として明治三一年に組織され、現代文磨公も現に会長の地位にあって、近衛家とは二代にわたる深い関係にある。先代篤磨公恩顧の古老や同文会役員、その他の関係者達がおよそ五〇人程この行事に集まった。私も列席した。

式後の午餐会で、数名の古老達から、篤磨公をしのぶ懐旧談があった。近衛先考がいかに中日善隣の増進を念願したか、また先考が中日間に将来戦争を起こさぬことを鉄則として、同文会を興した経緯などが語られた。

文麿氏が最後に起って、この日の行事に対する謝辞につけ加えていった。「古老の方々からの先考の思い出話を、感激を以て承りました。父のそうした苦心にも拘わらず、私が総理として中日事変の措置を誤り、遂に今日の大事を致しました事は、先考に対しまた皆様に対し、慚《ざん》愧《き》に堪えず、ひたすら責任を痛感する次第であります」

私の胸はむらむらっとした。

「何をいってる、このぐうたら兵衛、今さらおそいやい」

とっさの衝動に駆られて、危なくそう口走るところを、自ら抑えた。発言の寸前で場所柄を考えたのである。もう少し酒が満ち足りていたならば、ブレーキがきかなかったのに相違なかった。

それまでたびたび、私は近衛公と同席したことがあったが、表面では一応の礼をつくしても、心の中では、常に公を軽蔑しきっていた。善悪を識別する明敏な良識はありながら、善を貫くだけの意思力がなく、外部からの強制力に手もなく屈従する。かかるが故に中日事変は強硬論のまにまに止め度もなく拡大された。信念に不忠実も極まれりではないか。こんな人物を、非常時首相と仰ぐ日本は禍なる哉。私は文麿公の第一次内閣中、いつもこういって人に憤慨を洩していた。

その文麿公が、一九四〇（昭和一五）年七月第二次近衛内閣を造った。そして軍の動きに引きずられて、日本・アメリカ国交緊迫の情勢に直面するに至った。仄聞するところでは、公はその頃密かに幣原さんに会見して、危機解消の方策について教えを乞うた。その時、幣原さんが力説した方途は、差し当り危機を食いとめるのに適切なものであったが、それの実行には大なる勇気がいる。およそ勇気は近衛公の最もにが手とする所なので、せっかく授けられた妙案も施すに由なく、遂に危機はさらに危機を呼んでしまった。近衛公にしては勇気などには関係なき起死回生の妙薬をこの外交の長老に求めたのであろう。近衛公らしき浅薄さであった。

非職になった近衛公から、石射君話しにきてくれといわれたことも二、三度あったが、私はかたくなに応じなかった。高い門閥に御利益があるとみえて、野にあっても、この人の門に出入りする人は絶えないらしかったが、私の関する限り愛想の尽き果てた近衛公に、用事はなかった。

朝に一塁夕に一城

昭和一九（一九四四）年六月、サイパン失陥によって敵はわが門前に迫り、戦争の様相は絶望的になった。海軍は肉を斬らして骨を斬るなどと、柳生流の極意を講釈し、陸軍は本土決戦と称して国民に竹槍の稽古を強いたが、誰いうとなき地口「朝に一塁、夕に一城、しまいに宮城」が民心の戦局観をいい現わした。疎開や学徒動員騒ぎが、いよいよ民心の動揺をかき立てた。

もう勝負ありである。敵の目標とする無条件降伏は、目前に迫ってきた。何とかこれを避けて、ネゴシエーテッド・ピースに転換する方法はないものであろうか。小磯内閣の設置した最高戦争指導会議は、世界情勢は枢軸にとって絶望的なりと判断しながら、なお戦争を遂行し、敵に大打撃を与えるという盲目的な決意を固めたという。軍が引き摺るのだ。

戦調室はネゴシエーテッド・ピースの方途を論議した。議論はいろいろ出た。誰しも一応考えるのは、我となお中立関係にあるソ連を介しての和議申し入れであった。各委員の議論は議論として、私は、「時局策」なる一文を草して、戦調室の会議にのぼせた。その大要は、今や日本は和を乞うべき関頭にある。ソ連従来の態度からして、これに仲介を頼むのは、つけ込まれるだけである。講和の要請は中国を通ずべきである。中日事変によって、散々踏み荒した中国に、最後の花を持たせる意味において、重慶政府に講和の斡旋を申し入れれば、彼は必ず厚意的斡旋に立ち、それによってある程度のネゴシエーテッド・ピースを得ること、必ずしも望みなしとしない。行くべき道はこれのみとの構想の下に、これが実施工作を立言したものであった。

この頃のソ連の対日態度は、木で鼻をくくったようなすげないものであった。一九四一（昭和一六）年六月、ドイツ・ソ連開戦当時のソ連は、ひたすら日本・ソ連中立条約の遵守を日本に要望して、我の機嫌をそこなわざらんことに努めたのであったが、ドイツの対ソ戦線が崩壊し、日本の太平洋戦争また不利となるに及んでは、彼は次第に豺狼《さいろう》の本性を露呈してきた。今度は日本が、中立条約の確守を彼に要望しなければならぬ番となってきた。かかる情勢の下に、重光外相は日本・ソ連関係の濃化に資するための特使派遣を両度にわたってソ連に提言したのであったが、冷やかに彼の拒絶するところとなった。彼の底意はほぼ想像がつく。日本がいよいよ窮境に追い込まれた瞬間、背後から一突きくれる者はソ連であろうことが明らかであった。私はその予想を「時局策」の中に述べた。

「時局策」に対する戦調室委員の議論は、まちまちであったが、一つの意見として大臣の参考に供することになり、これを次官に託した。それが梨のつぶてのまま、私はビルマに転出せしめられたのであった。

ビルマへ転出

一九四四（昭和一九）年八月二六日、私は重光外相と松本次官から、沢田〔廉三〕大使の代わりに、ビルマに行ってくれないかと交渉を受けた。即答を避けて考量の余裕を求めた。

この話は全く不意打ちであった。その頃、私をタイ国大使に擬する噂を耳にしたが、タイへは既に数日前山本〔熊一〕大東亜次官の任命を見たし、折しも帰朝中とはいえ、沢田ビルマ大使が辞任するとは夢にも知らなかった。他方私の待命大使在官の法規上のリミットも目前に尽きんとし、そのまま退官となるのを予期していた。そこへビルマ行きの不意打ちを食ったのである。

当時ビルマ戦線は、この春のインパール作戦の惨敗以来、その全面的崩壊は時の問題とせられていた上に、ビルマに派遣される大使は、陸海軍と政府との申し合わせによって、大使たるの権限を「純外交」に局限され、実質的には一介の儀礼大使でしかなくなっていた。そんな芳ばしからぬ処に私に行かないかとは、畢竟、埋め草にするつもりであろう。何とか引き受けないですます工夫はないものか、とまず親しい来栖大使に胸中を打ちあけて智恵を借りたが、引き受け不賛成とばかりで良い工夫が付かない。家族からの反対もあって私は一日一晩懊悩したが、頭の中の闘争で遂に勝を制したのは持論の官吏道であった。既に退官の身の上ならば格別、なお官吏の身分にありながら望ましからぬ任地の故を以てビルマ行きを断わるのでは、お前の日頃唱える官吏道をどうするのだ、今さら卑怯ではないか。八月二八日の日記を見る。

　次官及び大臣から、沢田の代りにビルマ大使に行ってくれないかとの話あり、考量してみると答えて返事を留保す。この話には甚だ困った。断わるのは官吏道にはずれるし、行きたくはなし。

翌二九日晩、私はビルマ行きを引き受けた。その時の気持を、日記に見る。「ビルマ行きを引き受けたあと味の悪さ、たとえんにものなし」

友人松本忠雄《まつもとただお》君がやってきて、「やすく身売りするなとあれほどいっておいたのに、ビルマ行きを引き受けるなんて馬鹿だ」と罵った。堀田前大使だけが褒めてくれた。よく引き受けた。貧乏くじと知りつつ引き受けたのは君なればこそだと。罵るのも褒めるのも知己の言であると思った。

ビルマ行きを引き受けるとすぐ、私は野崎秘書官を呼んで同行してくれるかどうかを尋ねた。この有能な秘書官は、ブラジル以来、私の手放し難い人物なのだ。

「大使にはどこへでもお供します」

「無事で帰れまいと思うが、それでも行くかね」

「参ります」と、潔い然諾。

戦時調査室は、次官と相談の上、堀田前大使に引き受けてもらった。

出発前、私は小磯総理、米内海相、及川軍令部総長、杉山陸相を儀礼的に往訪した。小磯総理は、時を稼いでその間に外交の手を打つのだといって、ソ連の仲介に望みを繋いでいた。米内海相は、戦勝の絶望を示唆したが、及川軍令部総長は柳生流の奥儀めいた観測を語った。陸相は私のために午餐会を催してくれ、陸軍次官になりたての柴山中将と、佐藤〔賢了〕軍務局長等が陪席した。ビルマ方面の形勢を語りあって別れた。

赴任途上

九月二九日、私は野崎秘書官と共に、東京駅を発って福岡空港に向った。車窓から見た八幡製鉄所の生々しい空襲の跡が、わびしい感じを与えた。

福岡一泊、台北に飛び、長谷川〔清〕総督、蜂谷《はちや》〔輝雄《てるお》〕外事部長、加藤〔恭平〕台拓社長の歓待を受けて一泊、翌日は一気にサイゴン。三日間芳沢フランス領インドシナ大使の客となって日本の政情を伝え、現地の情勢を承わった。大使は自分の任務終われりとして、帰朝の決意を固めておられた。

サイゴンから空路三時間でバンコック。山本〔熊一〕大使、中村《なかむら》〔明人《あけと》〕軍司令官等に迎えられて、大使官邸の客となった。滞在中アパイオン総理、セナ外相、ワンワイ親王と旧交を修した。バンコックはピブーン前首相の文化政策によって、著しく近代化されていた。街は殆んど戦禍を蒙ることなく、夥しく入り込んだ日本軍民の消費する金で殷賑《いんしん》を極め、物は何でもあった。隣国ビルマと対照して「タイ極楽ビルマ地獄」と称せられていた。

滞在五日ののち、ラングーンに飛んだ。翼下に罩める薄靄を通して、変展するタイ・ビルマの山脈、海湾、大江の景観を美しと見つつ、ラングーンの空港に着いた。北沢《きたざわ》〔直吉《なおきち》〕参事官、方面軍参謀副長一田《いちだ》〔次郎《じろう》〕少将、光機関長磯田《いそだ》〔三郎《さぶろう》〕中将達が出迎えてくれた。直ちに車を駆って大使官邸に入った。一〇月九日であったと記憶する。

17　ビルマ大使時代

ラングーンの種々相

大使官邸は市塵を離れ、ビクトリア湖の西端にあって、庭先から湖面が広がり、三方を高い樹林に囲ませて、明るい感じの高楼であった。

大使館事務所は官邸とはビクトリア湖を隔てた工業学校に置かれていた。北沢〔直吉〕参事官、島津《しまづ》〔久大《ひさなが》〕一等書記官兼総領事を事務首班とし、書記官、副領事、書記生などを加えて二〇人近くの館員がいた。陸軍武官は方面軍参謀副長一田少将、海軍武官は根拠地参謀長中堂〔観恵〕大佐が兼任した。

着任数日後、信任状をバーモー国家代表に捧呈した。場所はイギリス遺留の高壮なビルマ政庁、バーモー氏はビルマ国風ロンギ姿の盛装で、国書を受けた。

わがビルマ方面軍、一名森部隊は、軍司令部をラングーンに置いて、インド国境、アラカン地区、雲南国境において敵と接触する前線数個師団の作戦を指揮した。軍司令官木村《きむら》〔兵太《へいた》郎《ろう》〕中将は着任早々であり、参謀長田中《たなか》〔新一《しんいち》〕中将も、就任したばかりであった。

海軍はここに根拠地司令部なるものを置き、司令官田中《たなか》〔頼三《らいぞう》〕中将、参謀長中堂大佐の指揮の下に、わずかな舟艇と陸上部隊を持って、アンダマン島やアラカン沿岸の守備に当っていた。

独立ビルマ国政府は、元首兼首相バーモー博士の下にタキン・ミヤ外相、ウ・トオン協力相、オンサン陸相以下バーモー氏のマハバマ党とタキン党の合作から成っていた。バーモー博士はビルマ独立指導者としてイギリス官憲から忌まれ、日本軍進攻当時、シヤン・ステート内の牢獄に幽囚中であったのを日本軍によって救出され、初めは占領軍の行政長官、客年ビルマ独立と同時に国家代表《アディパディー》と呼ばれる元首の地位につき首相を兼任した。

日本軍の支持の下に、傀儡的ながら独立政府を組織して宿望を達したバーモー氏ではあったが、国内はカチン、チン、カレン、シヤン族など、種族を別にした複雑な国民構成を持った上に、国を挙げて戦場となっているので、バーモー政府の政治力はなお微弱なものであった。

ビルマ政府の招聘の下に、小川郷太郎《おがわごうたろう》法博を首班とする、七十余人の大掛りな顧問群が派遣されていたが、裏面においてはこの顧問群は軍属たる身分を押しつけられて軍の支配を受け、また現に戦場となっている国内事情は、政治・経済・財政の再建から程遠いので、顧問たる機能を発揮し得ず無為の存在となっていた。

ラングーンには、チャンドラ・ボースのインド独立仮政府が寓居し、三五、〇〇〇人の独立軍を擁していた。この仮政府に対して設けられた光機関の創始者岩畔《いわくろ》〔豪雄《ひでお》〕少将は、既に部隊長としてプローム方面に転じ、磯田中将が新任機関長であった。

岩畔少将が去ったのち、ボース氏と光機関は犬猿の間柄に堕していた。東京出発前、私が内示された重光外相宛ボース氏の密書には、光機関の無能を訴え、これを「鶏部隊」と罵ってあった。前線に出た光機関が、鶏を徴発して食う以外に役に立たなかったことを、形容した言葉であった。

ラングーンはさすがにイギリスが経営したものだけに、バンコックに比して数段立派な都会であった。繁華街は敵味方の空襲でひどく崩され、華僑とインド人が残屋に店を張っていた。仏骨を祭る聖寺シュウェ・ダゴンの黄金の大円塔が、全市と近郊に燦然《さんぜん》として君臨していた。この聖寺の境内に入るには土足はもちろん、足袋を穿くことも許されない。私はモーニング、シルクハットに跣足《はだし》という珍装でこれに参詣した。

市の住宅地やビクトリア湖の周辺には、イギリス人達の残したどっしりと物さびた住宅が点在した。大抵日本軍の要人や、諸機関の占居するところとなって、住み荒されているのが目に立った。

ここに進出して軍に協力する日本商社は、七〇と算せられた。各新聞社も支局を置いて報道陣を張っていた。小さい邦字紙が発行されていた。

通貨は南方金庫なるものの発行するルピー軍票、正金支店が金融を掌った。当時発行額は二五億とかいわれ、一ルピー紙幣は小児のおもちゃになっていた。

バーモー氏とボース氏との初会談

着任後の儀礼として、バーモー国家代表とその閣員を晩餐会に招待しようとすると、バーモー氏から自分だけは閣僚と切り離して招待してくれ、二人だけで話がしたいからと注文が来た。注文通り私はバーモー氏と二人だけで、晩餐を取った。氏はいうのである。

「ビルマは我々政府も国民も、心から日本に協力しているのであるが、日本軍のあくなき物資強要はビルマの民生をしいたげつつある。地方の日本部隊が、地方ビルマ官憲を無視する専横の行動は、頻々として中央に訴えられてきている。日本軍は最近トラック代用の牛車をふやす目的で、又々耕牛の供出を要求しつつあるが、耕牛を奪われては、ビルマの農業は成り立たない。その上にインド軍もビルマの物資で養われ、国民の大負担となっている。戦力の源である民生を枯らして、持久戦はあり得ない。自分も閣僚も軍の要求と民生との調和に悩んでいる。地方では日本部隊がビルマの司法権を無視して勝手に地方人に処罰を加える事例も少なしとしない。かくては民心はビルマ政府と日本から離れるであろう。憂うべきではないか。より良き事態《ベター・シチュエーション》のために貴大使の協力を望む」

私はこれを了承した。忌憚なく苦情をいいたいための二人だけの晩餐なのであった。ビルマ人とはみえない白皙の顔を紅潮させつつ、バーモー氏は完成された英語で語った。

バーモー氏の人となりに対して加えられた悪評は、東京を出る前から耳にした。ビルマの国教に反してキリスト教信者だとか、混血児だとか、口舌の雄に過ぎないとかいうのである。日本軍内部にも反バーモー熱に浮かされる者があり、現にこの春、軍の一尉官が二、三のビルマ人を語らってバーモー官邸を襲った五・一五的な事件さえあった。バーモー氏の政敵から感染した反感の激発であった。

こうした非難や反感はともあれ、その識見、才幹、ケンブリッジ仕込みの教養において、ビルマ第一流の人物に相違ないバーモー氏であることは、一面識の間においても窺われる。タキン党の領袖であり、外相であるタキン・ヌーにしても、その他の閣僚にしても、バーモー氏の前には、その秘書官たるに過ぎない観があった。

この晩餐後間もなく、バーモー氏は小磯内閣との意思疎通のためウ・トオン協力大臣を随えて日本訪問の途に上った。

着任後間もなく、チャンドラ・ボース氏が来訪し、これも二人きりの会談を求めた。ずんぐりとした巨軀に、見るから精悍な気魄が満ちていた。

話は「鶏部隊」に対する不満であった。今度の機関長は実に良い人物であるが、軍司令部に対して押しが利かず、インド軍の要望はほとんど顧みられない。自分は近々また日本政府を訪問して、この実情を訴えるつもりであるが、貴大使からも日本政府の注意を喚起してもらいたい。自分の懸念するところはビルマ戦線におけるインド軍の働きが、光機関の悪意によって過小に日本に報告されていはしないかにあると、ボース氏は語った。口に出して不満を訴えれば幾分気がすむらしかった。

貴下が私を訪問して会談したことが、光機関に知れたら具合悪くはないのかと尋ねると、ボース氏は、「あんなものに私はすこしも遠慮しない」といった。

その後ボース氏も、バーモー氏と前後して日本に向った。

イラワッディ河畔の会戦

太平洋方面の海空戦は連戦われに利あらず、一〇月末にはレイテ島がアメリカ軍に取り着かれた。すでにフィリピンの一角が侵されたのである。寺内元帥の南方総軍司令部は、フィリピンからサイゴンに移動した。これと同時にビルマ方面の戦線も逐日悪化した。この春のインパール作戦で受けたわが軍の手傷は、回復さるべくもなく、インド国境、雲南省境に向けて張られたわが戦線は、イギリス・中国軍の圧迫に堪えず、朝に一城を失ない、夕に一塁を捨てて、南へ南へと「転進」する日本軍の頽勢が、ニューデリー放送によって日々伝えられた。

一一月中であったか、ビルマ方面軍はイラワッディ河畔の会戦と称する作戦計画を立てた。これによると、わが軍はイラワッディ西岸の諸部隊を東岸に撤し、メーミョ、マンダレー、エナンジョン、プロームなどを扼して集約的戦線を敷き、敵の来襲を迎えて一大会戦を試みる。その時期は概ね翌年一、二月と予定し、これをイラワッディ河畔の会戦と称する。軍はこの会戦において敵の攻撃を挫《くじ》き、イラワッディ河によって画されるビルマの東南半を確保しつつ、戦争自給態勢に入る。或る軍参謀の語るところによれば、概ね田中方面軍参謀長立案の作戦であって、自給戦争といわずして戦争自給といったのは、一面戦争しつつ一面軍の余力を以て兵器の製造、戦争物資の屯田的生産に従事するの意を、表現するのだというのであった。

私は作戦の内容よりも、未だ闘われざる戦闘を、「イラワッディ河畔の会戦」と呼称したことに滑稽を感じた。「三帝会戦」も「ウォーターローの戦」も「日本海々戦」も歴史が与えた呼称で、作戦者が事前に与えた名称ではない。この点において、歴史の役目を先行した未曽有の作戦であった。作戦計画の内容がいかに甘いものであったか、間もなく事実がこれを証明した。

前線にはまだ距離のあるラングーンではあったが、敵は逐日われに接近し、敵の空襲は激しくなるばかりの中にあって、上級将校は上級将校で女と酒の逸楽に荒んでいた。大使官邸の裏手にある翠香園《すいこうえん》というのが、彼等の夜の花園であって、そこに貼り出された遊興規則には「戦力を増強する如く使用すべし」とあったという。そこで戦力増強中の軍司令部の将校達が口走るのであろう、話を聞きはさんだ女達の口から、軍機のはしはしが、よく外部に洩れてくるのは笑止であった。外部では、参謀達を、翠香園参謀と呼んでいた。

　下町の方には「つわ者寮」その他数軒の慰安所があって、多数の大和撫子《やまとなでしこ》が、下級将校や兵達の需要に応じていた。

「これで戦争に勝てるかしら」と心ある者は眉をひそめたが、考えてみれば、それは日本軍部の全体にあてはまる嘆きであり、何もビルマ方面軍に限ったことではなかった。ただ場所が狭く、戦線近いラングーンだけに、無反省な逸楽が、一層きわ立って見えるのであった。

大使の任務三巨頭会談

　前にいった通り、ビルマ大使の権限は「純外交」に限られていた。「純外交」の中で一番はっきりしているのは、国際約定の議定であるが、日本・ビルマ国交を律する条約や協定は、ビルマ独立の承認に際して締約済みであり、その他には私のなすべき純外交は事実残っていない。従って私は独立ビルマ国への装飾として、専ら儀礼的存在に過ぎなかった。日本・ビルマ国元首間の慶祝親電の交換や、両政府間のメッセージのやりとりに介入したり、公式の集会や式場に臨んで、祝辞を述べたりするのが主なる仕事で、楽といえば楽な任務であった。

　バーモー国家代表は日本からの帰途、悪天候に祟られて台湾に閉じこめられ、一九四四（昭和一九）年末になってようやく帰国した。台湾で特攻隊出陣の場面に臨んだ話をして、戦士達の従容たる出陣ぶりを感嘆した。

バーモー氏が帰ってくると、三巨頭会談なるものが始められた。以前からの例で、国家代表、軍司令官、大使の三者が、月二回バーモー氏官邸で、晩餐を共にしながら意見を交換する会なのである。木村軍司令官のために、顧問団中の英語の達人勝俣顧問が毎回通訳の任に当った。

意見交換といっても、実は他愛もないものであった。例えばある時の会談で、木村軍司令官が治安の問題に言及し、ビルマ政府は警察力を増強したらどうですかというと、バーモー氏は、「ビルマの警察は、日本軍からのこらず拳銃を取りあげられているのみならず、衣料品がないため服装も乱れ、装備がゼロです。まず武器から返して頂かなければ」

軍司令官は言句に詰った。部下のやっていることを御存じないのである。

バーモー氏はよく前線の戦況を質問したが、軍司令官の答は、いつもわが軍の不利を蔽いかくした。ビルマ側に与える動揺を慮ったのであろう、軍司令部は、戦況の真相をなるべくビルマ政府に知らせない方針であるらしかった。

こんな次第で三巨頭会談なるものは、実は親睦会でしかなく、そこから何の結論も出なかったが、会談を重ねる毎に、バーモー国家代表と私とは親しみを深めるのであった。

バーモー氏の出席する色々な公式集会には私も臨席を求められた。こうした席上で発揮されるバーモー氏の雄弁は実にすばらしいものであった。ビルマ語ゆえ私には了解できないが、聴衆は酔わせられる。この人の政治手腕は知らず、少なくともその弁舌の魅力は、大衆を率いてあまりあるものと知られた。

私はチャンドラ・ボース氏ともたびたび儀礼的交渉を持った。一九四五（昭和二〇）年三月であったか、ボース氏の誕生日祝賀大会が在留インド人によって催された。招かれて行ってみると、会場である劇場は階上階下はち切れんばかりの盛会である。ボース氏のヒンズー語の演説が一時間余にわたった。一段落毎に拍手と声援の嵐が起こる。かねて司会者達の立てたプログラムであろう、演説が終わるとボース氏支援のための物の供出が行なわれた。供出希望の男女が一列行進で舞台に上り、ボース氏座席の前に据えられた大テーブルの上に身まわり品を供出するのである。時計、腕環、指輪、耳飾、ネックレース、ブローチ、ありとあらゆる装身具を一人一人その場で取りはずして喜捨するのだ。一列行進は長く続き、大テーブルの上は見る見るダイヤ、金、プラチナその他の宝石貴金属品の山をなすのであった。ボース氏に対する人気の沸騰である。

いらぬ詮索であるが、ボース氏はこれ等の喜捨品をどう処分したか。ラングーンの市場で捌ききれる量ではあるまいと思っていると、終戦直後ボース氏が飛行機事故で台湾で惨死した当時、身辺に持っていたといわれる貴重品入木箱の行方がいつか日本の新聞で問題にされた。報道された事柄の虚実は何れとも判断しかねたが、私にしては何か思い当る節もあるような感じを禁じ得なかった。

木村軍司令官とは、三巨頭会談以外に折々会談した。私が軍司令官に向って力説したことは、バーモー氏問題であった。軍内部のみならず在留民間人の間にも反バーモー熱があり、バセインに開業した日本医師木村某とラングーンに寺を持つ某日蓮僧永井某が最も悪質な打倒バーモー宣伝を撒きちらした。日本が国策として護り立てたバーモー氏を、何故の打倒か。軍内部の反バーモー熱の粛清はもちろん、こうした居留民を、軍の実力で追放すべきではないか。

軍司令官の答えはいつも煮えきらなかった。田中参謀長が軍司令官の意向を呑み込んだまま、実行に移そうとしないらしかった。太平洋戦緒戦の作戦立案者だったといわれるこの参謀長の威力は、全方面軍を圧するものの如くであった。軍司令官はこの参謀長の前には権威がなく、配下の軍から浮いている存在らしかった。

大使会議――阿波丸の悲運

一九四五〔昭和二〇〕年三月初、私は島津書記官、野崎秘書官と共に、空路バンコックに出張した。捕虜救恤品を南方へ輸送するため、敵側から不可侵権を認められた阿波丸が、竹内《たけうち》〔新平《しんぺい》〕大東亜次官以下大勢の職員を乗せて来航するついでに、竹内次官を交えて松本《まつもと》〔俊一《しゅんいち》〕フランス領インドシナ、山本〔熊一〕タイ、石射ビルマの三大使会議を、バンコックで開こうではないかとの、山本大使の発議に応じたのである。

その頃、ビルマの戦線は危機に瀕していた。敵は進み進んでイラワッディの対岸に迫り、優勢なその空軍がマンダレーの直ぐ南、メイクテーラのわが飛行場を急襲占領して、わが戦線の背後に進出したのである。わが軍これを排撃中との声をききつつ私はバンコックに飛んだ。

松本フランス領インドシナ大使は、あたかも三月九日を期して、わが最後通牒をフランス領インドシナ総督に突きつける重大任務を課せられた間際なので、来会を断わってきた。会議は竹内次官、山本大使、石射の外、チャンドラ・ボース氏への公使として赴任途上の蜂谷〔輝雄〕公使と中村〔明人〕軍司令官を交えて開かれた。フランス領インドシナ、タイ、ビルマ三地域に通ずる大東亜共同宣言の実践方法如何が、主題であった。形式的な決議はしなかった。

滞在中の一夜、大使官邸の隣接地域が、敵機の大夜襲を受けた。山本大使、蜂谷公使等と共に官邸の防空壕に潜んだ一時間は、生きた空がなかった。

会議が済むと、私と秘書官はラングーンに飛び戻った。メイクテーラの奪回はもう絶望らしかった。

阿波丸は昭南を終点とし、南方地域から帰朝する多数の大東亜省職員や家族を収容して帰航の途中、台湾沖で誤ってアメリカ潜水艦に撃沈され、竹内大東亜次官、山田〔芳太郎〕外務省調査部長以下一千余人、ことごとく船と運命を共にした。ビルマ政府顧問の首班小川郷太郎氏もその中にあった。

オンサン陸相の反乱

わが軍が教官を配して養成しつつあったビルマ陸軍部隊も、ようやく訓練成って戦線に加わることになり、その出陣式が三月中旬に行なわれた。式場はシュウェ・ダゴン聖寺の裾野の大広場。バーモー国家代表、オンサン陸相、わが軍司令官代理一田少将が列席し、私も招待を受けた。一個大隊程のビルマ部隊を前にし訓話やら祝辞があって分列式。将校も兵もとぼとぼした足並で頼りない感じだった。

出陣式のあった翌日か翌々日か、オンサン陸相は自らこの部隊を率いてプローム方面に向けて進発したと見せかけ、ラングーンを離れるやたちまち戈を逆しまにし、郊外の手薄なわが警備陣に対して、ゲリラ戦を開始した。前以て十分計画されていたものとみえ、ラングーン以外の地方でも、同時にゲリラ軍が蜂起した。市の内外が目立って不穏になってきた。飼犬に手を咬まれて、わが軍は周章した。兵力をラングーンに持たないので、商社員や顧問団の中から補充兵を召集して急拵えに頭数を揃え、要所々々の警備に当らせた。大使館邸にも毎夜こうした素人兵の数人が配置されてきた。夜陰にどこともなく聞こえてくる銃声が不安の気を唆った。

かつてはわが軍をビルマ進攻に導いたオンサン少将が何故の背叛か。軍の参謀達は色々理由をつけたが、詮ずる所、わが軍の不徳と戦局の不利が招いた結果であって、軍がオンサン少将に見限られたというべきであった。

オンサン少将の背叛は軍にとって意外な痛手となった。彼は三二、三才、寡黙無表情で何を考えているかわからない奇異な人物であった。

大空襲

ビルマ戦線には、私の着任後しばらくの間空軍が配置され、空軍司令部がラングーンに置かれたりして、時々パタパタという友軍機の、たよりない爆音を聞くのであったが、それがいつしか聞けなくなった。制空権が敵手に帰したので、どこかに逼塞しているらしかった。

敵はラングーンに対して大空襲を三回行なった。前二回はビクトリア湖辺にある軍の貨物《かもつ》廠《しょう》が襲撃された。カーペット波状攻撃というのであろう、何十機という編隊があとからあとからと続いてきて、爆弾を落とした。貨物廠は莫大な損害を受けた。ガソリンその他の貯蔵物資のはじける大爆音が終日続き、黒煙が天日を蔽った。二回目には、官邸裏手の武人の花園も爆弾を受け、女が三人生き埋めになって死んだ。友軍機は影も見せないのであった。

三回目の大空襲は、四月初めのある日の午前、軍司令部を狙って行なわれた。軍司令部は大使館事務所と背中合わせの一帯の密林中に秘匿されていたが、敵はこれを諜知したのだ。

私は朝から事務所にいた。空襲警報があったかと思うとすぐ敵機編隊の轟音がした。頭の真上に掩《おお》いかぶさる音だ、近い。皆夢中で防空壕に走った。壕底に潜んで息を凝らしていると、爆弾の地響きで壕がひっきりなしにゆさゆさと揺れ、爆発のあおりが風となって壕底深く颯々《さっさつ》と襲ってくる。爆弾が今度は来るか今度は来るかと、秒々におののいた。三〇分程の空襲がいかに長く感じられたことか。敵機が去ってから壕を出てみると、四辺は砂塵と煙が立ちこめて黄昏の景を呈していた。午後軍司令部に木村軍司令官を見舞った。司令部を掩っていた密林はぼろぼろに断ちきられ、バラック式の建物という建物は、蜂の巣のように穴があいていた。土塵がまだ納まりきらぬ中を幾つかの死体が運び出されていた。軍司令官は堅牢な防空壕のお蔭で無事であった。司令部周辺の家屋も多くは爆破され、地面には大穴が無数に見られた。見渡す限り事物の様相が一変していた。大使館事務所が、軍司令部と僅かに一線を画して禍いを逃れたのは、天祐の感じであった。

蜂谷公使とチャンドラ・ボース

その頃、インド仮政府公使として、蜂谷氏が着任したが、たちまち問題が起こった。仮政府へ派遣される外交使節の例として、蜂谷公使は信任状を授けられずに来任してきたのだ。それを知ったチャンドラ・ボース氏は蜂谷公使に接受を拒むのである。仮政府とはいえ、いやしくも政府たる以上、信任状を持たぬ公使は受けられないというのだ。前例を引いて了解を求めても、そんな前例は自分には通用せぬといって頑として応ぜず、とうとう頑張り通した。ボース氏の妥協を肯じない強い性格がよく現われていた。蜂谷公使は遥々《はるばる》来任しながら、遂にボース氏との接見が得られず、空しく滞在する外なかったが、間もなくラングーンからの軍、官、民の総退却が、問題を帳消しにした。

総敗軍——ラングーン脱出

敵がエナンジョン付近でイラワッディを渡河して中原に進出し、マンダレー前面の守りもわれに利あらずとの報を得て、四月一七日私は軍司令官を訪問し、ビルマ政府とわが居留民をいち早く安全地帯に移すべきだと説いた。木村軍司令官は、軍は今ピンマナ、エメチン間のマンダレー街道の隘路《あいろ》で敵の南下を挟撃すべく作戦中であるから、まだ危険は迫っていないと時期尚早を主張した。

ところが、それから五日目の四月二二日午後、軍司令部から突然通達が発せられた。ビルマ政府、大使館、居留民は明二三日夜、モールメンに向ってラングーンを撤退すべしとの趣旨で、まずビルマ政府及び大使館幹部は、明晩九時憲兵隊本部から出発、居留民は島津総領事以下大使館員引率の下に、一足おくれて一二時出発、乗用に必要なるトラックは軍において手配するというのだ。居留民は大慌てに慌てた。大使館はまず書類を焚いた。

敵はピンマナ、エメチン間の隘路を避けて、横腹からマンダレー街道に入って南進中とあり、また敵がラングーン北方五〇マイルのペグー方面の曠野に空輸部隊を着陸させ、モールメン街道を遮断する公算が多いとの事で、軍司令部は慌ててラングーン放棄を決意したのである。ぐずぐずしておればラングーンは袋の鼠になる。ビルマ政府や居留官民を逃がすより軍自身の安全を図らねばならなくなったのだ。

私は野崎秘書官相手に、脱出準備を急いだ。荷物の大部分は、軍から融通を受けるトラックに積んで、官邸の佐藤ボーイ長と料理人をその宰領に乗せ、私と秘書官、本間〔幸次郎〕領事の三人は、私の乗用車に乗る手はずをきめた。秘書官は町の商社から、ガソリンを多量に仕入れて車に積んだ。

私の準備は大礼服を焚き捨て、剣と勲章を庭前のビクトリア湖に沈める事で完成された。勲章や大礼服の時代は、もう去ったと見切ったのである。

翌二三日夕刻、木村軍司令官に別れを告げにいった。軍司令官はどうも敵の進出が意外に早いのでと、きまり悪そうに申訳し、「途中御無事で」といった。

その晩八時、私は乗用車のあとにトラックを従え、指定された憲兵隊本部に集合した。北沢参事官も集合してきた。バーモー国家代表とその家族大勢、ビルマ閣僚達も夫々家族連れで参集してきた。憲兵隊の構内のローンは人と荷物で埋った。人々殊に婦人達の顔は一様に不安の表情で曇っていた。

編隊の組み方がきめられた。護送指揮官はビルマ政府軍事顧問平岡醇造大佐、護衛として森田（守）大尉の率いる憲兵分隊と森応召中尉の率いる一個小隊が付けられた。

出発は予定よりおくれて十一時、平岡大佐の自動車を先頭に、順々にこれに続いた。私の車は野崎秘書官が運転し、荷物を積んだトラックを官邸運転手井上が運転した。バーモー国家代表とその家族が、自動車二輛に分乗した外、他の閣員達と家族は、トラック数台に分乗させられた。

　折から十五夜近き薄月夜で四辺模糊、前車の尾灯をたよりに、ビクトリア湖の東岸を走って間もなくマンダレー街道に出てこれを北進した。

　アスファルトの道は砂塵で煙り、両側に蔽いかぶさる樹林の茂りは、不気味な夜陰を造って、魔怪のように道を擁した。前車の尾灯だけが、赤く明滅した。

　ペグーを過ぎ、パヤジからモールメン街道に分岐して驚いた。そこには軍用トラックの長蛇の列があった。ペグー付近の非戦闘部隊が一斉に転進命令を受け、荷物をトラックにまとめてモールメンに通ずるただ一本のこの街道に、我勝ちに押し出したのだ。私の車はその間に割り込んだが、前車につかえて蝸牛《かぎゅう》の歩みである。敵襲がこわいので皆ヘッド・ライトを消している。前車後車、怒声を投げ合うのみで進みは捗らない。我々の編隊は、もうばらばらに断ち切られて、連絡を失なった。この混雑を目がけて来襲しない敵は、余程間抜けだなどと車の中で妄想した。パヤジ以東の数マイルを、幾時間かかかって夜の明け方にようやくワウ村に着いた。そこにはバーモー国家代表、平岡大佐などが先着していた。官邸使用人を乗せたトラックは、姿も見えなかった。

　その日一日、付近の村落に潜んで敵機から身を隠し、夕方ワウの渡しにかかった。敵機に毀されるので橋を架けないのである。渡河の順番をまつ幾十台の軍用自動車とトラックが、無秩序に犇《ひしめ》きあっていた。ただ一隻の筏《いかだ》を半丁程の水面に往復させて、一度に二輛ずつ渡すまどろしさである。順番をまつ間に、幾度か敵機来襲の警報に驚いて、付近の田畝《でんぼ》に走って身を臥せた。敵機はしかし来襲しなかった。

順番が来て、バーモー氏の車を始め一行対岸に渡され、暗黒色に沈んだ樹林の縁に沿って、勢揃いした時はもう夜半であった。薄雲にとざされたおぼろ月の下に、近寄れば相手の顔が識別される。私は持ち合わせのブランデーをバーモー氏に勧めて、道中最初のボットル・ネックを辛くも通過した悦びを語り合った。そして次のボットル・ネックであるシッタン河の渡しに向って編隊の行進を続けた。

折しも雲が切れて、月は次第に冴えてきた。四辺は夜目には見極め得ない茫漠たる曠野であり、その上を這ってモールメン街道が蜒々と続く。凄蒼たる夜景だ。雨季の初めとて、非鋪装の道路は泥濘に爛れて車輪を食う。車を泥濘から救い出しては進み、救い出しては進むので、行進は牛歩の遅さだ。その中にビルマ閣僚の乗ったトラックが動かなくなり、私の自動車も動かなくなった。エンジンが馬鹿になったのだ。どうしようもない。私と秘書官はそれぞれ手まわり品の手鞄一つを持ったのみで、遂に自動車を見捨てて徒歩に移った。夜が明けかけたので、まごまごしておれば自動車諸共敵機の餌じきになるのだ。

見ると、右手にモールメン鉄道の小高い堤が末遠く東へ走っている。これを伝わればシッタン河に達する。汽車はもちろん通わない。私と秘書官は線路に登ってこれを歩いた。行けども行けども果てしない感じだ。夜は明け放たれて晴快な朝となった。来し方を見返ると、遥かなる地平線から数条の煙が揚り、折々飛行機の爆音が幽かに聞えてくる。ペグーかパヤジが敵機の空襲を受けているに相違なかった。せっせと線路を歩いた。何里歩いたのか、昼近くなってようやくシッタン河畔のニャンカシ村に辿りつき、先着していた平岡大佐に収容されて民家に入った。夜通し一睡もしない上に、線路上の歩行と空腹で綿の如く疲れた。バーモー国家代表もその近くの部落に身を潜めた。一緒に来た閣僚の一部の消息がわからなくなったので、バーモー氏は気を揉んでいた。

この日、ニャンカシ村が数回敵機に襲われた。その都度防空壕に走った。頭上をかすめるように去来しつつ、機銃掃射をわが軍事施設に加えるのである。自動車、トラックは見つかり次第射たれる。うっかり村はずれに顔を出したバーモー国家代表の乗用車が、機銃弾を浴びて参ってしまった。幸いにバーモー氏は乗っていなかった。

その晩はニャンカシ泊り、翌日夕刻その村を発って、月明の下にシッタン河の渡しを越えた。対岸の軍需品貯蔵所が、紅蓮の焔を立てて物凄い光景を呈していた。その日の空襲でやられて、燃え続けているのである。

もうラングーン以来の自動車もトラックも故障続出で乗り捨てられ、シッタン河を渡ってからは、平岡大佐が何処からか工面してきた二台のトラックに寿司詰めに乗って行進した。

シッタン河以東、モールメンまでの約百二、三十マイル、普通ならば一日行程に過ぎない距離に、約八日を費した。敵機を避けるため、夜間だけ行進した。それでも月明に乗じ、獲物を追ってくる敵機の羽音に、幾度か車を飛び降りて、路傍のジャングル深く逃げ込まねばならなかった。途中宿泊所が準備されているわけではなく、民家を求めて床板の上にごろ寝の夢を結んだ。護衛兵の作る食事の配給を受けて餓えを凌いだ。一国の元首も、特命全権大使も、もう憐れな流民の姿であった。

重い足取りでモールメンに落ちのびる傷病兵の群が、三々、五々、夜となく昼となく、絡繹として道に続いた。つぎはぎだらけのよれよれのボロ服に敗残の身を包んで、顔色は一様に土気色、杖にすがる者、喘ぐ者、繃帯は何日前に巻いたままか、傷口が化膿して蛆をわかした者、ただこれ生きのびたいの一念で、モールメン目がけて流れるのである。逃れ得る者は逃れよ、死ぬ者は死ね。軍はもう傷病兵に構ってくれないのである。

「これが外国兵だったら、とうに叛乱《ミュテニー》を起こしている。日本兵なるが故に黙々とこの忍従、貴いかな日本兵」

バーモー氏は私にそういって感嘆した。

この逃避行の道中でわれわれ一行が嘗めた辛酸は、これをつぶさに綴《つづ》れば一篇の悲劇をなすであろうが、私は紙幅を節しなければならない。要するにわれわれは軍司令部の慌てて立てた脱出プログラムに乗せられて、総敗軍の奔流の中に放たれたのであった。このプログラムの立案者は、岡本（岩）参謀少佐らしかった。

護送指揮官の平岡大佐は、頻りに前途をあせった。護送任務を一日も早く果たしたい人情の外に、この人はひどく敵の追及におびえて、一歩でも無理して、より安全な地帯への逃避を求めた。

バーモー氏令嬢の出産

逃避第五夜の夜中に、一行がチャイトー村の入口にさしかかった時、行進がはたと止った。バーモー氏の愛嬢が、陣痛を起こしたのである。陸軍士官学校長ボーヤンナイ中佐に嫁したこの愛嬢は、臨月の腹を抱えて父母と行を共にし、道々不時の出産が気づかわれていたのが、遂にその時期到来となったのだ。

が、平岡大佐は前途を急いだ。チャイトーの東二、三〇マイルの難所ビリン河を今夜中に渡河するため、令嬢の産後直ちに行進を続けようというのだ。これがバーモー国家代表の激怒を買った。国家代表は興奮の形相もの凄く、自ら愛嬢を路傍の民家に担い込んだ。愛嬢は母バーモー夫人と、同伴の産婆とに看とられて、間もなく男の子を安産した。われわれ一行がトラックから路上に降り立っている一時間ばかりの間のでき事だった。

愛嬢の安産を見届けてバーモー氏は、民家から路上に出てきて、私を路傍にいざなった。暗がりの立ち話である。

「大使、きいてもらいたい。この脱出は乱暴極まるものだ。われわれは僅か二〇時間の予告で、ラングーン脱出を余儀なくされたのである。私は軍にいった。自分は大勢の家族を引具しなければならない。その中には臨月の娘もいる。途中家族のための食料の準備、出産の場合の用意、携帯品の取りまとめ、遺留財産の処置も講じなければならぬ。二〇時間を以てしては不可能だと。然るに軍は途中の食事は全部軍でお賄いする。出産に備えて医師をつける。それ等の点は御心配なく、とにかく定刻通りに発ってくれというのだ。その言に任せて難きを忍んで立退いてきたのだが、他の閣僚も同様に無理をして行を共にしたのである。然るに来て見ればどうであるか。途中の食事はおろか、宿所の予定さえもない。付けられた医師は産科ではないではないか。われわれの脱出に対して、途中何ら便宜供与の手配もなく、この敗軍の激流の中に一行を突き落としたのだ。軍はかねがねわれわれの生命財産の安全を保障すると確言していたが、それは今や一片の反古に等しい。私は家族や閣僚達に対して、苦しい立場にある。大使は家族をお持ちであろう。私の苦境をお察しあれ。平岡大佐、彼何らの非常識ぞ。私の娘の生理現象を無視して行進を強いるとは」

鬱積した不満の爆発なのである。バーモー氏の悲痛な表情が、うす暗がりにも明らかに読まれた。私は慰むべき言葉を見出せない。

「閣下のお話は一々御尤もです。この粗漏な脱出計画は、一国の元首を遇する所以でないと思っています。おって私は本国政府に逐一事態を報告して、御不満に清算をつけるつもりです」

私は道々思ってきた。軍は少なくともバーモー氏とその家族だけは、多少の危険はあっても空路モールメンに送るだけの厚意を示すべきであったと。しかも軍司令官と主なる幕僚は私の想像していた通り、すでにいち早く飛行機でモールメンに逃れていたのである。ラングーン、モールメン間は空路三〇分ともかからぬ距離なのだ。

その晩はむろんチャイトー泊り。私と秘書官は民家に入る事ができたが、北沢参事官等は他の民家の軒下に一夜を明かさねばならなかった。

明くれば四月二八日、バーモー氏は平岡大佐に対して、以ての外の不興である。令嬢産後の肥立つまで、一〇日間絶対に動かぬというのである。私の勧めで平岡大佐がバーモー氏に詫びを入れたので不興が解けたのと、その地のビルマ医の診断で、令嬢の産後は徐行の自動車ならば、絶対に安全と見極めがついたのとで、チャイトー滞在三晩にして一行苦難の行進が継続された。

ムドン村の潜伏生活

それから数日後の夜半、バーモー氏と私の一行は、目指すモールメンに着いた。途中デング熱に冒された私は、着くとすぐ軍用ホテルで病床についた。大使館員一同がようやくここで落ち合った。官邸使用人の三人も無事で先着していた。

島津総領事引率の下に、十数台のトラックに分乗してラングーンを脱出した居留民の一行は、ペグー、パヤジ間で早くも四分五裂に解隊したのであった。トラックが次々と故障を起して、行動の自由を失なったのみか、たちまち敵の空襲を受けたので、各自逃げまどってばらばらになってしまったのだ。島津総領事と館員達は、文字通り流民となって、モールメンに辿り着いたのであった。官邸使用人達は、ワウの渡しで進退に窮し、トラックを積荷ごと焚きすて、着のみ着のままで、僅かに一身を全うしてきたといって、途中敵機に襲われた時の恐ろしさを物語った。

私はモールメンの病床で、ベルリンの陥落とヒトラーの死をきいた。悪魔の当然の没落、と思っただけで私は無感動であった。

モールメンの真南、一八マイルのムドン村が、ビルマ政府と大使館の隠れ場所に選定され、数日後に館員一同とそこに移った。が、もう大勢の館員を必要としないので、北沢参事官、島津総領事を始め、大多数の人員をバンコックに送り、私はビルマ政府の運命を見届けるために、野崎秘書官、角野三等書記官並びに官邸使用人たちと共にムドンに居残った。

バーモー国家代表も、私の勧告に従って、夫人と家族一同をタイ国に送った。その一行は平岡大佐付き添いの下に、やがてフランス領インドシナのコンポンチャムに身を潜めた。

五月初めから終戦に至るまでの三か月のムドン生活には、平和な日が続いた。ムドンは鬱蒼たる樹林に蔽われた戸数百戸余りの静かな村で、タイ・ビルマ鉄道のビルマ側起点タンビザヤへの街道が、村外れを走っていた。バーモー氏は、村の中央の民家に居を定め、他の閣員達も思い思いに村内に分宿した。私はある華僑の成功者の住宅を借りて、野崎、角野両官等と共同生活を営んだ。家具も食器も満足なものはなく、夜は蠟燭《ろうそく》にたより、南京虫に攻められるという原始的生活であったが、もう為す事もなき閑日月を、バーモー氏との交遊に楽しく送った。

私は、バーモー氏の国家代表としての使命は、もう終わったものと考えた。この上は一日も早くこの人を日本に逃避させて、わが政府の優遇の下に、苟安を楽しませるのが、この人に対するわが政府のせめてもの厚意でなければならないと思った。これを軍に説いたが、軍はバーモー氏を手離そうとはしなかった。

この頃わがビルマ方面軍の各部隊は、総崩れに崩れ、モールメンに逃避した軍司令部は、敗残部隊の収拾に苦心していた。サルウィン河の東岸で陣容を建て直し、敵の来攻をこの河の線で食い止める作戦だと聞いた。しかし素人目にも、もうぼろぼろになったわが方面軍に、敵を支えるだけの力があろうとは思えなかった。

敗軍の最中に、木村軍司令官は大将に栄進した。バーモー氏護衛隊長の森応召中尉が、ある日、私の処に遊びに来て、不思議そうにいった。

「戦争に敗けて大将になるとはどんなわけでしょうか」

太平洋方面の戦局も、一月末アメリカ軍のルソン島占領以来、わが軍の敗退は加速度になり、二月硫黄島、四月沖縄が敵手に帰し、いよいよ本土決戦の段階に追い詰められた。ポツダム宣言、広島、長崎への原爆投下、ソ連の宣戦は、軍の報道によってムドンの私にも伝えられた。日本最後の日の切迫を感じた。

終戦——バーモー氏の脱出

ムドンは敵の空襲から安全であった。敵機はタイ・ビルマ鉄道空爆の途中、たびたびムドン上空を往来したが、ムドンを襲わなかった。しかるに八月一一日珍しくも数機の敵機がムドンに飛んできて、頻りに低空飛行を続け、やがて去った。機銃一発射つのではなかった。

翌一二日午後、角野、野崎両氏が近所のビルマ嬢を招いて、宿所の階下で茶会を開き、私も列席した。ビルマ嬢達は正装をこらしてやってきた。彼女達は多少英語がわかるので、話が弾む。談笑が湧いて賑やかな一座となった。そして主客興正にたけなわになった時、敵の数機がまた飛んできた。

昨日の例からして一同無害を感じて油断していると、急に機銃の連発、折返し引返し私の宿所の真上に来て射つのである。もう防空壕に走る暇もない。村嬢達は先を争ってどこかへ走った。私はそのまま腰壁の根もとに守宮《やもり》のようにへばりついて、身の完全を念ずるより外なかった。天井は崩れ落ちるかとばかりに震動する。爆弾の響きが家全体をゆすぶる。それが頭の上に落ちてきたら最後と観念した。

二〇分程で敵機が去った。襲撃は三丁程離れたバーモー氏の宿所に集中されたのだった。バーモー氏は壕内に潜んで、危く一命を助かったが、宿所は蜂の巣のようにやられていた。敵はバーモー氏の所在を諜知したのに相違なく、昨日の無害飛行は場所を確かめるための偵察飛行だったのだ。

敵機の再襲が予想された。バーモー氏はすぐ村外れの民家に居を移し、われわれ一同も翌一三日朝日中だけのつもりで隣村の民家に退避した。その避難先に、一通の電信が、軍の手で配達されてきた。昼すぎであった。角野書記官が、携帯の電信符号で解訳すると、山本大使から転電された東郷外務大臣の訓令である。その大意にいう。

帝国政府は広島、長崎への原子爆弾の投下とソ連の宣戦とに鑑み、これ以上無益なる人命の犠牲を避ける人道的見地よりして、茲にポツダム宣言を受諾する事に決せり。ついては貴大使は右の次第をビルマ政府に伝えると同時に、同政府が帝国に与えられたる従来の協力に対し深甚の謝意を表し、併せてビルマ政府の今後の身の振り方は、自らの裁量によって決せられたき旨、同政府に通告せられたし。

遂に祖国の最後の日が来たのだ。かねて期したる事とはいえ、しばらくは一同顔を見合せるのみであった。

私は訓令執行前に一応軍司令官と打ち合わせのため、またバーモー氏の一身についての、軍の意向を確かめる必要も感じ、訓電を持ってモールメンの軍司令部へ車を走らせた。その頃軍司令部は、頻繁な敵の空襲を避けて、モールメン背後一帯の丘陵の樹林深き斜面に、幾棟かのニッパ・ハウスを建てて、そこに潜んでいた。

軍司令部は、まだ停戦命令に接していなかったが、木村軍司令官は、この訓令の執行に異存がなく、またバーモー氏の一身は、大使の取り計らいに一任するといった。もうバーモー氏には用がない、御随意にといった口調だった。

ムドンに引き返してバーモー氏に大臣訓電の趣旨を申し入れた。もう日の暮れ方であった。バーモー氏は、かねて今日あるを期していたのであろう、悲痛なしかし冷静な表情で私の通告を受けた。日本政府の御丁重な通告を感謝するといい、ビルマ政府の身の振り方については、閣僚達と相談の上決定するといった。私は日本への亡命を勧めたが、バーモー氏はきき入れない。他の閣僚は知らず、自分一個はビルマ国内に潜伏して、独立運動に献身するといい張った。

私は数回に亘ってバーモー氏に、今は日本に亡命して、日本政府の庇護の下に一身を全うし、後図を策すべきであると説いた。その間に数回の閣僚会議を経た後、バーモー氏は私の勧告に従って、ともかく、フランス領インドシナの家族の許に走り、その時の形勢次第で日本に亡命することに決し、他の閣僚は、ムドンに居据って"bravely face the British"と覚悟をきめた。

八月一八日、バーモー氏とその随行者数人は、タンビザヤ駅仕立てのバンコック行き急行列車に乗るべく未明自動車でムドンを出発した。ムドンの民家はまだ夢の中に静まりかえっていた。闇を冒して見送る者は、閣僚達と私。バーモー氏と私は再会を固い握手に約して別れた。極秘裡のあわただしい旅立ちであった。

私は軍と相談の上、イギリス進駐軍からバーモー氏の行方を追及された場合、「同氏はバンコック行き軍用車に乗るべくムドンを出発したが、乗車をせずに、タンビザヤ駅から、何処ともなく身を隠してしまったそうだ」と口裏を合わせる事に話をきめた。

さてバーモー氏なき所に私の使命もない。私は翌一九日夕刻、野崎、角野両官並びに丁度バンコックから出張中の須藤理事官等を従えて、バーモー氏の後を追った。三か月の間なじんだ村嬢達は泣いて野崎、角野氏等と別れを惜しんだ。首班を失なったビルマ閣僚達も、タキン・ヌー、タキン・ミヤ、ウ・トオン以下総出で、私の出発を見送ってくれた。去るに臨んで何かしらムドンの人と土地に引かれる思いであった。

タンビザヤ駅からタイ・ビルマ鉄道。臨時バンコックに出張する将兵の一団と一緒に、貨車にごろ寝の旅だ。タイ・ビルマ国境は、峻険なる深山幽谷の連続で、枕木一本について人命一つの犠牲といわれるのも、頷かれる難所であった。

タイ極楽へ逃避

八月二一日無事バンコックに着いて、トロカデロ・ホテルに居を定めた。そこには、電灯と豪奢なベッドがあり、和食洋食があり、ウィスキー、冷しビールがあった。みな甘露《かんろ》の味だ。ビルマ地獄、タイ極楽をしみじみと感じた。

二三日、バーモー氏がサイゴンから密かに日本に飛び、夫人はバーモー氏の勧めに従って、子女と共にバンコックに向ったとの報を得た。バーモー氏の日本行きは、私の念が届いたというものであった。

ビルマから引き揚げた居留民は、大方バンコックにたまっていた。殆んど裸一貫の引き揚げ者達であったが、彼等はまだ幸せな方であった。軍はラングーン放棄に近づいた頃、商社員七、八〇〇人を召集して、にわか造りの兵隊に仕立てた。この一隊は商社隊と呼ばれて、ラングーン警備の任務を課せられ、遂には軍から置いてきぼりを食わされた。そして孤立無援になってラングーンから落ちのびる途中、幾十日か山間沼沢を彷徨し、病気と飢餓と気力の消尽とから、半数以上の者が斃れてしまった。バンコックにたまっていたビルマ引き揚げ者中には、こうした悲運から、辛くも逃れ得た人々がいた。

九月になるとイギリス・オランダ軍がバンコックに進駐してきた。トロカデロ・ホテルが接収されることになり、私はそこを逐われて山本大使の官邸に収容され、やがてそのまま抑留された。官邸に同居の僚友は主人公山本大使を筆頭に蜂谷〔輝雄〕、水野《みずの》〔伊太郎《いたろう》〕両公使、新納〔克己〕、結城《ゆうき》〔司郎次《しろうじ》〕両参事官、石川〔実〕総領事、それに私であった。他の外務省関係者は、隣接する大使館事務所と、構内の館員官舎に分宿して抑留生活に入った。

居留民は、バンコック在住者もビルマからの引き揚げ者も、バンコックの西北十数マイルのバンバートンに一括抑留された。そこに華僑の建てた幾棟かのニッパ長屋が、キャンプに当てられ、タイ国政府の賄を受けつつ、二千数百人の共同生活が営まれたのである。

陸軍は陸軍で、各部隊それぞれ抑留を受けた。中村軍司令官、花谷《はなや》〔正《ただし》〕参謀長、佐藤〔賢了〕師団長等の猛将も丸腰にされた。参謀副長浜田《はまだ》〔平《ひとし》〕中将は見事に自決した。この際自決のよしあしは別問題として、実に見事な最期であった。有名な辻《つじ》〔政信《まさのぶ》〕参謀はいち早く地下にもぐった。この期になってもまだ思いきれないのか、何か後図を策するための潜匿だと伝えられた。海軍は田中〔頼三〕中将と、タイ国大使館付き武官加藤（達）少将がそこばくの部下と共に抑留された。

バーモー夫人キンママ

八月末バーモー夫人とその家族が、平岡大佐に送られて、フランス領インドシナの潜伏先からバンコックに出て来た。バーモー氏は日本に飛ぶ直前、コンポンチャムに密行して家族に別れを告げたのであった。夫人は良人の言に従ってビルマに戻るべく、その機会を、バンコックで待つのだといった。

従来バーモー夫人を、自分の守り本尊の如くに心得て、外部から夫人に示される好意をさえ快しとしなかった平岡大佐は、もうバーモー夫人も糞もなかった。この老大佐は、戦前ビルマに入り込んで対イギリス諜報任務についていたのが発覚して、イギリス官憲から放逐された経歴を持っているので、再びイギリス官憲の眼に触れるのを、極度に怖れていた。一刻も早くバーモー夫人から手を抜いて、イギリス軍から遠いフランス領インドシナに引返したいのである。そしてバーモー夫人の世話方一切を私に転嫁して、私用だけを弁じて蒼惶《そうこう》としてフランス領インドシナに去った。

こうした大佐の気持は、バーモー夫人に映らぬはずがない。

「平岡大佐は私達にはもう何もしてくれない。自分の持っている金の相場ばかり気にしている」夫人は私にそうこぼした。

夫人とその家族の住居の斡旋、所持金の換価など、みな私の手で行なわれた。野崎秘書官にいわせれば「ブラジルの洗濯婆さん」らしき貧弱な容色《きりょう》であったが、英語は達者、明敏な頭脳、男まさりのバーモー夫人であった。

抑留生活の種々相

大使館構内の抑留生活は、イギリス進駐軍の寛大な措置によって実にのどかであった。構外へこそ出られないが、構内では完全な自由が許された。官邸構内が広いので、六ホールの庭園ゴルフコースを造って、皆で楽しんだ。外部から中国料理を取り寄せて、口腹を満す事も自由であった。華僑紙を読み、ゴルフに興じ、水野公使と碁を囲むことが、私の日課であった。但し大使館構内の抑留生活はすべて自費であった。他方バンバートン・キャンプにおける居留民の生活は、ミゼラブルなものであった。抑留生活が始まった頃は雨季最中で、ニッパ長屋は水上の浮き堂の如く、長屋同士の交通も舟によらねばならず、全くの水上生活であった。電灯も水道もない。バンコック居留民の多くは、物も金もあって比較的豊かであるのに、裸一貫でビルマから放たれた人々は、寝具はもちろん着換えさえ持たない窮状にあった。

抑留者同士のこうした貧富の差が、嫉妬反感を醸し、色々な葛藤を引き起こした。山本大使の手許から送られた見舞金十数万バーツと、私の手許からの八万バーツを基金として、互助救済機構が造られ、幾分共同生活の改善を見たらしかった。バンバートンと大使館との間に、ある程度の文通が許され、先方からたびたび陳情使が来、こちらからも慰問使を送ったが、私は遂にキャンプを訪わなかった。だから私はバンバートンの実生活を目撃していないのである。

どん底のキャンプ生活で、神経の尖がった人々の不満は、大使館に対しても向けられた。大使館側の不自由なき生活が、癪にさわるのである。大使館に電灯がついているのさえ、反感の種らしかった。

ある時イギリス軍から、ビッグウッド大尉なる将校が来て、私に面会を求めた。小柄で穏やかな中年の人物だった。彼はバーモー氏の行方を探しているのだった。

「貴下はバーモーの行方を知らないか」

「知らない、が彼はなおビルマのどこかにいるのではないだろうか」

「貴下は然し八月一八日、彼がムドンを発つ時、その場に居合わせたはずである」

「正に居合わせた。その時バーモー氏はタンビザヤ駅から汽車でタイに行くと称して自動車でムドンを発ったのだが、あとできくと、彼はタンビザヤ駅で汽車に乗らず、随員から身をかくしたとの事であった」

「それ以来、貴下はバーモー氏に会った事がないのか」

「ありません」

「彼はソ連へ逃げたいなどと貴下に話した事はないか」

「そんな話をつい聞いた事がなかった」

それ以上追及しないので、私の答弁は破綻を示さなかった。バーモー氏に対する友誼的義務から嘘は止むを得なかった。

一一月、蜂谷公使は戦犯裁判の証人としてニュー・デリーに拉し去られた。

ミズリー艦上の降伏、連合軍の進駐、天皇の地位、戦犯容疑者の収容、東条大将の自殺未遂、食料の不足、追放令などの祖国のニュースが食卓の話題に上った。日本国内変革の激動が思いやられた。

一九四六（昭和二一）年元旦、大使官邸のローンで遥拝式が行なわれた。国旗の掲揚につれて君が代が合唱された時、誰からともなくすすり泣きの声が聞こえてきた。私の胸もこみあげた。祖国日本の末路に立って、過去の光栄に流す涙であった。

その四月であったか、イギリス政府は東南アジア地区において戦争中日本に協力したイギリス国籍人の反逆罪を赦免する旨を公布した。垢抜けのしたこの寛容政策の妙味。私はバーモー氏も別れてきたビルマの友人達も、晴天白日の下に立ち得るであろうことを、心から祝福した。精
抑留された陸軍の将校達も、長い間には幾分外出の自由を許されて、大使館に来訪した。精

神家の中村軍司令官は、祖国の悲運を身にしめて、深く謹慎の態度を持したが、花谷、佐藤〔賢了〕両中将は大使館に来ても談笑常の如く、日本を亡国に導いた自分達の役割についていささかも反省の色を示さなかった。内心の苦悶は知らず、彼等の言動は自己の過去を忘れ去ったかの如くであった。

タイ国の二重外交

終戦によって、タイ国は敗戦国の地位に立ちながら、それを巧みに切り抜けたその外交の手際は、実にあざやかなものであった。終戦後間もなく公表されたところによれば、タイ国は二本建ての外交を以て非常時局に対処してきたのである。表面日本への協力を装いつつ、裏面密かに自由泰《フリー・タイ》運動なる組織を持って深くイギリス・アメリカに通じて、日本軍の潰滅を策していたのだ。その運動の総帥は、摂政ロアン・プラジットその人、次帥はタイの怪人と称せられるアドン警察司令官であった。タイ国政府は両巨頭の指導の下に、国内に秘密組織を持って、巧みにイギリス・アメリカ軍と連絡をとった。

開戦当時駐アメリカ公使だったセニー・プラモートは、そのままアメリカに居残って、侵略者日本軍からの祖国の解放を叫んで、イギリス・アメリカの間に活躍した。ピブーン政府の没落後、ロアン・プラジットは、腹心コアン・アパイオンを首相にして、舞台に立たせた。アパイオン内閣が、舞台面で日本協力劇を演じて日本軍の御機嫌を取り結んでいる間に、舞台裏では日本軍を一網打尽にする、凄い筋書が熟しつつあった。日本側にもタイ側の機微な動きに、不審を感じた者はあったが、深く裏面のたくらみを洞察するに至らなかった。そして万端の手はずがととのってこの陰謀が実行に移される寸前に、終戦が来た。

終戦によって表面日本の道づれだったタイは敗戦国となったが、日本に売ってイギリス・アメリカに買った先物は見事にタイの破産を救った。アメリカはタイを敵国と見なさないと宣言し、イギリスがタイに課した講和条件は、アメリカの斡旋で軽減され、殆んど無傷で敗戦から立ち上ったタイ国であった。

終戦になると、タイは対日協力者を処罰するための戦争犯罪人法を公布した。それはタイが自国の戦犯者はタイ自らの法廷で自主的に裁くとの了解をイギリス・アメリカとの間に遂げて公布したのである。大審院が戦犯裁判の所管裁判所と規定された。この法律の下に、ピブーン前首相、ウィチット駐日大使、プラ・サラサスなどの要人が、逮捕審判に付せられ、その裁判記事が毎日の新聞を賑わした。ところが、一九四六（昭和二一）年三月末、大審院はこの法律は憲法違反だとの理由で、その無効を宣言し、被告一同を釈放して、世間をあっといわせた。

思うにタイ国政府は当初から違憲を承知の上で、戦争犯罪人法を制定し、潮時を見てその無効を大審院に宣言させたのに違いなく、不愉快な戦犯問題を、対外的にも対内的にも一掃するために、巧みに仕組んだ筋書であったのだ。

すべてが「タイの自由と独立の維持のため」の一念から出発した、明知の働きなのである。私は神憑りの空疎なスローガンや、威信とか面子とかにとらわれて、国を亡ぼした日本の愚昧さに思い較べて、タイに対して慚愧《ざんき》を感じたのであった。

この明知なタイ国も、二〇〇万ないし二五〇〇万と称せられる華僑対策には、頭を痛めたらしかった。ピブーン首相時代は、職業制限と居住禁止区域の設定によって、極度の圧迫を華僑に加えた。アパイオン政府になってから圧迫は徐々に緩和されたとはいえ、華僑の恨みは消えない。

終戦に至って戦勝国民となった華僑は、もう屈従していない。タイ、華人間の流血騒ぎが頻々とバンコック街頭に起こった。華僑の激情を宥めるために、恐らくタイ国政府が要請したのであろう、間もなく中国から特派大使一行が派遣されてきた。タイ国政府はこの一行に対して、優遇の限りを尽し、タイ華親善を強調した。従来タイ国側の欲しなかったタイ華国交の樹立が、難なく議定された。華僑の怨恨は次第にほぐれてきた。タイのとった巧妙な外交が、ここにも効果を挙げつつあった。

終戦後、ヨーロッパ大陸から帰国された第八世マヒドン王が、六月九日宮中において急逝せられた。挙銃弾が頭を貫いたのである。国王は挙銃を愛玩せられるのが道楽とかで、政府はそれによる過失死と発表したが、タイ国人の多謀性を考える時、私には割り切れない疑いが残った。

帰還

早く日本に帰りたい。いつになったら帰れるか、大使館の我々も、バンバートンのキャンプでも思いは同じであった。一九四六（昭和二一）年三、四月、シンガポール、サイゴン方面では、ポツポツ帰還が開始されたとのニュースが、人々を焦燥させた。

しかしやがてその時がやってきた。六月一三日を期して、居留官民一同のバンコック出発がイギリス軍当局によって決定されたのである。各人の携帯品は、一人一五キロに制限されたが、誰も彼も自力で携帯し得る限りの、携帯品を準備した。

乗船は日本船辰日丸、メナム河口数十マイルの沖合コーシチャンに停泊しており、バンコックからそこまでは進駐軍が上陸用舟艇で運んでくれるのだ。大使館組は一三日未明、数台の軍用トラックに乗せられて波止場に運ばれた。波止場には三、〇〇〇人近くのバンバートン組が先着して乗船を待っていた。大使館組がトラックで乗りつけるのを見ると、

「お前ら、トラックで楽だろうなあ！」と悪態がバンバートン組の中から投げつけられた。彼等は重い荷物を肩に、小舟と徒歩でキャンプからここまで辿りつかねばならなかったのだ。その労苦が大使館組に向って爆発したのだ。

イギリス軍係官の検閲が済み、定められた順番で、数隻の舟艇に分乗してメナム河を下った。既に高く上った太陽が、じりじりと照りつけた。両岸は目をさえぎる物もないデルタの平原、その間を、メナムの濁水が不気味な色を見せて海に急ぐ。

帰還者一同の、辰日丸への移乗が終わったのは、一三日夜半であったろうか。三、〇〇〇人近くの大衆をバンバートンから秩序よく辰日丸に導いたのは、輸送指揮を執った山下汽船支店長海野午五郎氏の手ぎわであった。

辰日丸は一万余トンの貨物船であった。客室の設備を持たなかったが、山本大使、水野公使、私の三人は船長特別の好意で、船員室に収容された。その他の人々は、大使館組もバンバートン組も、ハッチ生活である。醜い場所争いが行なわれた。利己主義と利己主義の触れ合いである。

船は一五日にコーシチャンを出発した。食事は三食共に黒い麦飯に、一汁一菜、それでも食

欲が進み、分量の十分なのがうれしかった。
三、〇〇〇人が雑然と乗った船中の混雑はいうも愚かである。「この船は貨物船《カーゴー・ボート》ではなく家畜船《キャットル・ボート》だ」と、ある人が評したように、船中の生活は牛馬の生活であった。何しろ日本が亡びたのだ。
航海無事、七月三日朝、船は鹿児島湾に入った。祖国の山々の深みどりが眼にしみた。大きな崖崩れのように、熔岩を山懐《やまふところ》に流した桜島山が目の前に峙った。私は初めて仰ぐこの山に軍部的なものを感じて好意が持てなかった。

火を降らし民おののかす桜島空の楯ともならで聳ゆる

正午、帰還の第一歩を大地に踏んだ。引き揚げ同胞援護局のお世話で上陸手続きを終わり、大使館組一同山の手の焼け残った旅館に案内された。鹿児島市は焦土であった。外務省から出迎員が来ており、一同に留守宅の消息を伝えてくれた。去る四月一三日の空襲で焼け出された私の家族は、一同無事で、長男の勤め先王子製紙の飛鳥山社宅に暮していることを知った。

鹿児島二泊、大使館組一同は直行車で東京に向った。原爆の落とされた広島は夜中に過ぎ、それ以東沿道都市の被害の惨状を車窓に見つつ、六日夜九時東京駅に着いた。私は外務省さしまわしの自動車を飛鳥山に走らせて、暗い横丁の奥に王子製紙の社宅を求めた。鈍い灯影がさした玄関の古障子があいて、私は家族の歓声に迎えられた。

その夜は一別以来の、お互いの歴史を語り合った。一日置いて七月七日、日産ビル内の外務省に出頭して、辞表を提出した。

18　依願免官――追放

私は八月八日付けを以て依願免官の辞令を受け、その二八日ビルマ大使たりしゆえを以て、公職追放令該当者と指定する旨の通達を受けた。かくして三一年にわたる、私の官吏生活が閉じられた。

官吏生活が終わったことに、格別な感慨は湧かない。ただそれを日本の亡国と合わせ考える時、深刻な追憶が胸に迫ってくる。もともと生活のための外務省勤めとはいえ、自分の地位が進むにつれ、生活意識よりも、国家への奉公心が先に立った。外交官としての私の役割は、終始端役でしかなかったが、与えられた職場において日本と国民のため、正しいと信ずるところに己を空しうして働いてきたつもりだ。が、微力にしてみすみす国家の滅亡を食い止め得なかった。自分独りの力で、どうにもなるものでなかったが、分に応じて致した努力は、亡国という怒濤のために、跡方もなく消された砂上の文字になったのだ。そして待っていた運命は追放と窮乏と頽齢である。悔恨、そんな気持ちではない。公人としてのおのれの過去に対する憫みが今の感情である。

自己を憫みながら、過去の追憶を一つ一つ引っぺがえして見ると、やはり芯が残る。それは砂上の文字に終わった官吏生活によって、ともかくも三十余年を自ら生き抜き、家族を養ってきたという事実だ。お前の外務省入りは、もともと生きる事が目的だったはずだ。だからお前は、一応目的を達したのではないか。余生をどう生きるか、その新たな課題を考えれば良いのだ。私はそう自分にいいきかせるのであった。

が、余生に祟るのは追放である。これあるがために、自分の欲する今後のコースが厳しく閉されている。ビルマにさえ行かなかったら、そういって家族は、官吏道などに捉われた私の愚直を憐むのである。無為が私の今の身の上であるのだ。

焼けあとに立ちて　　昭和二一年八月

二年ごしにて京に帰りぬ。
夏休みの次男を案内《あない》に
我家の焼跡を弔わんとす。
行きなれ来なれし街《まち》も
目じるしとなる家並なければ
ともすれば踏み迷わんとす。

やがて立つ我が家の焼け跡
礎石のみ白々と
あらずもがなの八ツ手の茂り。
見はるかす焼野のここかしこ
ささやか菜園の営み
たけき者は遂に亡びぬ。

19　結尾三題

天皇と外交官

外交官が、外交官として天皇陛下と公式に接触を持ち得るのは公使、大使になってからで、それ以前は特別の必要で御召しを受けない限り接触の機会がないのであった。公使、大使は、とにかく天皇の御名代として外国の元首に遣わされる身分なので、宮中の待遇が一般官吏と自ら違っていたのだ。

公使、大使になると、御信任状が発せられる。いうまでもなく相手国の元首に宛てられた天皇の御書面であって、大公使自ら相手国元首に捧呈するのである。いわゆる国書捧呈式という儀式がそれである。その御信任状には大体次のような趣旨が壮重な文語で認められていた。

今回何某を貴国に対して特命全権公使（又は大使）に任命する。本人は品行方正為人篤実にして朕が使臣として全権を委ねるに足る人物ゆえ、貴方においても本人を信用され、貴我両国の関係について本人相手に御話し下さい。

そうして末尾に、親筆の御名と御璽が据えられ、宛名を「朕が良友、何某国々王陛下（又は大統領閣下）」としてある。原文は日本語で、それに英語、フランス語などの外国語訳がつく。

こうした御墨付の伴なう身分であるから、公使、大使は任命を受けて赴任する前に、天皇への拝謁を許される。但し拝謁は願い出なければ許されず、天皇の方から進んでお召しは無い。私が初めて公使となって、シャムに赴任する時は、多忙にまぎれて拝謁を願わなかった。オランダ公使として赴任する時に、初めてそれを願い出た。

服装はモーニングである。指定の時刻二〇分位前に参内すると、まず宮内官が面接して拝謁の予行演習をつけてくれた。拝謁の間の入口で最敬礼、部屋に一歩入って最敬礼、数歩御前に進んで最敬礼、お言葉を賜《たまわ》ったらさらに最敬礼、すぐあとずさりに後退し、部屋の出口を出た所で最敬礼を重ねて控室に引き取るのである。

定刻通りに出御があって、私は予行演習通りの型で御前に進んだ。陸軍々装の天皇は、部屋の中央ややうしろ目に直立され、その後に従えられたのは、侍従長か侍従武官長などと見受けた。型の如く御前に進んで最敬礼をすると、お声がかかった。「御苦労である。オランダに行ったら女皇によろしくいってくれ」

また型の通り御前を退き、それで拝謁が済んだのである。私は天皇のお顔を咫尺に拝したのは、これが初めてであった。三分ともかからぬあっけない拝謁であった。拝謁の間は、宮中奥深く光線十分ならぬ感じで、天皇のお顔が蒼白く拝せられた。初めての拝謁なので、さすがに緊張を感じた。

外国から帰朝すると、また願い出によって拝謁が許される。型は赴任前の拝謁と同じで、ただ賜わる御言葉が少し違うだけであった。オランダから帰った時の拝謁では、「御苦労であった」とテンスが過去になった。それだけであった。

その後私は、ブラジル赴任前、ブラジルから帰朝後、ビルマ赴任前と三回拝謁を許された。お言葉は「御苦労である」「御苦労であった」にきまっていた。

赴任前の拝謁には賢所参拝が伴なった。賢所は宮城の奥の奥にあった。神官の指図に従って神さびた神前に、うやうやしくぬかずくのだが、ここでは御神酒が下されるのだ。拝謁から引き続いての参拝なので、渇いた喉には清浄な土器で戴く冷酒は、甘露の味であった。

大使になる時は親任式があった。お召によって参内し、天皇の御口ずから「特命全権大使に任ず」といわゆる大命を拝するのであった。儀礼は謁見の場合と同様であった。

拝謁の場合と違って、天皇の御意思によって大公使が御前に召されるのが、帰朝後の御進講の場合である。時間は大抵三、四〇分と限られ、任地での見聞を言上するのである。

私はオランダ、ブラジルからの帰朝後、それぞれ御進講に召された。進講の間に進む前に私の行儀を心配する松平〔恒雄〕宮相から「御前ではポケットに手を突込むな。脚を組んではいけない。私はという代わりに、なるべく石射はといえ」などとやかましく注意されたりしたが、儀式的行事とは違って、うちとけた御前であった。

玉座から二間とは離れずに椅子を賜わり、お茶、お茶菓子も出た。天皇から御質問があるばかりでなく、陪席の宮内大臣、内大臣からも質問が出たりした。君臣なごやかな雰囲気であった。御進講がすむと、控室で御下賜品があるのであった。

この外に、私は交換船でブラジルから帰朝したあと、宮中の午餐に召された。いわゆる御陪食を仰せつけられたのだ。その時一緒にお召を受けたのは野村、来栖両大使、その他南・北アメリカから同時帰朝の公使諸君で、たしか高松宮様、松平宮相、木戸《きど》〔幸一《こういち》〕内府も同席だった。何殿《でん》というのか、大広間で結構な洋食の御馳走であった。食事中、陛下を中心に、色々な会話が交わされたが、食後別席で御茶を賜わり、大公使から銘々肩の凝らない軽い御話を申し上げるようにとの宮内官の注文で、一人々々エピソード的な見聞を申しあげた。私からベルリンとリオとで陳重慶大使と密会した次第をお話しした。天皇は御興味深げに、「それから陳大使は何といったかね」などと御下問があり、私は話題の適切であったことを感じた。日常形式的な国務にのみ煩わされる天皇には、そんな軽い話が、お気に召すと見え、お笑いにさえなるのだった。

こうした場面を数えあげてみると、私が天皇に咫尺した回数は十指に満たず、時を累積してみても、総計三時間を出ない。君臣誠に稀薄な関係であったが、その短い時間の間にも、天皇の円満なる御人格を感じ得た。殊にその平和主義者であり、非軍国主義であられる事は、かねがね松平宮相やその他の側近からの内話で、私の信じて疑わざるところであった。だからブラジルで宣戦の詔勅を読んだ時「豈朕が志ならんや」を主戦論者に対する天皇の抗議と解した。帰朝後仄聞したところでは、右の字句は、果して天皇の御意思に出たものであった。

君側の奸、それは君側にあらずして、これを口にして正論を叩きふせようとする、軍人や右翼にあった。ビルマにいる時、海軍根拠地司令官の田中〔頼三〕中将が時折やってきていった。

「この戦争を、早くやめる工夫はないでしょうか」

「これをやめ得る者は、今や天皇陛下御一人だけだ。その鶴の一声が望ましいが、君側外の奸臣が邪魔して陛下も御自由がきかないだろう」

鶴の一声は遂にかかった。ただ余りにおそかった。

天皇が自ら神格を捨てられた事を、私はタイでの抑留生活中に聞いた。私は天皇のために祝福した。帰朝するともう拝謁の行事はなく、いきなり御進講に召された。以前の最敬礼ずくめの儀礼は廃されて、私は宮内省の楼上の御粗末な一室で、人間天皇と静かに対座した。終戦前後の深刻な御心労の跡か、全体の御様子にお窶れを拝した。が、その時ほど、天皇を身近かなものに感じた事は今までになかった。

外国へ赴任前、天皇への拝謁が済むと、すぐ皇后陛下への拝謁が許される手順になっていた。場所は御内所というか、長い廊下を更に奥に進んで、広い階段を登ったところの一間であった。儀礼は天皇拝謁の場合と同様、賜わる御言葉は割合に長いのであるが、お声がやさし過ぎるので、よく聞き取れない。ただいつも、

「任地は気候風土も違うことゆえ健康に気をつけて」

とお仰るところだけが耳にとまるのであった。質素な御洋装ながら、気品高く、御顔の色は、抜けるように白く拝した。

皇太后陛下には、拝謁を願ったことはなかったが、シャムから帰朝した時とオランダからの時と、二度御召しを蒙った。任地の人情風俗などをお耳に入れよとの、御用掛の注文である。

御前に通る前に御用掛から注意があった。御話を申し上げているうちに、御茶と御菓子が供せられる。それが出たらお茶を頂き、間もなく話を切りあげて退出するようにというのであった。つまりお茶とお菓子が、時間ぎれの合図なのだ。

儀礼はお手軽であった。割合に狭い部屋で皇太后様と差し向いに、席を賜わるのであった。既に御隠居の身分としては海外の話などを聞かれるのがお楽しみなのであろう、熱心にお聞き入りになり、色々打ちとけて御質問などもあるので、こちらもつい話に身が入る。するとやがてお茶、お茶菓子が運ばれる。

「ははあ、ここだな」

と思って、話を切り上げて御前を辞するのであった。皇太后様はきまって黒の質素な御洋装、半白のお髪と物やわらかな御態度の中から、慈愛がにじみ出る。国母とは真にこの方にふさわしい呼び名であろうと思われるのであった。

位階勲等と外交官

私が在米大使館三等書記官の頃、船成金山下亀三郎《やましたかめさぶろう》氏が、世界漫遊の途中ワシントンに立ち寄った。時の大使館参事官古谷重綱氏は山下氏とは近親である。何かの話のついでに山下氏が古谷参事官に、「君は今、勲何等かね」と尋ねた。

「勲三等瑞宝です」

「勲三等ならわれわれ実業家仲間では、まず一五〇万円という相場だ」と山下氏は、感に堪えた様子であった。

民間人が、勲章に憧れる例として、私はこれを古谷さんの口から聞いた。その後、日本では勲章疑獄事件が起きて、世間を驚かした。時の賞勲局総裁が、二、三の実業家に、勲章を売ったのが発覚したのだ。金ができると名誉、あさましくもこれを闇で買おうとするほど、民間人は、勲章に魅力を感ずるのであった。

が、他の官庁は知らず、外務省人は多少の例外はあっても、なべて叙位叙勲に冷淡であったといえる。官吏をしておれば、年功なるものによって、定期叙勲があり、その上に外務省は、外国との勲章のやり取りに介在するので、みな勲章ずれがしている。そこに冷淡の原因が、あったのかもしれない。

その中にあっても、私は勲章に対して最も冷淡な一人であった。全く無関心でさえあった。私にしては、勲章は多くの場合、その人の功績を、公平に評価するものとは、思われなかった。殊に何々事件の功によりなどと、総花式に授けられる勲章に至っては、無意味に近いと思った。自分では逆行的態度を持した満州事変でさえ、私は功によりとして勲四等旭日に叙せられた。他の人々への御相伴表彰に過ぎなかった。心に染まぬ叙勲ではあるが、これを辞する手は許されない。

もう一つ叙勲に対して、私を冷淡にしたものは軍人の叙勲であった。叙勲規則が、彼等に厚くできているのであろう、少佐、中佐にして勲三等などの、高級勲章を吊る者が珍らしくない。鉄砲の撃ち合いさえすれば、それがたとえ、日本の国策に悪影響を来たすものでも、彼等の勲等が進むのだ。士気鼓舞のためとはいえ、こうした連中とともに、功を論ぜられるのを潔しとしないが、どうにもならぬ。だからどうでも良い。つまり私は勲章なるものに、愛想をつかしていたのであった。

それでも私は、三〇年の官史生活で、従七位勲六等から経のぼって、従三位勲二等に進んだ。他から見れば高位高官に相違なかったが、かつてこれについて、いささかの光栄をも感じた事がなかった。
外務省員は職掌柄、外国から叙勲される場合が多かった。私も外国の高級勲章を二度もらった。これは衷心うれしかった。一つはシャム政府から贈られたグラン・クロア・クローン勲章であった。駐シャム公使であったための儀礼的叙勲ではあったが、これに別な意味が付加されていた。各国ともに同様であるらしいが、シャムにおいても外国公使に対する儀礼的叙勲は、二年以上在勤した公使に限るとされていた。しかるにシャム在勤僅か半年の私に、この勲章が贈られたのは全くの例外であって、私が半年の在勤中に、シャム国に寄せた厚意が、高く評価されたのだと、在京シャム公使が本国政府の意向として、説明してくれた。そこに在勤中私の寄せた厚意が、シャム政府にありのまま反映したのを知って、私は光栄と喜悦を禁じ得なかった。

他の一つは、私が上海総領事たりし事に対して、国民政府から贈られた藍玉大綬章であった。一九二七年、国民政府が南京に成立して以来、中国勲章を贈られた日本人は、私の知る限り、官民を通じて僅かに三人。有吉大使、堀内〔干城〕書記官、それに私であった。殊に一地方的総領事に対しての叙勲は、異例であるとせられた。国民政府から特別の説明はなかったが、ひっきょう私が総領事として「上海を無風状態に置く」事に払った努力が、表彰されたものであろうと自解して、これも私の光栄とし愉快とするところであった。

満州国からも一回総花式叙勲を受けた。それは、しかし関東軍からもらうも同様な勲章なので、佩用《はいよう》するのさえ気がひけるのであった。

霞ケ関正統外交の没落

軍国主義の悪夢から醒めた今日、日本国は誰しも、ありし日の幣原外交を顧みて、そのとった国際協調主義、平和主義、対華善隣主義政策を礼讃する。もし幣原外交健在なりしならば、日本は亡国の悲運に沈淪しなかったであろうと、死児の齢を数えるのだ。しかしながら、この三つの主義は、幣原氏の創作ではないのである。それは漠然ながら、幣原外交以前にも、外交政策として存在した。

この三主義は、誰が創始したともなく、又これを実行する手段方法も、時の環境に応じて幾変化しているとはいえ、歴代の外務大臣が、概ねこれを踏襲して、自己の政策に織り込み、自然外務省に浸みこんで、いつしか霞ケ関正統外交の、基調となるに至った。そして国際連盟の結成と、ワシントン会議の試練とを経て、この基調が著しく強化された。が、それでもまだ、この三主義は、内容も散漫であり、輪廓もはっきりしていなかった。それを理論づけ、敷衍して、集大成したのが、幣原外交であった。つまり幣原外相が、この三主義の祖述者なのである。

幣原外交によって、この三主義がいかに集大成されたかは、幣原氏が前後二回、外相たりし間に行なった数度の議会演説に言々金玉の響きを以て表現されておる。しかし幣原外交の真価は、自ら掻き立てた霞ケ関正統外交の法灯を、飽くまで守り通した信念にあった。信念に徹するがゆえに、外に対しては条理をかざして、自主的に力強く動いた。内は幣原外交を歪曲せしめんとする、諸勢力の圧迫に屈しない。国内の囂々たる非難攻撃に堪え、身近に迫る危険を恐れなかった。信念の外交であり、また勇気の外交であった。日本の国際信用は、これがために躍進し、外務省正統外交の黄金期を現出した。しかしそれは長続しなかった。幣原氏退陣後の外務省には、その残した正統外交政策はなお基調として存したが、信念と勇気のなきところ外務省の正統外交は一路衰微へと転落した。

学者や政論家は、好んで理念の文字を用いる。戦争中は新秩序理念、大東亜理念が論じられ、外交にまで、理念がついてまわった。理念といえば、何か哲学的な要素が織り込まれて、立論の奥深さが感じられ、またそういう感じを持たせるのが、論者の意図かもしれなかったが、少なくとも理念の文字を冠する外交論は、何れも曲学阿世の舞文であった。

私は外交というもの、また霞ケ関外交の姿を、いつも卑近な言葉で人に説明した。

外交に哲学めいた理念などがあるものか。およそ国際生活上、外交ほど実利主義なものがあるであろうか。国際間に処して、少しでも多くのプラスを取り込み、できるだけマイナスを背負い込まないようにする。理念も何もない。外交の意義はそこに尽きる。問題は、どうすればプラスを取り、マイナスから逃れ得るかにある。外務省の正統外交も、これを集大成した幣原外交も、本質的にはこの損得勘定から一歩も離れたものではないのである。

この意味において、外交は商取引きと同じである。一銭でも多く、利益を挙げたいのが、商取引きだが、そこには商機というものがある。市場の動き、顧客の購買力、流行のはやりたり、それ等の客観情勢によって、売価に弾力を持たせなければならない。売価を高くつけ得ないために、時によっては、見込んだ利益を挙げ得ないのも、やむを得ない。或いは流行おくれのストックに見切りを付け、捨て売りにして、マイナスを少なくするのも、商売道であり、薄利多売も商売の行き方である。

外交もこれと同じなのだ。国際問題を処理するに当って、少しでもわが方に有利に解決したくとも自国の国力、相手国の情勢、国際政治の大局を無視して、無理押しはできない。彼我五分五分、或いは彼七分我三分の解決に満足し、マイナスをそれ以上背負込まない工夫も必要であり、そこに妥協が要請される。そしてこうした操作に当たるのが外交機関なのだ。

商取引きに、商業道徳が重んぜられるように、外交には、国際信義がある。商人が不渡り手形を出したり、契約を実行しなかったりすれば、その店は遂には立ちゆかなくなる。国家が、国際条約を無視したり、謀略をほしいままにすれば、その国際信用は地に落ち、自ら破綻の基を開く。この国際信用を維持し、発揚するのが外交の大道であり、特に幣原外交は、力強くこの大道を歩み、一歩だも横道にそれなかった。

要するに外交の行き方は、商売の行き方と全く軌を一にする。外務省正統外交の本領は、国際社会に処して、算盤《そろばん》を正しく弾《はじ》き、正しい答えを出そうとするところにあった。まどろかしく見えても、正直で地味な行き方が、総合的に大きなプラスを、我に収めるゆえんだと信ぜられた。が、軍部や政党や右翼は、目前の利益をのみ望んで、二プラス二イコール五、或いは五マイナス三イコール三の答えを外交に強要した。こうした強要に屈した外交が、強硬外交と持て囃され、あくまでこれに屈しなかった幣原外交が、軟弱外交中の軟弱外交と烙印された。

幣原外交以後の霞ケ関外交は、正統外交の理想を温存しながらも、全く自主的性格を喪失した。軍人と右翼が、霞ケ関外交を手ぬるしとして、外交の表面に躍り出した。これを商売にたとえれば、店をあずかる外交機関の商売ぶりが気に入らぬとして、用心棒の権助が、奥から飛び出し、この値段で買わなければ、目にもの見せるぞと、顧客を脅しつけるようなものであった。政党や国民は、こうした強硬外交を喝采した。一たん失なった自主性は、容易に取り戻せない。かくして霞ケ関の正統外交は亡びた。国民は外務省を、皆無省と嘲り、その没落を痛快事とした。国民は常に、無反省に猛き者とともにあった。

一時、国民外交が叫ばれた。国民の世論が支柱となり、推進力とならなければ、力強い外交は行なわれないというのだ。それは概念的に肯定される。が、外務省から見れば、わが国民の世論ほど、危険なものはなかった。政党は外交問題を、政争の具とした。言論の自由が、暴力で押し潰されるところに、正論は育成しない。国民大衆は、国際情勢に盲目であり、しかも思い上っており、常に暴論に迎合する。正しい世論の湧きようはずがないのだ。こうした世論に抗しつつ、自己の正しいと信ずる政策に、忠実ならんとするところに、信念と勇気の外交が要請されるのだ。悲しい哉、幣原外交以外、近年のわが外務省の外交には、信念と勇気がない。私の説明は、いつもここに落ちるのだった。

まだ太平洋戦争に間のあった頃、ドイツ人を乗せたわが商船を、イギリス軍艦が房州沖で臨検し、それが日本・イギリス間の問題となったことは、世人の記憶に新たなところであろう。イギリス軍艦としては、国際法上認められた権利を行使したまでのことであったが、日本の強硬論者が騒ぎ立てた。たとえ領海外の臨検であっても、いやしくも富士山の見ゆるところでのこの権利行使は、許しておけないと怒号し、合理的に問題を解決しようとする政府の態度を軟弱外交だとして責めた。今日、富士山の見えるところは愚か、皇居前の広場で、進駐軍の閲兵式が行なわれるようになったのは、こうした強硬論の集積した結果に外ならない。

注

＊1　一九一四（大正三）年七月にはじまった第一次世界大戦を「発展の機会」としてとらえた日本政府（大隈内閣、加藤高明外相）は、懸案の満州権益問題の解決をはかるため一五年一月一八日、中国政府の袁世凱大総統に二一か条の要求を提出した。要求の第一号は山東問題の処分。第二号は南満州、東部内蒙古の権益。第三号は漢冶萍公司の利益保障。第四号は中国領土の保全。第五号（希望項目）は中国政府の政治・財政・軍事顧問として日本人の招聘、病院・寺院・学校にたいする土地所有権の承認、警察の日支合同あるいは日本人の招聘、日支合同の兵器廠の設立など、合計二一か条におよんだ。

袁世凱は内外の世論を背景として強硬態度をとり交渉を難航させたが、期待した欧米列強の干渉は起こらず、第五号を除外した日本の最後通牒（五月七日）を受諾（五月九日）、五月二五日に条約は調印された。

＊2　袁世凱の進めた帝制運動のこと。一九一五（大正四）年一二月一一日、中国参政院は袁世凱を皇帝に推戴、翌年一月一日、袁は帝位に即き、民国五（一九一六）年を洪憲元年としたが、内外の反帝制勢力におされ、三月二二日に帝制取消を宣言、翌日洪憲年号を廃止した。

＊3　一九一三（大正二）年三月の宋教仁暗殺事件を発端とし、七月一二日に江西都督の李烈鈞が湖口に挙兵独立した反袁闘争が、九月三日の南京陥落で敗北に終わるまでを第二革命という。

一三年六月、袁世凱は洪烈鈞ら三都督を罷免、革命派に先制攻撃をかけ北方軍を南下させ、七月一二日に江西で戦端が開かれた。ついで安徽、湖南、広東、福建、四川も独立を宣言し討袁軍を組織、第二革命が開始された。平和的解決を主張した黄興も南京で独立宣言をしたが、七月二五日には早くも湖口が陥落、八月一五日、江西の革命派主力軍の崩壊、九月三日、南京陥落で第二革命は失敗した。孫文、黄興らは日本へ亡命、中国は「光明から暗黒の時代」にはいる。

「革命」とはいえ、袁世凱が仕かけた革命派一掃の謀略ともいえるものであり、革命派の行動も国民とは無縁な軍事投機であった。かくして袁世凱は翌一四年五月、新約法により独裁的権限を獲得、帝制運動を展開していった。

＊4　一九一七（大正六）年七月一日、安徽督軍張勲が清朝の廃帝溥儀を推戴し、清国を復活させたが、復辟後わずか一三日間で失敗したクーデター事件。

第一次世界大戦中、中国各地に参戦反対運動がおこり、政界の混乱は段祺瑞総理の罷免、各督軍の黎元洪総統への反逆に発展。この時、督軍団の意志を体した張勲は七月一日、国会解散令を発し、復辟クーデターをおこした。しかしこの清朝復活論者の独走は軍閥間の反発を受け、一二日には段祺瑞に敗れクーデターは終わりをつげた。短期間の事件ではあったが中国の知識人に与えたショックは大きく、魯迅は復辟事件をきっかけとして『狂人日記』を書いたといわれる。

＊5　段祺瑞政府成立に際し、援段方針を決定した寺内内閣は、蔵相勝田主計の意をうけた西原亀三を通じ興業銀行、台湾銀行、朝鮮銀行と段政権との間に八種類（交通、有線電信、吉会鉄道、黒吉両省金鉱森林、満蒙四鉄道、高徐・済順両鉄道、参戦）一億四千五百万円にのぼる借款（一九一七〜一八年）を成立させた。しかし、その大半は借款の目的に反し南方革命派の弾圧か、

段政権の行政費とされた。西原借款として総称されるこれらの借款は正式な外交ルートを無視、確実な担保もないため元金・利子は償還されず、国庫、公債によって国民の負担とされた。

　西原借款は第一次世界大戦を機会に中国進出をはかる外交政策の一つであったが、中国国民には、内戦を激化させ、国民の負担を招いたとして反感をいだかれた（『西原亀三自伝』を参照）。

＊6　一九一九年五月四日に北京におこった学生デモと軍警との衝突事件によって爆発した中国民衆の反封建・反帝国主義運動の総称。
　二一か条要求、パリ講和会議における中国外交の失敗への不満が、五月四日の北京大学を中心とする学生デモとなり、軍警との衝突を口火として全国的に拡大、七日には政府は逮捕学生の釈放、講和条約調印の拒否などの要求を入れた。これ以後、中国の近代化の方向はこの民衆運動を軸として進むことになる。毛沢東はこれを新民主主義革命へ移行する新たな歴史的段階を画したものとして位置づけている。五・四運動は自然発生的に始まり、大規模な啓蒙運動を土台として組織的大衆運動に発展、また既存の政治勢力の指導もなく、学生・知識人が推進勢力となった点に特色がある。この自然発生的な抵抗のエネルギーは、中国共産党の創立によって意識化されていった。

＊7　ドーズ案の採択によってドイツ賠償問題の行きづまりが打開された翌一九二五年一〇月一六日、スイスのロカルノにおいてイギリス、フランス、ドイツ、イタリー、ベルギー、ポーランド、チェコの七か国の代表によって開かれた会議。ここではベルサイユ体制を確認するための七協定（ロカルノ協定）が結ばれた。もっとも重要なのはドイツ、ベルギー、フランス、イギリス、イタリーの相互保障協定（ドイツ・ベルギー、ドイツ・フランスの国境不可侵、ラインランド非武装の確認、締約国間の紛争の平和的解決）。この結果、翌二六年にはドイツの国際連盟加入

が認められ、ロカルノ協定は国際秩序の相対的安定の象徴とされた。

＊8
清朝滅亡後、各地に割拠してその支配権を掌握した軍閥は半封建的領主の性格を有し、その存在は列強の中国分割政策に利用され、内乱は絶えなかった。革命後勢力をふるった代表的軍閥には袁世凱、黎元洪、馮国璋、曹錕、段祺瑞、呉佩孚、張作霖、馮玉祥がいる。

孫文は一九二四年神戸において、中国の統一は軍閥を絶滅しなければならず、軍閥の絶滅は帝国主義を打倒しなければならないと中国の現状を分析した。上海・青島の労働争議が列強の要求に従って軍閥軍隊の弾圧をうけた事実は、軍事力による、「北伐」の実施―軍閥打倒が期待され、一九二六年七月には蔣介石を総司令官とする国民革命軍の北上が開始された。国民革命軍は国共両党により編成され、五・三〇事件前後には広東・広西の軍閥を破り両省を革命の根拠地として固めていた。

＊9
一九二七（昭和二）年、田中内閣は東方会議で対蒙強硬政策を決定したが、内閣退陣後の二九年以来「田中上奏文」（田中メモランダム）が登場、国際連盟にもち出され、東京裁判にも登場したが、その真偽は謎のままである。その内容には満州事変以降日本のたどった軌跡との一致点が多いが、この幻の怪文書について森島守人は次のように書いている。「文書の出所は未だに判明しないが、東方会議に関連していろいろの記事が新聞に出ていたので臆測を逞しうすればこの位の材料を作りあげることは容易なので、浪人あたりがでっち上げて売り込んだか、中国人の手で創作したか、いずれかであろうと想像される」（『陰謀・暗殺・軍刀』）。（田中上奏文の全文は雑誌『中国』第一四、一五号を参照）。

＊10
世界恐慌が吹きあれ、社会不安が増大、共産党弾圧事件、「赤化」事件が頻発していた一九三〇（昭和五）年秋、陸軍の少壮軍人は桜会を結成、翌三一年三月、大川周明、亀井貫一郎ら民間右

翼と提携して宇垣一成陸相を首班とするクーデターを計画したが、宇垣の命令により中止された（三月事件）。同年九月の満州事変は桜会の「国家改造」計画の一環をなすものであった。翌一〇月、三月事件に失敗した橋本欣五郎中佐、長勇少佐らは大川、西田税と提携、陸海軍の青年将校数十名を動かし、荒木貞夫中将を首班とする軍部政権をつくる計画をたてたが事前に発覚、検束された（一〇月事件）。

両事件は国民にはまったく秘密のままもみけされたが、事件発生をうすうす感じた政界上層は不安をいだいた。それは一〇月事件以後、独自のコースを歩みはじめた青年将校の五・一五、二・二六事件によって顕在化した。

＊11　一九三二（昭和七）年一月二八日にはじまった第一次上海事変のこと。

満州事変以来、中国の排日・排日貨運動は激化しとくに国際都市上海では抗日救国会の対日ボイコット活動が活発となり、抗日義勇軍も編成され、上海駐屯の第一九路軍の抗日意識もさかんであった。その中で「民国日報」の不敬記事事件、ついで三二年一月一八日、日本人僧侶にたいする中国人による暴行事件が発生、日本の海軍兵力は増強され、全面衝突は時間の問題となった。

一月二八日、日本海軍は第一九路軍の上海からの即時撤退を要求、同日深夜、両軍は市街戦を展開、日本は苦戦の陸戦隊に陸軍を増強、二月下旬ようやく第一九路軍を撃退、この間、英・米・仏・伊の四国をまじえた停戦会議がつづけられ、五月五日に停戦協定が成立した。協定内容は中国外交の「勝利」を示すものであったが、同年三月一日、関東軍の手で「満州国」がつくられ、執政には宣統廃帝溥儀が就任していた。

＊12　一九三四（昭和九）年四月一七日、天羽英二外務省情報部長が対中国国際援助を非難した非公

式談話。「……支那ニシテ、若シ他国ヲ利用シテ日本ヲ排斥シ東亜ノ平和ニ反スル如キ措置ニ出テ、或ハ夷ヲ以テ夷ヲ制スル排外策ヲ採ルカ如キ事アラハ、日本ハ之ニ反対セサルヲ得ナイ。他方列国側ニ於テモ、満州事変、上海事変カラ生シタ特殊ノ状態ヲ考慮ニ入レ、支那ニ対シテ共同動作ヲ執ラントスル如キ事アラハ、仮令名目ハ財政的又ハ技術的援助ニアルニセヨ、政治的意味ヲ帯フル事ハ必然テアッテ……従テ日本ハ主義トシテ之ニ反対セサルヲ得ナイ。」（声明全文は外務省編『日本外交年表竝主要文書』下巻を参照）。

発表と同時に国際的反響をよび、日本のモンロー主義と批判され、広田外相は中国の主権を侵害し、第三国の権利を無視する意志のないことを表明した。

＊13 掃共戦の第一戦にあった張学良の東北軍は中国共産党の抗日統一戦線に応じ、紅軍と停戦状態に入っていたが、一九三六（昭和一一）年一二月一二日、掃共戦督励のため西安にとんだ蔣介石を張学良、楊虎城らが監禁した事件。事件直後、中国共産党は周恩来を西安に派遣、蔣釈放など平和的解決に努力、蔣介石は東北軍の示した国民政府の改組、内戦の停止、政治犯の釈放、愛国運動の自由など抗日八項目を受諾、釈放された。事件解決後、中国共産党はソビエト区を中華民国特区とし、紅軍を国民党政府の指揮下に入れ、ここに第二次国共合作を中心とした抗日民族統一戦線が形成され、全国的に拡大した。

ちなみに、青天の霹靂とされた西安事件について尾崎秀実が抗日統一という結果を見通していたことは、当時の中国認識の水準を示すものであった。

＊14 一九三一（昭和六）年、義和団事件賠償金をもとに外務省文化事業部が当時の上海フランス租界に設立した大規模な研究所。医学部（病理学・細菌学・薬学）と理学部（物理・化学・生物

学・地質学）があり、図書室には、アジアの自然科学に関する図書約五万五千冊が集められていた。四五年の日本敗戦後、これらの施設は中国科学院に吸収された。

＊15 内蒙の民族独立運動は、一九二一年の外蒙独立、三二年の「満州国」成立に刺激され、土肥原・秦徳純協定以後、関東軍の策動がつよまり、内蒙保安隊李守信軍は関東軍の援護でチャハル省内に進出、三六年五月内蒙軍政府（徳王主席、李守信副主席）が成立。

対ソ戦略の一環として内蒙工作を重視した関東軍は参謀田中隆吉の指導下、一九三六（昭和一一）年一一月一四日、内蒙軍を綏遠に進撃させた。蔣介石は綏遠支援の態勢を整えたが、一八日に傅作義の綏遠軍は内蒙軍を大敗させ、二四日には百霊廟も陥落させた。

この事件は、ほどなく発生した西安事件の局面転換によって関東軍と綏遠軍の衝突には至らなかったが、事件がおこると中国各地には綏遠救援活動が展開され、綏遠軍の勝利は中国国民の抗日意識をいっそうつよめることになった。

＊16 一九二二（大正一一）年二月六日、ワシントン会議においてアメリカ、ベルギー、イギリス、中国、フランス、イタリー、日本、オランダ、ポルトガルの九か国の間で「極東ニオケル事態ノ安定ヲ期シ支那ノ権利利益ヲ擁護シ且機会均等ノ基礎ノ上ニ支那ト他ノ列国トノ間ノ交通ヲ増進セムトスルノ政策ヲ採用スルコトヲ」目的として調印された条約。これは中国の領土保全、門戸開放、機会均等の義務、交渉による問題解決を約しているが、この結果、日本は山東省の権益を中国に返還、シベリア撤兵、二一か条要求の留保（第五号）部分の撤回を宣言した（条約全文は外務省編『日本外交年表竝主要文書』下巻を参照）。

＊17 一九二八（昭和三）年八月二七日、ドイツ、アメリカ、ベルギー、フランス、イギリス、アイルランド、インド、イタリー、日本、ポーランド、チェコなど一五か国がパリで署名した「戦

争放棄に関する条約」

この条約は「国家ノ政策ノ手段トシテ戦争ヲ放棄スルコト」および「一切ノ紛争又ハ紛議ハ……平和的手段ニ依ルノ外之カ処理又ハ解決ヲ求メサルコト」の二つを約している。不戦条約は国際連盟規約、国際連合憲章とともに二〇世紀前半の三大条約とされ、三六年末には締約国が三六か国におよんだ（条約全文は外務省編『日本外交年表竝主要文書』下巻を参照）。

＊18　張鼓峰は朝鮮、満州、ソビエトの国境線が接する豆満江下流にあり、国境の不明確な紛争地点であった。トハチェフスキー事件などソビエトの反スターリン派粛清は、関東軍の中に「対ソ威力偵察論」を台頭させた。一九三八（昭和一三）年七月一一日、張鼓峰にソビエト兵が陣地構築をはじめたニュースがはいり、二九日に沙草峰で日ソ軍が衝突、三一日、朝鮮駐屯軍は独断で攻撃を開始し張鼓峰を占領したが、八月六日のソビエト軍の反撃によって大打撃をうけ、一〇日に停戦協定が成立した。

事件は日本の明らかな敗北に終わったが、局地戦で収拾できたとして、近代戦におけるソビエトの軍事力、物資力、あるいは現地部隊の独断行為の放置など事件に含まれていた問題への反省はなく、翌年のノモンハン事件の完敗を招くことになる。

＊19　一九四一（昭和一六）年一二月、日本の真珠湾攻撃と同時に南方で展開されたマレー作戦の際、投降したインド兵を基幹に南方軍の藤原機関が新軍の育成にあたったが、四二年二月、岩畔豪雄大佐を機関長とする軍事顧問部（光機関）が新設された。その後、光機関は四三年一〇月、ドイツから亡命中のチャンドラ・ボースを迎えてシンガポール（昭南）に自由インド仮政府を樹立、一部はビルマの軍事作戦に参加していった。機関長は岩畔についで山本敏大佐（四三年三月）、磯田三郎中将（四四年一月、南方軍遊撃隊司令官兼任）が就任、敗戦を迎えた。

光機関より早く、ビルマではオンサンなどの独立運動支援のため南機関が設置され、日米開戦後ビルマに進出したが、第一五軍作戦終了により四二年六月廃止。その後新設されたビルマ軍に軍事顧問部を置いたが、敗戦直前の反乱により解散した。

解説

加藤陽子

外交官の回顧録として

外交官あるいは外交を担任する政治家が自ら遺した回顧録ということでは、陸奥宗光《むつむねみつ》『蹇蹇録《けんけんろく》』にとどめをさすだろう。三国干渉、遼東半島還附を軟弱外交と批判された陸奥は、病《やまい》をおして、外務省機密文書を引用しつつ自らの正当性を主張したが、陸奥より若い世代の例を思い起こそうとすると、はなはだ心許ないのが実情だ。例えば、満洲事変勃発時の外相にして、戦後の日本国憲法草案ができる際の首相であった幣原喜重郎《しではらきじゅうろう》（一八七二〜一九五一）はどうだろう。口述筆記を起こした『外交五十年』（中公文庫、一九八七年、二〇一五年改版、初版は一九五一年）があるが、幣原と相手方との会話体で進むエピソードからなる回顧録なので、記録や史料の裏付けをやや欠く嫌いがある。[*1] むしろ、一九一七（大正六）年の石井・ランシング協定などの日米間の折衝での活躍で知られ、晩年は枢密顧問官として外交問題の諮詢にあたった石井《いしい》菊次郎《きくじろう》（一八六六～一九四五）の『外交余録』（岩波書店、一九三〇年）などの方が、戦後の価値観の変容を経ていない分、史料としての価値はあろうか。

　外交官の遺す記録の一つの在り方としては小村寿太郎《こむらじゅたろう》（一八五五～一九一一）の例がある。外務省編『小村外交史』（原書房、一九六六年、執筆者は信夫淳平《しのぶじゅんぺい》、一九二二年完成）からもわかるように、国際法学者あるいは外交史家の手により、外交記録や書翰等とともにその事績が編纂されること等、美しい在り方なのかもしれない。また、最も望ましい在り方として、自らが作成・関係した史料を空襲から守り、伝え、現在では憲政記念館、国立国会図書館憲政資料室（寄託）等にほぼ全ての史料が遺されている重光葵《しげみつまもる》（一八八七～一九五七）のような例もある。重光は、『外交回想録』（中公文庫、二〇一一年）、『昭和の動乱』上・下（中公文庫、共に二〇〇一年）等の回顧録を自ら遺しただけでなく、史料そのものもきちんと遺したからこそ、武田知己氏による一連の優れた研究、例えば、『重光葵と戦後政治』（吉川弘文館、二〇〇二年）、『重光葵外交意見書』第一巻～三巻（現代史料出版、二〇〇七～一〇年）等からもわかるように、後世の史家からの正当な評価も受け得たといえるだろう。

　一九四四（昭和十九）年三月、アメリカ大統領ローズヴェルトは、「私はまた、注視し続け、証拠を記録するように求める。それは、いつの日か、有罪を宣告するために使用される」とラジオで演説した。この時期はといえば、前年十一月のカイロ会談で英・米・中の対日方針が決定され、同年一月にはソ連軍がレニングラードで独軍を撥《は》ね返した時にあたる。太平洋戦争の最終盤にあっては、終戦工作に従事していた吉田茂《よしだしげる》（一八七八～一九六七）でさえ憲兵隊に拘留されたことを顧みれば、個人が記録や史料を遺しにくかったことは容易に想像できる。だが、記録した証拠を握りしめ、日本本土を目指して来るような国を相手に戦争をしかけた以上、外務省にあっては組織的に記録を燃やしたりせず、証拠としての記録を万全なかたちで遺して欲しかった。

ここに取り上げる回顧録『外交官の一生』の著者・石射猪太郎《いしいいたろう》の場合は、小村や重光の例というよりは、陸奥の例に近いと思われる。石射の子息・周蔵氏が伊藤隆氏に対してかつて語ったところによれば、本書が執筆されたそもそもの理由は、戦後の公職追放解除訴願のためであったという。[*2] かたや軟弱外交との汚名を雪《そそ》ごうとした陸奥、かたや公職追放解除を求めた石射。この二人の外交官に共通するのは、理非の判断が明確であるのと、明快な物言いをするところである。

陸奥の『蹇蹇録』の中から最も著名な箇所を一つ挙げよといわれれば、「なるべく平和を破らずして国家の栄誉を保全し日清両国の権力平均を維持すべし、また我はなるたけ被動者たるの位置を執《と》り、毎《つね》に清国をして主動者たらしむべし」[*3]と書いた、対清開戦前の外交方針の部分だろうか。では、石射の手になる本書はどうだろう。中国領の長春にほど近い万宝山《まんぽうざん》に借地した朝鮮人（当時は日本帝国臣民ということになる）が、水田を耕作するため中国側に無断で水路を掘ったことから、現地中国側との対立を深めた、一九三一（昭和六）年七月の万宝山事件一件について石射は迷わず、「私の見るところでは、非は現地朝鮮人側にあった。無断で他人の所有地に水路を開設するさえあるに《ママ》、河流を勝手に堰止めるのは、どこの国の法律も是認する筈がない」（二七九頁）と書く。当時の日本の新聞が中国側の非を鳴らし、朝鮮農民の側に立った煽情的な記事で埋まっていたことに鑑《かんが》みれば、石射の姿勢は珍しいものといえる。

　石射は第二次世界大戦における日本の敗戦をビルマ大使として迎えた。大使のポストを重光外相から打診されたのは一九四四年八月下旬、その頃のビルマといえば、同年春のインパール作戦の惨敗以降、前線の全面的崩壊が間近だとみられた場所で、喜んで赴任する者などいない地獄の三丁目に外《ほか》ならない。むろん石射も懊悩《おうのう》するが、「頭の中の闘争で遂に勝を制したのは持論の官吏道であった。既に退官の身の上ならば格別、なお官吏の身分にありながら望ましからぬ任地の故を以てビルマ行きを断わるのでは、お前の日頃唱える官吏道をどうするのだ、今さら卑怯ではないか」（三九九頁）と考えたうえで引き受け、結局は首都ラングーンから敗走するという辛酸を嘗《な》めた。石射が故国の土を踏み、外務省に出頭して辞表を提出したのは、ようやく一九四六年七月七日になってのことだった。

石射猪太郎の外交観とその今日的意味

　石射の経歴をおさえておこう。石射は、一八八七（明治二十）年、後に福島県議会議員・衆議院議員（政友会）を歴任する石射文五郎の長子として誕生した。一九〇八年、上海の東亜同文書院商務科を卒業、南満洲鉄道株式会社に勤務後退職。実業を志すも父の事業の失敗で挫折、志望を転じて一九一五（大正四）年、外交官及領事官試験合格。同期の一人に「革新」派外交官として名の知られる栗原正《くりはらしょう》＊4がいる。石射にとって重光は四期上、東郷茂徳《とうごうしげのり》は三期上、白鳥《しらとり》敏夫《としお》は二期上にあたる（一八頁）。東亜同文書院は、東亜同文会によって一九〇一年、上海に設立された日本人のための教育機関であった。日露戦争あるいは日中戦争期にあっては、卒業生が従軍通訳として動員されるなど、国策協力機関としての政治色を強めるが、一九〇四年（第一期）から三七年（第三三期）までの卒業生二六八四名の就職先[*5]をみれば、一位がビジネス関係で約六〇％、二位が満洲国・蒙疆《もうきょう》政府関係で約一〇％、三位が日本政府関係で約八・五％と続く。意外にも同文書院卒の外交官は多くはなく、石射自身、「それまでは、同文書院出身者にして、国家試験を試みた者は、一人も無かったが、図らずも私の合格が先駆をなして、若杉要《わかすぎかなめ》、堀内干城《ほりうちたてき》、山本熊一《やまもとくまいち》の諸氏が、次々と後に続いたのは、母校の声価のためにも悦ばしい現象」（一八～一九頁）と書いている。ここで記憶にとどめていただきたい点は、石射が中国語を理解し、中国の土地と慣習に馴染んだ人間だったことである。

実業界への夢が破れて外交官となった石射が垣間見《かいまみ》た最初の大きな舞台は、一九二〇（大正九）年からの二年半、駐米大使の幣原と一等書記官（後に参事官）の佐分利貞夫《さぶりさだお》の下での大使館三等書記官としてのアメリカ駐在であり、二一年十一月からのワシントン会議であった。会議中、佐分利の補佐にあたった石射の記憶に刻まれたのは、日英同盟を廃棄する代わりに、日・英・米・仏間に締結された四国条約一件だった。会議中に腎石病を発症した幣原全権が病軀《びょうく》をおし、イギリス案を換骨奪胎《かんこつだったい》して四国条約案をまとめるさま等が活写される。会議の評価について、「最も多く収穫を得たのは中国、一番多く泥を吐かせられたのが日本」（一〇〇頁）と記す石射だったが、会議の渦中で立ち働くうちに、「外務省は、やはり自分の棲家なのだ、自分の笠の上の雪なのだ」（同頁）との、外務省への愛着、外務省人たる自覚が次第に湧きあがるのだった。

東亜同文書院、満鉄、父は政友会代議士と聞けば、外務省内の石射の系統は、政友会との親和性が高い外相、すなわち芳澤謙吉《よしざわけんきち》、内田康哉《うちだこうさい》、広田弘毅《ひろたこうき》等に近いようにも思われるが、そうではない。石射の自己規定において、外交官たるべきものの鑑はあくまで幣原であった。本書の「結尾三題」において石射はこう述べる（四五〇頁）。

> 外交に哲学めいた理念などがあるものか。およそ国際生活上、外交ほど実利主義なものがあるであろうか。国際間に処して、少しでも多くのプラスを取り込み、できるだけマイナスを背負い込まないようにする。理念も何もない。外交の意義はそこに尽きる。問題は、どうすればプラスを取り、マイナスから逃れ得るかにある。外務省の正統外交も、これを集大成した幣原外交も、本質的にはこの損得勘定から一歩も離れたものではないのである。

損得勘定でなされる外交といえば聞こえは悪いかも知れないが、戦前期の日本に最も欠けていたものこそ、実利主義の外交だったのではないかと私には思われる。一九三一年九月十八日、関東軍の謀略によって惹起された満洲事変に対し、国際連盟から派遣された所謂《いわゆる》リットン調査団による「国際連盟委員会報告書」の第九章「解決ノ原則及条件」は、日本に対して重要な問いかけを行っていた。日本が経済的に発展するための有望な市場として、長城以北の満洲だけを見るのではなく、中国全体を見渡してみればよいのではないか、と。「支那ノ統一及現代化ニ必ズヤ伴フベキ生活程度ノ向上ハ、貿易ヲ促進シ且支那市場ノ購買力ヲ増進」[*6]させるのだから、平和が維持されて中国の統一と近代化が進むことは、日本経済をこそ潤《うるお》すはずだと述べられていた。また、満洲への日本の死活的利害が、経済的なものというよりは、安全保障上の懸念なのだろうとの推測のうえに、調査報告書は、「無期限ノ満洲ノ軍事占領ガ、真乎ニ斯《か》カル外部ヨリスル危険ニ対スル最有効ナル保障方法」なのかどうか熟考して欲しい、さらに日本が

「下執リッツアル高価ナル方法ニ依リ獲得セント欲スルヨリモ、更ニ確実ナル安全保障ヲ得ル可能性モ存スルコト」[*7]に思いを致して欲しいと呼びかけていた。満洲国を創出し、日満議定書を結び、関東軍を配備する方法は、日本にとって文字通り高くつくのではないか、と日本側に再考を促しているのだった。

あまり注目されてこなかったが、リットン報告書は最末尾で、一九三二年八月三十日の内田外相の言明を引用している。内田は日本政府として、「日支関係ノ問題ハ満蒙問題ヨリモ一層重要」[*8]だと言明していた。日中関係が、満洲問題よりも重要だとする内田の理性を拠り所として日本国民に訴えかけ、損得勘定からする最後の一押しを行った連盟外交のまっとうさが改めて浮き彫りになる。第二次安倍晋三内閣の成立以降、日本と中国をめぐる安全保障環境は劇的に変化した。このような時期に、あるいはこれ以降、石射のいう霞ヶ関の王道を行くような実利外交が日本にできるかどうか。この点が戦後七十年の日本の勝負どころとなろうし、そのためのヒントが本書においては随所に書かれている。

石射の生涯のなかの中国

満洲事変勃発時の石射は吉林《きつりん》総領事として、一九三一年九月二十一日からの第二師団主力による吉林占領を迎え、同二十八日においては国民政府からの吉林省政府（主席・張作相将軍、参謀長・熙洽）独立という事態に立ち会った。むろん、この独立宣言は、師団の軍事力を背景とした「拳銃口《ピストルポイント》の独立」であり、東三省の中で最も早いものとなった。事変勃発直後、満洲各地の総領事から幣原外相に宛てられた電報類は当然のことだが膨大なものとなったであろう。外交文書からわかる範囲で石射からの第一報は、九月十九日付の電報（第九三号）だったが、そのなかで石射が「支那軍部ハ未明ヨリ会議中ナルカ如キモ、市面ニハ殆ト何等動揺ノ模様ヲ認メサル処、関東軍ハ此機会ニ徹底的ニ支那軍ヲ抑ヘン計画ナリトノ情報モアリ」[*9]として、中国側の平穏さを描くとともに、関東軍の計画の根深さを示唆している点は特筆にあたいする。

本書のなかで石射は「私の事変観――軍の兵変」との項を立て、満洲事変を自らがどう受けとめたかを記している。当初から石射は柳条湖《りゅうじょうこ》事変なるものの真実性を疑っていた。「張学良もその軍隊も、抗日意識に燃えていたとはいえ、満鉄線に手を触れる事の、身を亡ぼすゆえんを十分認識していた筈である。〔中略〕まず頭にぴんときたのは、張作霖爆死事件で立証済みの、軍の謀略性であった」（一九二頁）と記す。「自衛戦、生命線の確保、満蒙問題の解決、口号はもっともらしいが、私の感じた満州事変の様相は関東軍の兵変《ミュテニー》であった。政府が何といおうとも、軍中央がどう留めようとも、満州を制覇して自分の自由意思で運営し得る国家機構を造る。これを遮るならば、本国といえども容赦しない。この行き方が兵変《ミュテニー》でなくて何であろう」（一九三頁）として、軍に対する苦々しい思いを前面に出している。

さて、上海在勤を経て、一九三七年三月二十九日、タイ公使を務めていた石射のもとに外務本省から館長符号電が到着した。何事かと思えば、林銑十郎《はやしせんじゅうろう》内閣の外相に就任した佐藤尚武の人事による、石射への東亜局長就任要請だった。同日の日記に「支那を本領とする拙者故東亜局長は相勤むべき」[*10]と書いて意気に感じつつ、翌日の日記では「対支問題につき大局的地見〔見地〕より軍側とソリの合はぬ事なるべし、夫れ御承知の上にて宜敷願ふ」[*11]との憎まれ口をききつつ、東京へと戻る。石射人事をもたらした背景を見ておこう。まず、林内閣（一九三七年二月二日〜五月三十一日）成立の背景の一つとして、一九三五年秋に参謀本部作戦課長（三十七年三月から第一部長）となった石原莞爾《いしはらかんじ》ら陸軍中央の戦略思想の変化があった。ソ連への軍備充実計画の決定的な遅れへの自覚から、中国に対してこれまで採ってきた文治方針を改め、安定し統一した中国の存在を前提とする国防方針への転換を図ろうとした。このような陸軍の方針転換は、日本銀行・日本興業銀行などの機能拡充によって穏健な経済統制をめざす結城豊《ゆうきとよ》太郎《たろう》蔵相の財政方針と適合的だったのみならず、イギリス連邦内での日本製綿製品ボイコットに対処するために日英関係を修復し、中国に対しては経済外交に徹しようとした佐藤外相の外交方針とも適合的であった。石射東亜局長誕生の裏面には、このような日本政治の地殻変動があったことに注意したい。

せっかく成立した林内閣だったが、帝国議会と対立したあげく、解散・総選挙に打って出た結果短命に終わり、これに代わった近衛文麿《このえふみまろ》内閣（一九三七年六月四日〜三九年一月五日）のもとで、三七年七月七日、盧溝橋《ろこうきょう》事件が勃発する。広田外相の下で東亜局長に留任した石射の日中戦争収拾工作への関与を、以下、失敗に終わった船津《ふなつ》（辰一郎《たついちろう》）工作に焦点を当てて見ておきたい。本書には、七月十三日、河相達夫《かわいたつお》情報部長の斡旋で石射が石原第一部長と河相邸で極秘に面会し、事変の局地解決を促したとする記述がある（二六八頁）。石射日記には、これに該当する記述を欠くが、『風見章《かざみあきら》日記・関係資料』からは、石原第一部長が同月十二日、当時の首相秘書官であった風見章に対し、首相自ら南京に赴き、蔣介石《しょうかいせき》と直談判《じかだんぱん》して問題を解決するべきだ[*12]、との案を持ちかけていた事実がわかる。同月十五日、石原によるこの提案に対する近衛首相の返答を風見に催促していたのが河合情報部長だったことを考えれば[*13]、石射もまた、首相と蔣との直談判案に一枚嚙《か》んでいたのかも知れない。近衛首相自身は本提案に乗り気となったが、「蔣介石の対日強硬派に対する統制力に疑ひ」[*14]があるとする風見の反対で、本計画は頓挫するのだった。

七月三十日、石射は外務省東亜局として「北支時局収拾ニ関スル外務省ノ意見」[*15]をまとめ、陸海軍との折衝に入った。その内容は、①地方政権の樹立は絶対に不可、鵺的な中間政権が不可なのは冀東《きとう》・冀察《きさつ》の前例から明らかである、②北支時局の収拾は蔣介石の中央政権との直接取引により解決する、③中央政権と直接取引をするには、「城下の盟《ちかい》」すなわち日本の希望を中央政権がそのまま認めるまでに武力で打倒するか、あるいは日本軍によって中央軍を撃破した後、蔣介石の中央政権の内部崩壊を起こさせ、新しい中央政権が出来るのを待ち、その新中央政権と直接取引をするかの二通りしかない、の三点からなっていた。③は陸海軍への脅しだろう。なお、この文書にはペン書きの加筆があるが、そこには、次のような石射の危機感が記されていた。[*16]

撤兵ニ関スル面目ヲ糊塗《こと》センカ為、北支ニ地方政権ヲ樹立スルカ如キコトアランカ、爾餘《じよ》ノ支那全体ハ激烈ナル排日抗日トナリ、商権ノ失墜ハ勿論、膨湃《ほうはい》タル排日ノ気勢再ヒ北支政権ヲ席捲《せっけん》シ、第二第三ノ北支事変トナルコト必定ナリ。

関東軍などが習い性となっている、華北における地方政権樹立などをやったら最後、南京の国民政府との交渉はまとまらないとの暗澹たる見通しが述べられる。このような覚悟を持って書かれた外務案がたたき台となり、八月七日、陸海外三相決定として「日華停戦条件」[*17]が定まった。その内容は、（ⅰ）停戦の提議を中国側から持ち出させるよう、日本の外務省から裏面工作を行うこと、(ii) 時局収拾の条件は、非武装地帯の設定、事変前の駐屯軍数への縮小、塘沽《タンクー》停戦協定・土肥原秦徳純《どいはらしんとくじゅん》協定・梅津何応欽《うめづかおうきん》協定の解消、冀察・冀東両政権の解消、当該地域には日本と中国を仲介できるような適切な有力者の指導下に南京政府の行政を敷く、との破格の交渉案となっていた。陸軍が一九三五年までに進めてきた華北分離工作の再活性化につながるような項目が一切なかった事実に注目したい。苦心して案をまとめ上げた石射も日頃の伝法な口ぶりとは異なり、八月四日の日記には、やや感傷的な安堵の言葉を記している。*18

外務次官、陸軍次官会見。之に基いて夕方保科《ほしな》〔善四郎《ぜんしろう》、海軍省軍務局第一課長〕、柴山《しばやま》〔兼四郎《けんしろう》、陸軍省軍務局軍務課長〕、上村《うえむら》〔伸一《しんいち》、外務省東亜局第一課長〕三課長を会同して停戦案、国交調整案を練る。段々コンクリートなものになる。これが順序よくはこべば、日支の融和、東洋の平和は具現するのだ。日本も支那も本心に立帰へり得るのだ。崇い仕事だ。

この石射の安堵が、川越茂《かわごえしげる》駐中大使による交渉と船津工作の齟齬、八月九日の大山海軍中尉射殺事件によってかき消され、八月十三日の日記の記述「上海では今朝九時からとうゝ打出した。平和工作も一頓挫である」*19、八月十五日の日記「無名の師だ。それがもとだ。日本はまづ悔い改めねばならぬ。然らば支那も悔い改めるにきまつて居る。日支親善は日本次第と云ふ支那の云ひ分の方が正しい」*20と続く。

日中武力衝突の初期段階における封止に失敗した日本側の歴史、それを石射の悔悟とともに何度もひもとくことが、本来の正統的な霞ヶ関外交を思い出すための手立てとなろう。実利外交の本質は、国際協調主義、平和主義、対中善隣主義、これである。

（東京大学文学部教授）

＊1　史料や記録に基づいた確実な幣原像を読みたい向きは、服部龍二『幣原喜重郎と二十世紀の日本』（有斐閣、二〇〇六年）を参照のこと。
＊2　伊藤隆「石射猪太郎と『外交官の一生』」、伊藤隆『昭和期の政治　続』（山川出版社、一九九三年）一五九頁。この論考は、もともと『外交官の一生』（中公文庫、一九八六年）の解説として書かれたものである。
＊3　中塚明校注『蹇蹇録』（岩波文庫、一九八三年）二六頁。
＊4　高橋勝浩「外務省革新派の思想と行動―栗原正を中心に―」、宮内庁書陵部編『書陵部紀要』五五号（二〇〇三年）三五～五五頁。
＊5　翟新『東亜同文書院と中国』（慶應義塾大学出版会、二〇〇一年）一五頁。
＊6　外務省編『日本外交文書　満州事変　別巻』（外務省、一九八一年）二四七頁。読点を補った。
＊7　同前書二四八頁。
＊8　同前書二六七頁。
＊9　外務省編『日本外交文書　満州事変　第一巻　第一冊』（外務省、一九七七年）一六頁。
＊10　伊藤隆・劉傑編『石射猪太郎日記』（中央公論社、一九九三年）一五六頁。
＊11　同前書一五七頁。
＊12　北河賢三・望月雅士・鬼嶋淳編『風見章日記・関係資料』（みすず書房、二〇〇八年）二四頁。
＊13　同前書二六頁。

＊14　同前書二七頁。一九三七年七月十六日条。
＊15　外務省記録「支那事変関係一件」第二巻（RC B02030512500、JCAR）
＊16　「北支時局収拾ニ関スル外務省ノ意見」の構成は、一、地方政権ノ樹立ハ絶対不可ナリ、二、北支時局ノ収拾ハ中央政権トノ直接取引ニ依リ解決スルヲ要ス、三、北支時局収拾ノ目途、四、南京政権トノ直接取引ニ依ル北支時局収拾案、五、日支全面的国交調整問題、の五項目からなっており、書き込みは、三と四の間に書かれている。
＊17　外務省記録「支那事変関係一件」第四巻（RC B02030522900、JCAR）
＊18　前掲『石射猪太郎日記』一七五〜一七六頁。
＊19　同前書一七九頁。
＊20　同前書一八〇頁。

『外交官の一生』一九七二年七月　太平出版社刊

本書には、今日の人権意識から見て不適切と思われる表現が使用されておりますが、当時の時代背景、史料的価値、および著者が故人であることを考慮し、発表時のままとしました。

中公文庫

外交官《がいこうかん》の一生《いっしょう》

1986年11月10日　初版発行
2015年 8 月25日　改版発行

著　者　石射猪太郎《いしいいたろう》

発行者　大 橋　善 光

発行所　中央公論新社
〒100-8152　東京都千代田区大手町1-7-1
電話　販売 03-5299-1730　編集 03-5299-1890
URL http://www.chuko.co.jp/

DTP　ハンズ・ミケ
印　刷　三晃印刷
製　本　小泉製本

Published by CHUOKORON-SHINSHA, INC.
Printed in Japan　ISBN978-4-12-206160-6 C1121

定価はカバーに表示してあります。落丁本・乱丁本はお手数ですが小社販売部宛お送り下さい。送料小社負担にてお取り替えいたします。

中公文庫既刊より

各書目の下段の数字はISBNコードです。978－4－12が省略してあります。

お-19-2
岡田啓介回顧録　岡田　啓介　岡田貞寛編
日清・日露戦争に従軍し、条約派として軍縮を推進、二・二六事件で襲撃され、戦争末期に和平工作に従事した海軍高官が語る大日本帝国の興亡。〈解説〉戸高一成
206074-6

か-84-1
滞英偶感　加藤　高明
大正期の二大政党制確立の立役者・加藤高明。駐英大使だった彼が、英国の政治・経済・社会を、経験を交え具体的に解説・論評した同時代史料。〈解題〉奈良岡聰智
206075-3

し-45-1
外交回想録　重光　葵
駐ソ・駐英大使等として第二次大戦への日本参戦を阻止するべく心血を注ぐが果たせず。日米開戦直前まで約三十年の貴重な日本外交の記録。〈解説〉筒井清忠
205515-5

し-5-2
外交五十年　幣原喜重郎
戦前、「幣原外交」とよばれる国際協調政策を推進した外交官であり、戦後、新憲法に軍備放棄を盛り込むことを進言した総理が綴る外交秘史。〈解説〉筒井清忠
206109-5

す-10-2
占領秘録　住本　利男
日本史上空前の被占領、激動の日々を現場責任者たちが語る。天皇制、復員、東京裁判、アジア諸国からの亡命者たちなど興味津々の三十話。〈解説〉増田　弘
205979-5

ま-11-4
上海時代（上）ジャーナリストの回想　松本　重治
満州事変、第一次上海事変の後、中国の抗日活動が盛んになる最中、聯合通信支局長として上海に渡った著者が、取材報道のかたわら和平実現に尽力した記録。
206132-3

ま-11-5
上海時代（下）ジャーナリストの回想　松本　重治
抗日テロが相次ぐなか、西安事件を経て、ついに蘆溝橋で日中両軍が衝突、両国の和平への努力にも拘わらず戦火は拡大していく。〈解説〉加藤陽子
206133-0